本书系国家社科基金后期资助项目"毛泽东对待马克思主义的科学态度研究"（23FKSB017）、中国博士后科学基金第 70 批面上资助"中国共产党科学对待马克思主义的百年历程及经验研究"（2021M703557）、华北水利水电大学新时代治水社会科学研究院"揭榜挂帅"项目"基层党建赋能乡村饮水安全的困境及对策"（24JB-04-06）的拓展性研究成果。

人民城市理论研究

李保全　著

中国社会科学出版社

图书在版编目(CIP)数据

人民城市理论研究 / 李保全著. -- 北京：中国社会科学出版社, 2024. 11. -- ISBN 978-7-5227-4389-9

Ⅰ. F299.21

中国国家版本馆CIP数据核字第20247CP142号

出 版 人	赵剑英
责任编辑	刘　洋
责任校对	李　惠
责任印制	张雪娇

出　　版	中国社会科学出版社
社　　址	北京鼓楼西大街甲158号
邮　　编	100720
网　　址	http://www.csspw.cn
发 行 部	010-84083685
门 市 部	010-84029450
经　　销	新华书店及其他书店

印　　刷	北京明恒达印务有限公司
装　　订	廊坊市广阳区广增装订厂
版　　次	2024年11月第1版
印　　次	2024年11月第1次印刷

开　　本	710×1000　1/16
印　　张	20.5
插　　页	2
字　　数	306千字
定　　价	128.00元

凡购买中国社会科学出版社图书，如有质量问题请与本社营销中心联系调换

电话：010-84083683

版权所有　侵权必究

序　言

　　2019年11月，习近平总书记在上海杨浦滨江考察时首次提出"人民城市人民建、人民城市为人民"的重要理念。2020年，李保全同志进入中国浦东干部学院博士后工作站、华东师范大学博士后流动站从事博士后研究工作，就选择了人民城市理论作为自己博士后研究的主题。几年来，保全同志围绕人民城市建设问题，进行了较为深入的研究，成功申请了多个研究项目，取得一系列研究成果。这本《人民城市理论研究》就是他系列研究的重要成果之一，在著作付梓之际，也向他表示衷心祝贺！

　　中国共产党以为中国人民谋幸福、为中华民族谋复兴为始终不渝的初心和使命。毫无疑问，人民城市也是中国共产党在推进城市建设与发展过程中始终不渝秉持的核心理念。改革开放以来，我国城市化进程加速推进。现在，全国80%以上的经济总量产生于城市、60%以上人口生活在城市。随着新型城镇化战略的深入实施，未来五年，我国常住人口城镇化率将提升至70%。这一数据反映了中国城市化的快速发展和城市在经济活动中的核心地位。面向未来，建设什么样的城市、怎么样建设城市，事关城市的命运和中国式现代化建设的成效。

　　党的十八大以来，以习近平同志为核心的党中央高度重视城市工作，先后召开了中央城镇化工作会议、中央城市工作会议等一系列重要会议，对城镇化和城市工作作出顶层设计和重大部署。习近平总书记发表一系列重要讲话，作出一系列重要论述，鲜明提出了"人民城市人民建、人民城市为人民"的重要理念，深刻回答了"新时代建设什么样的城市、怎样建设城市"的重大命题，集中体现了以人民为中心的发展思想，揭示了我国社会主义城市的本质属性和发展规律，为新时代我国城市建设指明了前进方向、提供了根本遵循。新征程上，推进人民城市建设，必须始终坚持人民城市重要理念。

第一，始终坚持一切为了人民，根本解决城市发展"为了谁"的问题。我们党是马克思主义执政党，人民立场是党的根本政治立场，为人民服务是党的唯一宗旨；我们的国家是社会主义国家，国家的一切权力属于人民，必须用来为人民服务。党团结带领人民进行革命、建设、改革，根本目的是为了让人民过上好日子。人民对美好生活的向往，就是我们的奋斗目标。推进人民城市建设，践行人民城市理念，必须坚持一切为了人民，不断聚焦人民群众对高品质生活的需要，不断提高城市工作水平，努力建设"人民之城""幸福之城"。无论是城市规划还是城市建设，无论是新城区建设还是老城区改造，都要聚焦人民群众的需求，合理安排生产、生活、生态空间，走内涵式、集约型、绿色化的高质量发展路子，努力创造宜业、宜居、宜乐、宜游的良好环境，让人民有更多获得感，为人民创造更加幸福的美好生活。

第二，始终坚持一切依靠人民，根本解决人民城市发展"依靠谁"的问题。人民是历史的创造者，是真正的英雄，是决定党和国家前途命运的根本力量，是我们党执政的最大底气。习近平总书记指出："老百姓是天，老百姓是地。忘记了人民，脱离了人民，我们就会成为无源之水、无本之木，就会一事无成。"[①] 党的根基在人民、血脉在人民、力量在人民。谋划发展，最了解实际情况的，是人民群众；推动改革，最大的依靠力量，也是人民群众。历史与现实都充分证明，人民群众是城市的创造者，是城市发展的主体力量。"人民城市人民建、人民城市为人民"的重要理念，指明了新时代我国城市发展的根本力量。制定城市规划，发展城市经济，打造城市文化，推进城市治理，维护城市安

---

① 中共中央党史和文献研究院编：《十八大以来重要文献选编》下，中央文献出版社2018年版，第400页。

全，营造城市生态，都要紧紧依靠人民，尊重人民群众的首创精神，调动人民群众的积极性、主动性、创造性，激发广大人民群众参与城市建设和管理的极大热情，努力打造构建人人参与、人人负责、人人奉献、人人共享的城市治理共同体，不断增强群众的归属感和认同感。

第三，始终坚持一切造福人民，根本解决人民城市发展"谁享有"的问题。中国共产党历史就是一部为民造福的历史。习近平总书记指出，老百姓的幸福就是共产党的事业。发展成果由人民共享是共同富裕这一社会主义根本原则的内在要求。推进人民城市建设，深入践行人民城市理念，必须用心用情解决好群众急难愁盼问题，不断满足人民群众对美好生活的向往。新时代以来，面对城市化进程带来的空气污染、交通拥堵等问题，全国多座城市在打好污染防治攻坚战、推进城市生态文明建设等方面取得显著成效，使城市更加宜居、宜游、宜养、宜乐。面向新征程，要在加快发展的基础之上进一步加大民生投入力度，把民心工程办得更实。比如，加快完善租售并举的住房供给体系，深入实施城市更新行动，让群众早日实现安居梦想。要不断满足人民群众对住房的多样化、多元化需求，确保外来人口进得来、留得下、住得安、能成业。比如，要坚持从未来看当下，掌握城市长周期的发展规律，以新发展理念引领城市发展，努力把城市建设成为没有"城市病"的城市。比如深入实施好实事工程，抓好教育、医疗、养老、文化等基本公共服务的普惠覆盖、精准施策、品质提升，提高公共服务的均衡度和可及性，打造更多家门口的好去处。根据群众的需求，聚焦民生实事，不断丰富新的项目和内容，切实把工作做到群众的心坎上，更好满足群众对高品质生活的向往。

第四，始终坚持以人民满意为标准，根本解决城市发展"谁检验"的问题。习近平总书记深刻把握马克思主义政治的本质，指出民心是最大的政治，强调时代是出卷人，我们是答卷人，人民是阅卷人。人民是我们党的工作的最高裁决者和最终评判者，必须把人民拥护不拥护、赞成不赞成、高兴不高兴、答应不答应作为党和政府衡量一切工作得失的根本标准。在人民城市建设工作中实现人民满意，意味着城市要让人民生活变得更加美好，提升人民群众在城市中的获得感、幸福感和安全感。人民群众作为人民城市的直接参与者和受益者，最有资格和权利去评判城市发展的具体成效。在积极倾听人民建议的同时，也要畅通人民群众监督和评价渠道，推动人民群众对于城市建设成效的评价，及时发现城市工作中的短板和不足，进而完善城市工作的战略与策略，增强城市工作的具体实效，让人民群众的满意度得以不断提升。

以上是我对于人民城市建设的一点粗浅认识。保全同志的《人民城市理论研究》这本书对人民城市理论的基本问题进行了深入阐述，相信他这本书对于读者学习贯彻习近平总书记人民城市重要理念，对于深化人民城市理论研究乃至推进人民城市建设实践，都将发挥积极的作用。

刘靖北

目 录

绪 论　*1*

第一章　人民城市理论之基本问题　*4*
　　第一节　"人民城市"的概念生成　*5*
　　第二节　人民城市理念的科学意蕴　*33*
　　第三节　人民城市及人民城市理论　*57*

第二章　人民城市理论之机理诠释　*72*
　　第一节　人民城市理论的文化底蕴　*73*
　　第二节　人民城市理论的理论根基　*88*
　　第三节　人民城市理论的逻辑体系　*105*

第三章　中西城市理论之多维比较　*121*
　　第一节　文明形态维度的中西城市理论　*122*
　　第二节　发展道路维度的中西城市理论　*142*
　　第三节　城市治理维度的中西城市理论　*161*

第四章　人民城市理论之生态建设　*183*
　　第一节　现代城市发展的生态理性　*184*
　　第二节　我国城市面临的生态困境　*205*

第三节　人民城市蕴含的生态智慧　220

第五章　人民城市理论之文化建设　244
第一节　人民城市的历史人文魅力　245
第二节　人民城市的精神品格塑造　267
第三节　人民城市的公共文化服务　289

参考文献　315

后　记　321

绪　　论

　　文明孕育并滋养城市，城市铸就并承载文明。回溯世界文明历程：城市在人类社会历史发展的"长河"中扮演着重要角色，成为人类物质文明和精神文明创造的关键载体，深刻影响和改变着人类社会的生产与生活。从奴隶制时期的西方城邦到封建制时代的东方市镇，从资本主义的现代城市到社会主义的人民城市，城市从不属于特定民族、特定地域、特定文化的"奢侈品"，而是内蕴着历史特点、民族个性、文明特质的"必需品"。古往今来，城市兴盛则国家繁荣，城市安定则天下太平，城市发展的荣辱兴衰同国家和民族的命运休戚相关。纵观全球城市发展，从诞生之初的零星分布，到时至今日的星罗棋布，城市已经超越了建筑空间所代表的物理意义，逐渐演变为人类多样性文明的功能载体。任何事物都有截然相悖的两面，城市发展同样也不例外。城市承载的文明内涵越丰富，引发的问题矛盾越尖锐，这是城市发展的内在逻辑必然。城市既扮演着区域经济增长中心的强大引擎角色，又凝聚着人类对于更加美好生活家园营造的梦想期待。城市发展所给予人类的感受是矛盾的：一方面，人类可以沉浸在因城市发展产生发达物质文明的喜悦感之中；另一方面，人类被迫承受着因城市发展带来问题困境解决的无力感之中。"爱恨交织，难舍难分"成为人类对于城市情感的真实写照。

　　时代的变迁，形势的变化，不同的城市发展理念、模式与道路，彰显着人类对于城市独特而执着的热衷。人类社会开启工业化进程后，城市发展的各项条件渐次发生变革，城市生机与城市危机并存的局面日渐凸显，城市发展的前景变得愈加复杂和难以确定。人类不再过分陶醉于城市生机所带来的巨大成就，开始直面应对和积极探索城市危机背后的深层次发展理念问题。在城镇化发展水平普遍较高并最早遭遇城市危机的西方资本主义国家，健康城市、花园城市、智慧城市等城市理念被相继提出并付诸实践，它们在不同维度、层面和程度或多或少缓解了现代城市的矛盾和冲突，给弊病丛生和危机重重的资本主义城市带来了短暂的些许活力。但新的城市理念并未真正引领现代资本主义城市重返发展的巅峰时刻，也没有真正引领人类城市走出现代性困境，究其原因在于理念本身并未摆脱资本逻辑的禁锢，"重物轻人"的陈旧思维依然占据主导地位。进入21世纪后，随着资本主义经济危机爆发周期的缩短，资本主义经济固有矛盾在城市中表现得愈加突出，资本主义城市发展的不稳定性加剧了自身及全球城市的危机。城市发展的"重物轻人"资本逻辑，不会迎来人类城市的"春天"，甚至可能将人类城市带向历史的"深渊"。未来城市发展的出路究竟在何处？什么样的城市是人类幸福的归宿？或许马克思在《法兰西内战》中揭示的无产阶级所建立和发展的城市是为人民服务的，才是人类城市未来发展理念与路径的科学答案。

我国城市发展历史悠久，曾深刻影响世界城市进程。近代以来，国家蒙辱、人民蒙难、文明蒙尘，造成我国城市建设举步维艰，逐渐形成了与西方国家城市发展的巨大"鸿沟"。中华人民共和国成立后，以毛泽东为代表的中国共产党人，以城市接管和重建的方式打开了探索社会主义城市发展道路的大门，我国的社会主义城市建设踏上现代化轨道。改革开放后，以邓小平同志、江泽民同志、胡锦涛同志为主要代表的中国共产党人，探索中国特色社会主义城市发展道路，加速推进社会主义城镇化发展步伐，取得了社会主义城市建设的巨大成效。党的十八大以来，中国特色社会主义进入新时代，我国社会主要矛盾发生深刻变化，新的发展理念的提出、新的发展格局的构建、新的发展模式的探索，对中国特色社会主义城市发展道路有了新的更高要求。过去的城市发展理念已经无法适应和满足新时代城市发展的新需要，"建设什么样的城市""怎样建设城市"等基本问题重新回归城市发展理念的建构视野。习近平总书记指出,"城市的核心是人"①,"人民城市人民建、人民城市为人民"②。城市回归人民,未来才会可期。人民城市理念的提出,是新时代中国特色社会主义城市发展道路思维的根本性变革,它既明确了我国社会主义城市建设的宗旨、主体、重心和目标,又提供了人类城市发展新的理念和未来方向。因此,系统诠释中国共产党人民城市理论,对于深刻理解人民城市的意蕴内涵、对于有效破解现代城市的发展困境、对于科学探索人类城市的未来发展,都具有十分重要的时代意义和实践价值。

---

① 中共中央党史和文献研究院编:《习近平关于城市工作论述摘编》,中央文献出版社2023年版,第40页。

② 习近平:《高举中国特色社会主义伟大旗帜 为全面建设社会主义现代化国家而团结奋斗——在中国共产党第二十次全国代表大会上的报告》,人民出版社2022年版,第32页。

第一章

人民城市理论之基本问题

"人民城市"作为新时代中国特色社会主义城市概念的核心表达，是以习近平同志为核心的党中央，瞄准我国城市高质量发展的转型契机，坚持以人为本、人民至上的价值立场，贯彻创新、协调、绿色、开放、共享的发展理念，全面探索社会主义城市建设、治理与发展规律的原创性阐释和标识性概念。"人民城市"概念萌芽于新中国成立前，孕育于新中国成立后，确立于新时代，在我国社会主义城市发展道路的实践经验基础之上酝酿生成。从新民主主义革命时期"接管一座城"，到社会主义革命和建设时期"建设工业城"，到改革开放和社会主义现代化建设新时期"推进城镇化"，再到中国特色社会主义新时代"找到一条路"，"人民城市"概念诞生的独特逻辑，见证了中国共产党探索中国特色城市发展道路的伟大历程。"人民城市"概念的生成，为人民城市理念和人民城市理论提供了概念前提。

习近平总书记关于"人民城市人民建、人民城市为人民"的重要论断和城市工作的重要论述，构成人民城市理念的关键语境来源。人民城市理念作为新时代中国特色社会主义城市内涵的核心理念，既是中国共产党人民至上价值立场在城市工作维度的突出彰显，又是中国特色社会主义道路在城市发展层面的具体呈现。人民城市理念以"现实的人"为旨归，以"人的现代化"为指向，内在是聚焦社会主义条件下人的自由全面发展的现代城市理念。人民城市理念遵循城市历史逻辑、顺应时代发展潮流、呼应人民群众期待，为我国社会主义现代化城市进程带来了全新的理念智慧。人民城市理念不是社会主义城市建设、治理与发展的特定模式、框架与路径，而是人类城市更新、变革与治理的原则根据。

人民城市理论是人民城市理念学理纵深的理论创造，人民城市理念是人民城市理论主体理念的核心支撑。人民城市理论作为运用中国话语建构并阐释中国式现代化城市道路的崭新理论，既是中国共产党关于中国特色社会主义城市理论的重大创新，又是中国化时代化马克思主义理论赓续发展的最新成果。人民城市理论以马克思主义城市学说为合理内核，围绕社会主义城市发展的人民逻辑，科学回答了"城市是什么""城市为了谁""城市依靠谁""城市谁来治""城市如何评"等一系列基本问题，尤其明确了社会主义现代化城市的发展定位、价值取向、动力来源、主体依靠、评价尺度等基本维度。作为我国探索现代城市话语体系的创新诠释，人民城市理论对于新时代中国特色城市发展道路具有十分重要的指导意义。

第一节 "人民城市"的概念生成

"人民城市"概念因何而来、由何而生、缘何而成，是人民城市理论研究必须要回答的首要问题。纵观我国社会主义城市发展史，"人民城市"概念的生成，既有复杂的历史因素，又有现实的语境条件。从历史因素而言，"人民城市"概念是中国共产党不懈探索社会主义城市发展道路的必然结果。党的七届二中全会确定党的工作重心由乡村转移到城市，中国共产党以全面接管城市、掌握城市政权为抓手，开启了社会主义城市发展道路的探索历程。在七十余年艰辛探索过程中，中国共产党根据社会形势需要，调整城市发展战略与策略，从夺取城市政权归还人民，到城市建设服务工业生产，到大规模快速推进城镇化，再到人民城市理念科学引领，"人民城市"概念得以在中国特色城市发展道路的孜孜探求中诞生。

就语境条件而言,"人民城市"概念是习近平总书记关于城市建设工作重要论断和重要论述的直接结果。党的十八大以来,习近平总书记立足中国特色社会主义进入新时代的历史方位,把握人民日益增长的美好生活需要和不平衡不充分的发展之间的矛盾,先后主持召开中央城镇化工作会议、中央城市工作会议、浦东开发开放30周年庆祝大会等会议,对我国未来的城镇化工作和城市工作进行了系统部署,提出了我国社会主义城市发展的诸多原创观点。从提出"以人为核心的城镇化"[①],到提出"坚持以人民为中心的发展思想"[②]"坚持人民城市为人民"[③]"城市的核心是人"[④],再到提出"人民城市人民建、人民城市为人民"[⑤],习近平总书记关于城市工作的阐释,为"人民城市"概念的产生提供了丰富的语境支撑。

一 从"接管一座城"到"找到一条路"

"人民城市"是一个具有历史唯物主义特性和鲜亮社会主义色彩的城市概念表达,它的诞生彰显的是中国共产党审视城市发展道路的人的视角和人的尺度,凝聚的是中国共产党探索认知社会主义城市发展规律的智慧结晶。回顾中国特色社会主义城市道路探索史,从新中国成立前后"接管一座城"的物本思维实践,到新时代"找到一条路"的人本思维实践,中国共产党关于社会主义城市发展思维实践的演绎变迁,深刻揭示了"人民城市"概念生成的真实历史场域。

诸多概念的产生缘于历史与思维的逻辑融合,"人民城市"概念的

---

① 中共中央文献研究室编:《十八大以来重要文献选编》上,中央文献出版社2014年版,第592页。
② 中共中央党史和文献研究院编:《十八大以来重要文献选编》下,中央文献出版社2018年版,第78页。
③ 中共中央党史和文献研究院编:《十八大以来重要文献选编》下,中央文献出版社2018年版,第78页。
④ 中共中央党史和文献研究院编:《十八大以来重要文献选编》下,中央文献出版社2018年版,第83页。
⑤ 习近平:《在浦东开发开放30周年庆祝大会上的讲话》,人民出版社2020年版,第10页。

确立是我国社会主义城市道路探索史和中国共产党城市工作思维交织作用的产物。1949年3月，党的七届二中全会作出"党的工作重心由乡村移到了城市"①的重大决策。自此中国共产党领导下的我国城市工作探索进程全面开启。在当时历史条件下，确定党的工作重心实现由乡村到城市的转移，不仅体现出中国共产党对新民主主义革命形势的战略统筹，更释放出一个强烈的信号——中国共产党领导下的革命武装力量开始全面从敌对阶级手中接管城市并夺取城市政权，以最后取得新民主主义革命的完全胜利。中国共产党接管城市的革命实践，意在让城市政权回归人民群众手中。这既为建立人民当家作主的社会主义新中国奠定了城市政权基础，又为新中国成立后我国社会主义城市建设道路探索提供了人民属性保障。

新中国成立后，面对各行各业百废待兴的紧迫局面，中国共产党从错综复杂的社会形势中抓取重点，以巩固人民当家作主的社会主义国家政权为指向，确立起了恢复和发展生产的国民经济建设任务目标。新中国成立初期，在全国集中力量发展生产的大背景下，以"生产建设"为中心的城市工作也随之大规模展开。②此时的"生产建设"并非具有普遍意义，而是特指工业化生产，即围绕工业生产统筹城市工作。时任中央政治局委员的任弼时指出："开始工业化，这是城市工作中最本质的问题"③。服务工业化成为新生人民政权建立后相当长时期内我国城市工作压倒一切的主导方针。以工业发展引领城市建设，这是社会主义建设初期以苏为师的直接结果。由于长期领导乡村革命斗争，中国共产党在城市管理和城市建设上的经验是极度缺乏的，这就造成学习他国社

---

① 中共中央文献研究室、中央档案馆编：《建党以来重要文献选编（一九二一——一九四九）》第26册，中央文献出版社2011年版，第160页。

② 毛泽东同志在党的七届二中全会上所作的报告中，对新中国成立后城市工作的总体形势和主要任务进行了科学预估。他指出，党的工作重心从乡村转移到城市之后，党的城市工作除了进一步巩固城市政权之外，必须要围绕"生产建设"的中心任务来开展。与此同时，党和军队要充分认识到城市工作对于国民经济恢复和国家政权巩固的重要性，要学会花大力气去管理城市和建设城市。新中国成立后，城市工作正是按照毛泽东同志在党的七届二中全会报告中所作的部署来推进的。参见《毛泽东选集》第4卷，人民出版社1991年版，第1424—1439页。

③ 中共中央文献研究室编：《任弼时传》下册，中央文献出版社2014年版，第855页。

会主义工业化城市建设模式和发展道路成为必然选择。中国现代城市发展史已经证明：尽管我国后来以苏联为鉴自主探索与苏联不同的工业化道路，但不可否认的是苏联将工业化进程和城市化进程同步推进的社会主义城市道路实践，对我国早期社会主义城市道路塑造产生了重大影响。经过工业化进程的长久积淀，我国社会主义城市建设逐渐有了坚实的工业依托，这为改革开放后大规模推进城镇化做了铺垫和准备。

改革开放后，党的思想路线的拨乱反正，给我国各项事业发展带来了新的契机。以党的十一届三中全会为分水岭，我国城市建设由改革开放前工业化主导转变到快速推进城镇化的新发展阶段。1978年中央城市工作会议审议通过《关于加强城市建设工作的意见》。该文件从城市建设与经济发展相协调、建立合理城镇体系、搞好城市规划、改革城市建设体制、加强城市基础设施建设、管好用好城市建设资金、城市政府搞好城市管理七大方面，对我国城市发展的良好形势和未来工作作了相对系统的分析与部署。①《意见》尤其明确了"城市建设工作必须按照建设具有中国特色的社会主义的要求和对内搞活经济、对外实行开放的方针"和"要正确执行'人民城市人民建'的方针"。② 城市在国家整体战略设计中的地位和作用日渐突出。20世纪90年代初，社会主义市场经济体制被提出后，由于城市在市场经济发展过程中的载体作用愈加重要，走中国特色的城镇化道路被提上国家城市发展的战略日程。受改革开放和社会主义市场经济等多重因素影响，中国特色的城镇化进程被快速推进，我国城市发展从数量、规模、速度上都达到了前所未有的高度。我国快速发展的城镇化，让越来越多的人享受到了城市发展带来的

---

① 1978年3月，国务院在北京主持召开第三次全国城市工作会议，审议通过了《关于加强城市建设工作的意见》，该文件对改革开放后我国城市工作提出了具体要求。《意见》指出：党的十一届三中全会以来，我国城市进入了一个新的发展阶段。随着改革、开放和城乡经济的迅速发展，城镇数量大幅度增加，开始进入依照城市规划进行建设的科学轨道，城市建设出现了新中国成立以来从未有过的好形势。此次会议提出了"建设适应四个现代化需要的社会主义现代化城市"的具体要求。《意见》中虽提及要"按照建设具有中国特色的社会主义的要求"去开展城市工作，但"有中国特色的社会主义城市道路"表达并未正式出现。

② 《关于加强城市建设工作的意见》，中国城市规划网，http://www.planning.org.cn/news/view? id=3460，2015年12月18日。

巨大"红利"。与此同时,快速城镇化也引发了诸多"城市病"。如注重城市规模造就的"摊大饼",粗放发展方式引起的"高消耗",城市环境破坏催生的"重污染",以及城乡关系失衡、城市交通拥堵、住房价格过高、城市特色消失、生活垃圾处理困难等矛盾和问题突出,我国城市发展遭遇有史以来最为严峻的困境挑战。不可否认的是,改革开放以来的快速城镇化进程,给我国城市发展夯实了强大的物质基础,同时也给城市发展的理念、模式和道路等创新转型提出了新的时代要求。

进入新时代以来,鉴于我国城市发展所面临的新形势,习近平总书记立足我国城镇化推进的实际,提出了由"外延规模型"向"内涵质量型"转变的新型城镇化发展思路和目标。2013年中央城镇化工作会议在北京举行,会议在客观分析我国城镇化所取得的巨大成绩和所遭遇的现实问题的基础上,着力从指导思想、主要目标、基本原则、重点任务四个维度,对新型城镇化工作作出了系统谋划。习近平总书记在会议上强调,"推进以人为核心的城镇化"[1],既要从国家战略和全局的高度,正确认识中国特色新型工业化、信息化、城镇化和农业现代化之间的有机关系,更要"把握住发展质量"[2],在提升城镇化发展内涵上下足功夫。习近平总书记在中央城镇化工作会议上的重要讲话,实际上为我国新型城镇化未来发展道路确立了"以人为核心"的原则遵循。为顺应新型城镇化发展的时代形势,做好新时代城市工作,2015年中央城市工作会议在北京召开。习近平总书记重点从尊重城市发展规律、统筹"空间、规模、产业"三大结构、统筹"规划、建设、管理"三大环节、统筹"改革、科技、文化"三大动力、统筹"生产、生活、生态"三大布局、统筹"政府、社会、市民"三大主体六大层面,对新时代城市工作举措进行了战略性谋划。他在会议上强调,新时代城市工作要贯彻"创新、协调、绿色、开放、共享"的新发展理念,坚持以

---

[1] 中共中央文献研究室编:《十八大以来重要文献选编》上,中央文献出版社2014年版,第592页。

[2] 中共中央文献研究室编:《十八大以来重要文献选编》上,中央文献出版社2014年版,第591页。

人为本、科学发展、改革创新、依法治市，着力转变城市发展方式，提升城市治理水平，"走出一条中国特色城市发展道路"①。"中国特色城市发展道路"在此次会议上被习近平总书记首次正式提出。2020年在浦东开发开放30周年庆祝大会上，习近平总书记从提升城市治理现代化水平的高度，提出了"人民城市人民建、人民城市为人民"②，"坚持广大人民群众在城市建设和发展中的主体地位，探索具有中国特色、体现时代特征、彰显我国社会主义制度优势的超大城市发展之路"③等重要论断。党的十八大以来，习近平总书记关于新型城镇化和城市工作的系列重要论述，为我国明确中国特色城市发展道路目标的同时，也赋予了中国特色城市发展道路"人民城市"的精髓要义，"人民城市"的概念逐渐凸显并被阐释出来。

"人民城市"概念的生成是中国特色城市道路成功探索的历史缩影，深刻体现着中国共产党城市工作从"接管一座城"到"找到一条路"的理性实践演绎。纵观社会主义城市探索历程，长期以来，我们对于"社会主义城市是什么""社会主义城市如何建"等重大问题的认知是模糊的，特别是无法准确把握社会主义城市道路的中国特色究竟是什么。加之改革开放后，我国城市发展长期受市场经济的影响，尤其是在经济全球化背景下以城市为载体广泛参与国际分工，这势必造成我国城市在发展过程中受到资本逻辑的较大影响。追求经济增长的"物本"思维长期占据城市发展的主导地位，"人本"城市思维遭受弱化。中国特色社会主义进入新时代后，习近平总书记从世界历史的宏阔视域中把握人类城市发展进程，审视中国城市建设实际，确立人民中心的发展思想，将国家政权属性、新的发展理念、强国征程建设、人民群众期待、城市发展规律等方面统一起来，形成了人的现代化与城市现代化有机衔

---

① 中共中央党史和文献研究院编：《习近平关于城市工作论述摘编》，中央文献出版社2023年版，第30页。

② 习近平：《在浦东开发开放30周年庆祝大会上的讲话》，人民出版社2020年版，第10页。

③ 习近平：《在浦东开发开放30周年庆祝大会上的讲话》，人民出版社2020年版，第10页。

接的中国特色城市发展道路。"人民城市"正是习近平总书记对中国特色城市道路本质内涵精准把握的集中彰显。

二 毛泽东关于社会主义城市的管理思想

明确城市政权归属是城市建设开展的必要前提。从新民主主义革命时期开展城市斗争，到社会主义革命和建设时期建设工业城市，以毛泽东同志为主要代表的中国共产党人，围绕社会主义城市建立和发展的城市工作目标，进行了长期的理论创造和艰辛的实践探索，形成了"城市接管""城市属于人民""依靠工人恢复和发展城市生产""工业生产是城市工作中心""变消费城市为生产城市""加强党对城市工作的领导""开展计划生育，精简城市人口""制定工业城市规划"等内涵丰富、层次多元的城市管理思想。① 这些城市管理思想是以毛泽东同志为核心的党的第一代中央领导集体，勇于开辟社会主义城市建设道路的智慧结晶，它们为"人民城市"概念的产生提供了人民属性的政权前提和工业主导的物质基础。

人民群众掌握城市政权，这既是关涉如何回答"社会主义城市是什么"的重要基础，又是社会主义城市建设和发展的重要前提。审视世界历史发展进程，资产阶级和无产阶级在掌握国家政权之后，对城市政权进行统治阶级的属性确认和改造是阶级政权巩固的普遍性举措。马克思指出，无产阶级"掌握政权的第一个条件是改造传统的国家工作机器"②。无产阶级推翻旧政权而建立的新政权，必定是代表无产阶级根本利益和归属于无产阶级自身的政权。城市作为国家政权的重要载体，

---

① 毛泽东城市管理思想是以毛泽东同志为核心的第一代党的中央领导集体的智慧结晶，这些内容依据新民主主义革命时期、社会主义革命和建设时期党和国家的重要会议、文件及主要领导人讲话内容梳理概括而得，如毛泽东《在中国共产党第七届中央委员会第二次全体会议上的报告》、刘少奇《关于城市工作的几个问题》、任弼时《在中共七届二中全会上的发言》、薄一波《把消费城市变成生产城市》、《贯彻重点建设城市的方针》、《中共中央、国务院关于当前城市工作若干问题的指示》、《中共中央关于城市建设中几个问题的指示》、《中共中央政治局扩大会议决议要点》、《第二次城市工作会议纪要》等。

② 《马克思恩格斯文集》第3卷，人民出版社2009年版，第218页。

无产阶级对城市属性进行重塑是掌握城市政权的首要任务。新民主主义革命时期，毛泽东依据我国独特的国情，创造性提出"农村包围城市，武装夺取政权"的工农武装割据道路。在乡村政权回到人民群众手中之后，"接管城市"以开展城市政权斗争，不仅成为新民主主义革命发展到特定阶段的必然举措，还成为以毛泽东同志为主要代表的中国共产党人建立并管理社会主义城市政权的关键举措。新中国成立后，随着"接管城市"任务的相继完成，城市政权逐渐回归到人民群众手中。人民群众对于城市政权的拥有，在中国首次改变了城市与人民的长期对立关系，实现了人民群众由城市压迫者到城市主人翁的地位转变，特别是从城市政权归属层面为我国社会主义城市建立和发展提供了政权属性前提。

社会主义城市的真正建立，除了城市政权要归属人民群众之外，生产资料属性也是决定城市属性的关键因素。这源自马克思主义理论体系中所强调的生产力决定生产关系。恩格斯在《论住宅问题》中指出，"由上升到政治上独占统治地位的无产阶级以社会的名义占有全部生产资料"[①]，这是无产阶级获取城市住宅合理权利的必要条件。无产阶级对于城市生产资料的完全占有，即建立起生产资料的公有制是无产阶级把握城市政权不可或缺的重要条件。新中国成立初期，我国仍处于新民主主义社会之中，经济成分主要有三种形式，即社会主义经济、个体经济和资本主义经济，生产资料的私有制在城市中依然占据较大份额。1956年年底在相继完成对农业、手工业和资本主义工商业的社会主义"三大改造"后，生产资料的公有制在城市中逐渐占据主导地位。生产资料公有制属性的确立，为我国社会主义城市政权建立提供了坚实的经济基础。从某种意义上而言，以毛泽东同志为主要代表的中国共产党人领导人民群众开展的社会主义革命，实质上为我国城市性质由新民主主义转向社会主义提供了生产资料的所有制前提。

在夺取城市政权归人民所有和实现生产资料公有制变革的同时，我

---

① 《马克思恩格斯选集》第3卷，人民出版社2012年版，第182页。

国社会主义城市管理的其他工作也同步展开。首先，在城市中依靠工人阶级恢复和发展工业生产。毛泽东在党的七届二中全会上指出："从我们接管城市的第一天起，我们的眼睛就要向着这个城市的生产事业的恢复和发展。"① 在城市管理工作开展的初期，毛泽东所强调的恢复和发展生产事业，主要是指城市中的工业生产。对此，任弼时在党的七届二中全会上的发言中有过阐释，他指出："所谓以城市为重心，基本意思就是依靠工人阶级，恢复和发展工业生产"②。新中国成立初期，在我国工业化基础和城市整体实力较弱的情况下，以毛泽东同志为核心的党的第一代中央领导集体，作出以城市为发展载体，重点从事工业生产的城市管理决策是完全正确的。与此同时，由于长期领导农民开展革命斗争的缘故，对于在城市中发展工业生产所依靠的阶级问题，当时党内是存在较大分歧的。有些同志认为应该依靠贫民群众，有些同志认为应该依靠资产阶级，对于依靠工人阶级发展工业生产存在顾虑。面对如此分歧，毛泽东指出，"我们必须全心全意地依靠工人阶级，团结其他劳动群众，争取知识分子"③，"在城市建设计划中，应贯彻为生产、为工人服务的观点"④。依靠工人阶级开展城市斗争，发展工业生产，这是毛泽东在城市中正确处理阶级关系的决策彰显，为我国工业化进程和社会主义城市建设提供了阶级力量支撑。

其次，将消费城市变为生产城市。毛泽东指出："只有将城市的生产恢复起来和发展起来了，将消费的城市变成生产的城市了，人民政权才能巩固起来。"⑤ 毛泽东提及的"消费城市"并不是现代意义上"以消费为主要动力"的消费型城市，而是特指以反动阶级的剥削和压迫为本质特性的旧有城市，它的主要特征是"它们（笔者注：消费城市）的存在和繁荣是经过政治的、经济的各种剥削方式取得的。一方面，它

---

① 《毛泽东选集》第4卷，人民出版社1991年版，第1428页。
② 《任弼时选集》，人民出版社1987年版，第464页。
③ 《毛泽东选集》第4卷，人民出版社1991年版，第1427—1428页。
④ 中共中央文献研究室编：《毛泽东年谱（1949—1976）》第一卷，中央文献出版社2013年版，第304页。
⑤ 《毛泽东选集》第4卷，人民出版社1991年版，第1428页。

们以高价进口机器设备,受帝国主义剥削。一方面,它们又以低价搜刮乡村的农产品,高价出售工业品,剥削农民"①。半殖民半封建社会状态下,消费城市的存在,引发了城市和乡村的敌对状态,这在根本上是背离社会主义城市政权建设"城乡一体化"原则的。毛泽东主张将消费城市变为生产城市有着深刻的意蕴:其一,社会主义城市政权不允许存在剥削和压迫,将消费城市进行变革利于巩固城市政权,真正体现人民当家作主的社会主义城市政权性质;其二,社会主义城市要为工业生产服务,将消费城市变为生产城市,能够夯实社会主义城市建设的工业物质基础。毛泽东提出将"消费城市变为工业城市"的城市管理方针,实质依然是为"社会主义城市政权归属于人民"的城市建设指向服务的。

再次,加强党对城市工作的领导。1951年中共中央政治局扩大会议的决议中提出,"加强党委对城市工作的领导"②。这是继1944年中共中央发出《关于城市工作的指示》后,党在社会主义革命和建设时期首次提及党对城市工作的领导问题。1962年《中共中央、国务院关于当前城市工作若干问题的指示》进一步强调"加强党对城市工作的领导,加强党的城市基层组织的工作"③。加强党对城市工作的领导,不仅是无产阶级掌握城市政权的重要方式,更是社会主义城市建设与发展的重要遵循。以毛泽东同志为核心的党的第一代中央领导集体,从社会主义城市建设的战略高度提出"加强党对城市工作的领导",这既为我国社会主义城市建设明确了核心领导力量,又赋予党的领导在社会主义城市建设与发展方向中的重要作用。新时代条件下,习近平总书记强调建好城市基层党组织,特别是发挥好党的基层组织在人民城市建设、治理和发展中的优势作用,体现的正是对毛泽东"加强党对城市工作

---

① 中共中央文献研究室、中央档案馆编:《建党以来重要文献选编(一九二一——一九四九)》第26册,中央文献出版社2011年版,第218页。

② 中共中央文献研究室编:《建国以来重要文献选编》第2册,中央文献出版社2011年版,第37页。

③ 中央档案馆、中共中央文献研究室编:《中共中央文件选集(1949年10月—1966年5月)》第41册,人民出版社2013年版,第170页。

的领导"的城市思想的继承和创新。社会主义革命和建设时期，以毛泽东同志为核心的党的第一代中央领导集体，加强党对城市工作的领导的实践经验，为新时代人民城市建设过程中的党的基层建设提供了宝贵的经验借鉴。

最后，提出"社会主义城市"概念，精简城镇人口，制定城市规划等。1954年8月11日《人民日报》社论指出："我国的城市建设工作是遵循着社会主义城市建设的方向前进的。它与建立在对工人阶级残酷剥削基础上的资本主义城市有着本质的不同。在社会主义城市中，一切建设都是为劳动人民的利益服务的。保证劳动者物质文化生活水平的不断提高，是社会主义城市的基本特征。"[①]《贯彻重点建设城市的方针》社论，首次公开使用"社会主义城市"的概念表达，明确了我国城市的社会主义内在特性及发展方向。1963年召开的第二次城市工作会议中提到"我们的城市，是工人阶级领导的、面向农村的、城乡结合的社会主义城市"[②]。《第二次城市工作会议纪要》对我国城市的领导阶级及具体内涵进行了较为详细的界定和阐释，再次明确我国城市的社会主义性质。"社会主义城市"概念的正式提出，表明了我国城市建设发展的基本属性和前进方向，这是以毛泽东同志为核心的党的第一代中央领导集体对我国社会主义城市道路的重大贡献的体现。伴随我国工业化进程的推进，为有效减轻巨大人口数量带给城市的发展压力，以及因城市规划缺乏而造成的城市发展失序乱象，毛泽东提出了"精兵简政"和"加强工业城市规划"的发展建议。城镇人口在短时间内得到了大幅度的减少，工业城市建设和管理也随着规划完善而变得有序起来，我国的社会主义城市发展渐次走上正常轨道。

以毛泽东同志为核心的党的第一代中央领导集体，通过接管城市确立起城市政权的人民属性，通过生产资料变革建构城市政权的经济基

---

① 中共中央文献研究室编：《建国以来重要文献选编》第5册，中央文献出版社2011年版，第379页。

② 中共中央文献研究室编：《建国以来重要文献选编》第17册，中央文献出版社2011年版，第259页。

础,通过工业化生产夯实城市政权的物质根基,这一系列的城市管理思想及实践,为我国社会主义城市政权的探索及建立作出了卓越的贡献。从中国现代城市发展的历史来看,社会主义城市在我国实现从无到有,从发展薄弱到逐渐强大,离不开毛泽东对于我国社会主义城市政权和社会主义城市道路的艰辛探索与科学建构。毛泽东关于社会主义城市的管理思想,为我国改革开放后社会主义城镇化推进和中国特色城市发展道路开创提供了宝贵的经验借鉴,这在事实上为新时代"人民城市"概念的提出作了铺垫。

三 邓小平、江泽民、胡锦涛的城市思想

城市改革与城镇化是现代城市发展的必经阶段。党的十一届三中全会后,以邓小平同志为主要代表的中国共产党人,重新确立了解放思想、实事求是的思想路线,作出了把党和国家工作重心转移到经济建设上来、实行改革开放的伟大战略决策。我国城市建设进入新的历史阶段。从20世纪80年代初,我国开启以城市为重点的经济体制改革进程,到提出具有中国特色的社会主义城市建设目标,再到进入新世纪之后的中国特色城镇化发展,相较于改革开放前,我国城市建设进程呈现加速态势,城市整体面貌发生巨大变化,城市诸多方面取得长足进步,中国特色社会主义城市建设渐入正轨。改革开放和社会主义现代化建设新时期,我国城市发展的辉煌成就,为"人民城市"概念的提出提供了坚实的物质基础。

1978年党的十一届三中全会召开前,受"以阶级斗争为纲"政治路线的消极影响,城市在经济社会发展中的地位和作用遭受弱化,我国城市建设出现了较长时间的缓慢发展甚至停滞局面,社会主义城市探索进程遭遇巨大困境。党的十一届三中全会以后,伴随党的思想路线的拨乱反正和工作重心的转移,在改革开放的进程中,集中精力深化经济体制改革,拉动经济快速增长,成为当时我国社会发展的主基调。改革开放后,我国的改革事业最早在农村起步,在获得一定经验的基础上,城市改革试验的大幕在1984年被正式拉开。邓小平指出:"一九八一、一

九八二、一九八三这三年,改革主要在农村进行。一九八四年重点转入城市改革。"① 我国社会主义城市建设自此进入改革阶段。城市对于经济社会发展的关键载体作用重新受到重视,进入党和国家事业发展的顶层战略设计之中。

我国的城市改革并不是局部的和阶段性的,而是全面的和持续性的。以邓小平同志为主要代表的中国共产党人,对城市改革的诸多层面进行了谋划,形成了社会主义城市改革的思想体系。关于城市改革的必要性,中国共产党第十二届中央委员会第三次全体会议通过的《中共中央关于经济体制改革的决定》指出:"城市企业经济效益还很低,城市经济的巨大潜力还远远没有挖掘出来,生产、建设和流通领域中的种种损失和浪费还很严重,加快改革是城市经济进一步发展的内在要求。"② 关于城市改革的基本内涵,邓小平指出:"城市改革是全面改革,包括工业、商业、科技、教育等领域的改革。"③ 关于城市改革的推进方法,邓小平指出,"中国的底子薄,不能太急,制定的目标不能太高"④,"城市改革比农村改革复杂得多"⑤,"我们对城市改革的态度是胆子要大,要坚决地改,不丧失时机"⑥,"我们的步子要稳,走一步看一步,犯了错误,及时发现,及时改正"⑦。关于城市改革的主要经验,邓小平指出,"无论是农村改革还是城市改革,其基本内容和基本经验都是开放,对内把经济搞活,对外更加开放"⑧,"大胆地试,大胆

---

① 《邓小平文选》第 3 卷,人民出版社 1993 年版,第 376 页。
② 《中共中央关于经济体制改革的决定》,人民出版社 1984 年版,第 5 页。
③ 中共中央文献研究室编:《邓小平思想年编(一九七五——九九七)》,中央文献出版社 2011 年版,第 509 页。
④ 中共中央文献研究室编:《邓小平思想年编(一九七五——九九七)》,中央文献出版社 2011 年版,第 542 页。
⑤ 中共中央文献研究室编:《邓小平思想年编(一九七五——九九七)》,中央文献出版社 2011 年版,第 542 页。
⑥ 中共中央文献研究室编:《邓小平思想年编(一九七五——九九七)》,中央文献出版社 2011 年版,第 542 页。
⑦ 中共中央文献研究室编:《邓小平思想年编(一九七五——九九七)》,中央文献出版社 2011 年版,第 542—543 页。
⑧ 中共中央文献研究室编:《邓小平思想年编(一九七五——九九七)》,中央文献出版社 2011 年版,第 514 页。

地阔。农村改革是如此,城市改革也应如此"①。

社会主义与我国城市关系问题,是邓小平的城市改革思想的重要问题。以邓小平同志为主要代表的中国共产党人,对此问题进行了卓有成效的探索。1985年邓小平在会见坦桑尼亚联合共和国总统尼雷尔时指出:"城市经济开放,同样要调动企业和社会各方面的积极性。对内搞活经济,是活了社会主义,没有伤害社会主义的本质。"② 城市经济开放与社会主义发展并不冲突,前者能够更好促进社会主义的发展。1978年中共中央颁发了《关于加强城市建设工作的意见》。《意见》中明确:"城市建设工作必须按照建设具有中国特色的社会主义的要求和对内搞活经济、对外实行开放的方针,努力同我国经济、社会发展和整个经济体制改革的进程相适应,保持一个稳定、合理的发展速度。"③ 按照具有中国特色的社会主义要求开展城市建设,首次以国家文件的形式被正式确定下来。

在推进城市改革的过程中,面对部分党员干部对城市作用及城市与经济关系认识不足的问题,以邓小平同志为主要代表的中国共产党人,对城市作用及城市与经济关系进行了较为系统的阐释。其论述具有原创性价值和意义。关于城市的作用,在《关于加强城市建设工作的意见》中,第一条内容即是"提高对城市和城市建设重要性的认识,坚持城市建设与经济协调发展"④。《意见》指出:"城市是我国经济、政治、科学、技术、文化、教育的中心,在社会主义现代化建设中起着主导作用。城市建设是形成和完善城市多种功能、发挥城市中心作用的基础性工作。"⑤ 关于城市与经济的关系,《意见》指出,"城市建设与经济建设

---

① 中共中央文献研究室编:《十三大以来重要文献选编》下,中央文献出版社2011年版,第359页。
② 《邓小平文选》第3卷,人民出版社1993年版,第135页。
③ 《关于加强城市建设工作的意见》,中国城市规划网,http://www.planning.org.cn/news/view?id=3460,2015年12月18日。
④ 《关于加强城市建设工作的意见》,中国城市规划网,http://www.planning.org.cn/news/view?id=3460,2015年12月18日。
⑤ 《关于加强城市建设工作的意见》,中国城市规划网,http://www.planning.org.cn/news/view?id=3460,2015年12月18日。

相辅相成，互相促进又互相制约。没有经济的发展，就没有城市的发展；而把城市建设好，对生产力的发展，对经济、文化、科技、教育的发展又会起到巨大的推动作用"①，"城市建设要贯彻执行量力而行的原则，一定要注意城市建设的速度和规模与本市经济发展的水平相适应"②。

除此之外，邓小平的城市改革思想还包含了建立合理城镇体系、走城市发展计划道路、搞好城市规划管理、提高城市建设效益、加强城市基础设施建设、城市要逐步简政放权、解决好城市污染问题、建设旅游城市、处理好"骨头"和"肉"的关系，③以及"城市建设是一门科学"④等诸多内容。特别是《关于加强城市建设工作的意见》中，明确指出"要正确执行'人民城市人民建'的方针"。这是"人民城市人民建"的话语阐释在党和国家的文件中首次出现。此时的"人民城市人民建"更多的是强调集中力量建设社会主义城市，发展社会主义城市经济，以城市经济发展提升国家整体实力，带有较为浓厚的城市发展理念的"物本"色彩。

党的十三届四中全会以后，以江泽民同志为主要代表的中国共产党

---

① 《关于加强城市建设工作的意见》，中国城市规划网，http：//www.planning.org.cn/news/view? id＝3460，2015 年 12 月 18 日。

② 《关于加强城市建设工作的意见》，中国城市规划网，http：//www.planning.org.cn/news/view? id＝3460，2015 年 12 月 18 日。

③ "骨头"和"肉"是邓小平在阐释"建设与积累"关系时的形象比喻。"骨头"指工业、交通建设等重大项目。"肉"指配合生产和适应职工生活需要的各种设施，如文教、卫生、商业网点、职工住宅、城市公用事业等。邓小平指出，过去我国发展积累率太高，带来了发展不平衡、不协调，住宅、城市建设、教育等方面投资过少问题。"骨头"欠"肉"的账太多。必须要用降低积累率的办法来搞点计划中缺门的东西，如教育、住宅、人民生活等方面。参见《邓小平文选》第 1 卷，人民出版社 1994 年版，第 378 页；中共中央文献研究室编《邓小平思想年编（一九七五——一九九七）》，中央文献出版社 2011 年版，第 333 页。

④ 1978 年 9 月，邓小平在听取唐山城市建设规划问题的汇报时，提出"城市建设是一门学问"的观点。他指出："现代化的城市要合理布局，一环扣一环，同时要解决好污染问题。废水、废气污染环境，也反映管理水平。现在的规划，商业网点少了，电影院也不多。新唐山的建筑要美观一点，多姿多彩，不要千篇一律。搞一两个小区后，要总结一下经验，不断改进提高。第二批要搞得很好，把美观、适用、节省结合起来。城市建设是一门学问。现在资本主义管理讲美学，讲心理学，讲绿化。美观使人感到舒适，会影响人们的情绪，这不是没有道理的。"邓小平的这些观点具有极强前瞻性，为后来城市建设提供了很好借鉴。参见中共中央文献研究室编《邓小平思想年编（一九七五——一九九七）》，中央文献出版社 2011 年版，第 171—172 页。

人，立足改革开放后我国社会主义城市发展的实际，接续推进中国特色社会主义的城市改革事业，形成了以中国城镇化道路为主线的城市发展思想。城镇化问题是现代城市发展进程必须要直面的重大问题。在改革开放后的相当长一段时间内，我们对于城镇化的认知仍然较为模糊，造成我国城镇化发展进程相对缓慢。江泽民指出："不论提城镇化还是提城市化，都要根据经济社会发展逐步推进，也就是说，我国二元经济社会结构的问题，要在工业化、信息化的进程中逐步加以解决。"① 城镇化和城市化虽一字之差，但内涵却存在差异。城镇化强调农村人口转化为城镇人口，城市化强调一个地区的人口在城镇和城市相对集中的过程。推进农村人口转化为城镇人口的"城镇化"更为符合当时我国社会发展的具体实际，也更为契合当时我国城市发展的具体实践。以江泽民同志为核心的党的第三代中央领导集体，依据当时我国城市发展的实际情况，明确指出要"走出一条符合我国国情、大中小城市和小城镇协调发展的城镇化道路"②。城镇化道路的提出，为新世纪中国特色社会主义的城镇化建设奠定了理念基础。

党的十六大以后，以胡锦涛同志为主要代表的中国共产党人，瞄准全面建成小康社会的目标契机，完善城市民生保障举措，着力提升城镇化发展水平，形成了走中国特色城镇化道路的城市发展思想。在党的十七大报告中，胡锦涛指出："走中国特色城镇化道路，按照统筹城乡、布局合理、节约土地、功能完善、以大带小的原则，促进大中小城市和小城镇协调发展。"③ 中国特色城镇化道路是我国现代化城市建设的必由之路，是党和国家必须长期坚持的城市方略。围绕中国特色城镇化道路，以胡锦涛同志为总书记的党中央，提出并实施了一系列城市发展的措施，包括构建完备的城镇体系，推进资源型城市转型升级，完善城市化布局、形态和功能，加强城市人口管理，放宽城市外来人口落户条

---

① 《江泽民文选》第3卷，人民出版社2006年版，第409页。
② 《中共中央关于制定国民经济和社会发展第十个五年计划的建议》，人民出版社2000年版，第23页。
③ 《胡锦涛文选》第2卷，人民出版社2016年版，第632页。

件，推动保障性安居工程建设，建立健全城市廉租房制度，改进和规范经济适用住房制度，夯实城市经济基础，完善城市基础设施，推进城市大气治理，改善城市人居环境，加强城市管理服务，强化农民工权益保障，加强城市中的社区、社区居委会等群众基层组织的建设及管理，构建新型城市医疗卫生服务体系，建立城市医疗救援制度，完善城市低保、城市生活无着的流浪乞讨人员救助制度，完善城市社会统筹与个人账户相结合的基本养老保险制度，调整城市供水价格，加强城市交通、供电、通信、给排水、环保、消防等基础设施建设，统筹新区开发与旧城保护，建设特色文化城市，特别是重视解决功能区过于集中、人口增长过快、土地占用过多、交通拥挤、环境恶化等"城市病"。这些措施表现出对城市民生问题的极大关注，民生保障举措越来越细化，落地性也越来越强。

党的十一届三中全会后，以邓小平同志、江泽民同志、胡锦涛同志为主要代表的中国共产党人，在推进改革开放、深化城市改革、走中国特色城镇化道路上，给我国城市发展注入了全新的动力，为中国特色城市建设提供了新的活力体制保证和快速发展的物质准备。随着改革开放持续推进，特别是社会主义市场经济的迅猛发展，多样化的市场主体参与市场经济的需求越来越强烈，市场经济发展带来的资本逻辑对我国城市发展的影响逐渐加大。当然，在改革开放和社会主义现代化建设新时期，我国城市发展受惠于资本逻辑作用的影响，取得了城镇化发展的巨大"红利"，即城市规模扩大、数量增加、人口增长，城镇化率呈现连年上升态势。与此同时，我们也要看到，我国城市发展开始遭遇资本逻辑所带来的难以克服的"城市病"，城市环境、交通、教育、医疗、卫生、基础设施建设等方面所面临的压力与日俱增。这些问题对转变城市发展思路、创新城市治理模式，尤其是对反思"物本"、回归"人本"的"人民城市"概念的提出提供了历史契机。

四　新时代城市建设与治理重要论述

"起于物本，归于人本"是人类城市发展的普遍遵循，"人"是现代化城市进程的核心和归宿。党的十八大以来，以习近平同志为核心的党中央，把握中华民族伟大复兴战略全局和世界百年未有之大变局，立足人民日益增长的美好生活需要和不平衡不充分的发展之间的社会主要矛盾，审视中国特色社会主义的城市发展历程及具体实际，确立了"以人为核心"的新型城镇化发展道路，提出了许多新时代条件下我国现代化城市建设与治理的重要论断和系列观点。习近平总书记提出的"人民城市人民建、人民城市为人民"等社会主义城市建设与治理的重要论述，是"人民城市"概念生成的主要依据。习近平在地方工作期间关于城市建设的思想与实践，对"人民城市"概念的生成起着不可或缺的重要作用。

"人民城市"概念发轫于习近平地方工作期间的城市建设实践。在福建、浙江和上海工作时，习近平提出了许多关于城市发展的新观点和新论断。这些观点和论断涉及了现代城市发展的很多层面，如城市经济与生产力发展、城市功能完善、城市个性塑造、城市历史传承等，它们凸显了习近平在城市建设战略谋划上的长远眼光和前瞻思维。1985 年，时任厦门市委党委、副市长的习近平，主持制定了《1985—2000 年厦门经济社会发展战略》。这是厦门第一个地方性中长期规划，其内容涵盖了厦门的城市发展模式、城市功能定位、城市生态保护等方面，特别是探索了厦门经济特区发展路径等重大问题，为厦门未来 15 年发展定了基调、明了方向。此战略所谋划的内容具有全局性、系统性和前瞻性，对当前人民城市建设依然具有重要的借鉴价值。1986 年 1 月，习近平在厦门市八届人大常委会第十八次会议上指出，警惕对历史文物的"建设性破坏"，"厦门是不能以这种代价（指建设性破坏）来换取其他方面发展的"[①]。防止"建设性破坏"的城市建设深度思考，为旧城改造和文化遗迹保护确立了基本遵循。

1991 年 3 月，时任福州市委书记的习近平，在三坊七巷召开的市

[①] 《习近平：像爱惜自己的生命一样保护好文化遗产》，新华网，http：//www.xinhuanet.com//politics/2015 - 01/06/c_ 1113897353.htm，2015 年 1 月 6 日。

委市政府文物工作现场办公会上指出:"评价一个制度、一种力量是进步还是反动,重要的一点是看它对待历史、文化的态度。要在我们的手里,把全市的文物保护、修复、利用搞好,不仅不能让它们受到破坏,而且还要让它们更加增辉添彩,传给后代。"① 1992 年 1 月 24 日,习近平在《福建日报》上发表了《处理好城市建设中八个关系》的署名文章。他高屋建瓴地指出,城市建设是"复杂的社会系统工程",在城市建设过程中必须要处理好八个方面的关系,即上与下、远与近、旧与新、内与外、好与差、大与小、建与管、古与今。其中,"古与今"着重阐释的是如何处理好传统历史风貌保护和现代城市建设两者之间的关系,习近平指出:"保护古城是与发展现代化相一致的,应当把古城的保护、建设和利用有机地结合起来。"② 正是因为习近平的卓越战略眼光,在福州快速发展的时期,许多重要的城市历史遗迹得以完整保存下来,为"历史文化名城"的福州名片增添了浓墨重彩的一笔。20 世纪 90 年代初,习近平主持编写了《福州市 20 年经济社会发展战略设想》,以高瞻远瞩的战略思维,科学谋划了福州未来 3 年、8 年和 20 年经济社会发展的战略部署,即"3820"福州发展战略工程。这项战略工程的具体部署涉及福州发展基础和条件、战略设想和目标、战略步骤、战略布局、战略重点与措施等,尤其是在福州城市总体规划中,包含了环境保护规划、历史文化名城保护规划、园林绿化规划、公共设施规划、城市基础设施规划等较为详尽的规划内容。《福州市 20 年经济社会发展战略设想》的思想精髓是"一张蓝图绘到底"和"一茬接着一茬干",目的是让福州的城市发展具有连续性,不因城市领导者变更而中断城市发展,凸显了习近平谋划城市发展的科学理念。

2001 年 8 月 18 日,时任福建省委副书记、省长的习近平,在《政

---

① 《闽山闽水物华新——习近平福建足迹》(下),人民出版社、福建人民出版社 2022 年版,第 480 页。
② 《习近平在福建保护文化遗产纪事:让文化遗产"在发展中保护,在保护中发展"》,中国日报中文网,http://cnews.chinadaily.com.cn/2015 - 01/08/content _ 19272349.htm,2015 年 1 月 8 日。

府该怎样为百姓服务》一文中指出:"城市社区是党和政府城市工作的基石,'基础不牢,地动山摇'。"① 社区工作是现代城市建设的基础性工作,与人民群众的生产、生活和工作息息相关,体现出习近平着眼城市基层建设,保障城市民生的策略谋划。2001年10月,福建省政协委员赴泉州、漳州视察文物和文化遗产保护工作后形成调研报告,习近平阅后作了重要批示:文物是历史的见证,保护文物就是保护历史;文物是珍贵的不可再生资源,保护文物就是促进经济和社会的可持续发展。2001年11月,习近平撰写了《加快福建城市化建设的若干思考》一文。在文中,他提出了福建城市化发展的基本思路和主要目标。在福建城市化举措上,习近平指出:"城市规划是城市建设发展的灵魂,加强城市规划是加快城市化进程的首要问题。"② 城市领导者和建设者应树立超前意识,加强城市规划,坚持超前性、战略性和系统性,保持先进性、科学性、协调性的有机统一。在加强基础设施建设上,习近平指出:"正确处理保护历史文化与建设现代化都市的关系,把握好传统与现代化和谐统一,在保护城市特有风貌的同时,加快旧城改造步伐,净化、美化城市环境,提高城市质量。"③《加快福建城市化建设的若干思考》为福建确立了"走出一条符合世界和全国经济发展趋势,具有福建特色的城市化发展道路"④。2002年4月,习近平在为《福州古厝》一书作序时写道:"保护好古建筑、保护好文物就是保存历史,保存城市的文脉,保存历史文化名城无形的优良传统"⑤,"现在许多城市在开发建设中,毁掉许多古建筑,搬来许多洋建筑,城市逐渐失去个性。在城市建设开发时,应注意吸收传统建筑的语言,这有利于保持城市的个性"⑥。这些城市发展的观点彰显出习近平对社会主义城市建设的深邃思考。

2002年11月,时任浙江省委书记的习近平,在丽水调研时指出,

---

① 习近平:《关于社会主义市场经济的理论思考》,福建人民出版社2003年版,第134页。
② 习近平:《加快福建城市化建设的若干思考》,《中国软科学》2001年第11期。
③ 习近平:《加快福建城市化建设的若干思考》,《中国软科学》2001年第11期。
④ 习近平:《加快福建城市化建设的若干思考》,《中国软科学》2001年第11期。
⑤ 习近平:《〈福州古厝〉序》,《人民日报》2019年6月8日第3版。
⑥ 习近平:《〈福州古厝〉序》,《人民日报》2019年6月8日第3版。

"要因地制宜，注重完善城市的功能，充分发挥城市的聚集辐射效应。丽水的城市功能定位要放在全省经济发展的大局中去考虑，从本地实际出发，突出山水特色，从而把丽水建成山水生态城市。"① 2002年12月，习近平在金华调研时指出，"城市化问题决不是简单的非农化问题，还有一个农民变市民的养成教育问题"②，"城市文化是城市现代化的根基，是城市的气质，是城市的灵魂。文化功能是城市的主体功能"③。他强调，"文化"是城市现代化的本质内容，在城市化推进过程中，要重视历史文脉的继承和发展，弘扬好传统文化和地方特色文化；要积极创造和培育新的城市文化资源，提升城市的文化涵养。2003年1月6日，习近平在舟山调研时指出："充分发挥'景'的优势，建设海洋旅游城市。发展海洋旅游业，既要发掘自然旅游资源，更要富有文化底蕴、注重人文精神。"④ 2003年1月14日，在浙江省宣传工作暨精神文明创建活动表彰会上，习近平强调，人民群众是精神文明创建工作的主体，是直接参与者和受益者，要以人民群众满意不满意、赞成不赞成、高兴不高兴，作为衡量创建工作成效的最高标准。2003年9月，习近平撰写了《加强西湖文化的保护》一文。他在文中指出，杭州西湖承载着独特悠久的历史，积淀着丰富深厚的文化，"对这些历史文化遗存，我们一定要保护好，利用好，传承下去，发扬光大"⑤，"杭州应在保护文化遗存、延续城市文脉、弘扬历史文化方面，发挥带头作用，做得更好"⑥。2004年5月，习近平在《让生态文化在全社会扎根》一文中指出，在城市建设中，要全面考虑建筑设计、建筑材料对城市生态

---

① 习近平：《干在实处 走在前列——推进浙江新发展的思考与实践》，中共中央党校出版社2006年版，第517页。
② 习近平：《干在实处 走在前列——推进浙江新发展的思考与实践》，中共中央党校出版社2006年版，第159页。
③ 习近平：《干在实处 走在前列——推进浙江新发展的思考与实践》，中共中央党校出版社2006年版，第508页。
④ 习近平：《干在实处 走在前列——推进浙江新发展的思考与实践》，中共中央党校出版社2006年版，第513页。
⑤ 习近平：《之江新语》，浙江人民出版社2007年版，第19页。
⑥ 习近平：《之江新语》，浙江人民出版社2007年版，第19页。

环境的影响。① 2004 年 8 月，在甬温绍舟台党建工作座谈会上，习近平指出："要从城市社区特点出发，以服务群众为重点，围绕精神文明建设、群众思想政治工作、社会治安综合治理、提高市民素质和城市文明程度来开展工作，构建城市社区党建工作新格局。"② 这是习近平在主政地方期间，首次提及城市基层党建问题，这为新时代城市基层党建提供了前期经验探索。2005 年 8 月，在中国市长开幕式致辞中，习近平指出："建设节约型城市，既是一种科学的理念，也是一项艰巨的任务。……在加快城市发展的同时相应提高城市周边区域的经济社会发展水平和资源环境承载能力，使城市化更好地适应统筹城乡经济社会发展的需要，促进城市与自然的和谐、城市与农村的和谐。"③ 2006 年 10 月，在《"文化经济"点亮浙江经济》一文中，习近平指出："善于借文化的传统打造和经营城市，保护和建设江南水乡、文化名城"④。习近平在城市工作上提出的因地制宜、社区党建、城市环境、文化名城等创新性观点，对于当前我国城市建设依然具有重要的实践启示。

2007 年 4 月，时任上海市委书记的习近平，在杨浦区调研时指出："把更多精力用到关心群众生产生活中，把更多财力投入到解决群众最关心、最直接、最现实的利益问题上"⑤。2007 年 9 月，习近平在徐汇区调研时指出："上海历史风貌的价值精华就在于 4000 多幢老建筑，如果这些老建筑消失了，上海的文脉就被切断了，历史风貌就没有了，城市特色也就没有了。对于历史风貌区要防止大拆大建，切实传承好历史文脉。"⑥ 习近平主政上海的时间虽然不长，但其提出的关于上海发展

---

① 参见习近平《之江新语》，浙江人民出版社 2007 年版，第 48 页。
② 习近平：《干在实处 走在前列——推进浙江新发展的思考与实践》，中共中央党校出版社 2006 年版，第 429 页。
③ 习近平：《干在实处 走在前列——推进浙江新发展的思考与实践》，中共中央党校出版社 2006 年版，第 193 页。
④ 习近平：《之江新语》，浙江人民出版社 2007 年版，第 232 页。
⑤ 黄尖尖：《杨浦：百年工业区奔向创新之城》，搜狐网，https://www.sohu.com/a/193454648_119707，2017 年 9 月 21 日。
⑥ 《当好改革开放的排头兵——习近平上海足迹》，人民出版社、上海人民出版社 2022 年版，第 206 页。

的系列观点,对上海产生了巨大而深远的影响。

"人民城市"概念演进于习近平到中央工作后,特别是党的十八大以来,他高度重视党的城市工作和国家城市事业发展,相继提出了诸多与城市发展密切相关的创新性观点和论断。这些观点和论断涉及以人为核心的新型城镇化、以人民为中心的发展思想等不同层面,它们贯穿于社会主义城市建设、治理与发展的各领域和全过程。2013年12月,中央城镇化工作会议在北京召开,习近平总书记就新型城镇化作了重要讲话。他指出,城镇化必须要把握住"以人为本"的原则,"推进以人为核心的城镇化",着重提高我国城镇人口素质和居民的生活质量;城镇化要坚持"生态文明"的原则,重点推进"绿色发展、循环发展、低碳发展",减少对自然的损害和干扰;城镇化要秉持"传承文化"的原则,"发展有历史记忆、地域特色、民族特点的美丽城镇"[1]。他指出,"现代化的本质是人的现代化"[2],要"把让群众生活更舒适这一理念融入城市规划建设的血脉里、体现在每一个细节中"[3]。他强调,"城市建设是一门大学问,一定要本着对历史、对人民高度负责的态度,切实提高城市建设水平"[4],"文化是城市的灵魂"[5],"传承文化不是要简单复古,城市建设会不断融入现代元素,但必须同步保护和弘扬传统优秀文化,延续城市历史文脉"[6]。针对我国城镇化推进过程中,部分城市决策者热衷于千城一面、万楼一貌的错误发展观念,习近平总书记强调:"搞城市建设也没有必要打造那么多的空头名片,城市不是靠口号建成

---

[1] 参见中共中央文献研究室编《十八大以来重要文献选编》上,中央文献出版社2014年版,第592页。
[2] 中共中央文献研究室编:《十八大以来重要文献选编》上,中央文献出版社2014年版,第594页。
[3] 中共中央文献研究室编:《十八大以来重要文献选编》上,中央文献出版社2014年版,第605页。
[4] 中共中央文献研究室编:《十八大以来重要文献选编》上,中央文献出版社2014年版,第602页。
[5] 中共中央文献研究室编:《十八大以来重要文献选编》上,中央文献出版社2014年版,第603页。
[6] 中共中央文献研究室编:《十八大以来重要文献选编》上,中央文献出版社2014年版,第604页。

的。要实事求是确定城市定位，有了符合实际的定位，才会有科学规划和务实行动，才能避免走弯路。"①

2014年3月，习近平总书记参加十二届全国人大二次会议上海代表团审议，就加强和创新社会治理的相关问题发表了重要讲话。他指出："加强和创新社会治理，关键在体制创新，核心是人，只有人与人和谐相处，社会才会安定有序。"② 在谈及城市治理和管理关系问题时，他强调："治理和管理一字之差，体现的是系统治理、依法治理、源头治理、综合施策。社会治理是一门科学，要着力提高干部素质，把培养一批专家型的城市管理干部作为重要任务，用科学态度、先进理念、专业知识去建设和管理城市。"③ 从人出发，以人为本，建构和创新城市治理体系，提升城市治理能力，是社会主义现代化城市发展的必然趋势。习近平总书记的重要讲话，为人民城市"以人为本"现代治理体系的建构指明了前进方向。

2015年2月10日，在中央财经领导小组第九次会议上，习近平总书记指出："城镇化是一个自然历史过程，涉及面很广，要积极稳妥推进，越是复杂的工作越要抓到点子上，突破一点，带动全局。推进城镇化的首要任务是促进有能力在城镇稳定就业和生活的常住人口有序实现市民化。"④ 习近平总书记的讲话所强调的中心思想是"推进城镇化，要注重以人为核心"。这是我国城镇化的本质特征。

2015年12月，中央城市工作会议在北京召开，这是继1978年3月国务院在北京召开第三次全国城市会议之后，时隔37年后召开的国家层面的城市工作会议。在此次会议上，习近平总书记就如何做好新时代

---

① 中共中央文献研究室编：《十八大以来重要文献选编》上，中央文献出版社2014年版，第602—603页。

② 中共中央党史和文献研究院编：《习近平关于城市工作论述摘编》，中央文献出版社2023年版，第77页。

③ 中共中央党史和文献研究院编：《习近平关于城市工作论述摘编》，中央文献出版社2023年版，第5页。

④ 中共中央党史和文献研究院编：《习近平关于城市工作论述摘编》，中央文献出版社2023年版，第102页。

城市工作的基本思路作了阐发。在城市工作理念层面，他指出："城市工作是一个系统工程。做好城市工作，要顺应城市工作新形势、改革发展新要求、人民群众新期待，坚持以人民为中心的发展思想，坚持人民城市为人民。这是我们做好城市工作的出发点和落脚点。"① 他强调，"城市的核心是人，关键是十二个字：衣食住行、生老病死、安居乐业。城市工作做得好不好，老百姓满意不满意，生活方便不方便，城市管理和服务状况是重要评判标准。城市管理和服务同居民生活密切相关。……全心全意为人民服务，为人民群众提供精细的城市管理和良好的公共服务，是城市工作的重头，不能见物不见人。"② 在城市生态环境层面，他指出："城市发展不仅要追求经济目标，还要追求生态目标、人与自然和谐的目标，树立'绿水青山也是金山银山'的意识，强化尊重自然、传承历史、绿色低碳等理念，将环境容量和城市综合承载能力作为确定城市定位和规模的基本依据。"③ 在城市文化传承层面，他强调，"城市是一个民族文化和情感记忆的载体，历史文化是城市魅力之关键"④，"城市建设，要让居民望得见山、看得见水、记得住乡愁。'记得住乡愁'，就要保护弘扬中华优秀传统文化，延续城市历史文脉，保留中华文化基因"⑤。在城市精神塑造层面，他指出："一个民族需要有民族精神，一个城市同样需要有城市精神。城市精神彰显着一个城市的特色风貌。要结合自己的历史传承、区域文化、时代要求，打造自己的城市精神，对外树立形象，对内凝聚人心。"⑥ 除此之外，

---

① 中共中央党史和文献研究院编：《习近平关于城市工作论述摘编》，中央文献出版社2023年版，第31页。

② 中共中央党史和文献研究院编：《习近平关于城市工作论述摘编》，中央文献出版社2023年版，第81—82页。

③ 中共中央党史和文献研究院编：《习近平关于城市工作论述摘编》，中央文献出版社2023年版，第128页。

④ 中共中央党史和文献研究院编：《习近平关于城市工作论述摘编》，中央文献出版社2023年版，第109页。

⑤ 中共中央党史和文献研究院编：《习近平关于城市工作论述摘编》，中央文献出版社2023年版，第109—110页。

⑥ 中共中央党史和文献研究院编：《习近平关于城市工作论述摘编》，中央文献出版社2023年版，第110页。

习近平总书记还强调，城市建设要尊重城市发展规律，要统筹好空间、规模、产业三大结构，提高城市工作全局性；要统筹好规划、建设、管理三大环节，提高城市工作的系统性；要统筹好改革、科技、文化三大动力，提高城市发展持续性；要统筹好生产、生活、生态三大布局，提高城市发展的宜居性；要统筹好政府、社会、市民三大主体，提高各方推动城市发展的积极性。习近平总书记在中央城市工作会议上的讲话，处处体现着人民至上的价值追求和"以人民为中心"的发展思想，为我国新时代城市工作确立了"以人为本"的根本原则和价值取向。

2016年2月，《中共中央、国务院关于进一步加强城市规划建设管理工作的若干意见》出台。《意见》主要从总体要求、强化城市规划工作、塑造城市特色风貌、提升城市建筑水平、推进节能城市建设、完善城市公共服务、营造城市宜居环境、创新城市治理方式、切实加强组织领导九大方面对我国未来城市工作进行了重点谋划。《意见》强调："牢固树立和贯彻落实创新、协调、绿色、开放、共享的发展理念，认识、尊重、顺应城市发展规律，更好发挥法治的引领和规范作用，依法规划、建设和管理城市，贯彻'适用、经济、绿色、美观'的建筑方针，着力转变城市发展方式，着力塑造城市特色风貌，着力提升城市环境质量，着力创新城市管理服务，走出一条中国特色城市发展道路。"①《意见》所阐释的"中国特色城市发展道路"，实质就是以人为核心的社会主义现代化城市道路。

2017年2月，在视察指导北京城市规划建设时，习近平总书记强调了城市规划的重要作用。他指出，"城市规划在城市发展中起着重要引领作用"②，"要放眼长远、从长计议，稳扎稳打推进"③，"城市规划建设做得好不好，最终要用人民群众满意度来衡量。要坚持人民城市为

---

① 中共中央党史和文献研究院编：《十八大以来重要文献选编》下，中央文献出版社2018年版，第183页。
② 中共中央党史和文献研究院编：《习近平关于城市工作论述摘编》，中央文献出版社2023年版，第88页。
③ 《习近平在北京考察工作时强调 立足提高治理能力抓好城市规划建设 着眼精彩非凡卓越筹办好北京冬奥会》，《人民日报》2017年2月25日第1版。

人民，以北京市民最关心的问题为导向，以解决人口过多、交通拥堵、房价高涨、大气污染等问题为突破口，提出解决问题的综合方略。要健全制度、完善政策，不断提高民生保障和公共服务供给水平，增强人民群众获得感"①。习近平总书记还对北京的历史文化传承问题进行了强调。他指出："北京历史文化是中华文明源远流长的伟大见证，要更加精心保护好，凸显北京历史文化的整体价值，强化'首都风范、古都风韵、时代风貌'的城市特色。"② 对北京城市规划的整体精准把脉，体现的正是习近平总书记"以人为本"的城市建设理念。

2019年8月，在视察兰州黄河治理兰铁泵站项目点时，习近平总书记指出："城市是人民的，城市建设要贯彻以人民为中心的发展思想，让人民群众生活更幸福。金杯银杯不如群众口碑，群众说好才是真的好。"③ 以人民为中心的发展思想，是新时代中国特色社会主义城市建设必须要一以贯之的重要思想。习近平总书记的重要讲话，寄予着社会主义城市建设、治理与发展的深厚人民情怀。

2019年11月，习近平总书记在上海杨浦滨江考察和听取上海市委、市政府工作汇报期间，就现代城市建设与治理发表了重要讲话，特别是总结提出"人民城市人民建、人民城市为人民"的重要论断。新闻理论界将这些重要论断集中概括为"人民城市重要理念"。2019年11月2日，习近平总书记调研上海杨浦滨江公共空间建设、社区治理和服务等情况。在杨浦区滨江公共空间杨树浦水厂滨江段考察时，习近平总书记指出："文化是城市的灵魂。城市历史文化遗存是前人智慧的积淀，是城市内涵、品质、特色的重要标志。要妥善处理好保护和发展的关系，注重延续城市历史文脉，像对待'老人'一样尊重和善待城市中的老建筑，保留城市历史文化记忆，让人们记得住历史、记得

---

① 中共中央党史和文献研究院编：《习近平关于城市工作论述摘编》，中央文献出版社2023年版，第33页。
② 《习近平在北京考察工作时强调 立足提高治理能力抓好城市规划建设 着眼精彩非凡卓越筹办好北京冬奥会》，《人民日报》2017年2月25日第1版。
③ 中共中央党史和文献研究院编：《习近平关于城市工作论述摘编》，中央文献出版社2023年版，第37页。

住乡愁，坚定文化自信，增强家国情怀。"① 在调研考察途中，习近平总书记强调："城市是人民的城市，人民城市为人民。无论是城市规划还是城市建设，无论是新城区建设还是老城区改造，都要坚持以人民为中心，聚焦人民群众的需求，合理安排生产、生活、生态空间，走内涵式、集约型、绿色化的高质量发展路子，努力创造宜业、宜居、宜乐、宜游的良好环境，让人民有更多获得感，为人民创造更加幸福的美好生活。"②

2019年11月3日，在听取上海市委和市政府工作汇报后，习近平总书记对上海未来发展提出了新的要求。在谈及如何提高城市治理的现代化水平时，习近平总书记指出："要统筹规划、建设、管理和生产、生活、生态等各方面，发挥好政府、社会、市民等各方力量。要抓一些'牛鼻子'工作，抓好'政务服务一网通办'、'城市运行一网统管'，坚持从群众需求和城市治理突出问题出发，把分散式信息系统整合起来，做到实战中管用、基层干部爱用、群众感到受用。要抓住人民最关心最直接最现实的利益问题，扭住突出民生难题，一件事情接着一件事情办，一年接着一年干，争取早见成效，让人民群众有更多获得感、幸福感、安全感。"③ 习近平总书记的重要讲话，为上海提升现代化治理水平指明了方向。

"人民城市"概念正式提出于2020年习近平总书记在浦东开发开放30周年庆祝大会上的讲话。2020年11月，在浦东开发开放30周年庆祝大会上，"人民城市人民建、人民城市为人民"的提法首次在重大场合被提及。习近平总书记指出："提高城市治理现代化水平，开创人民城市建设新局面。人民城市人民建、人民城市为人民。城市是人集中生活的地方，城市建设必须把让人民宜居安居放在首位，把最好的资源留给人民。要坚持广大人民群众在城市建设和发展中的主体地位，探索具有中国特

---

① 中共中央党史和文献研究院编：《习近平关于城市工作论述摘编》，中央文献出版社2023年版，第114页。

② 中共中央党史和文献研究院编：《习近平关于城市工作论述摘编》，中央文献出版社2023年版，第37页。

③ 中共中央党史和文献研究院编：《习近平关于城市工作论述摘编》，中央文献出版社2023年版，第157—158页。

色、体现时代特征、彰显我国社会主义制度优势的超大城市发展之路。"①习近平总书记还强调："推进城市治理，根本目的是提升人民群众获得感、幸福感、安全感。要着力解决人民群众最关心最直接最现实的利益问题，不断提高公共服务均衡化、优质化水平。要构建和谐优美生态环境，把城市建设成为人与人、人与自然和谐共生的美丽家园。"②"人民城市"的概念表达在习近平总书记的此次讲话中被正式提出。

"人民城市"概念的生成，是中国共产党对社会主义城市建设规律、中国城镇化发展规律、中国特色城市发展道路规律进行不懈探索的实践结果。它凝结了以习近平同志为核心的党中央探索现代化"人本"城市建设与治理的卓越智慧，彰显了新时代中国特色城市发展道路由"物本"转向"人本"的深层内涵。"人民城市"概念的提出，既为中国特色社会主义城市找到了契合国家政权属性的概念表达，又为我国社会主义现代化城市建设进程找到了揭示本质意蕴的形象阐释，更为广大人民群众找到了"城市让生活更美好"的科学内核。

第二节　人民城市理念的科学意蕴

以"人民城市人民建、人民城市为人民"为核心论断的人民城市理念，作为新时代中国特色社会主义城市发展的全新理念，既是习近平总书记关于我国社会主义现代化城市重要论述和思想的高度概括，又是习近平新时代中国特色社会主义思想在城市建设与治理领域的理念创新，更是中国共产党"人民至上"根本价值立场在城市工作维度的鲜明彰显。人民城市理念是以习近平同志为核心的党中央，科学把握我国城市发展的具体实际，牢牢立足"以人为核心"的新型城镇化道路，深刻反思人类城市发展既有模式与理念弊病，有效借鉴世界城市建设先

---

① 习近平：《在浦东开发开放 30 周年庆祝大会上的讲话》，人民出版社 2020 年版，第 10 页。
② 习近平：《在浦东开发开放 30 周年庆祝大会上的讲话》，人民出版社 2020 年版，第 11 页。

进经验，对中国特色社会主义城市进行科学性谋划、系统性重塑、整体性重构的战略产物，体现了中国共产党对社会主义城市发展客观规律的纵深探索。

人民城市理念致力于现代城市的内涵性发展，本质上是引领城市实现更好发展的科学理念，其承载的是社会主义城市发展的理性思维，回归的是社会主义城市建设的人本内核。改革开放以来的城市化进程中，我国较为注重城市规模的扩大与数量的增加，对城市内涵提升关注度不够。人民城市理念提出后，我国城市发展模式开启了由"规模数量型"向"内涵质量型"的城市更新升级。人民城市理念指引下的人民城市，强调将"以人为本"的高质量发展和精细化治理，贯穿于我国社会主义城市建设的各环节和全过程，以促进城市依据自身实际实现特色发展。从学理上探究人民城市理念的内涵、外延、本质、特征等多维度的科学意蕴，对于人民城市理念真谛的认知和人民城市理论的建构将大有裨益。

一　人民城市理念的内涵

人民城市理念作为以"人为中心"的社会主义现代化城市建设与治理理念，构成马克思主义唯物史观在中国共产党城市工作维度的实践理念。人民城市理念主张城市发展的人民逻辑，批判城市发展的资本逻辑，从根本上确立了人民群众在社会主义城市发展过程中的历史主体地位和作用。人民城市理念自身的丰富内涵主要有四个层面：统筹兼顾是人民城市理念的规律遵循，人民至上是人民城市理念的价值旨向，人民建设是人民城市理念的实践主体，人民满意是人民城市理念的评价准则。人民城市理念以鲜明的人民逻辑，赋予了中国特色社会主义城市道路的"人本"内蕴、"人民"特质和"人文"情怀，彰显了以习近平同志为主要代表的中国共产党人对社会主义现代化城市发展道路的深邃思考和科学判断。

其一，统筹兼顾是人民城市理念的规律遵循。人民城市理念指导下的人民城市工作，是一项涉及现代城市治理、城市经济发展、基础设施建设、居民日常生活等诸多复杂层面的系统工程，推进该系统工程需要建立在把握城市发展统筹兼顾客观规律的基础之上。习近平总书记指出，"城市发展是一个自然历史过程，有其自身规律"[①]，"城市工作要树立系统思维，从构成城市诸多要素、结构、功能等方面入手，对事关城市发展的重大问题进行深入研究和周密部署，系统推进各方面工作"[②]。运用系统思维协调好不同层面的城市关系，理顺众多维度的城市职能，满足差异多样的群众需求，实现人民城市建设与治理各项实践的统筹兼顾，构成人民城市理念必须要遵循的客观规律。习近平总书记强调："城市工作中出现这样那样问题，归根到底是没有充分认识和自觉顺应城市发展规律。"[③]

统筹兼顾的人民城市理念规律遵循，本质上反映的是社会主义城市建设与发展的方法论，考验的是中国共产党的现代城市治理能力与治理水平。长期以来，党和政府的城市工作，大多围绕城市经济增长、产业增加、楼房增多等经济性硬指标，而对城市其他方面的工作关注较少，且在实际推进过程中存在各自为政、彼此割裂的情况，城市工作的系统性和整体性欠缺，城市内部发展的不均衡现象突出。为了补齐我国城市工作在系统性和整体性方面存在的短板，习近平总书记运用战略思维、系统思维和整体思维，深化了对城市建设与发展规律的认知，尤其是提出了新时代条件下统筹兼顾的城市治理新策略。他指出："治理和管理一字之差，体现的是系统治理、依法治理、源头治理、综合施策。"[④]系统治理、依法治理、源头治理和综合施策，正是统筹兼顾的现代城市治理实践的基本要求。

在人民城市理念实践过程中把握好统筹兼顾的客观规律，还要注重

---

① 中共中央党史和文献研究院编：《习近平关于城市工作论述摘编》，中央文献出版社2023年版，第31页。
② 中共中央党史和文献研究院编：《习近平关于城市工作论述摘编》，中央文献出版社2023年版，第79页。
③ 中共中央党史和文献研究院编：《习近平关于城市工作论述摘编》，中央文献出版社2023年版，第31页。
④ 中共中央党史和文献研究院编：《习近平关于城市工作论述摘编》，中央文献出版社2023年版，第5页。

以下四个层面。(一)历史与时代的统一。任何城市发展都有自身的历史和独特的时代要求,要将两者进行统筹,更好发挥城市优势,赶上时代潮流。(二)继承与创新的统一。城市发展进程具有内在连续性,要将继承与创新很好结合起来,推动城市有序发展。(三)局部与整体的统一。城市建设既要重视城市整体,科学谋划、整体推进,又要搞好局部,抓住重点、主次协调,在动态平衡中处理好局部与整体的关系。(四)生产与生活的统一。城市作为经济发展的重要承载空间,经济发展的目的是为群众生活服务,城市应该努力协调好生产与生活的关系,实现两者的综合平衡。统筹兼顾的人民城市理念规律遵循,最终指向的是在城市建设与发展过程中,实现好、维护好、发展好最广大人民群众的根本利益。

其二,人民至上是人民城市理念的价值旨向。人民至上作为中国共产党"以人民为中心"发展思想的精髓要义和本质特征,构成人民城市理念的根本价值旨向。《中共中央关于党的百年奋斗重大成就和历史经验的决议》中指出:"党的根基在人民、血脉在人民、力量在人民,人民是党执政兴国的最大底气。"[①] 中国共产党在百年奋进征程中,能够建立同人民群众之间的血肉联系,能够得到人民群众的真心拥护,最重要的经验就是捍卫人民群众的根本利益,时刻做到人民至上。人民至上已经熔铸成为中国共产党治国理政的价值信仰,在社会主义城市建设与治理过程中同样也不例外。坚持人民至上是人民城市理念的价值出发点和价值落脚点,它体现的是中国共产党矢志不渝的"民本"价值追求。"人民城市为人民"就是中国共产党坚持人民至上价值旨向的最鲜活话语表达。

在我国现代化城市建设与治理领域,"人民城市为人民"的话语真谛就是中国共产党在城市工作维度坚持人民至上的政治誓言。"人民城市为人民"不仅表明了社会主义现代化城市是属于人民的,而且诠释

---

① 《中共中央关于党的百年奋斗重大成就和历史经验的决议》,人民出版社2021年版,第66页。

了社会主义现代化城市是服务人民的，它从根本上回答了社会主义城市"属于谁"和"为了谁"的重要问题。习近平总书记指出："城市的核心是人，关键是十二个字：衣食住行、生老病死、安居乐业。"① 坚持人民至上的价值旨向，就要秉持"时时为了人民、事事为了人民"的城市工作原则，把人民群众最关心、最迫切、最棘手的事情办好，不断提升现代城市服务于人民群众生产与生活的水平，让城市真正变成人民群众安居乐业的家园。正如习近平总书记所强调的："全心全意为人民服务，为人民群众提供精细的城市管理和良好的公共服务，是城市工作的重头，不能见物不见人。"②

习近平总书记是人民城市理念重要论断的直接提出者，人民至上的价值旨向凝聚着他个人深厚的人民情怀。无论是在地方工作期间，还是到中央工作之后，习近平总书记的心中始终装着人民，始终将人民群众的利益放在治国理政的最高位置。2014年2月，在接受俄罗斯电视台专访时，他说道，"我的执政理念，概括起来说就是：为人民服务，担当起该担当的责任"③；2019年3月，在会见意大利众议长菲科时，他说道，"我将无我，不负人民。我愿意做到一个'无我'的状态，为中国的发展奉献自己"④；2021年7月，在庆祝中国共产党成立100周年大会上，他说道："江山就是人民、人民就是江山，打江山、守江山，守的是人民的心"⑤。习近平总书记深沉而真挚的人民情怀，已经贯穿于新时代治国理政事业的全过程和各环节，为人民城市理念人民至上的价值灵魂塑造提供了情感支撑。

其三，人民建设是人民城市理念的实践主体。唯物史观认为，人民群众是历史发展的决定力量，任何事业都要依靠人民群众来实现。党的

---

① 中共中央党史和文献研究院编：《习近平关于城市工作论述摘编》，中央文献出版社2023年版，第81页。
② 中共中央党史和文献研究院编：《习近平关于城市工作论述摘编》，中央文献出版社2023年版，第82页。
③ 《习近平谈治国理政》第1卷，外文出版社2018年版，第101页。
④ 《习近平谈治国理政》第3卷，外文出版社2020年版，第144页。
⑤ 《习近平谈治国理政》第4卷，外文出版社2022年版，第9页。

十九大报告指出:"人民是历史的创造者,是决定党和国家前途命运的根本力量。"① 中华民族实现站起来、富起来到强起来的伟大飞跃,中华民族伟大复兴进入不可逆转的历史进程,离不开中国共产党的正确领导和人民群众创造历史的伟大力量。中国共产党百年奋斗历程已经证明:一切依靠人民、为人民执政是党和国家事业取得接续性胜利的重要法宝。人民建设作为人民城市理念的实践主体,就是要紧紧依靠人民群众,尊重人民群众主体地位,发挥人民群众首创精神,将人民群众创造历史的伟大力量凝聚到社会主义城市建设上来,推进中国特色社会主义城市不断向前发展。"人民城市人民建"就是中国共产党尊重人民群众历史主体地位的鲜明表达。

在我国现代化城市建设与治理领域,"人民城市人民建"集中体现了我国城市建设的人民主体性,它从根本上回答了社会主义城市"依靠谁"和"谁来建"的重要问题。加拿大著名学者简·雅各布斯(Jane Jacobs)在《美国大城市的死与生》一书中指出:"只有当所有人都是城市的创造者时,城市才有可能为所有人都提供一些东西。"② 人民群众成为城市创造者,即人民主体性在城市维度的实现,依靠的是广泛的人民群众参与。社会主义城市存在的最大价值在于满足人民群众的现实需要。人民群众的现实需要如何在城市发展过程中得到满足,唯一的途径就是动员人民群众参与到城市建设与治理的实践中来。人民城市理念强调人民建设的实践主体,目的是促使人民群众回归城市发展的主体地位,让人民群众更好参与城市的建设与治理,在共建与共治的基础之上实现城市发展成果的共享。

坚持人民建设的实践主体,必须要建立健全人民群众参与城市建设与治理的民主机制,这是人民建设实践主体作用发挥的关键条件。长期以来,在我国城市发展过程中,人民群众并非没有参与城市建设与治理

---

① 习近平:《决胜全面建成小康社会 夺取新时代中国特色社会主义伟大胜利——在中国共产党第十九次全国代表大会上的报告》,人民出版社2017年版,第21页。
② [加]简·雅各布斯:《美国大城市的死与生》,金衡山译,译林出版社2020年版,第280页。

的意愿，但受制于原有民主参与机制的不健全，人民群众无法真正享有城市决策的参与权，这势必造成政府部门关于城市发展的战略决策同人民群众期望之间存在差距，人民群众参与城市建设的积极性、主动性没有办法发挥出来。2019年习近平总书记在上海长宁古北市民中心考察时指出："人民民主是一种全过程的民主，所有的重大立法决策都是依照程序、经过民主酝酿，通过科学决策、民主决策产生的。"[①] 作为中国特色社会主义民主道路内涵的最新发展，习近平总书记关于全过程人民民主的简明阐释，为人民群众参与城市建设与治理的民主机制建设提供了思想指引。

其四，人民满意是人民城市理念的评价准则。人民群众满意不满意、赞成不赞成、高兴不高兴，是衡量中国共产党全部工作成效的最高准则。习近平总书记指出，"人民对美好生活的向往，就是我们的奋斗目标"[②]，"努力让人民群众的获得感成色更足、幸福感更可持续、安全感更有保障"[③]。城市建设与治理实践与人民群众生活息息相关，党和国家城市工作的具体成效，在人民群众的日常生活中往往能够直接反映出来。城市工作做得好，人民群众生活水平能够提升；城市工作有短板，人民群众生活水平则受影响。实现人民满意是中国共产党城市工作的最终目标和评价标准。在城市工作中实现人民满意，意味着城市工作要让人民生活变得更加美好，特别是要持续提升人民群众在城市中的幸福感、获得感和安全感。

在我国现代化城市建设与治理领域，人民满意的人民城市理念评价准则，集中体现了中国共产党致力于城市发展的"人本"实践原则，它从根本上回答了社会主义城市"谁来评"和"如何评"的重要问题。习近平总书记指出，"生活过得好不好，人民群众最有发言权"[④]，"金

[①] 中共中央党史和文献研究院编：《习近平关于尊重和保障人权论述摘编》，中央文献出版社2021年版，第25页。
[②] 中共中央党史和文献研究院编：《习近平关于城市工作论述摘编》，中央文献出版社2023年版，第3页。
[③] 《习近平著作选读》第2卷，人民出版社2023年版，第139页。
[④] 《习近平著作选读》第2卷，人民出版社2023年版，第139页。

杯银杯不如群众口碑，群众说好才是真的好"①，"城市的核心是人，城市工作做得好不好，老百姓满意不满意、生活方便不方便，是重要评判标准"②。人民群众作为人民城市的直接参与者和受益者，最有资格和权利去评判城市发展的具体成效。人民群众对于城市建设成效的评价，是党和国家城市工作的一面"镜子"。人民群众满意的地方是城市工作需要继续保持的地方，人民群众不满意的地方是城市工作需要改进的地方。党和国家能够通过人民群众评价这面"镜子"，及时发现城市工作中存在的不足，进而完善城市工作的战略策略，增强城市工作的具体实效，让人民群众的满意度得以不断提升。

二 人民城市理念的外延

人民城市理念的外延是人民城市理念科学意蕴的重要构成。人民城市理念作为以人为核心旨要，面向我国城市现有困境和未来前景，致力于使城市实现更好发展的理念，其自身既含有展望城市未来发展的建设性创见内涵，又含有消除城市现有弊病的批判性反思外延。人民城市理念并非要给我国城市发展提供一种现成的可供直接实践的理想城市模型，而是通过城市发展的战略理念谋划，尽可能将更多人性化元素融入城市发展的顶层设计、运营管理等环节和过程，最大限度实现和提升城市居民的福祉。依据当前我国城市发展的具体实际，人民城市理念的外延至少涵盖城市有机更新、人文城市转向、软硬实力协调、善治重心下移四个主要维度。正确把握人民城市理念的外延，能够更好地为城市发展提供人性化思考与实践智慧启迪。

其一，城市有机更新。城市有机更新是人类城市发展的一种主流趋势，它代表城市化过程中对城市的部分维度或领域进行重构和重塑，这契合了人类城市发展的客观规律和发展需求。城市有机更新强调城市作

---

① 中共中央党史和文献研究院编：《习近平关于城市工作论述摘编》，中央文献出版社2023年版，第37页。

② 中共中央党史和文献研究院编：《习近平关于城市工作论述摘编》，中央文献出版社2023年版，第40页。

为完整统一的有机整体，城市建设者要对那些已经无法适应城市发展新形势、新任务、新需要的构成要素，适时有序进行有计划的改善和提升。①城市有机更新绝不是传统意义上简单地对城市已有的房屋、公园、广场等建筑设施进行推倒重建，其包含两个层面：第一，涉及城市建筑实体、基础设施、产业塑造等城市物质环境；第二，涉及生态改善、文化传承、情感依赖等城市精神环境。相较于前者来说，城市精神环境的重塑与重构是许多国家城市化进程后期的工作重点。习近平总书记指出："城市是生命体、有机体，要敬畏城市、善待城市"②。城市有机更新正是基于城市发展客观规律，在实践中做到敬畏城市和善待城市的重要途径。

我国的城市有机更新更加注重基于场地的历史和文化底蕴的城市整治改善与城市保护，其内在体现的是以人为本的根本原则，客观上契合了社会主义城市建设的阶段性需求。2021年4月国家发展改革委印发的《2021年新型城镇化和城乡融合发展重点任务》③，2021年8月在

---

① 1958年8月，在荷兰召开的第一次城市更新研讨会上，与会专家对城市更新作了说明：生活在城市中的人，对于自己所居住的建筑物、周围的环境或出行、购物、娱乐及其他生活活动有各种不同的期望和不满。国外学界对城市有机更新的内涵阐释有多个视角，如丹麦著名建筑师卡斯滕·波尔松（Karsten Påolsson）在《人本城市：欧洲城市更新理论与实践》（*Public Spaces and Urbanity: How to Design Humane Cities*）一书中认为：城市无论如何更新，都必须要为良好、安全的生活提供支撑和便利，人们可以在公共场所聚会，这为建立一个充满活力和宽容的民主社会提供了基础。安德鲁·塔隆（Andrew Tallon）在《英国城市更新》（*Urban Regeneration in the UK, 2nd Edition*）一书中认为：城市更新是多方面的，每个城市都应该有自己的更新主题，每个时代都赋予城市更新的使命，人们要做的就是根据时代所需和居民所求开展城市的更新实践。国内学界较早关注城市更新的学者是陈占祥，他在20世纪80年代开始研究城市更新相关问题。陈占祥将城市更新同生物的"新陈代谢"的过程进行对比。20世纪90年代吴良镛院士提出，城市更新是有机更新指导下的保护与发展，尊重城市历史、顺应城市肌理，采用适当的规模、合理的尺度，严格制定改造内容和要求，主要目标是对城市历史环境的有机更新。

② 中共中央党史和文献研究院编：《习近平关于城市工作论述摘编》，中央文献出版社2023年版，第159页。

③ 《2021年新型城镇化和城乡融合发展重点任务》中明确提出：实施城市更新行动。在老城区推进以老旧小区、老旧厂区、老旧街区、城中村等"三区一村"改造为主要内容的城市更新行动。加快推进老旧小区改造，2021年新开工改造5.3万个，有条件的可同步开展建筑节能改造。在城市群、都市圈和大城市等经济发展优势地区，探索老旧厂区和大型老旧街区改造。因地制宜将一批城中村改造为城市社区或其他空间。参见《国家发展改革委关于印发〈2021年新型城镇化和城乡融合发展重点任务〉的通知》。

《住房和城乡建设部关于在实施城市更新行动中防止大拆大建问题的通知》[①]等文件中,对我国现阶段城市更新工作进行了明确要求。中央指出,我国城市更新不是传统意义上增量式的大拆大建,而是小规模、渐进式的有机更新和微改造,意在从人民群众生产、生活等实际需求视角,加强城市修缮改造,补齐城市发展短板,完善城市主体功能,增强城市发展活力,提升城市建设内涵。这些城市有机更新的原则、举措和目的,内在契合了人民城市理念"以人为本"的思想内核。

其二,人文城市转向。纵览人类城市发展史,以工业化带动城镇化,以现代化引领城市化,继而走向城市发展的人文化、人本化,这是包括我国在内的许多国家推进城市建设与发展的主要策略。当一个国家城镇化率处于较低水平,特别是城市各项硬件设施尚待大量建设时,与城市发展的人文主义相比,城市发展的形体主义是具有绝对权威和巨大魅力的。城市发展的形体主义,强调城市的物质建设和扩容,集中表现于城市的规模、数量、等级及人口等方面,其在本质上回应的是城市自身这个"物",或者是对于城市这个"物"的狂热追求。在城市化早期和中期,城市发展的形体主义能够迅速提升城镇化率,但不可避免地会给城市发展带来严重的"空心化"。所谓的"空心化",并不意味着城市所营造的庞大物质空间的消亡,而是指对物质空间的过度追捧,造成城市精神空间的极度匮乏。

当人类过于追求事物发展其中一面时,就注定事物发展的另外一面是被忽略甚至是被漠视的。对于城市发展形体主义的过度关注,往往造成城市发展人文主义的丧失,两者的不均衡、不同步成为人类城市发展无法绕开的"魔咒"。城市物质空间的逐渐充盈,并不能带来城市精神空间的日渐满足。城市发展形体主义的持续泛滥,必定引发城市"人

---

① 《住房和城乡建设部关于在实施城市更新行动中防止大拆大建问题的通知》中指出:实施城市更新行动是党的十九届五中全会作出的重要决策部署,是国家"十四五"规划《纲要》明确的重大工程项目。实施城市更新行动要顺应城市发展规律,尊重人民群众意愿,以内涵集约、绿色低碳发展为路径,转变城市开发建设方式,坚持"留改拆"并举、以保留利用提升为主,加强修缮改造,补齐城市短板,注重提升功能,增强城市活力。《通知》对城市更新过程中应遵循的主要原则进行了简要说明。

文"灵魂的游离，注定造成人对城市的逃离，这是许多发达国家城市化进程中的前车之鉴。城市发展的形体主义能够给城市发展带来短暂的动力，而城市发展的人文主义却能够给城市发展带来长久的活力。城市发展的形体主义带来了人与城市之间的割裂感，而城市发展的人文主义却能够弥合人与城市之间的割裂感。城市发展的形体主义对"物"的回应，并不能真正替代城市发展的人文主义对"人"的关注，人文城市转向成为城市发展的必然遵循。

习近平总书记指出，"城市的核心是人"[①]，"文化是城市的灵魂"[②]。人与文化是城市发展的重要元素，两者密切联系在一起。城市有了人文内涵，才会有核心和灵魂，人文是城市内涵的真正归宿。从这个意义上而言，人文城市即人与文化共存与相生的城市。当城市发展到一定历史阶段时，人对文化的需求要远远超越对于物质的渴望，这是人类城市发展的特定规律。物质能够吸引人进入城市，而不能决定人能够留在城市。人对城市的认同感和依赖感，大部分来自城市所内蕴的独特文化带给人的精神世界的满足。城市文化所形成的强大精神慰藉，才是人真正愿意留在城市的决定性条件。人文城市的转向，恰恰回应了城市物质在满足人的需求之后，人对于城市精神和城市文化的渴盼。换而言之，人文城市转向，更多回应了人的时代性发展内涵，这与人民城市理念的人性化思想焦点是相通的。

其三，软硬实力协调。城市建设与发展的过程，即城市综合实力提升的过程。城市实力作为彰显和衡量城市发展水平的重要指标，其主要由硬实力和软实力两大维度构成。城市硬实力指城市综合实力的硬性指标，主要涵盖城市的经济总量、财政收入、硬件设施等要素；城市软实力指城市综合实力的柔性指标，主要涵盖城市的人文环境、文化素养、体制机制等要素。城市硬实力是有形的，一般体现为数据、指标等可量

[①] 中共中央党史和文献研究院编：《习近平关于城市工作论述摘编》，中央文献出版社2023年版，第81页。

[②] 中共中央党史和文献研究院编：《习近平关于城市工作论述摘编》，中央文献出版社2023年版，第99页。

化的标准；城市软实力是无形的，不容易进行量化评估，但却影响着城市发展质量的好坏。在城市发展进程的很长时间内，城市硬实力因量化性强而容易受到重视，城市软实力因量化性弱而极易被弱化，以硬实力替代软实力的现象十分普遍，这是我国城市发展长期存在的非理性状态。未来具有发展潜力的城市，理应是硬实力与软实力相互结合、有序协调、共荣共生的城市。

伴随我国"以人为核心"新型城镇化进程的快速推进，特别是"以人为本"现代化城市建设的日渐成熟，城市软实力的影响与作用愈加突出，受关注度也越来越高。城市软实力作为城市发展影响力和竞争力的"代名词"，常常体现为城市的社会凝聚力、政府执行力、文化感召力、生态改善力、环境塑造力、商务吸引力、教育发展力、科技支持力、参与协调力等众多不同领域的实力，这些软实力通常能够反映出城市的自身魅力、未来潜力、人心凝聚力等城市发展样态。习近平总书记指出，"城市建设要以自然为美，把好山好水好风光融入城市，使城市内部的水系、绿地同城市外围河湖、森林、耕地形成完整的生态网络"[1]，"要让居民望得见山、看得见水、记得住乡愁"[2]，"提升城市环境质量、人民生活质量、城市竞争力"[3]。习近平总书记对望得见山、看得见水、记得住乡愁、人民生活质量、城市竞争力等方面的强调，反映的正是对生态改善力、环境塑造力、文化传承力、城市竞争力等城市软实力的重视。

其四，善治重心下移。善治即优良的治理，现代治理的指向是善治。善治不同于传统意义上的单一主体治理，它既强调公共事务处理过程中不同治理主体之间的良好合作关系，又注重治理实践过程中的人性化治理和人文性关怀。社会实现善治的过程，就是最大限度确保公共利

---

[1] 中共中央党史和文献研究院编：《习近平关于城市工作论述摘编》，中央文献出版社2023年版，第129页。

[2] 中共中央党史和文献研究院编：《习近平关于社会主义精神文明建设论述摘编》，中央文献出版社2022年版，第219页。

[3] 中共中央党史和文献研究院编：《习近平关于城市工作论述摘编》，中央文献出版社2023年版，第30页。

益实现的过程。善治存在的最大价值在于打破传统治理模式中政府"一家独大"、大权独揽、权威至上的局面，建构不同治理主体之间协同共治、有序协调的治理机制。城市善治是善治理念在城市维度的具体化，它指城市治理的国家和政府权力向社会和民众的渐次回归。推进城市实现善治的过程，就是城市建设与治理赋予人民群众更多参与权利的过程。城市善治作为多元治理模式，其目的是凝聚人民群众对于城市建设与治理的高度认同，满足人民群众对于城市发展的利益需求，实现城市发展服务人民群众的功能。

城市善治强调在城市治理实践过程中，通过民主化的参与程序和制度设计，让人民群众能够充分享有治理参与的各项权利，进而实现和维护人民群众的公共利益。城市善治实现的关键在于建构各方主体广泛参与、公共利益协调推进的民主治理共同体。习近平总书记指出："统筹政府、社会、市民三大主体，提高各方推动城市发展的积极性。……要坚持协调协同，尽最大可能推动政府、社会、市民同心同向行动，使政府有形之手、市场无形之手、市民勤劳之手同向发力。"[①] 对政府、社会和市民三大城市建设主体力量的协调，正是推进城市治理共同体建构进程的体现。党的十八大以来，我国城市发展由原来的政府单方管理模式转向政府、社会和市民多方共治探索，这不仅是中国特色社会主义制度优势转化为城市治理效能的鲜明彰显，还是我国城市现代善治体系和模式的巨大进步。

三 人民城市理念的本质

古语曰："城，所以盛民也。"人是城市发展的永恒主题。自人类城市诞生，任何城市理念都离不开人，所有城市建设都围绕着人，城市实践在根本上是人的实践，城市存在的根本目的是人。城市对人的关注并不是抽象意义上的人，而是现实维度的人。"人"的理性内涵有两大

[①] 中共中央党史和文献研究院编：《十八大以来重要文献选编》下，中央文献出版社2018年版，第91页。

维度，即客体的人和主体的人，两者之间是有机统一的整体，其中任何一方的缺失，在实践层面都不是真正意义上的"现实的人"，都可能造成人在城市发展过程中的异化现象。"人民城市人民建、人民城市为人民"的人民城市理念，既将人视为客体作为城市建设的工具和手段，又将人视为主体作为城市发展的目的和价值，避免了社会主义现代化城市建设过程中主体的人和客体的人的割裂，在本质上实现了对"人"的理性的回归。

对"人"的理性的正确理解，是把握人民城市理念中"以人为中心"的关键。马克思在《关于费尔巴哈的提纲》中对人的本质进行了揭示。他认为："人的本质不是单个人所固有的抽象物，在其现实性上，它是一切社会关系的总和。"[①] 在马克思看来，对人的理解不能局限于抽象的探讨层面，应从现实的实践层面即社会关系中来把握人，这是理解"现实的人"的科学路径。人类所有的历史都是"现实的人"的历史，"现实的人"是人能够成为历史创造者的前提条件。马克思在《哲学的贫困》中，从历史唯物主义的视角对人作了进一步阐释。他指出："把这些人既当成他们本身的历史剧的剧作者又当成剧中人物"[②]。在马克思的理解中，人是历史的剧作者，揭示出人是历史的主体；人是历史的剧中人，揭示出人是历史的客体。就此而言，"现实的人"是人作为历史主体和历史客体的有机统一体。在社会历史实践中，客体的人与主体的人构成"现实的人"的两个维度，客体的人与主体的人的辩证统一构成"人"的理性本真内涵。在"现实的人"的统一体中，客体的人是历史发展的工具，主体的人是历史发展的目的，两者紧密结合在一起才是真正的"现实的人"的历史。无论是客体的人抑或是主体的人，他们之间只是属性视角的不同，地位并无高低之别，都需要在历史实践中得到重视。

客体的人和主体的人作为"现实的人"的理性有机构成，作为推

---

① 《马克思恩格斯选集》第1卷，人民出版社2012年版，第139页。
② 《马克思恩格斯选集》第1卷，人民出版社2012年版，第227页。

动人类历史进步的不可或缺的重要动力，具化在城市发展维度有着特殊的意蕴。在城市发展过程中，客体的人是城市建设与治理的手段载体，他内在彰显的是作为城市发展的工具理性；主体的人是城市建设与治理的目的载体，他内在凸显的是作为城市发展的价值理性。在城市存在的层面，"人"的理性是客体的人的工具理性与主体的人的价值理性的相统一。具体来说，客体的人的工具理性，指在城市发展过程中人被作为城市建设与治理的客体而存在，即城市视"现实的人"为客体性的工具。城市发展需要"现实的人"不断发挥积极性、主动性和创造性，以实现城市经济总量增加、规模数量扩大、基础设施完善等硬性指标。这时候客体的人在城市发展过程中仅仅充当工具媒介或手段载体，城市自身是城市发展的目的，"现实的人"被物化成客体存在，客体的人和主体的人内在是割裂的。主体的人的价值理性，指在城市发展过程中人被作为城市建设与治理的主体而存在，即城市视"现实的人"为价值性的目标。城市发展将"现实的人"的生活需求、发展需要等作为目的追求，以增加城市的温度、人情味、市井气和烟火气等柔性指标。主体的人在城市发展过程中充当的是价值原则和目的遵循。这时候城市自身发展不再是终极价值追求，"现实的人"被作为主体而成为终极价值追求。

科学的城市理念应是致力于客体的人和主体的人在城市发展进程中形成统一的理念，而不应是主张客体的人或主体的人其中一方面发展的偏颇想法。随着城市现代化进程的持续发展，只注重客体的人而忽略主体的人的城市发展，会逐渐丧失掉城市发展的动力来源，城市的发展终将会迷失方向；只注重主体的人而忽视客体的人的城市发展，会从根本上陷入城市发展的空谈，城市的发展终将面临危机。纵观资本主义城市发展史和社会主义城市发展史，都存在着城市发展重视客体的人、忽视主体的人的发展理念短板。资本主义城市发展遵从的是资本逻辑，资本家将城市整体系统视作资本增殖的工具，而作为城市系统重要元素构成的"现实的人"，不可避免地被当作资本增殖的手段，即帮助资本家赚取利润和建设城市的劳动工具。"现实的人"在资本主义国家是被城市发展的资本逻辑所"物化"的客体，除少数资本家之外的大多数"现实的人"在城市中是被漠视的。这也就不难理解，当资本主义经济遭遇危机时，城市危机便会随之而来。此种城市危机主要缘于作为客体的人无法在城市发展的资本逻辑中正常发挥作用，或者说是客体的人不再具备资本增殖的工具价值。客体的人的资本增殖工具价值，才是资本主义城市发展真正关心的地方。资本主义城市对主体的人的偶尔满足，只是资本家想穷尽客体的人的工具价值的权宜之计，绝非城市发展的实践目标旨向。

社会主义城市发展遵从的是人民逻辑，人民逻辑的最大优势是在城市发展的过程中始终着眼于"现实的人"。虽然在社会主义城市发展的不同阶段，客体的人和主体的人受关注度略有不同，但内在却并未割裂客体的人和主体的人的统一性。社会主义城市建设的初期，特别是在大规模推进城镇化的阶段，社会主义城市发展对客体的人的工具理性的重视程度，远远超过对主体的人的价值理性的重视程度。当然，重视人的工具理性在城市发展中的作用本身并没有问题，因为任何城市在谋求发展的初期，尤其是城市现代化水平整体不高的情况下，运用"现实的人"的工具理性来促进城市发展，这是唯一可行的路径。不可否认的是，社会主义城市在重视人的工具理性的同时，极易造成人的价值理性的缺失，或者给人以造成缺失的假象。在我国城镇化过程中因重视人的工具理性，而出现了城市发展的"物本"倾向，"唯GDP"的城市政绩观一度占据城市发展评价指标的主流，"人城分离"的状态也逐渐显现出来。其实，在重视客体的人的工具理性的同时，社会主义城市发展并未忽略掉主体的人的价值理性。在城市发展水平有限的情况下，过度追求主体的人的价值理性是缺乏物质保障的。随着城市发展水平的提升，主体的人的价值理性与客体的人的工具理性会逐渐回归到均衡发展的轨道上来。社会主义城市不会割裂主体的人和客体的人，不会成为"现实的人"异化的"温床"。

资本主义城市以追求"现实的人"的工具理性为终极目标，社会主义城市以追求"现实的人"的价值理性为终极目标，两者之间存在着根本性差异。这种差异性内在缘于城市的决策者并未真正搞清楚"城市谁来建设"和"城市为谁建设"两大根本性问题,因而在城市发展的一定历史阶段产生了对客体的人和主体的人及他们之间关系的认知局限。总览我国社会主义城市发展七十余年历程,在"城市谁来建设"和"城市为谁建设"这两大问题上,党和国家坚持人民群众参与和为了人民群众的原则、立场和方针是一贯的。但由于不同历史时期我国社会主要矛盾的不同,在城市发展维度对客体的人和主体的人两者关系平衡的认知上出现了差异。新中国成立后,我国社会的主要矛盾"已经是人民对于建立先进的工业国的要求同落后的农业国的现实之间的矛盾,已经是人民对于经济文化迅速发展的需要同当前经济文化不能满足人民需要的状况之间的矛盾"①,这个矛盾决定了此时的城市建设更为注重"城市谁来建设"所彰显的客体的人。改革开放之后,我国社会的主要矛盾是"人民日益增长的物质文化需要同落后的社会生产之间的矛盾"②,这个矛盾决定了此时的城市建设注重"城市谁来建设"所彰显的客体的人同时,开始兼顾"城市为谁建设"所彰显的主体的人。进入新时代以来,我国社会的主要矛盾转变为"人民日益增长的美好生活需要和不平衡不充分的发展之间的矛盾"③,这个矛盾决定了我国城市建设开启了更为重视"城市为谁建设"所彰显的主体的人,并更好处理客体的人与主体的人两者之间关系的城市发展新阶段。

"人民城市人民建、人民城市为人民"的人民城市理念,是习近平总书记立足我国社会主要矛盾的变化,在城市发展维度平衡客体的人和主体的人两者之间关系的科学理念,它为新时代我国社会主义"人本"城市建设回归"现实的人"提供了理念支撑。在人民城市理念的逻辑内涵体系中,"人民城市人民建"指向客体的人,即"现实的人"在人

---

① 中共中央文献研究室编:《建国以来重要文献选编》第9册,中央文献出版社2011年版,第293页。
② 中共中央文献研究室编:《三中全会以来重要文献选编》下,中央文献出版社2011年版,第168页。
③ 习近平:《决胜全面建成小康社会 夺取新时代中国特色社会主义伟大胜利——在中国共产党第十九次全国代表大会上的报告》,人民出版社2017年版,第11页。

民城市建设中的工具理性；"人民城市为人民"指向主体的人，即"现实的人"在人民城市建设中的价值理性。在人民城市理念的整体意蕴中，主体的人与客体的人统归于"现实的人"的有机整体，主体的人的价值理性与客体的人的工具理性统归于"人"的理性的有机整体。在我国城市发展的新时代条件下，主体的人和客体的人虽是统一的，但人民城市理念更为强调前者，即主体的人的价值理性相较于客体的人的工具理性更为重要，主体的人的价值理性在我国社会主义现代化城市建设实践中表现得也更加突出。

客体的人的工具理性让城市变得强大，主体的人的价值理性让城市变得伟大。城市发展既需要"强大"赋予动力，又需要"伟大"赋予内涵。人民城市理念作为科学统筹客体的人与主体的人、客体的人的工具理性与主体的人的价值理性的新时代城市发展理念，正确揭示了人与城市之间的本质性应然关联。"现实的人"不是城市发展的旁观者，而是城市建设过程的参与者与城市发展成果的共享者，这是"现实的人"应有的双维理性。习近平总书记指出："只有让全体市民共同参与，从房前屋后实事做起，从身边的小事做起，把市民和政府的关系从'你和我'变成'我们'，从'要我做'变为'一起做'，才能真正实现城市共治共管、共建共享。"[①] 人民城市理念将我国过去城市发展过程中人民群众的旁观者地位，全面调整为新时代条件下城市发展过程中的共建者、共治者与共享者地位。从旁观者到共建共治共享者的转换，不仅是中国共产党城市工作思维的全面转变，还是群众路线和群众观点在城市维度的升级创新，更是对城市发展过程中已经撕裂的主体的人和客体的人关系的修复弥合。人民城市理念以辩证唯物主义和历史唯物主义的深层内蕴，打破了社会主义条件下"现实的人"发生异化的可能思维空间，从新的视角为"现实的人"的自由全面发展提供了城市实践的全新思考空间，在本质上实现了对主体的人和客体的人统一的"人"

---

① 中共中央党史和文献研究院编：《习近平关于城市工作论述摘编》，中央文献出版社2023年版，第151页。

的理性的全面复归。

四 人民城市理念的特征

人民城市理念作为中国共产党推进新时代中国特色城市发展的战略理念，作为中国共产党在城市工作维度坚持人民至上政治立场和"以人民为中心"思想的发展理念，作为中国共产党致力于社会主义城市高质量发展的实践理念，其内在是指引人民群众创造更加美好城市生活的科学理念。人民城市理念以独特的城市发展眼光、前瞻的城市发展思维、科学的城市发展谋略、精准的城市治理策略，直指人民群众的历史主体地位，直指城市发展的内在客观规律，直指城市建设的未来潮流趋势，彰显出鲜明的人民性、科学性、延展性和实践性特征。这些特征既体现了人民城市理念辩证唯物主义和历史唯物主义的丰富意蕴，又展现了我国现代化城市建设与治理的本质、特征和使命，更凸显了社会主义城市发展理念的中国特色。

其一，人民性。人民性是人民城市理念最为突出的特征和属性，也是人民城市理念的本质特性和核心意蕴。习近平总书记指出，"人民性是马克思主义最鲜明的品格"[①]，"人民是历史进步的真正动力，群众是真正的英雄，人民利益是我们党一切工作的根本出发点和落脚点"[②]。作为马克思主义理论支撑的城市发展理念的最为突出的特征和属性，人民性品格已经融入人民城市理念的核心意蕴之中，成为人民城市理念的主导性思想品格。党的十八大以来，人民至上始终是以习近平同志为核心的党中央治国理政的价值准则，人民性正是人民至上价值准则在人民城市理念维度的鲜明彰显。人民城市理念把人民群众立场作为城市建设与治理的根本立场，把为人民群众谋幸福作为城市建设与治理的根本任务，把尊重人民群众主体地位和首创精神作为城市建设与治理的实践准则，社会主义城市发展理念的出发点和落脚点始终是人民，人民性构成

---

① 习近平：《在纪念马克思诞辰200周年大会上的讲话》，人民出版社2018年版，第17页。
② 《习近平著作选读》第1卷，人民出版社2023年版，第550页。

人民城市理念区别于其他城市理念的关键特征。

人民城市理念的人民性特征，主要体现于以下四个方面。首先，人民性体现于人民城市理念的核心阐释层面。"人民城市人民建、人民城市为人民"是人民城市理念的核心阐释，其中"人民"一词出现四次，足见"人民"在人民城市理念核心阐释中举足轻重的话语表达地位。其次，人民性体现于人民城市理念的主体动力指向。在思想上和实践中依靠人民和根植人民是人民性的重要内涵。在人民城市理念中，城市发展的主体动力是人民群众，力量源泉是人民群众，要紧紧依靠人民群众和牢牢根植人民群众建设与治理城市。人民城市理念致力于在城市发展过程中，将人民群众的主人翁精神激发出来，通过一系列完善的体制机制设计，强化人民群众的主体参与，让人民群众同时成为城市建设与治理的参与者、共享者和评判者。再次，人民性体现于人民城市理念的价值追求旨向。为了人民、服务人民、造福人民是人民城市理念的实践价值旨向。我国城市发展的直接目的是为人民谋幸福、让生活更美好，人民群众的现实利益是人民城市理念的重要关切点。人民城市理念主张围绕人民群众做足、做精、做细城市工作，打造具有人性化意味、人文化气息和人情味十足的城市样态。最后，人民性体现于人民城市理念的人民重心指向。人民城市理念倡导在城市建设与治理的全过程都要坚持人民重心，这是城市发展理念中人民性更为彻底的凸显。人民城市理念将人民群众对于美好生活的向往，作为解决城市发展各项领域中不平衡不充分问题的依据；人民城市理念将实现更多人民福祉，建设人民安居乐业家园作为工作的具体目标。

其二，科学性。人民城市理念是对社会主义现代化城市发展规律的正确反映，它是在科学总结我国城市发展的实践经验，汲取人类城市发展新的理论、模式、道路及思想等智慧基础上形成的人民逻辑主导的新的城市理念。人民城市理念不同于过去城市发展的任何理念，其自身是一个开放性的且逻辑严密的城市理念系统，它既有辩证唯物主义和历史唯物主义的世界观与方法论基础，又有开辟未来城市发展全新道路和解决现有城市弊病的双维内蕴，更有回归人类城市发展"人本"特质的内在原则恪守。人民城市理念在形式上虽是主观的，但内容上却是客观的，它以我国城市发展具体实际为依据、以社会主义城市发展规律为对象，并以我国现代化城市建设与治理的成效为检验标准。相较于之前的资本主义城市理念和社会主义城市理念，人民城市理念自身内涵的持续丰富过程，是一个不断探索和掌握社会主义城市发展客观规律的过程。

  人民城市理念的科学性特征，主要体现于以下三个方面。首先，人民城市理念凸显城市发展的战略性导向。人民城市理念致力于为社会主义城市发展提供更加契合客观规律和"人本"需求的城市发展理念，即它提供的是具有战略性导向的城市发展思维指引。我国城市过去发展更为注重城市各项硬件的完善，尤其热衷于城市的外延性发展。人民城市理念强调城市发展质量的内涵性提升，对于城市发展的各项软实力尤为注重。人民城市理念将我国城市发展引入高质量轨道，这完全符合人类城市未来发展和竞争的主流态势。其次，人民城市理念强调城市发展的系统性治理。城市自身是一个复杂的系统，"头痛医头，脚痛医脚"的城市治理模式和思维已经无法适应城市发展的系统性要求和时代化需要。习近平总书记指出："要从系统工程和全局角度寻求新的治理之道，不能再是头痛医头、脚痛医脚，各管一摊、相互掣肘，而必须统筹兼顾、整体施策、多措并举"①。人民城市理念以系统治理为基本治理遵循，强调面向整体和全局的综合施策。最后，人民城市理念注重城市发展的包容性提升。包容性问题一直是诸多城市发展过程中悬而未决的重大问题，也是影响人民群众城市生活质量的重要问题。就我国而言，由于户籍制度的限制和约束，许多城市的外来人口长期难以融入城市，处于"半市民化"的不稳定状态，在教育就业、医疗卫生、社会保障等方面无法享有与城市户籍人口同等的公共服务，这严重迟滞了社会主义"人本"城市的发展进程，尤其不利于公平正义的社会氛围的营造。人民城市理念注重通过对城市体制机制的良性优化，增强城市公共服务的供给数量与质量，提升城市公共服务的公平性和均等化水平，让生活

---

① 《习近平著作选读》第2卷，人民出版社2023年版，第173页。

在城市中的人能够更平等、更充分地享有各项城市公共服务,以不断提升社会主义现代化城市发展的包容性。

其三,延展性。延展性是人民城市理念相较于其他城市理念的独特优势。所谓延展性,指在社会主义现代化城市建设与治理实践过程中,人民城市理念提供的是带有普遍性指导意义的思维与思想,并不是针对某个城市发展所提供的具体模式、道路与实践策略。纵观世界城市发展变革的历史万象,任何城市都有自身的历史、文化与区位,不同城市之间的差异性甚至很大。人民城市理念主张城市可依据自身的优势与短板,在人民城市理念指引下寻求符合自身实际的城市发展战略策略。换而言之,人民城市理念并非要创造一种封闭的城市理念体系,而是要创新城市建设与治理的实践指南。与花园城市、健康城市、智慧城市、数字城市、旅游城市、园林城市、人文城市等特定的城市理念与模式相比,人民城市理念并不是要给城市发展套上统一的特定的模式"紧箍咒",而是为城市自身能够精准定位发展优势,并将优势转化为发展动力提供思维和智慧启迪。人民城市理念的延展性并不是毫无原则地随意扩展,而是在遵循城市发展客观规律、恪守人民中心等原则前提下,紧密围绕城市治理、文脉延续、生态改善等方面的统筹谋划,让人民城市理念在实践中不断充盈。

人民城市理念的延展性特征,主要体现于以下三个方面。首先,人民城市理念是城市发展的普遍指引。每个城市都有着属于自己的特点,城市身份的认同往往来自城市特质的彰显。"千城一面""万楼一貌""媚洋低俗"的过度同质化,并非城市发展的理想状态,而是城市发展受制于某种僵化发展理念、模式和道路的直接结果。人民城市理念为社会主义现代化城市提供的仅是必须要恪守的基本原则,具体到每个城市发展都需要依据人民城市理念进行具体化的战略与策略统筹。人民城市理应是各具特色的城市,而不是人云亦云、整齐统一的无限性复制。人民城市理念为不同城市谋求发展提供了自主性的思考创新空间。其次,人民城市理念强调城市发展的过程细节。过去的城市发展理念对于城市的关注基本是粗线条式的,人民城市理念更为注重城市建设与治理的细节性实践。城市作为一个巨大的系统，城市细节自身就是延展性很强的城市工作维度。习近平总书记指出："要注意加强城市精细化管理，把矛盾和问题尽早排解疏导，化解在萌芽状态。"① 习近平总书记对于精细化治理的强调，其实就是对城市建设与治理的细节提出了更加明确的要求。这就决定了人民城市既要有人民至上的顶层战略设计，又要有人民至上的中观策略统筹，更要有人民至上的微观细节实践。城市治理的细节问题，往往是困扰人民群众生活的烦恼所在，把控了城市治理的细节，人民群众的幸福感自然会增强。人民城市应在更多城市细节上进行拓展和谋划。最后，人民城市理念注重城市精神与品格的塑造。城市精神与城市品格是城市软实力体系的重要构成，它们是人民城市延展性十分丰富的城市要素，也是人民城市塑造自身"个性"，尤其是防止城市发展出现过度同质化，增强城市身份认同的极为关键性的条件。每个城市不同，城市精神与城市品格自然不同。人民城市理念注重城市自身精神和品格的塑造，让城市更加富有软实力内涵，这也是人民城市理念延展性的鲜明体现层面。

其四，实践性。实践性是人民城市理念的核心特征，脱离了实践性的人民城市理念将会变得毫无价值。人民城市理念从我国城市发展的具体实践中来，到现代化城市发展的具体实践中去，在城市发展的实践中不断接受检验，并随着城市发展实践而持续丰富完善。从人民城市理念的使命和作用来说，它绝不是停留于思维层面抑或是书斋中的城市理念空想，不是一种纯粹地解释社会主义城市发展的思维模式虚构，不是旧有城市理念话语变化的文字游戏，而是要直接服务于我国社会主义现代化城市发展进程，特别是指导于中国特色城市发展道路和模式等具体实践活动。人民城市理念作为我国现代化城市建设与治理的科学引领理念，其强大的生命力离不开我国城市发展的具体实践。人民城市理念指导下的人民城市发展，是在实践中动态优化的过程，不是静态更新的过

---

① 中共中央党史和文献研究院编：《习近平关于城市工作论述摘编》，中央文献出版社2023年版，第150页。

程。新时代我国现代化城市建设与治理的过程，本身就是人民城市理念在新时代的实践样态。

人民城市理念的实践性特征，主要体现于以下两个方面。首先，人民城市理念反对城市发展中的教条主义、本本主义、主观主义和经验主义。人民城市理念内在提供的是社会主义现代化"人本"城市建设与治理的理性思维，并不是需要照抄照搬的城市发展模式教条或文本。城市发展过程中的教条主义、本本主义、主观主义和经验主义，是城市领导者和建设者城市理念缺乏或意识不强的表现。无论是教条主义、本本主义，抑或是主观主义和经验主义，它们都是脱离城市发展具体实际和违背城市实践客观规律的逻辑结果，会造成城市发展缺乏自我定位和特色，甚至忽视城市发展的历史和优势，以致让城市发展陷入非理性状态。其次，人民城市理念的内涵直接指向城市建设与治理的实践。如在城市生活层面，习近平总书记指出："很多城市的马路是以车为本……反而搞得居民出行很不方便，亮一个绿灯的时间根本过不了马路，缺乏起码的人情味。一个地方弄得生活不便、交通不便、房价飙升、环境恶化，群众还有什么幸福感啊！我们要吸取教训，把让群众生活更舒适这一理念融入城市规划建设的血脉里、体现在每一个细节中。"[①] 人民城市理念直面城市居民生活，这是鲜明实践性的彰显。在深化城市改革层面，习近平总书记指出："要加快智慧城市建设，打破信息孤岛和数据分割，促进大数据、物联网、云计算等新一代信息技术与城市管理服务融合，提升城市治理和服务水平。"[②] 智慧城市、数字化平台、智能交互系统等作为人民城市理念具体内涵的有机构成，在现代信息技术层面都指向"城市让生活更美好"的具体实践。在城市治理层面，习近平总书记指出："要把全生命周期管理理念贯穿城市规划、建设、管理全过程各环节，把健全公共卫生应急管理体系作为提升治理能力的重要一

[①] 中共中央党史和文献研究院编：《习近平关于城市工作论述摘编》，中央文献出版社2023年版，第72页。

[②] 中共中央党史和文献研究院编：《习近平关于城市工作论述摘编》，中央文献出版社2023年版，第107页。

环，着力完善重大疫情防控体制机制，毫不放松抓好常态化疫情防控，全方位全周期保障人民健康。"① 人民城市理念根据城市形势变化提出具体要求，这也是其实践性的彰显。

第三节　人民城市及人民城市理论

人民城市即"以人民为中心"的城市，它既是社会主义条件下的"人本"城市，又是现代化条件下的"人文"城市，本质上是尊重人民主体地位、发挥人民历史作用、增进人民福祉的城市发展全新样态探索。人民城市是中国共产党坚持马克思主义的基本立场、观点和方法，在城市工作维度探究社会主义城市建设与治理规律的时代创新。人民城市致力于我国社会主义城市由外延型发展向内涵型发展的模式变革，体现了中国共产党谋求社会主义现代化城市高质量发展的城市工作目标。人民城市的建设与治理，顺应了时代发展的新形势，契合了我国城市发展的新追求，满足了人民群众对于城市发展的新期待。人民城市出现在中国特色社会主义新时代，这就决定了其带有鲜明的新时代表征和关键性特质。

人民城市理论即"以人民为中心"的城市理论，它是新时代条件下指引中国特色城市发展道路的科学理论，内在是中国化时代化的马克思主义城市理论，构成我国现代化城市建设与治理的行动指南。人民城市理论以马克思主义城市学说为理论根基，结合新的时代条件、新的历史方位、新的中国实际、新的人民期待，实现了对马克思主义城市学说的创新和超越。人民城市理论服务于人民城市发展，在辩证唯物主义和历史唯物主义的城市世界观与方法论层面具有较大的彻底性。人民逻辑主导的人民城市建设与治理，主张城市发展的"人本"属性，强调人民群众对于城市发展的全过程人民民主参与和公平性成果共享，从新的

---

① 习近平：《在浦东开发开放30周年庆祝大会上的讲话》，人民出版社2020年版，第11页。

时代形势上将中国共产党的群众观点和群众路线在城市工作维度推进到了更高发展阶段。

一　人民城市的深层蕴涵

人民城市作为中国共产党探索社会主义城市发展规律、探索中国特色城市道路发展的时代创新，其自身涉及城市建设与治理的诸多领域和层面，内涵上极其丰富。发展社会主义的价值在于为人的自由全面发展创造条件，社会主义城市是服务于人的自由全面发展的有机载体。人民城市推进了社会主义城市"人民"意蕴的深度揭示，重启了城市哲学回归于人的理性探讨，实现了社会主义城市本质探索和城市哲学时代建构的全新突破。现代化城市发展道路和模式不一而足，人民城市作为我国推进现代化城市发展模式的全面变革，建立在中国式现代化道路基础之上，并构筑了我国城市转向内涵型提升的未来城市发展方向。从多个视角纵深解析人民城市的多维蕴涵，有利于更好实现社会主义现代化城市的"破局"和"蝶变"。

视角一：人民城市是社会主义城市本质的纵深探索。社会主义城市是什么、社会主义城市怎样建，是自新中国成立以来我国城市发展过程中不懈探索的重大问题。要科学回答这两个问题，始终不能绕开社会主义城市本质这一核心内涵的揭示。纵观人类城市发展的漫长历史，无论哪种性质、何种功能的城市，无一例外都是围绕人的社会活动而展开的，人是所有城市实践活动的中心，即城市发展依靠人、城市发展为了人、城市发展成就人。就此而言，城市内在是人聚合而成的带有特定劳动分工的社会关系空间，此种社会空间是伴随劳动分工而呈现的城乡差别的状态。城市在人的社会关系空间聚合上，相较于农村往往更具专业化和商品化的发展特征。

无论城市如何发展，都无法改变"以人为中心"的核心事实。在社会意识形态属性完全不同的城市形态中，"以人为中心"的城市内涵存在根本差异。资本主义城市因奉行资本逻辑至上，其"以人为中心"的城市事实上是以资产阶级为中心的"人文"城市，这里的人在资本逻辑主导下仅限于少数的人即资本家，而并非指资本主义社会的大多数人。社会主义城市强调人民至上，其"以人为中心"的城市本质上是以人民群众为中心的城市，这里的人在人民逻辑主导下囊括了全体人民群众，即社会主义社会的大多数人。在社会主义城市本质探索上，人民城市超越了"物本"逻辑和"少数人"逻辑的局限性，从真正意义上确立了社会主义"人本"城市发展的人民逻辑，回答了社会主义城市由人民群众建设和为人民群众建设的重大问题，为社会主义现代化城市建设与治理提供了主体依靠。

视角二：人民城市是城市哲学回归于人的理性建构。城市哲学顾名思义是关于城市发展的哲学，城市哲学为人类追求美好与合理的城市提供世界观和方法论支撑。长期以来，无论是西方城市哲学，还是中国城市哲学，脱离城市现实而抽象思考城市问题似乎已成为普遍现象，城市哲学研究者热衷于对城市发展的学理式探讨和书斋式阐释。这种城市哲学的抽象化容易让人类沉浸于对美好城市或合理城市的无限想象之中，它在为人类城市发展提供理念、思想与实践思考的同时，也将城市发展带入了脱离具体现实问题，特别是脱离"现实的人"的危险境地。脱离城市具体实际和"现实的人"的城市哲学，极大削弱了其指引城市发展的价值作用。

人民城市哲学作为在城市发展过程中尊重人民群众主体地位和发挥人民群众历史作用的全新城市哲学，聚焦社会主义条件下人民群众对于城市发展的美好期待，聚焦我国社会主义城市建设与治理过程中的现实性问题，聚焦现实的人的自由解放理想，将过去抽象的城市哲学拉回到现实性、问题性、语境性和生活性等层面，重返"现实的人"与城市发展关系的实践理性维度，这是以习近平同志为核心的党中央对城市哲学的时代创新。人民城市哲学将人同时作为城市发展的主体和客体，即将人的工具理性和价值理性充分结合起来、将城市发展的"抽象的人"同"现实的人"结合起来，为人的理性在城市发展维度的全面回归提供了哲思建构。

视角三：人民城市是现代城市发展模式的深刻变革。在中国特色社会主义现代化事业的新时代征程中，人民城市作为我国社会主义现代化建设的重要组成而被确立起来，这就决定了从属性上而言人民城市是现代化的社会主义城市。人民城市的建设与治理实践，必须要在中国式现代化道路上推进，这是人民城市发展的现代化道路遵循。人民城市坚持中国共产党领导下的社会主义现代化城市发展道路，以满足人民群众对于社会主义现代化城市需求为根本发展方向，以"创新""协调""绿色""开放""共享"的新发展理念为具体理念支撑，以中华优秀传统文化在城市维度的创造性转化和创新性发展为深厚底蕴积淀，创造了带有鲜明中国特色、民族特性和文化特点的现代化城市发展全新样态模式。

相较于人类过去所经历的城市发展模式，人民城市从现代化的视野上、理念上、路径上均实现了巨大变革和创新超越。首先，从视野上而言，人民城市着眼于中华民族伟大复兴的宏伟事业，将社会主义现代化城市发展同实现民族复兴伟业联系起来。中华民族伟大复兴是人民城市发展的目标构成，人民城市发展是中华民族伟大复兴的有机载体，这是过往城市发展模式所未企及的视野高度。其次，从理念上而言，人民城市主张依据"创新""协调""绿色""开放""共享"的"五大"新发展理念，着力将城市建设与治理提升到科学发展的轨道上来，"五大"新发展理念赋予人民城市更为丰富的现代化理念内涵。最后，从路径上而言，人民城市坚持走中国式现代化道路，并努力创造社会主义现代化城市文明的新形态。

视角四：人民城市是我国城市内涵发展的未来方向。人民城市围绕人民群众主体地位和历史作用，将人民群众对于城市发展的美好期待转化为谋求城市高质量发展的具体内涵，以此推进社会主义现代化城市的转型与升级。人民城市的最大优势在于强调发挥人民群众积极性、主动性和创造性参与城市建设与治理实践的基础之上，注重依据时代形势变化丰富自身高质量发展的具体内涵。从碎片化管理到系统化治理，从粗放式增长到集约化发展，从高速度扩张到高质量发展，从单纯强调硬实力到硬软实力的兼顾，从淡化城市文脉到注重历史文化传承，从生产功能主导到生产、生活、生态的服务功能协调，人民城市在功能的完善上、治理的效率上、服务的提供上、领域的统筹上都实现了自身发展内涵的极大丰富。

审视当今世界范围内城市转型发展的基本趋势，走以人为本、以人为核心的特色城市发展道路是未来城市发展的必备内涵和必然趋势，我国城市发展要积极顺应好时代发展的大势，并时刻做到契合人类城市发展的内在规律。习近平总书记指出，"世界上有不少著名城市，没那么多宏伟目标，'一招鲜，吃遍天'，以音乐出名的维也纳、以电影出名的洛杉矶、以大学城出名的海德堡等，都有其不可替代的特点"[①]，"我们要借鉴国外城市建设有益经验，但不能丢掉了中华优秀传统文化"[②]。我国城市的特色如何凸显，依靠的不是外来城市的理念、思想和道路的嫁接，而是要靠自身的优秀文化特别是城市自身的文化血脉传承而得来。城市历史文化传承与历史文脉延续是城市未来发展内涵的主要着力点，是城市保持自身活力的关键立足点。人民城市强调传承城市文脉，既凸显了城市发展的自身特色，又赋予了城市发展的文化内涵。人民城市对于城市文化内涵提升的重视，很好地将城市自身优秀文化的传承力转化为城市高质量发展的驱动力，切中了我国城市未来发展的主流方向和前进动力。

二 人民城市的时代表征

任何城市都有自己的时代表征，这是时代赋予城市的重要标识。人民城市作为以习近平同志为核心的党中央谋划我国城市未来发展的战略创新，其凸显于中国特色社会主义进入新时代的历史阶段，成为新时代条件下中国特色社会主义现代化城市建设与治理的主要遵循。人民城市属于新时代及其后继历史时期，其在当下带有强烈的新时代表征韵味。

[①] 中共中央党史和文献研究院编：《习近平关于城市工作论述摘编》，中央文献出版社2023年版，第71页。

[②] 中共中央党史和文献研究院编：《习近平关于城市工作论述摘编》，中央文献出版社2023年版，第108—109页。

相较于新时代之前的历史时期,中国特色社会主义新时代更为注重社会主义各项事业的高质量发展,更为注重中华优秀传统文化的传承,更为注重生态环境的修复改善等,这就决定了人民城市应具备解决城市弊病、推进城市更新、优化城市治理、修复城市生态、塑造城市品格等新时代表征。强化人民城市新时代表征的阐释,是完整把握人民城市的客观需要。

其一,破解城市弊病。"城市病"是现代化城市发展过程中,任何城市决策者都无法回避且异常复杂的现实问题。"城市病"的出现表面看似是城市自身发展所造成的偶然效应,内在却是因城市发展的模式、理念或道路与时代形势不相适应所造成的必然结果。从根本上破解"城市病"所引发的社会消极影响,建构与时代相契合的城市发展模式、理念和道路成为必然举措。中国特色社会主义进入新时代后,我国社会发展的整体环境发生了巨大变化,城市发展所面临的具体形势也相应发生变化,"城市病"逐渐转变并集中于人民群众对于城市美好生活的向往同城市发展无法满足人民群众现实需要之间的矛盾。在当前城市建设和治理的实践中,此种矛盾具体化为人民群众对于城市发展各方面的高品质要求,如优美城市环境、良好精神文化、完善基础设施、平等公共服务等。人民城市立足当前我国城市发展的整体形势,以城市发展的前瞻理念为支撑,致力于解决我国城市发展过程中所遭遇的诸如环境污染、交通拥堵、文脉断裂等现代城市弊病,为人民群众创造幸福感、获得感和安全感十足的社会主义现代化城市。

其二,推进城市更新。城市更新是城市化推进过程中的固有现象,是谋求城市实现更好发展的实践举措。城市更新作为当今世界城市发展的主要潮流与趋势,其受关注程度已经远超城市化过程本身。在人类城市发展的历程之中,城市更新有很多种形式,如大拆大建式的更新、修缮改造式的更新、保留利用式更新等。城市更新的方式虽然千差万别,但基本目的是相同的——让城市更符合实际需要和人的需要。我国城市经过改革开放后长达四十余年的发展,在规模上、数量上、速度上等方面已经走在世界前列,城市的外延性发展取得重大成就。与此同时,城市内涵性发展暴露出严重不足，以提升城市发展质量为目的的城市更新被提上城市发展的新时代战略日程。人民城市的建设与治理，并不是要拆掉一座旧城，重新建设一座新城，以新城替代旧城，而是要在新时代条件下重点推进城市的自我更新，让城市再次焕发出生机与活力。当然，我国推进城市更新有其侧重点，遵循的是"拆留改"相结合的原则，拆除完全无法适应城市发展要求的建筑空间，留下和改造可供利用的建筑空间，提升城市内在的人文特性、人情气息和烟火味道，让城市能够更加适应时代形势的需要。

其三，优化城市治理。城市治理是中国共产党治国理政的重要内容，城市治理做得好不好，直接影响到国家发展的具体成效。过去我国城市发展出现各种各样的问题，重要原因之一是现代城市治理体系并未真正确立。党的十八大之前，我国城市建设主要采取政府单方管理的模式，城市发展的决策权和主动权握在政府手中，政府在城市发展的各项决策上拥有绝对权威性。党的十八届三中全会提出"国家治理体系和治理能力现代化"，随后城市治理现代化概念被提出来，并被作为领导干部推进城市建设与治理的重要能力构成。从城市管理到城市治理的转变，不是语法上的文字游戏，而是城市施政能力的跨越升级；不是对城市原有管理模式的修修补补、添枝加叶，而是城市治理体系与治理能力的系统"转型"与"转轨"。在新时代条件下，人民城市强调城市治理体系和治理能力的现代化建构，就是要从根本上改变过去城市管理过程中出现的痛点、难点、堵点和漏点，打破城市管理的碎片化、无序化、主观化和经验化，推进协同治理、系统治理、整体治理和科学治理，让现代城市治理成为城市发展的重要助推器。

其四，修复城市生态。生态问题是当今城市发展的重大问题，生态环境的好坏，直接影响着人民群众生活质量的高低。长期以来，由于对城市经济总量和发展速度的过度追求，空气污浊、水源污染、垃圾围城、填湖造城、围河建城、破坏绿地等现象比比皆是，许多城市的生态容纳力、环境承载力、资源供给力变得越来越弱，人民群众对于城市生态环境的满意度及城市生活的幸福指数越来越低。生态文明作为城市文明系统的重要组成，相较于物质文明、政治文明、精神文明等，其地位呈现逐渐上升的态势。新时代条件下，人民群众对于生态文明的关注度愈益增强。习近平总书记指出，"山水林田湖是城市生命体的有机组成部分，不能随意侵占和破坏"①，"要大力开展生态修复，让城市再现绿水青山"②。修复城市生态，美化城市环境，成为新时代人民城市发展必须要努力做好的重要工作。人民城市的建设与治理，绝不能陷入经济优先的窠臼之中，也绝不能触犯漠视生态环境的底线。统筹好经济发展、生态修复与环境改善之间的相互关系，是新时代人民城市发展必须要履行好的重要职责和历史使命。

其五，塑造城市品格。有精神和灵魂的城市往往具有独特的城市品格。2018年习近平主席在首届中国国际进口博览会开幕式上指出："一座城市有一座城市的品格"③。所谓城市品格，实质是对于城市发展状态的综合评判，它指"通过城市物质文化（即人化自然，包括街道、建筑、广场、绿地、公园、雕塑、亭台楼阁、桥梁舟车等）、行为文化（包括生活方式、生产方式、交往方式）、观念文化（价值观念、伦理道德、审美情趣）与历史文化等方面体现出来的共同精神状态，是城市的灵魂，是一个城市有别于其他城市的精神特质"④。城市品格的内在是城市精神，它更多代表的是生活在城市中的较为稳定群体的人的共同精神面貌及心理状态。城市精神是城市品格的精神外化，城市品格是城市精神的内在升华。城市品格作为城市软实力的核心构成，是城市魅力产生和城市竞争力增强的关键因素。新时代条件下，人民城市注重城市自我精神的探索与塑造，其自身的发展更多的是城市文化与精神品格的传承。城市的建筑空间有特定使用周期，但城市文化铸就的城市精神和城市品格却可永续传递，让城市不至于因建筑空间的消亡而被历史所

---

① 中共中央党史和文献研究院编：《习近平关于城市工作论述摘编》，中央文献出版社2023年版，第128页。
② 中共中央党史和文献研究院编：《习近平关于城市工作论述摘编》，中央文献出版社2023年版，第129页。
③ 《习近平著作选读》第2卷，人民出版社2023年版，第218页。
④ 熊月之：《上海城市品格读本》，学林出版社2020年版，第3—4页。

遗忘。

三 人民城市的关键特质

事物的特质是事物自身所特有的且区别于其他事物的性质，它彰显的是事物自身性质较为特殊性的方面、层次和维度。作为人民逻辑主导的社会主义现代化城市，人民城市区别于其他类型城市的核心要素是人民特质。人民特质是人民城市属性的独特内核，构成人民城市对其他类型城市实现超越的关键要素。人民城市以人民特质为中心，同时涵盖了蓬勃的城市活力、优美的城市环境、特色的城市文化和超强的城市韧性等方面的特质指向。这些特质是时代条件赋予我国社会主义现代化城市发展的独特性质，是与人民群众对于城市发展实际需求相契合的内在属性，是新时代条件下推进中国特色城市道路发展的重要指向。人民城市的关键特质指向，将我国社会主义现代化城市发展推进到新的更高级阶段。

其一，人民的城市内核。人民性作为中国特色社会主义全部事业的永恒属性，作为中国共产党城市工作的价值属性，决定了人民内核是人民城市的关键特质指向。人民城市的人民内核，强调人民至上的城市价值立场、以人民为中心的城市发展思想、人民是否满意的城市评价标准。这三个方面将人民的主体地位和历史作用在城市维度实现了很好的结合。新时代条件下，人民内核作为人民城市的关键特质，并不是抽象泛化的，而是和人民群众的城市实践密切联系在一起的。概观古今中外的城市，多数城市发展都承载着城市居民的人生梦想。这种状况在现代化条件下表现得愈加突出。社会主义城市对人民梦想的承载，既是社会主义现代化城市的题中应有之义，又是社会主义现代化城市的重要时代使命。承载人民梦想的社会主义现代化城市会愈加呈现出旺盛的生命力。在人民城市的主体内涵中，其将人民梦想作为城市建设与治理的重要目标，并为人民梦想实现创造各种可能条件，这是人民城市人民内核意蕴的时代升华，更是人民内核所彰显的人文气息、人性光辉和人本旨向。

其二，蓬勃的城市活力。城市活力是城市繁荣发展的必备条件，是人民城市应有的关键特质。习近平总书记指出："不断提升城市环境质量、人民生活质量、城市竞争力，建设和谐宜居、富有活力、各具特色的现代化城市"[1]。城市活力既是我国现代化城市建设的重要目标构成，又是我国现代化城市发展的生命力来源。城市活力在城市的整体系统中存在多个维度，如人口活力、经济活力、社会活力、街区活力、街道活力等，城市整体活力的呈现源自城市不同维度活力的聚合效应。在我国创新驱动发展战略背景下，创新必然成为城市活力创造的主要支撑，换而言之，城市活力依赖于城市自身的创新能力和氛围。党的十八大以来，我国将创新能力提升和创新氛围营造作为社会发展重要任务谋划推进，现代化城市建设与治理同样紧紧立足于创新要素的强大驱动。从党和国家提出"增强城市创新能力"，到提出"推进城市管理体制创新"，再到提出"创新城市治理方式"及"创新规划理念，改进规划方法"等，创新驱动发展已成为我国现代化城市发展的重要抓手，已成为新时代条件下人民城市活力增强的可靠保障。

其三，优美的城市环境。伴随着我国城市现代化水平的持续提升，人民群众对于自身生存环境问题的关注度越来越高，城市环境已经成为现代城市建设与治理的重要内容，并成为影响城市自身竞争力的主要评价指标。城市环境问题不同于经济问题、政治问题、社会问题等，它内在反映的是城市发展与自然环境两者关系如何实现科学统筹的问题，在当前我国城市实践中集中凸显为人民群众对于优美城市人居环境的迫切需要。在人民城市的主体性内涵中，建设宜居、宜业、宜乐、宜游的城市人居环境是我国现代化城市发展的重要实践目标。宜居、宜业、宜乐、宜游的具体内涵虽有不同，但"宜"却彰显了人民城市建设与治理的浓厚"绿色"底蕴，体现出人民城市的顶层战略设计和谋划对于优美城市环境的高度关注与重视。如若缺乏对优美城市环境的关注，人

---

[1] 中共中央党史和文献研究院编：《习近平关于城市工作论述摘编》，中央文献出版社2023年版，第30页。

民城市在内在架构上注定是不完整的，甚至可能引发城市较为严重的生态危机。人民城市对于优美城市环境特质的强调，意在为协调城市发展与自然环境之间的关系（实质是人与自然之间的关系），营造优美城市人居环境提供新的模式、新的思维和新的路径启示。

其四，特色的城市文化。城市文化是城市魅力的涵蓄载体，魅力十足的城市必定是文化资源丰富和具有个性特色的城市。习近平总书记指出："城市是一个民族文化和情感记忆的载体，历史文化是城市魅力之关键。"① 随着我国大规模城镇化进程的相继结束，城市经济发展带来的硬实力，不再成为吸引人聚集于城市的唯一主导因素，特色的城市文化软实力越来越成为影响人聚集于城市并激发人产生城市认同感的重要因素。人民城市建设的初衷是让人民群众对于城市产生强烈的认同感和归属感，增强城市与人之间的相互吸引力，以提升人民群众在城市生活中的获得感。人民城市何以吸引更多的人融入，人民城市的真正魅力缘何而来？探索城市的文化特色，将特色文化融入城市发展的文化血脉之中，并熔铸为人民城市的关键特质，这注定成为人民城市提升自身魅力的关键条件，成为人民城市能够将人牢牢留在城市中的重要支撑。综览我国现代化城市发展的整体现状，长期以来在短期政绩指标的非理性实践驱使下，城市建设的趋同化形势变得日益严重，人民城市要彻底走出旧有城市理念与模式的"禁锢"，特色的城市文化成为必然的举措选择。

其五，超强的城市韧性。城市韧性指城市凭借自身力量（物质力量、精神力量等）抵御灾害，减轻灾害损失，科学调配资源以从灾害中快速恢复过来的综合能力，它是现代城市建设与治理的重要构成要素。党的十九届五中全会审议通过的《中共中央关于制定国民经济和社会发展第十四个五年规划和二〇三五年远景目标的建议》中，明确提出要建设韧性城市，提升城市发展的韧性。这是以习近平同志为核心

---

① 中共中央党史和文献研究院编：《习近平关于城市工作论述摘编》，中央文献出版社2023年版，第109页。

的党中央从我国社会主义城市发展的具体实际出发作出的城市战略谋划，也是丰富人民城市内涵的重大实践举措。当前，同世界范围内多数国家一样，我国现代化城市建设与治理所面临的环境条件异常复杂，特别是突发性公共卫生事件、重大气候及地质灾害等问题频发，给我国城市发展带来诸多严峻挑战，人民群众在城市生活中的幸福感、安全感遭受削弱，多数城市在处理这些问题时表现出"力不从心"的状态。这暴露出我国城市在韧性能力建设方面是存在短板的。面对城市发展新的形势，建设韧性城市，提升城市韧性，成为我国现代城市发展不可缺少的重要内容。在全力建设人民城市的大背景下，城市韧性自然成为人民城市建设与治理的关键特质指向，并成为党在新时代谋划城市工作的重要任务及目标。

四 人民城市理论的定位

人民城市理论即关于人民城市建设、治理与发展的系统性观点，它是以习近平同志为核心的党中央，总结我国城市发展既有经验教训，对社会主义现代化城市发展规律进行理论与实践双维探索的智慧结晶。人民城市理论作为服务于人民城市实践的科学理论，其自身是包容开放且不断丰富的理论体系。从属性定位上而言，人民城市理论是马克思主义城市理论同我国城市发展具体实际相结合的理论产物；人民城市理论的理念支撑是人民城市理念；人民城市理论是我国社会主义城市话语体系的时代创新；人民城市理论指导中国特色现代化城市道路的具体实践。

其一，人民城市理论是中国化时代化的马克思主义城市理论。习近平总书记指出："一部不断推进马克思主义中国化的历史，就是一部不断推进理论创新、进行理论创造的历史。"① 马克思主义理论作为中国共产党的伟大认识工具，作为中国特色社会主义事业的科学行动指南，其发挥作用的关键前提在于马克思主义同中国具体实际实现了结合，同中华优秀传统文化实现了结合，即实现了马克思主义的中国化时

---

① 《习近平著作选读》第 2 卷，人民出版社 2023 年版，第 419 页。

代化。人民城市理论作为以马克思主义理论为指导的社会主义现代化城市发展理论，其内在是马克思主义城市理论与中国城市发展具体实际相结合、与中华优秀传统城市文化相结合的理论呈现，本质上是中国化时代化的马克思主义城市理论，是马克思主义城市理论中国条件下的最新发展。马克思主义城市理论作为社会主义城市发展的理论根源，虽然其对于社会主义现代化城市建设、治理与发展具有普遍适用性，但其实践应用则要依据特定的时代背景和环境条件。中国共产党立足我国社会主义现代化城市发展的实际情形，将马克思主义城市理论的普遍适用性转化为中国条件下的特殊实践性，特别是继承和发展了马克思主义城市理论的人民逻辑，融入了中华优秀传统城市文化的独特智慧，实现了马克思主义城市理论的中国化与时代化创新，形成了新时代社会主义城市发展的人民城市理论。

其二，人民城市理论的理念支撑是人民城市理念。人民城市理念是人民城市理论的核心支撑，人民城市理论是人民城市理念的学理呈现。缺少了人民城市理念，人民城市理论就丧失了赖以存在的思想观念"沃土"。习近平总书记指出："理念是行动的先导，一定的发展实践都是由一定的发展理念来引领的。发展理念是否对头，从根本上决定着发展成效乃至成败。"[①] 人民城市理念作为人民城市理论的思想先导，其从根本上决定着人民城市理论的核心内涵和中心思想。人民城市理念以群众史观为基础，强调人民群众在社会主义现代化城市发展过程中的主体地位和能动作用，为人民城市理论提供了理念上的指导和遵循。在人民城市理论的具体实践中，人民城市理念为人民城市理论提供的认知支撑，集中凸显为中国共产党在城市工作维度的群众观点和群众路线，即相信人民群众能够建设好人民城市、依靠人民群众的力量建设好人民城市、建设好人民城市要服务于人民群众、人民城市建设成效要由人民群众自身来评价。人民城市理论对于人民群众主体地位的坚持、对于人民群众历史作用的重视、对于人民至上立场的恪守、对于以人民为中心发

---

① 《习近平著作选读》第 2 卷，人民出版社 2023 年版，第 403 页。

展思想的贯彻，在思想观念上均是源自人民城市理念，人民城市理念构成人民城市理论最为根源性的理念来源。

其三，人民城市理论构成我国城市话语体系的新诠释。法国学者米歇尔·福柯提出："话语是权力，人通过话语赋予自己权力"[①]。城市的话语权掌握在哪个主体手中，哪个主体就拥有对城市的掌控权，城市话语权是城市政权归属的另类表达。长期以来，因我国社会主义城市发展进程起步晚、城市建设与治理的现代化经验缺乏，特别是对于城市发展主体存在模糊认知，加之受西方城市话语体系的持续影响，完整、系统且必要的中国特色现代城市话语体系并未真正构建起来，这就形成了我国城市发展过程中的城市话语权"真空"。人民城市理论的城市话语体系全新阐释，打破了我国城市话语权的"真空"状态，首次为我国社会主义现代化城市话语体系建构明确了方向。人民城市理论的全新城市话语体系，将社会主义现代化城市的话语权赋予人民群众，这既是社会主义现代化城市本质属性的直接话语彰显，又带有鲜明中国特色社会主义和浓厚唯物史观色彩，其在城市话语体系概念诠释上呈现直接性和彻底性。人民城市理论的城市话语建构，让作为社会主义现代化城市主体的人民群众，不仅拥有了对城市建设、治理与发展的话语权，更拥有了"当家作主"的真实幸福感。

其四，人民城市理论服务于中国特色现代化城市道路。中国特色现代化城市道路是立足中国城市具体实际，彰显人民中心特质，为人民群众创造美好幸福生活的城市道路。在新时代条件下，以习近平同志为核心的党中央，依据时代具体形势变化和人民群众城市发展期待，丰富了中国特色现代化城市道路的时代内涵，如以人为核心的新型城镇化、发展全过程人民民主的城市基层民主、城市的精细化治理、城市治理的现

---

① M. Foucault, "The Order of Discourse", translated by Ian McLeod, in Robert Young (ed.), *Untying the Text: A Post Structuralist Reader*, Routledge & Kegan Paul, 1981, pp. 51–76. 米歇尔·福柯（Michel Foucault），法国哲学家，社会思想家，他被认为是一个后现代主义者和后结构主义者，著有《话语的秩序》《疯癫与文明》等。福柯在"话语权"领域最早给予了其含义阐释，这为"话语权"演进到政治领域提供了前提。现代意义上的"话语权"概念是根据福柯早期的定义演化而来，主要代表政治层面意识形态的主导权，目前被世界很多国家广泛采用。

代化、城市历史文化的传承、城市精神与城市品格塑造、城市与自然的和谐有序等。这些基于形势变化和人民诉求的时代内涵，恰恰是人民城市理论所关注的重点内容。就此而言，在内涵意蕴层面，人民城市理论的内涵与中国特色现代化城市道路的意蕴形成了高度契合，这是人民城市理论能够服务于中国特色现代化城市道路的重要前提。与此同时，中国特色现代化城市道路作为我国自主探索并建立的社会主义城市发展道路，具有中国城市发展条件的特殊性，这就决定了用于指导其发展的理论必定是依据中国城市实际而创立的科学理论。实践证明：我们不能拿西方城市理论来指导中国城市发展道路，更不能用中国城市发展道路来检验西方城市理论正确与否。人民城市理论是中国共产党依据中国城市发展实际和马克思主义城市理论而自主创立的科学城市理论，其在根本上符合中国城市对于理论的实际需求，因而能够直接服务于中国特色现代化城市道路。

第二章

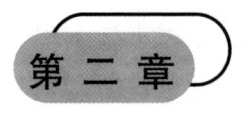

人民城市理论之机理诠释

　　善于理论创新并指导实践是中国共产党的优良传统和执政优势。人民城市理论作为中国共产党领导城市工作的创新理论，既是以习近平同志为核心的党中央统筹谋划社会主义现代化城市发展的战略理论，又是新时代指引人民群众开展中国特色城市建设与治理的实践理论。人民城市理论内蕴着中国理论的人民特质，凸显着中华文化的魅力特色，汲取着人类城市的发展经验，为新时代中国特色城市发展道路的开辟提供了理论支撑。人民城市理论文化底蕴尤为深厚，既汲取了中华优秀传统文化的精髓内涵，又借鉴了西方文化的合理成分，内在是中华优秀传统文化在城市维度传承创新的产物，更是中西城市文化包容互鉴、裨益共存、碰撞交流的产物。

　　人民城市理论源起于马克思主义的城市学说，马克思主义的城市学说构成人民城市理论的机理源泉。新时代条件下，以习近平同志为主要代表的中国共产党人，始终紧握马克思主义理论大旗，科学判断中国城市发展形势，将马克思主义的城市学说同中国城市发展的具体实际相结合，形成了与马克思主义城市学说既一脉相承又与时俱进的人民城市理论，开创了马克思主义城市学说在中国发展的全新境界。中国共产党作为马克思主义城市学说的坚定信仰者，作为人民城市理论的主要建构者，不仅成功将马克思恩格斯的城市思想进行了符合中国实际需要的创造性转化，还将列宁的社会主义城市思想进行了契合中国实际需求的创新性发展，又将党的十八大之前所形成的中国化城市理论进行了接续性传承。中国共产党创新人民城市理论的探索实践，赋予了人民城市理论深厚的理论根基。

第一节 人民城市理论的文化底蕴

在人类发展的历史长河中，城市与文化始终紧密联系在一起。城市扮演着文化传承的重要载体角色，文化涵养着城市发展的理论精髓要义。城市理论是文化底蕴的理论映射，文化底蕴是城市理论的文化源泉，城市理论与文化底蕴共生互荣。人民城市理论的文化底蕴有两个维度：本土优秀文化的传承弘扬与外来优秀文化的批判借鉴。人民城市理论指导新时代中国特色城市建设与治理实践的理论属性，决定了中华优秀传统文化的传承弘扬是人民城市理论文化底蕴的主要组成、西方城市文化的批判借鉴是人民城市理论文化底蕴的必要补充。中华民族城市历史悠久，积累了丰富多彩的传统城市文化和优秀民本文化，这些宝贵的文化资源为人民城市理论的建构完善提供了文化滋养。作为人民城市理论主要提出者和思想贡献者的中国共产党主要领袖人物，他们的人民情怀文化素养是人民城市理论文化底蕴的有机构成。

一 古代城市文化的传承

中国古代城市文化有广义与狭义之别：从广义上而言，中国古代城市文化是人类在城市发展过程中创造的物质财富和精神财富的总和；从狭义上而言，中国古代城市文化主要指人类在城市发展过程中创造的精神财富。从城市规划、建筑设计等方面讲究"天圆地方""天""人""道""理""气"的运行规律，① 到"天人合一""敬天爱人"等城市

---

① 古代中国哲学的研究范畴包括："天""道""气""数"。这些哲学概念的产生，与中国大农业社会的现实基础是密切相关的。"天"是对天象和人类社会的认知和解释；"道"是按照宇宙运行规律制定的人为准则与最高社会行为规范；"气"是一种自然存在的极细微的物质，是宇宙万物的本原；"数"是研究自然万物与人文社会的规律，并把社会等级、文化价值的概念渗透其中。古代中国城市，既体现了典型的东方宇宙观，如天圆地方、人地法、地法天、天法道，又表现出极强的社会等级观念，如以礼为先、遵循礼制的城市空间、建筑规格、排列形态。参见朱瑾、王军编著《城市文化简论》，中国建筑工业出版社2020年版，第12页。

传统哲学思想，中国古代城市文化的主流是基于人、城市、自然等关系的规律认知、哲学思考与实践运用，遵循自然发展、社会发展等客观规律构成中国古代城市文化体系最主要的价值功能指向。人民城市理论摒弃了中国古代城市哲学思想中唯心的和脱离时代的内涵，对其中依然具有的理论和实践价值的优秀成分进行了传承。

中华民族悠久的城市历史，孕育了大量优秀的城市文化，呈现出内涵丰富、层次多维、视角独特、道理深刻等特点。从内容上而言，中国古代城市文化既涉及城市建造的主要原则、城市功能分区的设置规则、不同城市建筑的形态样式、城市发展所需的人文元素建构等，又涉及城市发展与自然环境的关系、人与城市的关系等深层次的城市发展客观规律及哲学思考。从功能上而言，不仅有城市建筑文化、生态文化、大众文化，还有城市教育文化、休闲文化、礼仪文化等，多样性的城市文化促进了城市的发展与繁荣。从著述上而言，中国古代城市文化分布十分广泛，集中体现于《易经》《诗经》《礼记》《论语》《尚书》《管子》《荀子》《周礼》《韩非子》《吕氏春秋》《天工开物》《礼记王制》《庄子齐物论》等经典名篇中。虽然这些篇章并不是有关城市发展的专门论述，有些甚至未直接提及城市发展的主题内容，但它们直接或间接揭示的事物发展的普遍客观规律，却蕴含着城市建设与治理的卓越智慧和独特经验。这些凝聚了古人对于城市发展的理想追求和规律探索的独特见解及非凡智慧的中国古代优秀城市文化，对于当前我国社会主义现代化城市发展的理论建构和实践开展依然具有重要思想文化价值。

人民城市理论对于中国古代优秀城市文化的传承是多层次、多维度和多视角的，限于文本材料梳理和本书研究探索的有限性，在这里主要作以下两个方面的拓展探讨。首先，人民城市理论传承了我国传统城市哲学思想。我国古代城市哲学博大精深，"天人合一"是具有标志性的哲学概念，包括儒、释、道在内的众多学派对于"天人合一"都有独到的诠释。"天人合一"主张天、地、人是一体的，主张天道、地道与人道是相通的，古人意在强调人类的所有活动都应该遵循客观存在的规律，不能违背规律、肆意妄为去做事。"天人合一"内蕴的哲学思想对于城市发展的影响是持久而深远的。受"天人合一"的影响，周代伊始，我国传统的"天命"观念逐渐确立，并开始在多个维度影响古人的生产与生活等具体实践。"天命"原意指人的发展由自然界掌控，而不是由人自己掌控，强调自然界等外在力量超越并决定人的存在。"天命"被视作人的道德行为的最高准则，合乎"天命"是自然力量的作用使然，人应该学会遵从"天命"。当然，"天命"观念对于自然界的过度强调有其局限性，但也隐喻出古人对于尊重自然必要性和重要性的认知，"师法自然"①的传统观念正是这种思想的直接体现。与此同时，古人虽然竭力主张遵从"天命"，但同时也强调"天人合一"。在古人的思想中，"人命"无法抗衡"天命"，但人力却可胜过天力，"人定胜天"反映出的就是对人的主体地位和能动作用的充分肯定。放置于马克思主义理论视域之中，古人对于"天命"的敬畏，实质是对于事物发展规律的敬畏；"天人合一"中对于"天道"的主张，也是对客观规律的主张。具体到城市层面，城市发展遵循"天命"，即遵循城市发展的内在规律，这是城市工作必须恪守的重要前提；城市发展遵循"天人合一"，即发挥人的积极性、主动性和创造性，这是城市实践必须坚持的重要条件。2015年12月，习近平总书记在中央城市工作会议上强调："城市发展是一个自然历史过程，有其自身规律。"② 人民城市理论将尊重城市发展规律作为人民城市建设与治理的首要准则，将人民群众积极参与作为人民城市建设与治理的关键条件，尤其主张将现代城市建设成为宜居的城市，这些都是"天人合一"传统哲学思想在城市理论维度影响的具体体现。

其次，人民城市理论传承了我国传统生态文明思想。缘于自然认知

---

① "师法自然"源自老子"人法地，地法天，天法道，道法自然"之哲学思想。师法自然强调人的实践要建立在对自然规律的认知和尊重的基础之上。本书认为，师法自然的时代内涵要求人类去正视、认知、尊重和保护自然，人与自然是命运与共的共同体。习近平总书记提出的建设美丽中国、构建人与自然生命共同体、"碳达峰""碳中和"等人与自然相处的科学理念，均体现着师法自然的深刻内蕴。

② 中共中央党史和文献研究院编：《习近平关于城市工作论述摘编》，中央文献出版社2023年版，第31页。

的局限、敬畏自然的实践及生产力水平较低的现实，我国古代社会已经出现了与此发展阶段相适应的且内涵较为丰富的城市生态文明思想。在工业化进程开启前，我国生态环境的整体状况是非常良好的，此时的城市生态文明思想集中于探求城市自然环境与生活环境之间的统一。在封建时代，皇权至上观念深刻影响着古代城市的发展。皇城作为古代城市的典型代表，它的建设有着极其严格且等级森严的礼制秩序，丝毫不能越雷池半步。与此形成鲜明对比的是代表皇帝权威的皇家园林①，因少了诸多礼制的束缚而充满了自由化气息。皇权所有者通过建设皇家园林（当然也是皇室私家园林）来追求自身生活环境与自然环境的和谐统一，这是我国古代城市生态文明思想实践的主要彰显。与此相类似的还有江南园林、北方园林与岭南园林，这些存在于古代城市之中、作为达官贵人私人属地的园林系统，通过山、水等自然景观和亭、台、楼、阁、榭等人造景观，实现自然环境元素与人造环境元素的有序调和来营造理想的人居环境。古时园林系统的建造虽然只限于特定的统治阶级范围内，但却体现出古人融入自然、顺应自然和表现自然的朴素生态理念追求。习近平总书记指出："山水林田湖是城市生命体的有机组成部分，不能随意侵占和破坏。"② 人民城市理论不是要实现对自然的彻底改造，而是要在改造自然的同时，避免对自然的破坏，实现城市与自然的和谐共存。习近平总书记强调："城市发展要把握好生产空间、生活空间、生态空间的内在联系，实现生产空间集约高效、生活空间宜居适度、生态空间山清水秀。"③ 人民城市建设与治理要协调好生产空间、

---

① 相关史料显示，我国最早有关园林的记载，初见于商朝时期的"囿"和"园"，它们是种植果蔬、捕猎野物的生产单位。皇家园林在部分古籍中也被称为"囿""御苑""园囿""宫苑"等。皇家园林与自然园林、私家园林、寺庙园林共同构成中国园林的四种基本类型。中国皇家园林有三千多年历史，从周文王修建"灵囿"到清朝慈禧太后修建颐和园，漫长的封建社会，皇家园林始终体现着封建统治者的生态文明思想及其实践，在某种程度上皇家园林也推动了古人对人与自然关系认知的进步。

② 中共中央党史和文献研究院编：《习近平关于城市工作论述摘编》，中央文献出版社2023年版，第128页。

③ 中共中央党史和文献研究院编：《习近平关于城市工作论述摘编》，中央文献出版社2023年版，第126页。

生活空间与生态空间三者之间的关系,目的是在处理好城市发展与生态环境关系的同时,营造契合人民群众实际需要的城市功能性空间。

中国传统城市文化的内涵十分丰富,传统城市哲学和生态文明思想仅是典型的代表,并不代表我国传统城市文化的全部。人民城市理论对于这些文化养分的汲取也不局限于上述两大层面。但不可否认的是,中国古代城市发展受中国传统哲学思想的影响还是很大的。除了传统哲学思想外,皇权威严、自然环境、军事防御、统治者喜好等也是影响中国古代城市发展的重要因素。"天""道""气""理"等传统哲学思想影响下的古代城市建设,在建筑空间、规格、形态等方面都具有浓厚的东方宇宙观和森严的封建等级观痕迹。尽管这些传统的哲学思想所代表的中国古代城市文化,既有唯物的成分,又有唯心的成分,既有合理的认识,又有偏颇的见解,但强调尊重事物发展客观规律的意蕴却是完全正确的,也是人民城市建设与治理过程中必须要遵循城市发展规律的文化底蕴依据。

二 传统民本文化的弘扬

民本文化是中华传统文化的核心主题,在中华民族五千多年的历史文明进程中,民本文化是不同流派思想家、哲学家和历代统治者所关注的重要文化类型。从春秋战国的孔孟之道,到两汉时期的独尊儒术,到两宋时期的程朱理学,再到明清时期的阳明心学等,中华民族先辈们对民本文化的不懈探索和追求,在丰富民本文化多维内涵的同时,也将其融进中华民族的历史文化血脉之中。为政以德、勤政为民、民为邦本等民本文化的深邃意蕴,折射出为政者"以民为本"的执政文化理念。人民城市理论是中国共产党坚持弘扬中华民族传统民本文化,将其内化为社会主义现代化城市理论建构之文化底蕴的必然结果。

传统民本文化是中华民族文化宝库的珍贵财富,它的内涵极其丰富、意蕴非常深刻、影响十分深远,既广泛存在于不同历史时期思想家的经典著述之中,又普遍存在于不同历史阶段统治者的施政方略之中。我国的传统民本文化受认知条件的束缚,具有一定的历史局限性和理论不彻底性,但代表了我国思想家对朴素群众史观的重要探索成就,其对于人类思想、理论与实践的价值是不容低估的。人民城市理论主张人民城市的建设与治理，要秉持"为了人民""依靠人民""人民评判"等理念准则，这正是中国共产党对我国传统民本文化进行弘扬的时代体现。鉴于民本文化内涵体系的浩瀚精深，人民城市理论对于传统民本文化的弘扬是多方面的，在阐释过程中不可能穷尽所有，现重点围绕亲民爱民、施政为民、重民恤民三个方面的传统民本文化进行探讨，以明晰人民城市理论对于传统民本文化的弘扬传承。

首先，人民城市理论弘扬了亲民爱民的民本文化传统。亲民爱民是我国民本文化的鲜明主题，封建时代统治阶级基于统治需要，频繁向被统治阶级表达亲近民众、爱护民众等君权统治思想。我国古代思想家和哲学家们担负着为统治阶级提供理想政治思想与统治理念的历史使命，他们的思想中孕育出众多亲民爱民的元素。孔子是先秦时期"仁政"思想的集大成者，"仁者爱人"是其民本思想的核心构成。孔子有曰："为政以德，譬如北辰，居其所而众星共之。"[①]"德"就是孔子所主张的仁政，在孔子看来，仁政是君者统治臣民之正道。"仁者爱人"即统治者应该做道德高尚的仁者并施仁政来爱护臣民。孔子的"仁者爱人"理念代表了对理想统治者及君民关系的特定追求。《尚书·夏书·五子之歌》有曰："皇祖有训：民可近，不可下。民惟邦本，本固邦宁。"[②]先祖们早就意识到要亲近百姓，不能轻视百姓，百姓是国家的根本。如果不能亲近百姓，跟百姓处好关系，那么国家是无法获得安定兴旺的。这就隐喻出君主和百姓之间的关系，可以直接决定国家的荣辱兴衰。好的君主要能够亲近百姓，这样的国家才能安宁。王阳明是心学集大成者，他的亲民爱民思想尤为典型和深刻。在王阳明看来，为政者主要的职责之一是亲近百姓，如果不能学会如何亲近百姓，那么天下就无法达成善治。阳明心学将亲民爱民之学同善治施政联系起来，将亲民爱民的民本文化推向了统治者视野。

---

① （春秋）孔子：《论语》，冯慧娟选编，辽宁美术出版社2018年版，第7页。
② 《尚书》，胡亚军译注，二十一世纪出版社2016年版，第63页。

其次，人民城市理论弘扬了施政为民的民本文化传统。建立在地主阶级土地私有制基础之上的封建社会，尽管其施政的根本性目的是维护皇权或中央集权，但统治者为了更好维护自身统治，在施政举措上有限度地采取了为民的策略，形成了施政为民的民本文化。我国许多思想家在其思想体系中也有施政为民的观点，用以劝诫统治阶级守住民心。《管子·牧民》有曰："政之所兴，在顺民心；政之所废，在逆民心。"[1] 政权能够兴盛，在于顺应了民心，政权招致衰变，在于违背了民心。对于封建统治者而言，得民心得天下，失民心失天下，百姓的心才是最大的民心。2013年12月，习近平总书记在纪念毛泽东同志诞辰120周年座谈会上引用了这一典故。2020年9月，习近平总书记在基层代表座谈会上指出，"民心是最大的政治"[2]，守好民心是中国共产党义不容辞的神圣职责。人民城市的建设与治理，就是中国共产党守护民心的城市工作实践体现。朱熹在《四书章句集注》中有曰："国以民为本，社稷亦为民而立"[3]。百姓是国家的根本，国家是为百姓设立的，百姓才是国家赖以存在的决定性因素。2018年6月，习近平总书记在十九届中央政治局第六次集体学习时引用了这一古语，借以表达人民群众是治国理政的根本目的所在，中国共产党要把维护好人民群众的根本利益作为最高行为准则。建设人民城市，正是为了满足人民群众对于美好城市生活的向往。王充在《论衡》中有曰："知屋漏者在宇下，知政失者在草野"[4]。执政者想要知道自身统治的不足，就要走到草野和百姓中去。这就劝诫为政者要注重调研，注重听取百姓意见。2013年7月，习近平总书记在河北调研指导党的群众路线教育实践活动时引用了此句表达，用以鼓励广大党员干部走到群众中去发现问题、解决问题。人民城市的理论建构，围绕人民群众急难愁盼的城市问题作了统筹谋划，体现出中国共产党治国理政过程中施政为民的实践指向。

---

[1] 《管子》，(唐)房玄龄注，(明)刘绩补注，上海古籍出版社2015年版，第2页。
[2] 《习近平谈治国理政》第4卷，外文出版社2022年版，第57页。
[3] 《四书集注》卷一四。
[4] (东汉)王充：《论衡》，上海人民出版社1974年版，第431页。

最后，人民城市理论弘扬了重民恤民的民本文化传统。重视民众力量、汇聚民众智慧，是中国古代统治阶级的治国智慧。《孟子》有曰："民为贵，社稷次之，君为轻。"① 孟子主张百姓是最重要的，国家其次，君主为轻。统治者只有把百姓放在统治的最高位置，才是明君、圣君的做法，国家才能真正治理好。孟子告诫统治者要重视百姓的存在及其力量。作为一代明君的唐太宗深谙君民之道，他多次使用"君，舟也；人，水也；水能载舟，亦能覆舟"来告诫群臣要心系百姓，处理好臣民之间的关系。《三国志·吴书·吴主传》有曰："能用众力，则无敌于天下矣；能用众智，则无畏于圣人矣。"② 如果能够汇聚起百姓的力量，凝聚起百姓的智慧，那么就能够打败敌人、无所畏惧。此句意在强调百姓的力量和智慧是无穷无尽的，执政者要善于运用百姓智慧和力量。2020年5月，习近平总书记在参加十三届全国人大三次会议内蒙古代表团审议时引用了这句话。他意在强调人民群众的智慧和力量是极其强大的，广大党员干部要注重发掘人民群众的智慧，发挥人民群众的力量，推进社会主义现代化事业发展。

在领导人民群众推进中华民族实现伟大复兴的征程中，中国共产党能够始终坚持群众史观不动摇，除了马克思主义辩证唯物主义和历史唯物主义起着决定性作用之外，我国悠久的民本文化传统也发挥了重要作用。中国共产党将我国传统民本文化同新时代党的治国理政事业紧密结合起来，确立了"以人民为中心"的发展思想和"人民至上"的根本价值立场，并将其贯穿于新时代治国理政事业的全过程和各方面，这不仅实现了对民本文化的弘扬传承，还创新了党的群众观点和群众路线的时代实践。"以人民为中心"和"人民至上"作为人民城市理论的建构主线，同样闪耀着中国共产党传承传统民本文化的智慧光芒。

三 西方城市文化的借鉴

城市文化承载了特定的地域文化，并传递出地域文化的特色。西方

---

① （战国）孟子：《孟子》，冯慧娟编，辽宁美术出版社2018年版，第144页。
② 《三国志·吴书·吴主传注引江表传》。

著名城市理论家、社会哲学家刘易斯·芒福德（Lewis Mumford）指出："城市不只是建筑物的群集，它更是各种密切相关并经常相互影响的各种功能的复合体——它不单是权力的集中，更是文化的归极。"① 从古希腊古罗马时期的城邦建立，到近代的工业城市建设，再到当今现代化都市的呈现，西方城市发展的久远历史，形成了具有西方地域特色的城市文化，这些文化为城市发展提供强大精神动力的同时，又反作用于西方城市的发展。城市与文化之间形成了相存相依的密切关联。与东方城市特别是中国古城留给外界的中规中矩的神秘印象不同，西方城市带给外界的印象具有自由性和随意性色彩，或者说个性张扬的气息更为强烈。东方城市文化较为注重皇权尊严和等级秩序，西方城市文化较为强调个性表现和人文教化。尽管现代的西方城市文化带有了资产阶级的逐利因素，但其城市文化中对于公共精神的塑造、对于文化元素的创新、对于人文氛围的推崇等，依然具有重要的时代价值。人民城市理论批判性借鉴了西方城市文化体系中的合理成分。

西方城市文化拥有非常庞大的内涵体系，它们触及了城市规划设计、空间营造、模式创新等城市发展的诸多层面和领域。西方城市建设者对于哲学思想和数学工具的狂热追求及运用，让西方城市文化的人文气息和理性特征更为明显。西方城市文化较早关注人类与城市之间的关系，并对城市秩序、城市本质、城市环境、城市权力、城市权利、理想城市、特大城市、公共空间、基础设施等维度进行了卓有成效的探索，在人类城市文化发展史上留下了浓墨重彩的印迹。不可否认的是，除却带有资产阶级狭隘性的文化内容外，西方城市文化中的某些观点和元素，尤其是对人、人的情感、人的精神等人本身的关注，为现代化进程中世界范围内的城市发展提供了可借鉴的有益成分，它们深深影响了工业城市和现代都市的发展理念与前进趋势。

首先，人民城市理论借鉴了西方城市文化中对人的存在的积极关

---

① ［美］刘易斯·芒福德：《城市发展史——起源、演变与前景》，宋俊岭、宋一然译，上海三联书店2018年版，第82页。

注。对人的关注是近代以来西方城市文化的主流趋势，它代表了西方城市发展的主导性理念。刘易斯·芒福德指出，"城市本身变成改造人类的主要场所，人格在这里得以充分发挥"①；"城市主要功能是化力为形，化权能为文化，化朽物为活生生艺术形象，化有机的生命繁衍为社会创新"②；"城市本来就是人类表达博爱的器官、场所和构造；因而最佳的城市经济模式就是关怀人、陶冶人"③。西方城市经过长期发展，逐渐促使人们认识到人是城市发展的实质和根本。西方城市的思想家、建筑师、决策者、建设者的思想意识也逐渐发生了从关注城市自身到关注城市中的人的转变。西方城市发展转向对人的关注之后，城市发展的理念、理论、模式与道路也相应发生了变革。西方国家着力推进的城市公园建设理论、城市公共街区理论、城市园林建设理念以及田园城市、花园城市、绿色城市、健康城市等城市模式，其内在都是对于城市与人类关系的新探索、新认知和新实践。西方城市文化在城市的理念、理论、思想、实践等层面，已经渐次走上"让都市回归都市""城市回归人"的城市发展理念轨道上来。无论是西方城市发展过程中所关注的城市空间形态及其功能性问题，还是城市空间建构与人类活动的协调性、舒适性问题，抑或是城市的郊区化、中心区空间化问题，甚至是城市复兴的相关理论与实践问题等，都是基于城市是人的场所、城市是人性化场所、城市为人所使用、城市能够帮助人实现梦想等理念前提的。毋庸置疑的是，西方城市文化对人的存在的积极关注，在一定程度上驳斥了"物本"的城市发展思维，让人类开始重新审视城市的功能、结构、属性、方向、目的、本质等问题，将人类城市发展引向了"人本"的城市改革之路。与此同时，我们要警惕西方城市文化的"人本"。被资本逻辑所异化的"人本"，它注重的仅是中产阶级以上的社会群体的

---

① ［美］刘易斯·芒福德：《城市发展史——起源、演变与前景》，宋俊岭、宋一然译，上海三联书店 2018 年版，第 104 页。

② ［美］刘易斯·芒福德：《城市发展史——起源、演变与前景》，宋俊岭、宋一然译，上海三联书店 2018 年版，第 529 页。

③ ［美］刘易斯·芒福德：《城市发展史——起源、演变与前景》，宋俊岭、宋一然译，上海三联书店 2018 年版，第 533 页。

城市权益，而并不是城市中所有群体的城市权益，这样的历史局限在人民城市理论建构与具体实践的过程中必须要坚决舍弃。

其次，人民城市理论借鉴了西方城市文化中对公共精神塑造的重视。回溯西方城市发展演变历程，在城邦作为城市主要载体形式的历史阶段，西方城市建设已经开始注重对自然的观察，并将哲学和数学进行融合用于指导社会发展。在此过程中，西方城市塑造了尊重市民权利和私有财产的传统，以及对小国寡民城邦模式和贵族化民主制度的推崇。① 但这丝毫不影响西方城市文化中独特属性元素的存在——城市对人的精神需要的满足和城市公共精神的塑造。在西方大多数人的观念中，城市不仅仅是他们生活家园的载体，更是他们精神家园的载体，城市发展在某种程度上满足了他们的精神需求并给予他们精神慰藉。西方人对于自由、崇高和艺术的执着追求，让超越个人精神的公共精神塑造成为西方城市文化的发展趋势。在西方城市的建筑群集中，具有历史气息且较为常见的神庙、广场、剧院、体育场、斗兽场、音乐厅等公共空间的营造，为人们开展沟通提供了绝佳的空间载体和更多的机会。人们通过参与在城市公共空间举办的各种活动，来促使个人逐渐超越个人精神的束缚，转向对公共精神的关注，并最终形成人们普遍认同的城市公共精神。城市公共精神塑造的基本前提是公民对城市公共准则的认可和接受，他们能够充分理解公共领域的各种利益关系，并自觉主动参与公共生活和公共事务管理。此时，城市公共空间的营造，对于激发人们参与公共事务管理及公共生活提供了空间"桥梁"，这对于城市公共精神的塑造起着十分重要的作用。在西方多数城市的建筑设计中，普遍存在着一座城市的核心建筑，它既代表着这座城市的特有地标，又是这座城市精神的物化载体象征，更体现着凝聚人心的城市建筑文化力量。当

---

① 在城市建设方面，古希腊人提倡合理主义，即遵从自然规律与理性，崇尚阳光、和平、健康，强调人本主义思想；城市的形态不一定公式化，但一定要体现出和谐与美感，要给市民带来精神上的抚慰与幸福感。古希腊城市的文化核心可以用一个直观的公式来表达：哲学思想＋几何与数学＋城市的公共空间。参见吴志强、李德华主编《城市规划原理》（第四版），中国建筑工业出版社 2010 年版，第 9 页。

然，西方城市公共精神形成，离不开城市对于不同职业群体的容纳。城市公共精神并不是代表某些特定职业群体人的精神状态，而是要彰显所有生活于这座城市之中的人的全部精神状态。城市公共精神的内涵宽度，映射着城市对不同职业群体的吸引力、感染力和容纳力。人民城市理论要借鉴西方城市文化中营造公共空间的经验和塑造公共精神的传统，把人民城市真正建设成为人民群众共建共治共享的社会主义现代化城市的光辉典范。

最后，人民城市理论借鉴了西方城市文化中对城市特色元素的经营。现代西方城市为了提升市民生活的舒适度，在城市建设与管理的诸多细节上突出了"亲人性"原则。所谓"亲人性"原则，就是在事关城市居民生产、生活、工作的城市建设与管理的不同层面和维度，根据居民的实际需求和城市发展的内在规律，赋予城市发展以更多的人性化设计，让城市居民感受到城市发展的人文化关怀，这也是西方城市践行"城市是人性场所"理念的实践需要。[①] 西方城市尤为重视城市自身特色元素的经营，以提升城市发展的知名度和吸引力。习近平总书记指出："世界上有不少著名城市，没那么多宏伟目标，'一招鲜，吃遍天'，以音乐出名的维也纳、以电影出名的洛杉矶、以大学城出名的海德堡等，都有其不可替代的特点。搞城市建设也没有必要打造那么多的空头名片，城市不是靠口号建成的。"[②] 在西方城市中，类似习近平总书记提到的凭借自身优势发展起来的城市还有很多。如丹麦首都哥本哈根，因美丽的市容和古老的建筑，被誉为"全球最宜居的城市"，这座城市也因世界气候大会而享誉全球；又如西班牙首都马德里，因皇家马德里和马德里竞技队两支足球队，而被誉为"足球之城"，如今马德里

---

① "亲人性"原则是西方城市思想家和社会学家使用的一个名词，它常被用来指城市发展对人的需要的关注和重视。在近代以来的西方城市发展理念中，"城市的发展的实质是人"得到广泛而积极的认同。基于这一理念，西方城市规划师、建设者和决策者等城市发展相关主体，开始注重城市发展细节要更加注重人的实际需要。本书对"亲人性"原则概念的解读，建基于西方学者所认可的普遍观点，意在突出西方城市建设与管理过程中所彰显的人文关怀。

② 中共中央党史和文献研究院编：《习近平关于城市工作论述摘编》，中央文献出版社2023年版，第71页。

和巴塞罗那并列为西班牙对外的文化窗口。这些西方城市都有一个共同特点——依靠自身特色元素经营而享誉全球。习近平总书记的话意在强调城市发展要发掘城市自身的特色元素,寻找城市自身的优势长处,明确城市自身的特色定位,以"毕其功于一役"的方式把城市建设好。

西方城市文化是世界人类文明的重要组成,它对于人的自身、城市公共精神和城市特色元素的关注,不仅深刻影响着西方城市自身的发展变化,还深刻影响着人类城市发展的理念变革、理论建构、模式优化和道路更新。随着全球化的持续推进,以意识形态为标准来评价文化优劣的时代已经过去,西方城市文化带给东方城市发展的影响是必须要给予正视的。人民城市理论将人民作为社会主义现代化城市发展的根本立足点和最终归宿,这点与西方城市文化所主张的城市发展要关注人是不谋而合的,很难说这种巧合完全脱离于西方城市文化的影响。西方城市文化让人类逐渐明白这样一个道理:人类自身才是城市发展的根本归处。人民城市理论要沿着世界城市发展关注人的主流趋势而不断完善自身的内涵体系。

四 领袖人民情怀的涵养

中国共产党自成立之初,就自觉确立起"为中国人民谋幸福、为中华民族谋复兴"的初心与使命。在百余年奋斗征程中,中国共产党始终保持着同人民群众之间的血肉联系,与人民群众之间建立了命运与共的深厚情感。从毛泽东到邓小平、江泽民、胡锦涛,再到习近平,一代又一代的中国共产党伟大政治领袖,涵养并传承着扎根人民、团结人民、服务人民的炽热人民情怀。人民情怀已经融入中国共产党的精神血脉之中,成为中国共产党政治领袖谋划中国特色社会主义事业发展的文化涵养基础和内蕴情感积淀。人民城市理论是中国共产党政治领袖人民情怀文化涵养在城市工作维度的突出彰显。

领袖人物的执政思想、理念、理论与实践,折射着领袖个人的文化涵养。一位具有真挚人民情怀的政治领袖,会将此种情怀贯穿于其治国理政的各方面和全过程。作为人民城市理念的直接提出者、人民城市理论的思想贡献者和人民城市实践的坚定推动者，习近平总书记的人民情怀涵养由心而生、至真至深。习近平在地方工作期间，便立下了为民工作、为民谋福的人生奋斗目标，同人民群众之间建立起深厚的感情。到中央主持工作后，习近平总书记更是将人民群众福祉牢牢放在心头，将亿万人民利益放在党和国家的大事层面，将执政为民的人民情怀彰显得淋漓尽致。人民城市理论的建构，离不开以习近平同志为主要代表的中国共产党人深厚的人民情怀文化涵养。

首先，习近平总书记根植人民、相信人民的文化涵养。中国共产党领导人民群众的奋进历程已经证明：党来自人民、根植人民、服务人民，党的根基在人民、血脉在人民、力量在人民。根植人民、相信人民，既是中国共产党人最基本的文化涵养，又是中国共产党人赖以生存的关键所在。中华民族近代以来的发展历程让中国共产党人深刻地明白：只有做到根植人民，才是真正相信人民；只有坚定相信人民，才能真正根植人民。在地方工作时，无论是思想意识上、行动实践上，还是决策部署上、言语表达上，习近平牢记扎根人民、相信人民。他经常性深入基层一线，走进人民群众之中，听取百姓各种意见，将调研情况作为重大决策的依据，切切实实根植人民和信任人民。2002年10月，到任浙江省委书记第二天的习近平指出："我在黄土地上生根、发芽，在红土地上成长、发展，是党和人民将我培养成人，我愿意在任何地方为党和人民的事业贡献自己的一切。"①习近平总书记始终不忘自己来自人民，并立志为人民事业奋斗终身。到中央工作后，习近平总书记继续坚守根植人民的初心，将炽热的人民情怀转化为察百姓疾苦的实践。从河北省阜平县、湖南湘西土家族苗族自治州十八洞村，到陕西延安延川梁家河、四川汶川，再到南阳丹江口水库、新疆少数民族聚居地区……短短十年间，习近平总书记的足迹遍布大江南北，践行了根植人民、相信人民的政治誓言。在纪念毛泽东同志

---

① 《把人民生命安全和身体健康放在心里——习近平同志2003年领导浙江省抗击非典斗争纪事》，《人民日报》2020年6月15日第1版。

诞辰120周年座谈会上,习近平总书记指出:"在人民面前,我们永远是小学生,必须自觉拜人民为师"①。习近平总书记以师生关系喻比党群关系,表达出中国共产党人对人民群众的深深信任感。习近平总书记用自己的行动,诠释了何为根植人民,践行了如何相信人民,演绎了人民领袖的人民情怀。

其次,习近平总书记服务人民、造福人民的文化涵养。心怀国之大者,必为心怀民之大者。在庆祝中国共产党成立100周年大会上,习近平总书记指出:"江山就是人民、人民就是江山,打江山、守江山,守的是人民的心。"②中国共产党带领人民群众推进治国理政事业,根本目的是服务人民、造福人民。把人民利益和人民福祉作为干事创业的出发点和落脚点,这是中国共产党政治领袖谋划国之大计的鲜明特点。早在福建工作时,习近平就指出:"没有终生廉洁、终生为民的鸿鹄之志,期待飞得持久、'扶摇直上'是困难的。"③习近平把廉洁和为民作为自身所追求的官德修为和远大志向,体现出他服务人民、造福人民的崇高文化涵养。在《习近平谈治国理政》系列丛书中,习近平总书记反复表露自己的执政为民理念,如"我们的目标就是让全体中国人过上更好的日子""人民是我党执政的最大底气"等。这些执政为民的真理话语,不仅科学回答了人民之问、时代之问与中国之问,还向世人郑重昭示出中国共产党政治领袖执政为民、造福人民的政治信仰。

最后,习近平总书记依靠人民、引领人民的文化涵养。人民群众的力量是无穷无尽的,这既是马克思主义辩证唯物主义和历史唯物主义的主要观点,又是中华民族历史发展形成的宝贵经验。习近平总书记作为坚定的马克思主义者和卓越政治家,深知人民群众在中国特色社会主义事业中的主体地位和重要作用,将依靠人民、引领人民作为治国理政的理念遵循而践行于我国社会主义现代化建设事业的方方面面。2012年

---

① 习近平:《在纪念毛泽东同志诞辰120周年座谈会上的讲话》,人民出版社2013年版,第18页。
② 《习近平著作选读》第2卷,人民出版社2023年版,第482页。
③ 习近平:《摆脱贫困》,福建人民出版社1992年版,第7页。

12月，习近平总书记在广东考察时指出："我们要尊重人民首创精神，最大限度集中群众智慧，把党内外一切可以团结的力量广泛团结起来，把国内外一切可以调动的积极因素充分调动起来，汇合成推进改革开放的强大力量。"① 习近平总书记的讲话，在充分肯定人民群众拥有伟大力量的同时，也确立起党和人民的事业必须要依靠人民、引领人民的治国理政实践准则。依靠人民、引领人民，要调动人民积极性、充分尊重人民意愿、用好人民给予的权力，对于此习近平总书记有着深刻的认知。他指出："必须充分尊重人民所表达的意愿、所创造的经验、所拥有的权利、所发挥的作用。我们要珍惜人民给予的权力，用好人民给予的权力，自觉让人民监督权力，紧紧依靠人民创造历史伟业，使我们党的根基永远坚如磐石。"② 在新时代治国理政实践中，习近平总书记以实现中华民族伟大复兴的中国梦为目标引领，紧紧团结人民、凝聚人民力量，将党的群众观点和群众路线进行了创新性运用，让人民群众当家作主的地位更加稳固。习近平总书记依靠人民、引领人民的文化涵养，在其治国理政实践中展现得淋漓尽致，成为人民城市理论文化底蕴的重要来源构成。

第二节 人民城市理论的理论根基

马克思主义理论是中国共产党全部理论的根基所在，人民城市理论作为中国共产党指导社会主义现代化城市工作的最新理论，是马克思主义理论多维化内涵在中国城市理论和实践双重维度的继承与发展，是以马克思主义理论为根基的中国化马克思主义城市理论的时代创新。人民城市理论的理论根基，既涵盖了马克思主义理论体系中核心性的人民主体思想，又囊括了马克思恩格斯关于无产阶级及其政党领导城市建设的

---

① 中共中央文献研究室编：《习近平关于实现中华民族伟大复兴的中国梦论述摘编》，中央文献出版社2013年版，第45页。
② 习近平：《论党的宣传思想工作》，中央文献出版社2020年版，第44页。

丰富学说，还继承了列宁、斯大林关于社会主义城市发展的思想观点，更发展了毛泽东与中国特色社会主义理论体系关于现代化城市建设的思想精髓。人民城市理论的深厚理论根基，是中国共产党长期坚持运用马克思主义理论谋划部署我国城市工作，牢牢把握现代化城市发展历史主动权的理论必然。

一　马克思主义的人民主体思想

人民主体是马克思主义群众史观的根本观点，人民主体思想在马克思主义理论体系中具有重要地位。在人类争取自由解放的历史伟业中，人民主体思想强调无产阶级应当在发挥自身主观能动性的基础上，依靠自身的力量来实现自由解放。在马克思主义人民主体思想的探索中，正确认知人民群众在历史发展过程中的主体地位和决定作用已不是关键，重要的是如何在实践中让人民主体思想真正实现落地，人民群众的主体地位能够在自由解放事业中最大限度得以保障。人民城市理论是中国共产党坚持马克思主义人民主体思想，运用于指导社会主义现代化城市发展实践的创造性理论产物，它内在是马克思主义人民主体思想在城市层面的当代诠释和全新建构。人民主体思想构成人民城市理论发展与完善的重要内驱力。

人民主体思想作为马克思主义理论体系的核心构成，始终是马克思主义者热衷探讨和研究的重要问题。在马克思恩格斯创作的大量经典文献著述中，虽未直接提及"人民主体"及其相关词语表达，但"人民主体"思想却真实地体现并贯穿于马克思恩格斯创立的马克思主义理论体系之中。寻迹马克思恩格斯关于"人民主体"的间接话语阐释，在马克思的著作中"人民主体"思想以不同的话语表达反复出现。如1871年，在《国际工人协会共同章程》中，马克思在开篇指出，"工人阶级的解放应该由工人阶级自己去争取"[①]；1888年，在《共产党宣言》英文版序言中，马克思指出，"工人阶级的解放应当是工人阶级自

---

① 《马克思恩格斯选集》第3卷，人民出版社2012年版，第171页。

己的事情"①；1890 年，在《共产党宣言》德文版序言中，马克思再次提及，"工人的解放应当是工人阶级自己的事情"②。无论言语上的表达如何变化，马克思阐发的核心性观点都是一致的，那就是工人阶级要依靠自身的力量去创造自由解放的历史，这可被视为马克思关于"人民主体"思想的核心性阐释。马克思主义人民主体思想的纵深挖掘和意蕴呈现，正是源于马克思对于无产阶级解放事业所依赖力量的科学揭示。

对于马克思主义"人民主体"思想的把握，不能停留于马克思的间接话语表达上，而是要在把握马克思主义理论整体意蕴的基础上，透过话语的表象深挖话语的深意。马克思关于"人民主体"思想的简单话语阐释，至少传递出两层意思。其一，"人民"的真正内涵要在实践中加以理解。理论对"人民"内涵的解读，永远无法替代实践对"人民"真谛的揭示，真正的"人民"只存在于历史实践之中。宏观审视马克思主义的整体话语体系，特别是历史唯物主义的群众观点，马克思恩格斯始终强调在历史进程中把握无产阶级自由解放事业的各种要素，而不应该孤立片面地去拆解和领会只言片语。在马克思诠释"人民主体"思想的核心话语中，对无产阶级和工人内涵的把握也应放置于历史过程中。在社会主义现代化建设的今天，反观马克思在其著述中所提及的无产阶级和工人，显而易见代指的是社会发展的大多数群体即人民群众。人民群众追求自身自由解放的伟大事业，只有在人民群众作为物质财富创造者、精神财富创造者和社会变革决定力量的历史进程中才可实现。换而言之，人民的真正内涵只有在实践中才可凸显和揭示出来。历史实践是把握"人民"内涵的关键条件。马克思恩格斯指出："思想本身根本不能实现什么东西。思想要得到实现，就要有使用实践力量的人。"③ 使用实践力量的人，只有在实践中才能拥有真正的力量。马克思主义的"人民主体"思想，提供给人们的是在历史实践中能够正确

---

① 《马克思恩格斯选集》第 1 卷，人民出版社 2012 年版，第 385 页。
② 《马克思恩格斯选集》第 1 卷，人民出版社 2012 年版，第 392 页。
③ 《马克思恩格斯文集》第 1 卷，人民出版社 2009 年版，第 320 页。

认知人民群众力量的世界观和方法论。马克思恩格斯还强调:"历史活动是群众的活动"①。马克思恩格斯的话再次说明人民的内涵在历史实践中才能被完全揭示和诠释。人民群众在社会主义现代化城市建设与治理实践中的参与权保障,正是中国共产党基于把握人民内涵而坚持人民主体思想的具体体现。

其二,"人民主体"的真实性在实践中才可实现。正如真正的"人民"内涵在实践中才可揭示,人民主体的真实性同样在实践中才能达成。许多马克思主义者已经习惯于从价值标准和目标旨向维度,把"人民主体"作为社会主义现代化事业的基本原则和事实遵循来对待,但却忽略了"人民主体"思想中极其重要的实践环节。这种情况极易造成"人民主体"的真实性在实践过程中的缺位或丧失,从而形成"人民主体"思想在实践中无法达至真正彻底的短板。"人民主体"思想在马克思的话语体系中存在三个维度:人民参与、人民需要和人民评价。这三个方面均是"人民主体"思想的核心要素,它们共同构成"人民主体"思想实践过程的完整链条,缺少三者之中的任何一个都是不完整的。换而言之,真正的人民主体是在历史实践中产生和彰显的,而不能仅靠事实认定和价值评判去衡量人民主体在实践中的真实性。任何使用价值标准和目标旨向替代过程贯彻的"人民主体"思想都是有局限性的,是所有马克思主义者要在实践中加以注意和避免的。马克思提出了"人民主体"思想的核心论断,强调在实践中人民主体的实现,但其并未对"人民主体"思想的实践真实性展开阐释,这是后继马克思主义者需要做的重要工作。具体来讲,马克思主义的"人民主体"思想的核心并不在于科学揭示出人民群众是历史的创造者,而是如何将人民群众是历史创造者的主体作用在实践中发挥出来,这构成人民主体真实性落地的关键。人民群众创造历史,这是对人民主体的肯定,但人民群众需要创造什么样的历史、人民群众如何实际参与创造历史、人民群众怎样评价自身创造的历史,回答好这些问题是解决马克思主义

---

① 《马克思恩格斯文集》第 1 卷,人民出版社 2009 年版,第 287 页。

"人民主体"思想在实践中真实性的必要条件。在人民城市理论建构中，中国共产党对这些问题进行了科学有益的探索。

人民城市理论的理论根基，既继承了马克思主义"人民主体"思想中对人民主体地位、作用给予肯定的价值标准和目标旨向层面的内涵观点，又发展了马克思主义"人民主体"思想中人民主体地位及作用有效落地的实践内涵。人民城市理论注重城市建设与治理过程中的人民参与、人民需要和人民评价，将人民参与、人民需要和人民评价放在城市发展过程中的重要位置来对待，特别是健全细化相关的制度，"人民主体"思想在实践过程中得以充分贯彻，人民群众的存在感和当家作主的主体地位得以有效增强。此时的人民群众不仅是人民城市建设与治理实践活动的有机构成，还是人民城市发展的主体力量和人民城市发展成果的享有对象。习近平总书记指出："要提高市民文明素质，尊重市民对城市发展决策的知情权、参与权、监督权，鼓励企业和市民通过各种方式参与城市建设、管理，真正实现城市共治共管、共建共享。"[1]人民群众参与的共治共管、共建共享的城市治理新模式，正是人民城市理论对于"人民主体"思想贯彻落实的实践呈现。在共建共治共享的社会治理制度提出之前，我国城市发展过程中存在着"人民主体"思想认知的误区。过去城市的管理者和决策者，常常以自己政绩的主观需要替代人民群众的真实需要，将人民需要、人民参与、人民评价演变为人民被需要、人民被参与和人民被评价，人民主体在结果中被体现，却在过程中被弱化，这与"人民主体"思想的内涵真谛是相悖的。人民城市理论破除了马克思主义"人民主体"思想在过程中被弱化的情况，将人民被参与变为人民参与、人民被需要变为人民需要、人民被评价变为人民评价，被动到主动的变革，反映的是人民主体地位的质性提升，凸显的是中国共产党在城市工作维度对于"人民主体"思想的纵深领会和实践探索。

---

[1]《中央城市工作会议在北京举行 习近平李克强作重要讲话》，《人民日报》2015年12月23日第1版。

二 马克思恩格斯的城市学说

马克思恩格斯的城市学说是马克思主义理论体系的重要组成，是社会主义人民城市理论的理论源头。马克思恩格斯对工业革命时代的资本主义城市进行了强有力的批判，并对工人阶级掌握政权后所要建立的未来城市进行了探索性诠释。马克思恩格斯对城市及其相关话题的考察和研究，主要围绕城市的现象及问题而展开，内容上涉及城市历史、功能、生态、生活方式和城乡关系、未来城市发展等，它们共同构成了马克思恩格斯的城市学说体系。马克思主义作为谋划和指导人类实现自由解放的科学理论，对于马克思恩格斯城市学说的把握，要打破各种孤立性、片面性和静止性等错误观点，从宏观上放置于马克思主义理论自由解放的整体视域之中进行审视，这样才能形成对于马克思恩格斯城市学说的全面、客观而科学的系统认知。

马克思恩格斯关于城市问题的见解，并不是集中于专门性的著述之中，而是分散于他们不同时期独著或者合著的一些篇章之中。整体审视马克思恩格斯对于城市及相关问题的阐释，无产阶级利益始终是他们城市学说的出发点和落脚点，这些城市学说既直观地阐释出城市问题特别是资本主义城市的复杂性与多维性，又努力建构城市发展与工人阶级自由解放事业之间的关联。马克思恩格斯运用批判性视野，赋予他们自己的城市学说以人的自由全面发展的神圣历史使命，这是整体把握马克思恩格斯城市学说内核意蕴的关键。

马克思恩格斯的城市学说主要包括三个方面。第一，批判资本主义城市。对资产阶级建立的城市进行无情的批判，是马克思恩格斯城市学说的主要思想和鲜明特点。马克思在《资本论》中指出："一个工业城市或商业城市的资本积累得越快，可供剥削的人身材料的流入也就越快，为工人安排的临时住所也就越坏。"[1] 恩格斯在《英国工人阶级状

---

[1] 《马克思恩格斯文集》第5卷，人民出版社2009年版，第762页。

况》中指出，"工人区和资产阶级所占的区域是极严格地分开的"①，在曼彻斯特的大部分区域都分布着工人区，它们环绕在商业区的外围，而资产阶级则居住在城市外围的房屋或别墅里，那里地理位置优越、交通十分便利、自然生态环境良好。② 在马克思恩格斯看来，资产阶级所建立的城市仅仅是他们获取工业利润的必要工具，或者称之为剥削工人阶级的另类手段。资产阶级唯利是图的本性，决定了他们不会考虑城市中工人阶级的生存状况、生活环境和其他需求。无产阶级能够做的是通过革命性的阶级斗争，从资产阶级手里夺取城市政权，然后按照自己的意愿去改造城市。马克思恩格斯并不反对城市本身，而是反对城市成为资产阶级压迫和剥削无产阶级的工具。马克思恩格斯对资本主义城市的批判，意在强调无产阶级应该掌握城市政权。

第二，城市的形成及功能。马克思恩格斯认为，城市的形成是社会分工和城乡分离的产物。资产阶级所建立的工厂，因对劳动力即工人聚集的需求，促使工人在同一个建筑空间中从事劳动，聚集区域由小变大，城市逐渐演变而生。恩格斯在《英国工人阶级现状》中指出："大工业企业要求许多工人在一个建筑物里共同劳动；他们必须住得集中，甚至一个中等规模的工厂附近也会形成一个村镇。他们有种种需求，为了满足这些需求，还需要其他人，于是手工业者、裁缝、鞋匠、面包师、泥瓦匠、木匠都搬到这里来了。……当第一个工厂很自然地已经不能保证所有的人就业时，工资就下降，结果就是新的厂主搬到这里来。于是村镇变成小城市，小城市变成大城市。"③ 在恩格斯看来，资产阶级带来的生产力和劳动分工，促使城市发展规模的渐次壮大。资本主义城市对于劳动分工人群的容纳和吸引，侧面说明城市发展要有多样性，以满足对于不同群体的容纳。就大城市的功能，恩格斯给予了肯定，他指出："如果没有大城市，没有它们推动社会意识的发展，工人绝不会

---

① 《马克思恩格斯全集》第2卷，人民出版社1957年版，第326页。
② 原文内容较多，核心论述不集中，该部分是笔者根据《马克思恩格斯全集》第2卷1957年版原文的大意概括而得。
③ 《马克思恩格斯文集》第1卷，人民出版社2009年版，第406页。

像现在进步得这样快。"① 恩格斯肯定了城市在促进工人阶级意识觉醒，尤其是革命斗争意识觉醒方面的重要作用。

第三，城市与乡村的关系。在马克思恩格斯的城市学说中，他们对城乡关系进行了积极的关注和阐释。马克思恩格斯在《德意志意识形态》中指出："城市本身表明了人口、生产工具、资本、享乐和需求的集中；而在乡村里所看到的却是完全相反的情况：孤立和分散。城乡之间的对立只有在私有制的范围内才能存在。"② 他们在《共产党宣言》中指出："资产阶级使农村屈服于城市的统治。它创立了巨大的城市，使城市人口比农村人口大大增加起来，因而使很大一部分居民脱离了农村生活的愚昧状态。正像它使农村从属于城市一样，它使未开化和半开化的国家从属于文明的国家，使农民的民族从属于资产阶级的民族，使东方从属于西方。"③ 马克思恩格斯把城乡对立的原因归结为资产阶级及私有制，他们阐释的重点是批判资产阶级给城乡关系带来的负面影响。恩格斯在《共产主义原理》中认为，消除私有制是解决城乡对立，实现城乡融合的关键举措。他指出："通过消除旧的分工，通过产业教育、变换工种、所有人共同享受大家创造出来的福利，通过城乡的融合，使社会全体成员的才能得到全面发展，——这就是废除私有制的主要结果。"④ 在恩格斯看来，生产资料私有制造成的城乡之间旧的劳动分工，阻碍了人的自由全面发展，影响了城乡之间的融合发展。对此，恩格斯在《反杜林论》中给出了解决方案。他指出："当社会成为全部生产资料的主人，可以在社会范围内有计划地利用这些生产资料的时候，社会就消灭了迄今为止的人自己的生产资料对人的奴役。……要不是每一个人都得到解放，社会也不能得到解放。因此，旧的生产方式必须彻底变革，特别是旧的分工必须消灭。……生产劳动给每一个人提供全面发展和表现自己的全部能力即体能和智能的机会，这样，生产劳动

---

① 《马克思恩格斯全集》第 2 卷，人民出版社 1957 年版，第 408 页。
② 《马克思恩格斯选集》第 1 卷，人民出版社 1972 年版，第 56 页。
③ 《马克思恩格斯选集》第 1 卷，人民出版社 2012 年版，第 405 页。
④ 《马克思恩格斯选集》第 1 卷，人民出版社 2012 年版，第 308—309 页。

就不再是奴役人的手段，而成了解放人的手段"①。马克思恩格斯坚持认为，生产资料所有制的属性决定着城市发展的方向和无产阶级自身在城市中的命运。无产阶级的历史使命是消灭生产资料私有制，建立生产资料的公有制，为人的解放和自由全面发展创造条件。

背离马克思恩格斯关于城市问题批判的原初语境去理解他们的城市学说是错误的，脱离马克思主义理论自由解放的整体视域去解读他们的城市学说是偏颇的。马克思恩格斯所创立的全部理论与所有实践的出发点和落脚点是现实的人，最终指向是实现人的解放、自由和全面发展。马克思主义理论的自由解放宏大主题，决定了马克思恩格斯的城市学说，核心指向依然是人的解放、自由和全面发展。马克思恩格斯的城市学说，本质上是为现实的人的自由解放事业而服务的城市思想和观点。对资本主义城市进行彻底批判不是马克思恩格斯创建城市学说的目的，他们更没有背离人的自由解放和全面发展的理论主题，他们的目的是引导无产阶级建立生产资料公有制为基础的、实行新的劳动分工的、无产阶级完全掌握政权的城市。马克思恩格斯在批判资产阶级建立的大城市的同时，并未提出消灭大城市的主张，这并不是马克思恩格斯的无意遗忘，而是他们看到了大城市在促进城市生产力发展及无产阶级意识觉醒方面的积极作用。在马克思恩格斯看来，除却城市的生产资料属性和阶级构成属性的差异外，城市始终是社会生产力最为集中的空间区域。这也是马克思恩格斯极力主张消除城乡对立，把城市营造成为人的自由解放与全面发展载体的重要原因。

三　苏俄与苏联时期的城市思想

苏俄时期的社会主义城市建设，开创了人类探索社会主义城市发展实践的先河。以列宁、斯大林为主要代表的苏俄马克思主义者，对马克思恩格斯的城市学说进行了继承和发展，形成了符合苏俄实际的社会主义城市发展思想。受制于历史条件和认知水平的限制，尽管苏俄与苏联

---

① 《马克思恩格斯选集》第 3 卷，人民出版社 2012 年版，第 681 页。

时期的社会主义城市发展思想中的部分观点存在某些历史性局限，但其主体内容依然是富有科学性和价值性的，这些内容为后来的社会主义国家开展城市建设提供了理论与实践借鉴。人民城市理论借鉴了苏俄社会主义城市发展思想中的合理观点，这些合理观点构成人民城市理论根基的重要来源。

苏俄与苏联时期的社会主义城市发展思想主要涵盖三个方面的内容。其一，消除城乡对立，实现城乡融合。城乡问题是列宁、斯大林探讨社会主义城市发展的核心问题，他们主张城市与乡村之间不应是对立的关系，无产阶级的任务是消除城市与乡村之间的对立，促进城市与乡村之间的交流与融合。在城乡对立观点上，列宁、斯大林根据苏俄发展实际，对马克思恩格斯的城乡对立观点进行了完善和发展。列宁在《评经济浪漫主义》一文中指出，"城乡分离、城乡对立、城市剥削乡村……城市比乡村占优势是有了商品生产和资本主义的一切国家的共同的必然的现象"[1]。在列宁看来，城乡对立是所有国家必然要经历的社会历史现象，商品生产和资本主义是城乡对立发生的根源。在阐释城乡对立关系时，对于资本主义大城市，列宁却给出了肯定性观点。他在《土地问题和"马克思的批评家"》一文中指出，"肯定资本主义社会大城市的进步性，丝毫不妨碍我们把消灭城乡对立当作我们的理想"[2]；他在《党纲关于土地问题的条文》一文中指出，消灭城乡对立是"共产主义建设的根本任务之一"[3]。列宁表面是在肯定资本主义大城市，实则是在肯定资本主义大城市所带来的高度发达的生产力和城市对农村的引领力。斯大林从社会主义视角考察了城乡之间的对立问题。他指出："社会主义不仅包括着城市。社会主义乃是要根据生产资料和生产工具公有制原则把工业和农业结合起来的经济机构。不把这两个经济部门结合起来，便不能有什么社会主义。"[4] 斯大林的阐释至少说明，城

---

[1] 《列宁全集》第2卷，人民出版社1984年版，第196—197页。
[2] 《列宁全集》第5卷，人民出版社1986年版，第132页。
[3] 《列宁选集》第3卷，人民出版社2012年版，第751页。
[4] 《论苏联社会主义经济建设（高级组）》第一册，人民出版社1953年版，第171页。

乡对立关系在社会主义条件下应当被彻底消灭。列宁、斯大林在批判城乡对立的同时，也对城乡融合提出了建设性解决意见。列宁指出，"城市必然要领导农村。农村必然要跟城市走"[1]，"农业人口和非农业人口的生活条件接近才创造了消灭城乡对立的条件"[2]，"只有一条道路，就是城市工人和农业工人结成联盟"[3]。斯大林在继承列宁关于"城市是农村领导者"观点的基础上，进一步提出了城乡结合的内涵及作用问题。他指出："什么是结合呢？结合就是城市和乡村之间、我们的工业和农民经济之间、我们的工业品和农民经济的粮食与原料之间的经常联系，经常交换。……结合问题是我国工业的生存问题，是无产阶级本身的生存问题，是我们共和国的存亡问题，是我国社会主义的胜利问题。"[4] 放置于马克思主义自由解放的理论视域，列宁、斯大林所强调的消灭城乡对立，实现城乡融合，实质是在为自由解放共同体的建立进行城乡关系发展的探索。

其二，城市是经济、政治与精神中心。列宁、斯大林非常重视城市的地位和作用，他们对城市的功能定位进行了较多的分析和阐释，并给出了城市是社会主义国家的经济、政治与精神中心的明确界定。列宁指出："在所有现代国家甚至在俄国，城市的发展要比农村快得多，城市是人民的经济、政治和精神生活的中心，是进步的主要动力。"[5] 在列宁看来，城市的作用是不容小觑的，它代表着社会主义进步的主要动力。从社会主义整体视角来定位城市的重要地位，是马克思主义城市学说史上的重大进步。列宁在其著述中还认为，资本主义大城市的经济活动影响到全国，创造了丰富多彩的"城市文化"，少数中心城市甚至积累起"科学艺术宝藏"，这就促使农村在经济、政治和文化上要跟随城市走。他在《关于1905年革命的报告》中指出，"城市愈大，无产阶

---

[1] 《列宁全集》第30卷，人民出版社1957年版，第225页。
[2] 《列宁全集》第2卷，人民出版社1984年版，第197页。
[3] 《列宁全集》第36卷，人民出版社1985年版，第22—23页。
[4] 《斯大林全集》第6卷，人民出版社1956年版，第211页。
[5] 《列宁全集》第23卷，人民出版社2017年版，第358页。

级在斗争中的作用也就愈大"①；在《立宪会议选举和无产阶级专政》中指出，"首都或一般大工商业中心……在颇大程度上决定着人民的政治命运"②；在俄国社会民主工党（布）彼得堡委员会会议上指出，"作为单独一个地方的彼得堡并不存在。彼得堡是全俄国的地理、政治革命中心。"③ 斯大林继承和肯定了列宁对于城市功能定位的主要观点。他指出："不仅大城市不会毁灭，并且还要出现新的大城市，它们是文化最发达的中心，它们不仅是大工业的中心，而且是农产品加工和一切食品工业部门强大发展的中心。这种情况将促进全国文化的繁荣，将使城市和乡村有同等的生活条件。"④ 列宁、斯大林运用社会主义视角对城市进行了定位分析，他们意在强调社会主义城市的存在有其必然性和价值性，无产阶级牢牢掌握住了城市政权，就等同于掌握住了国家政权。尽管这些观点带有无产阶级要勇于在城市中开展革命斗争的倾向，但毕竟充分肯定了城市在整个社会主义发展过程中的重要作用和地位，这为后继马克思主义者正确对待社会主义城市及明确城市功能属性给出了重要参考借鉴。

其三，苏联社会主义城市的发展策略。⑤ 苏联社会主义城市化进程与工业化进程是紧密联系在一起的，前者受后者影响较大。苏联时期，因国民经济发展的重点集中于重工业层面，许多城市的建设与管理大都围绕工业发展的整体布局来开展。从 20 世纪 30 年代开始，苏联开始逐渐控制大城市，特别是重工业城市的发展规模，并逐渐实施旧城改造和新城筹建计划。当时的旧城改造主要是对城市基础设施给予完善，新城

---

① 《列宁全集》第 28 卷，人民出版社 1990 年版，第 319 页。
② 《列宁全集》第 30 卷，人民出版社 1957 年版，第 226 页。
③ 《列宁全集》第 30 卷，人民出版社 1985 年版，第 194 页。
④ 《斯大林文集（1934—1952 年）》，人民出版社 1985 年版，第 617 页。
⑤ 此部分内容是笔者查阅苏联时期城市建设的相关档案资料总结概括而得。从既有的苏联时期相关历史文献中发现，苏俄的社会主义城市建设虽然较为注重重工业对城市发展的政策影响，但作为执政者的苏共已经注意到城市居民需求对于城市发展所施加的影响。这就促使城市决策者开始关注城市经济发展与居民生活两者之间关系的协调问题，并逐渐把居民诉求作为城市发展决策的依据参考。这可被视作社会主义城市发展将人民群众实际需求放在国家发展重要位置进行决策的体现。

筹建则是为大城市配套建设"卫星城",以缓解大城市发展带来的压力。为了让大城市规模得到有效控制,苏联政府实行了"居留证"政策,来实现控制城市人口规模增长的目的。20世纪70年代后,随着工业化给城市带来的大量污染和环境破坏,城市管理者开始关注城市生态问题,并采取一定的措施来管控城市污染的蔓延和生态环境的破坏。苏联高度集中的计划经济模式对城市建设与管理也产生了重要影响,典型体现是采取计划手段对城市化进程开展调节。苏联时期的城市发展已经不是独立于经济之外的事业,而是统一纳入国家计划体系之中,城市发展的所有战略策略均由国家统一制定实施。城市决策者更为注重城市在国家和某个区域之中所发挥的具体作用,城市与城市之间的发展联动效应在此时被关注。在城市建设与管理过程中,城市决策者将城市视为一个整体系统,通过不同城市发展举措来实现城市内部结构的平衡性。与此同时,城市的综合性发展也逐渐进入城市发展的决策视野,这里的综合性是指城市要注重满足经济发展和居民生活的双重职能。特别是在满足城市居民生活方面,苏联的城市住宅实施了提升城市居民舒适度的相关建筑计划。此计划在强化城市规划的同时,将城市内部不同功能区(如工作区、生活区、商业区)的均衡完善作为重点来谋划,尤其是提出了居民在1—2个小时内能够到达城市区域的中心。苏联社会主义城市发展的具体策略,在当前依然具有重要借鉴价值,为人民城市理论的建构和完善提供了具有实践经验支撑的理论借鉴。

四 中国化马克思主义城市理论

从中共七届二中全会决定党的工作重心由乡村转移到城市开始,中国共产党就自觉开启了推进马克思主义城市学说实现中国化的历程。在我国城市发展历程中,中国共产党虽未明确提及中国化马克思主义城市理论的具体概念,但却实际地推动着马克思主义中国化城市理论的继承、深化、发展与创新。中国化马克思主义城市理论作为中国化马克思主义理论体系的有机构成,是中国特色城市发展取得辉煌成就的理论指南。人民城市理论作为以习近平同志为核心的党中央谋划中国特色城发展道路的创新理论，从本质属性上而言，隶属于中国化马克思主义城市理论，这是人民城市理论的理论属性；从发展阶段上而言，人民城市理论承继、创新了党的十八大前的中国化马克思主义城市理论，是中国化马克思主义城市理论在新时代的最新发展，这是人民城市理论的时代属性。中国共产党对中国化马克思主义城市理论的继承、深化、发展与创新，为人民城市理论提供了坚实理论根基。

中国化马克思主义城市理论是中国共产党将马克思主义城市学说同中国城市发展具体实际进行结合的理论产物，它的内涵体系并不是一成不变的，而是随着中国城市发展的实际变化和马克思主义城市学说的探究纵深逐渐丰富的。中国化马克思主义城市理论承继了马克思主义城市理论自由解放的根本意蕴，坚持了马克思主义城市理论的科学世界观与方法论，创新了马克思主义城市理论不同历史阶段的中国化具体内涵，实现了马克思主义城市理论中国化的接续性发展。以毛泽东同志、邓小平同志、江泽民同志、胡锦涛同志为主要代表的中国共产党人，接续推进马克思主义城市理论中国化的历史实践，为新时代人民城市理论提供绵延不断的中国化马克思主义城市理论根基的同时，又凸显中国共产党在城市工作维度推进马克思主义城市理论不断实现飞跃的历史自觉和历史主动。

以马克思、恩格斯、列宁、斯大林为主要代表的马克思主义者，他们所创立和发展的马克思主义城市学说与理论，在某种程度上给人一种模糊不清的感觉，这是因为城市问题并不是马克思主义理论所要探讨的主要问题，也并不是马克思主义理论所贯穿的发展主线。马克思恩格斯对城市问题的探讨，只是他们建构人的自由解放理论的边缘化构成要素，但不能就此否定马克思主义城市理论的存在和发展，特别是忽视或弱化马克思主义城市理论的重要价值。综观马克思、恩格斯、列宁、斯大林等马克思主义者关于城市问题的相关著述可知，这些著述在阐释他们对于城市问题具体观点的同时，提供给后人的更多的是分析人类未来城市发展的视角、方法和原则。这就决定了马克思恩格斯等马克思主义者创立的马克思主义城市理论是一个开放性的内涵体系。从经典马克思主义城市学说到当代马克思主义城市学说，后继马克思主义者沿着马克思恩格斯创立的经典城市理论形成了三个重要内涵分支：致力于城市日常生活现象批判的现象学维度的城市理论，主要代表人物是亨利·列斐伏尔（Henri Lefebvre）；致力于城市结构主义方法论维度的城市理论，主要代表人物是曼纽·卡斯特尔（Mannel Castells）；致力于地理学的政治经济学批判维度的城市理论，主要代表人物是戴维·哈维（David Harvey）。[①] 这些当代的马克思主义城市学说将马克思主义城市理论内涵的开放性特征彰显得淋漓尽致。

马克思恩格斯等马克思主义经典作家对经典马克思主义城市理论的创建，总体上以批判性为主，兼具一定的建设性；当代马克思主义者对马克思主义城市理论的建构，总体上以建设性为主，兼具一定的批判性。两者的差异源于当代马克思主义者对经典马克思主义城市理论的解构和重构，受到理论创新的时代性和国别性的双重影响。经典马克思主义城市理论的发展趋势和当代马克思主义城市理论的建构现状，给予了中国马克思主义者创新发展中国化马克思主义城市理论的可能空间。回溯中国革命、建设与改革的艰苦卓绝历程，中国共产党深刻地明白马克思主义城市理论不是照抄照搬的文本，不能直接使用它的相关概念去解读中国城市发展的具体问题，因为每种理论和每个概念都有自己的适用条件和所属范畴，本土化和时代化是科学把握马克思主义城市理论应有

---

① 亨利·列斐伏尔（Henri Lefebvre），法国马克思主义批判哲学家，区域社会学、城市社会学理论的重要奠基人。亨利·列斐伏尔以解决西方国家所面临的城市危机为理论旨趣和现实观照，他的城市学著作《空间的生产》引发全球城市学者关注。该著作开启了城市空间研究的范式转向，完成了对城市空间属性的分析，揭示了城市空间所蕴含的社会政治内容，对马克思主义城市理论作出了独特的卓越贡献。曼纽·卡斯特尔（Mannel Castells），法国著名学者，著有《都市问题》一书。该书把阿尔都塞的结构马克思主义的基本方法应用于城市问题研究，建构了一个以集体消费为主导结构的城市系统模型，进而以集体消费的结构性矛盾重构了马克思的资本主义危机理论和无产阶级革命理论，这是西方马克思主义回应城市问题的最典型理论成就。戴维·哈维（David Harvey），英国地理学家、社会学家、哲学家，著有《社会正义与城市》一书。该书从地理学视角，以空间理论为切入点，借助马克思主义理论，建构起解释当代城市发展的一整套理论框架，从而让城市决策者和建设者注重城市对人本身的关怀。亨利·列斐伏尔、曼纽·卡斯特尔和戴维·哈维是西方马克思主义城市理论研究的典型代表，他们的著作并列为西方马克思主义城市理论研究的经典。

的正确实践态度。中国马克思主义者所创立的中国化马克思主义城市理论，除了坚持和继承经典马克思主义城市理论的自由解放意蕴外，还借鉴了当代马克思主义城市学说的建设性发展思路。中国化马克思主义城市理论，立足我国社会主义城市建设的基本属性和主要目标，基于以建构性为主、以批判性为辅的建构思路，围绕马克思主义唯物史观的人民主体视角，探索着符合中国城市发展实际和解决中国城市道路问题的理论内涵。纵观中国化马克思主义城市理论发展历程，从新中国成立前后掌握城市政权的理论建构，到20世纪六七十年代工业城市建设的理论建构，到改革开放前后快速城镇化的理论建构，再到新时代人民城市的理论建构，中国化马克思主义理论始终致力于构建充满多元性、异质性和中国特色的城市理念、城市格局、城市模式与城市道路。就此而言，中国化马克思主义城市理论为人民城市理论提供经典马克思主义城市理论与当代马克思主义城市理论基本观点借鉴的同时，更为重要的是提供了社会主义城市理论建构的目标、原则、方法、视角等遵循。

中国化马克思主义城市理论作为中国马克思主义者创新发展城市理论的理论基础，为人民城市理论提供的理论目标、原则、方法、视角等遵循包括四个方面。其一，秉持实现人的自由解放的马克思主义意蕴。人的自由解放是马克思主义理论的根本意蕴，中国化马克思主义城市理论作为马克思主义城市理论的中国化理论形态，秉持人的自由解放的马克思主义意蕴是中国化马克思主义城市理论的理论使命。作为中国化马克思主义城市理论新时代最新发展的人民城市理论，必须将人的自由解放的根本意蕴融入理论发展的脉络之中，这是历史的要求和理论的职责。其二，坚持探索符合中国国情的城市发展道路。探索符合中国国情的发展道路，是中国共产党开展理论与实践创新的重要目的。中国化马克思主义城市理论的诞生与发展，是探索符合中国国情城市发展道路的需要。人民城市理论作为以习近平同志为核心的党中央探索新时代中国特色城市发展道路的理论创新，内在延续了探索符合中国国情城市发展道路的理论传统。其三，运用群众观点和群众路线推进城市建设。坚持群众观点和群众路线是中国共产党推进社会主义事业发展的重要法宝。

随着时代进步和认知能力提升，中国共产党对群众观点和群众路线的诠释更加理性和全面。中国化马克思主义城市理论始终重视人民群众在城市发展过程中的重要作用。人民城市理论将群众观点和群众路线进行深化，将人民群众在城市建设与治理过程中的主体地位推进到新的发展高度。其四，用中国化经验完善马克思主义城市理论。马克思主义城市理论不是完全封闭的理论体系，而是要随着时代发展不断丰富。我国现代化城市建设与治理的鲜活实践，是审视当代社会主义城市发展情况的重要"窗口"。人民城市理论指导下的中国特色城市发展实践所积累的成功经验，在完善中国化马克思主义城市理论的同时，也在丰富着马克思主义的城市理论。

除此以外，以毛泽东同志、邓小平同志、江泽民同志、胡锦涛同志为主要代表的中国共产党人推进中国化马克思主义城市理论的历史实践，特别是他们针对不同历史时期城市发展实际所提出的社会主义城市建设的相关观点与思想，人民城市理论都有很好的遵循、继承、发展与深化。毛泽东高度重视城市建设与发展。他强调指出："党和军队的工作重心必须放在城市，必须用极大的努力去学会管理城市和建设城市。"① 邓小平主张把解决好人民群众切身利益与实际需要作为城市建设的最高准则。他提出社会主义城市规划要处理好"骨头"和"肉"的关系，形成了城市发展思想的"骨肉"观。他指出："过去我们在城市规划中对'肉'重视不够，应该办商店、理发馆等服务性行业，没有注意办，这是事实。现在这个问题必须解决，不解决不妥当，这是一个制度问题。"② 江泽民在考察北京城市建设时指出："要始终维护和发展好人民群众的利益，努力提高城市现代化建设管理水平和文明程度。……搞好城市规划、建设和管理，是广大市民的利益和愿望所在。……加强环境综合整治，抓好城市绿化美化，提高市民文明素质，努力使全市人民生活得更方便、更舒心、更幸福。"③ 胡锦涛针对城市

---

① 《毛泽东选集》第4卷，人民出版社1991年版，第1427页。
② 《邓小平文选》第1卷，人民出版社1994年版，第266页。
③ 《江泽民在北京市考察工作》，《人民日报》2002年1月31日第1版。

建设指出，城市建设要"给后人留下赞叹，而不给后人造成遗憾"①，"走中国特色城镇化道路，按照循序渐进、节约土地、集约发展、合理布局的原则，努力形成资源节约、环境友好、经济高效、社会和谐的城镇发展新格局"②。这些观点和思想从不同维度与层面体现出中国共产党着眼于人民群众根本利益推进城市工作的实践目标和价值旨向，它们为人民城市理论提供了很好的理论智慧。

第三节 人民城市理论的逻辑体系

准确理解人民城市理论的逻辑体系，既是科学把握人民城市理论内在机理的必要举措，又是有效完善人民城市理论学理研究的客观要求。人民城市理论虽然是一个开放性的内涵体系，但其自身却拥有着严密性的逻辑。目前学界对人民城市理论逻辑体系的探究，主要从历史逻辑、理论逻辑、文化逻辑、实践逻辑、治理逻辑和价值逻辑等宏观层面展开，并对这些逻辑内涵进行文献资料的梳理性阐释。鲜有学者将人民城市理论视为独立性的理论整体，从其逻辑引领、逻辑主线、逻辑路径和逻辑旨归等微观层面，对其逻辑内涵进行理论性的纵深把握。

从微观层面把握人民城市理论的逻辑体系，其主要包括逻辑引领、逻辑主线、逻辑路径和逻辑旨归等四个层面。这四个层面之间是相互联系、辩证统一的，逻辑引领是关键、逻辑主线是核心、逻辑路径是保障、逻辑旨归是目标，它们统归于人民城市理论提出、建构与完善的历程之中。微观层面的人民城市理论逻辑体系，要解决人民城市"为谁而建""由谁来建""谁领着建""怎么样建""建成什么"等五大关键性逻辑理论问题。其中，党的领导的逻辑引领，从领导主体维度回答了"谁领着建"的主要逻辑理论问题；人民逻辑的逻辑主线，从人民主体

---

① 《胡锦涛文选》第2卷，人民出版社2016年版，第184页。
② 《胡锦涛文选》第2卷，人民出版社2016年版，第358页。

维度回答了"为谁而建"和"由谁来建"的主要逻辑理论问题；现代治理的逻辑路径，从治理保障维度回答了"怎么样建"的主要逻辑理论问题；美好生活的逻辑旨归，从理想目标维度回答了"建成什么"的主要逻辑理论问题。

一 党的领导的逻辑引领

中国共产党是中国特色社会主义事业的领导核心，是中华民族伟大复兴进程的核心力量。习近平总书记指出："全面建设社会主义现代化国家、全面推进中华民族伟大复兴，关键在党。"[1] 党的领导作为中国式现代化的主要特征，构成人民城市发展的逻辑引领。党的十八大以来，以习近平同志为核心的党中央，立足我国社会主义现代化城市发展的整体状况，创造性地建构了指导新时代中国特色城市建设与治理实践的人民城市理论。中国共产党作为领导人民城市发展的核心力量，其对人民城市的引领是全面的、系统的和整体的，既包括把握人民城市的发展方向，谋划人民城市的发展大局，又包括制定人民城市的发展策略，推动人民城市的发展变革等。党的领导是人民城市健康发展的重要领导保障。

党的二十大报告指出，"中国特色社会主义最本质的特征是中国共产党领导，中国特色社会主义制度的最大优势是中国共产党领导"[2]，"把党的领导落实到党和国家事业各领域各方面各环节，使党始终成为风雨来袭时全体人民最可靠的主心骨"[3]。纵观中国特色社会主义事业整体进程，中华民族能够在复兴道路上取得接续性的胜利，最宝贵和最重要的经验就是始终坚持了中国共产党的领导。党的领导之所以成为人民城市的逻辑引领，是党自身的功能属性和人民城市事业属性所共同决

---

[1] 习近平：《高举中国特色社会主义伟大旗帜 为全面建设社会主义现代化国家而团结奋斗——在中国共产党第二十次全国代表大会上的报告》，人民出版社2022年版，第63页。
[2] 习近平：《高举中国特色社会主义伟大旗帜 为全面建设社会主义现代化国家而团结奋斗——在中国共产党第二十次全国代表大会上的报告》，人民出版社2022年版，第6页。
[3] 习近平：《高举中国特色社会主义伟大旗帜 为全面建设社会主义现代化国家而团结奋斗——在中国共产党第二十次全国代表大会上的报告》，人民出版社2022年版，第26页。

定的。首先，就党自身的属性功能而言，《中国共产党章程》总纲中明确指出："党政军民学，东西南北中，党是领导一切的。"①作为历经百年考验的马克思主义执政党，中国共产党领导中国特色社会主义事业发展是历史和人民所赋予其自身神圣而光荣的职责使命。作为中国特色社会主义事业重要组成的人民城市发展，同样要由中国共产党来掌舵和领航。其次，就人民城市事业属性而言，城市工作是一项涉及亿万人民根本利益的宏伟工程。2015年12月，习近平总书记在中央城市工作会议上指出，"城市工作是一个系统工程"②，其既涉及经济建设、政治建设、文化建设、社会建设和生态建设，又涉及空间规划、民生保障、基础设施、公共服务和运营管理。面对如此复杂而庞大的城市系统工程，坚强的领导主体尤为关键。习近平总书记在省部级主要领导干部学习贯彻党的十八届四中全会精神全面推进依法治国专题研讨班上指出，中国共产党"处在总揽全局、协调各方的地位"③，"党的领导是做好党和国家各项工作的根本保证，是我国政治稳定、经济发展、民族团结、社会稳定的根本点"④。中国共产党总揽全局、协调各方的地位和作用，决定了只有党才能够真正把握好人民城市这项复杂系统的宏伟工程。习近平总书记指出，中国共产党"要树立系统思维，从构成城市诸多要素、结构、功能等方面入手，对事关城市发展的重大问题进行深入研究和周密部署，系统推进各方面工作"⑤。习近平总书记对党的城市工作的部署和指示，进一步说明坚持党的领导是人民城市发展的根本所在与命脉所系。

中国共产党作为人民城市的领导核心，其在人民城市理论与实践层面的领导地位和重大作用是确定无疑的。党的领导的逻辑引领主要集中

---

① 《中国共产党章程》，人民出版社2022年版，第12—13页。
② 中共中央党史和文献研究院编：《习近平关于城市工作论述摘编》，中央文献出版社2023年版，第31页。
③ 习近平：《论坚持党对一切工作的领导》，中央文献出版社2019年版，第8页。
④ 习近平：《论坚持党对一切工作的领导》，中央文献出版社2019年版，第9页。
⑤ 中共中央党史和文献研究院编：《习近平关于城市工作论述摘编》，中央文献出版社2023年版，第79页。

于以下三个层面。其一，引领人民。人民群众是人民城市建设与治理的动力源泉，引领人民就是中国共产党带领人民群众沿着正确方向、积聚强大力量建设人民城市。在人民群众建设与治理人民城市的过程中，中国共产党对于人民群众的引领作用并不是可有可无的，而是必须要存在和发挥效用的。马克思主义唯物史观认为，人民是历史创造的主体和动力，但人民不能随心所欲地创造历史。一方面是由于历史发展有其特定的规律遵循，创造历史的前提是认知和掌握历史规律，违背历史规律的实践会误入歧途而最终遭致失败；另一方面是由于人民群众创造历史的力量虽然十分强大，但缺乏必要组织时则会在实践中凸显分散性和盲目性。就前者而言，受自身认知局限影响，并不是所有人都有能力完成科学探究历史发展客观规律的任务，这就需要人民群众中的优秀成员或组织代替人民群众去完成此项工作，并在遵循客观规律的前提下引领人民群众创造属于人民群众的历史。就后者而言，人民群众创造历史力量的分散性和盲目性，不是人民群众个体能够克服和解决的，而是需要人民群众中具有卓越组织领导才能的优秀分子及其团体的科学统筹。这就意味着，人民城市建设与治理是一项涉及面极广的历史探究实践活动，中国共产党既要带领人民群众去探求和掌握人民城市发展的客观规律，又要最大限度汇聚起人民群众投身人民城市建设的磅礴力量，这两个方面是城市工作维度中国共产党引领人民的主要内涵。引领人民并不意味着代替人民，而是要将人民的智慧和力量凝聚起来，确保人民城市发展的方向不发生偏移，这才是中国共产党引领人民建设人民城市的真谛所在。

其二，代表人民。代表人民是马克思主义政党的本质特征，是无产阶级政党区别于其他类型政党的显著标志。为人民而生、因人民而强是中国共产党发展进程的真实写照。从诞生之日起，中国共产党就代表着人民，并确立了为人民利益而奋斗的政治目标。中国共产党来自人民，必然要代表人民，为人民服务是党的根本宗旨。在庆祝中国共产党成立100周年大会上，习近平总书记指出："中国共产党始终代表最广大人民根本利益，与人民休戚与共、生死相依，没有任何自己特殊的利益，从来不代表任何利益集团、任何权势团体、任何特权阶层的利益。"①没有私利、一心为公、代表人民是中国共产党优秀的党性传统，也是中国共产党坚定的政治誓言。中国特色社会主义事业根本上来说是人民事业，代表人民将中国特色社会主义事业发展好是中国共产党义不容辞的历史责任。具体到人民城市维度来说，中国共产党积极顺应人民群众的时代需求，及时提出建设人民城市的社会主义现代化城市目标，这本身就是代表人民谋划社会主义事业的真实体现。2021年2月，在党史学习教育动员大会上，习近平总书记指出："我们党的百年历史，就是一部践行党的初心使命的历史，就是一部党与人民心连心、同呼吸、共命运的历史。"② 中国共产党代表人民就要时刻做到与人民心连心、同呼吸和共命运，习近平总书记的讲话道出了中国共产党代表人民的实践内涵真谛。当然，中国共产党在城市工作维度最大限度代表人民，必要的实地调研和民主参与是必不可少的重要途径。通过调研广泛征求人民群众关于现代化城市建设与治理的意见和建议，将其中合理的部分通过法定的程序上升到党和国家决策部署上来，转化为人民城市发展的战略与策略；通过民主参与的程序与制度设计，让人民群众能够充分表达对于人民城市发展的各种看法，让人民群众能够真正参与人民城市建设的决策过程。

其三，发展人民。中国共产党引领人民、代表人民的最终落脚点是发展人民。以马克思主义哲学视角审视，所谓发展人民是指通过增强人民创造历史的自觉性、能动性和科学性，从而提升他们实现自我解放和自由全面发展的能力。人的自身解放和自由全面发展是人类社会发展所追求的理想目标，是中国特色社会主义事业发展的深远意蕴。就人类历史发展的宏大趋势和整体进程而言，无论人类是否愿意承认或能否真正意识到，都无法改变自身必然走向解放和自由全面发展的历史铁律。习近平总书记指出："马克思主义是人民的理论，第一次创立了人民实

---

① 《习近平著作选读》第2卷，人民出版社2023年版，第482页。
② 《习近平著作选读》第2卷，人民出版社2023年版，第421页。

现自身解放的思想体系。马克思主义博大精深，归根到底就是一句话，为人类求解放。"① 作为以马克思主义理论为实践指引的人民城市，其内在是实现人民解放和迈向自由全面发展的现实载体。在人民城市维度发展人民，就是中国共产党要同人民一起，将人民城市打造成能够更好促进人民解放和自由全面发展的实践载体。在中央城市工作会议上，习近平总书记指出："城市是我国经济、政治、文化、社会等方面活动的中心，在党和国家工作全局中具有举足轻重的地位。我们要深刻认识城市在我国经济社会发展、民生改善中的重要作用。"② 人民城市的重要地位和作用，决定了人民城市的发展不仅能够提供人的解放和自由全面发展所需的物质基础与精神文化，还能够提供人的解放和自由全面发展所需的诸如劳动、公平、正义等其他社会条件。中国共产党领导人民从事人民城市建设的过程，实质是人民通过自己所参与的城市实践，不断促进自身实现解放和自由全面发展的过程。中国共产党在人民城市维度发展人民的实践，消减了人的解放和自由全面发展理想同现实社会条件之间的巨大张力，为人民群众自己解放自己提供了有益的实践探索。

二 人民逻辑的逻辑主线

人民逻辑是人民城市的核心逻辑，它构成人民城市理论的逻辑主线。人民逻辑以马克思主义的群众史观为基础，坚持人民群众主体地位和发挥人民群众历史作用，而成为当代社会主义国家城市发展的主要逻辑遵循。人民逻辑与资本逻辑在核心意蕴上存在质性差异，它们并称为人类现代城市发展的两种主导性逻辑样态。人民逻辑与资本逻辑成为区分社会主义城市和资本主义城市两种不同属性城市的关键性逻辑标识。人民逻辑作为人民城市理论的逻辑主线，从根本上决定着人民城市理论建构与完善的属性、方向与趋势。人民城市理论的人民逻辑主线，内蕴着中国共产党社会主义现代化城市工作理论建构的人民至上价值理念，

---

① 习近平：《在纪念马克思诞辰 200 周年大会上的讲话》，人民出版社 2018 年版，第 8 页。
② 中共中央党史和文献研究院编：《习近平关于城市工作论述摘编》，中央文献出版社 2023 年版，第 7 页。

凸显着马克思主义历史唯物主义在中国特色城市发展道路层面的逻辑深化。准确诠释人民城市理论的人民逻辑主线，事关人民城市理论的未来发展与演变。

明确人民群众对于社会主义现代化城市的真正需求，是正确理解人民城市理论人民逻辑主线的必要条件。换而言之，人民和历史选择建设什么样的城市，党和国家就应该带领人民建设什么样的城市。基于自身需要和历史必然来发展城市，是人民城市理论人民逻辑主线的议题之一。马克思指出："人们自己创造自己的历史，但是他们并不是随心所欲地创造，并不是在他们自己选定的条件下创造，而是在直接碰到的、既定的、从过去承继下来的条件下创造。"① 马克思的话语至少传达出两层含义。首先，人民群众所创造的历史，都是符合自身期望并满足自身需要的历史。违背人民群众意愿的历史，人民群众不会选择去创造。这体现的是人民群众在历史发展过程中的主观能动性。其次，人民群众能够创造历史，要遵循历史客观规律。这体现的是历史发展的客观规律性。人民群众作为人民城市理论最重要的逻辑主体，他们自身主观能动性的发挥，要建立在自身所向往的城市发展模式和遵循城市发展客观规律的双重原则的基础上。新时代以来，我国经济社会发展各方面取得了显著成就，社会主义现代化城市建设取得了长足进步。与此同时，我国城市发展的短板日渐凸显，特别是城市内部、城市之间发展不平衡不充分的矛盾愈加突出，这就造成了人民群众对于美好城市的向往愈加迫切。人民城市理论的人民逻辑，要求党和政府必须要正视人民群众对于社会主义现代化城市建设与治理层面的具体诉求，并将这些诉求转化为人民城市发展的决策部署，这样人民群众投身人民城市建设的积极性、主动性与创造性才能真正发挥出来。

理论起点、理论过程与理论结果是理论主线统摄的三大关键要素，任何一个要素的缺乏都会造成理论主线的"名不副实"。全过程和全链条作为人民逻辑主线的鲜明特质，反映的是人民逻辑主线所贯穿的人民

---

① 《马克思恩格斯选集》第 1 卷，人民出版社 2012 年版，第 669 页。

城市理论的时空维度。人民逻辑主线统领着人民城市理论与人民城市实践的发展过程，在人民城市理论和人民城市实践中起着主导性作用。完整的人民逻辑主线，包括人民利益的逻辑起点、人民参与的逻辑过程与为了人民的逻辑结果。其中，人民利益的逻辑起点作为人民逻辑主线的首要因素，要求将人民群众的根本利益视为人民城市理论与实践的全部基点。习近平总书记在党的二十大报告中指出："要实现好、维护好、发展好最广大人民根本利益，紧紧抓住人民最关心最直接最现实的利益问题"①。新时代以来，多样化的社会阶层增加了人民群众利益构成的复杂性。准确掌握人民群众内部不同阶层利益需求的差异性和多样性，并将它们作为谋划人民城市理论与实践的重要依据，是人民逻辑主线必须要处理好的首要问题。人民参与的逻辑过程作为人民逻辑主线的核心因素，要求通过制度化、程序化地参与流程设计，保障人民的知情权、参与权、表达权和监督权充分实现。人民群众是"真知情"还是"被知情"、是"真参与"还是"假参与"、是"真表达"还是"被表达"、是"真监督"还是"假监督"，是衡量人民逻辑主线是否具有彻底性的重要标准。为了人民的逻辑结果作为人民逻辑主线的重要因素，要求人民城市发展的全部过程、环节与成果理应均衡地和公平地实现人民群众之间的共享。人民利益的逻辑起点、人民参与的逻辑过程与为了人民的逻辑结果三个方面构成人民逻辑主线的完整链条。新时代人民城市理论与实践，应将人民逻辑主线的起点、过程与结果导向的践行准则有机联系起来，这才是全过程和全链条人民逻辑主线的贯彻与落实。

人民城市理论是秉持人民群众立场的理论，是满足人民群众愿望的理论，是尊重人民群众创造的理论，是集中人民群众智慧的理论，在根本上是引领人民群众建设美好社会主义现代化城市的科学理论。人民城市理论的多维人民属性，决定了站稳人民立场、把握人民愿望、尊重人民创造、集中人民智慧，构成人民逻辑主线的基本践行原则。党的二十

---

① 习近平：《高举中国特色社会主义伟大旗帜 为全面建设社会主义现代化国家而团结奋斗——在中国共产党第二十次全国代表大会上的报告》，人民出版社2022年版，第46页。

大报告中指出："党的理论是来自人民、为了人民、造福人民的理论，人民的创造性实践是理论创新的不竭源泉。一切脱离人民的理论都是苍白无力的，一切不为人民造福的理论都是没有生命力的。我们要站稳人民立场、把握人民愿望、尊重人民创造、集中人民智慧，形成为人民所喜爱、所认同、所拥有的理论"①。人民逻辑主线作为人民城市理论的关键统领，是人民城市理论来自人民、为了人民和造福人民的属性方向不发生偏移的重要保障。就此而言，坚持好人民逻辑主线，首要的是站稳人民立场。人民立场是中国共产党的根本政治立场，是中国共产党全部理论与实践的价值立场。站稳人民立场，才能够保证人民城市理论真正来自人民、体现人民意志。坚持好人民逻辑主线，要牢牢把握人民愿望。在社会主义现代化城市发展过程中，想人民之所想、急人民之所急、干人民之所盼，这是人民城市决策者和建设者应有的人民姿态。真正把握人民群众对于人民城市建设的美好期待，才能真正建设人民群众满意的人民城市。坚持好人民逻辑主线，要切实尊重人民创造。创造力是人民城市建设与治理的重要力量，人民群众作为历史的创造者，他们自身所蕴藏的创造力是十分强大的。人民城市发展必须要运用好人民群众的强大创造力，使之成为人民城市发展取之不尽、用之不竭的力量源泉。坚持好人民逻辑主线，要充分集中人民智慧。凝聚群众智慧是中国共产党百年伟业的重要经验。人民群众从历史和实践来，他们有着无穷无尽的伟大智慧。将人民群众的伟大智慧凝聚在人民城市建设与治理的具体实践中，人民城市就能真正建设好和发展好，就能创造人民群众所向往的城市生活。

三　现代治理的逻辑路径

现代治理是中国式现代化的题中应有之义，是实现中华民族伟大复兴的重要保障条件。综观当今世界范围内人类探索的城市形态，除了城

---

① 习近平：《高举中国特色社会主义伟大旗帜　为全面建设社会主义现代化国家而团结奋斗——在中国共产党第二十次全国代表大会上的报告》，人民出版社2022年版，第19页。

市决策者科学的城市规划和城市建设者有序的城市建设外，城市治理已经成为现代城市发展不可或缺的重要支撑。人民城市作为具有中国特色的社会主义现代化城市发展样态，同样不能离开现代治理所提供的治理体系、治理制度和治理能力等关键治理要素。从人民城市提出之时起，其就带有补齐现代城市治理短板的战略使命。从这个意义上而言，现代治理是人民城市发展的重要构成，人民城市理论的建构与实践更多的是现代城市治理体系、治理制度和治理能力的建设和探索，现代治理成为人民城市理论的逻辑路径构成。

人民城市建设的复杂性、多维性和艰巨性，对于现代城市治理的系统性、全局性和前瞻性等提出了更高的要求。党的二十大报告指出："坚持人民城市人民建、人民城市为人民，提高城市规划、建设、治理水平，加快转变超大特大城市发展方式，实施城市更新行动，加强城市基础设施建设，打造宜居、韧性、智慧城市。"① 宜居城市、韧性城市和智慧城市是人民城市未来发展的有机目标，这些目标为人民城市现代治理的提升和完善提供了明确方向。人民城市的现代治理涉及层面非常广，既包括城市的宏观治理、中观治理和微观治理等，又包括城市的战略谋划、规划设计、基础设施等，更包括城市的交通、教育、医疗、卫生、就业、应急、环保等。这些治理领域与层面同政府、社会、公民等城市主体有着密切的联系，尤其需要建构多主体协同参与的共建共治共享的社会治理制度。与此同时，人民城市服务人民生活的发展定位，决定了人民城市现代治理的重点在基层治理，难点也在基层治理，特别是对网格化管理、精细化服务和信息化支撑的基层治理平台需求迫切。健全治理体系、完善治理制度、提升治理能力、发挥治理效能，成为人民城市现代治理的努力方向。鉴于人民城市现代治理涉及层面的多维性、内涵的丰富性和体系的复杂性，这里仅就现代治理逻辑路径的系统治理、基层治理与依法治理展开阐释，以此明晰人民城市理论的现代治理

---

① 习近平：《高举中国特色社会主义伟大旗帜 为全面建设社会主义现代化国家而团结奋斗——在中国共产党第二十次全国代表大会上的报告》，人民出版社2022年版，第32页。

逻辑路径。

系统治理是人民城市理论现代治理逻辑路径的首要维度。系统治理又称整体治理，它指坚持事物发展的整体视角和一体化思维，对事物开展的系统性、全局性、有序性治理。系统治理是针对"头痛医头、脚痛医脚""只见树木，不见森林""胡子眉毛一把抓"等碎片化、无序化、片面化治理弊端，而产生的新的科学治理模式、治理理念和治理思维。党的二十大报告提出，"必须坚持系统观念"[①]，这既是对开辟马克思主义中国化时代化新境界的思想方法诠释，又是对新时代中国特色社会主义事业的治理路径的阐发。对于人民城市的现代治理而言，同样需要系统治理来提升城市治理的精准性谋划和精细化水平。

人民城市的现代治理是牵一发而动全身的系统治理，需要坚持好和运用好联系、全面、发展的辩证方法论。人民城市的决策者和建设者要善于透过城市发展乱象看城市治理本质，切实把握好整体与局部、当前与长远、宏观与微观、主要与次要、特殊与普遍等关系，不断提高城市治理的战略思维、历史思维、辩证思维、创新思维、法治思维、底线思维等思维能力，为城市治理的前瞻性思考、全局性谋划和整体性推进，提供系统治理的科学思想与方法。具体而言，人民城市的系统治理，既要抓好产业结构、交通规划、空间布局、基础设施等宏观层面，又要抓好垃圾处理、违建整治、环境绿化、街区公园等微观层面。特别是智慧城市建设对系统治理要求更高。习近平总书记指出："推进国家治理体系和治理能力现代化，必须抓好城市治理体系和治理能力现代化。运用大数据、云计算、区块链、人工智能等前沿技术推动城市管理手段、管理模式、管理理念创新，从数字化到智能化再到智慧化，让城市更聪明一些、更智慧一些，是推动城市治理体系和治理能力现代化的必由之路，前景广阔。"[②] 智慧城市建设不仅要运用好大数据、区块链、云计

[①] 习近平：《高举中国特色社会主义伟大旗帜 为全面建设社会主义现代化国家而团结奋斗——在中国共产党第二十次全国代表大会上的报告》，人民出版社2022年版，第20页。

[②] 中共中央党史和文献研究院编：《习近平关于城市工作论述摘编》，中央文献出版社2023年版，第114—115页。

算、人工智能等最新前沿信息技术推进数字治理，还要考虑"城市智慧大脑"的整体设计、一体运行、网络架设、场景对接、数据传输、信息安全等数字应用。系统治理要贯穿于现代治理的全过程和各环节，不断提升人民城市治理的"精度"和"效度"。

基层治理是人民城市理论现代治理逻辑路径的关键层面。基层治理是指对基层地区的治理，包括城市基层治理和农村基层治理两个主要维度。城市的基层治理，主要是指以城市社区为核心对象的社区治理。城市社区是城市发展的"细胞"和基础单元，现代城市治理尤其不能离开社区治理。城市社区治理不同于城市其他层面的治理，它涉及面广、人员多、事务重，对治理主体的治理理念、治理能力、治理思维、治理行为等都有十分高的要求。城市社区治理因直接面向基层群众，且所治理事项关涉基层群众切身利益，如若不予处理或处理失当极易引发基层群众的不满情绪，给城市治理增添诸多不稳定性因素。城市社区治理事关城市治理大局和基层治理全局，必须下大气力从理论上和实践上做好。党的二十大报告提出，"坚持大抓基层的鲜明导向"[①]。抓好城市社区治理、夯实城市基层治理、推进基层治理的现代转向，已经成为新时代人民城市现代治理的重要内容。

依法治理是人民城市理论现代治理逻辑路径的重要构成。依法治理作为法治中国建设的核心内涵，既是人民群众当家作主地位的重要保障，又是社会主义现代化治理的重要旨向。党的二十大报告提出："推进多层次多领域依法治理，提升社会治理法治化水平。"[②] 在推进法治中国建设的时代大背景下，人民城市现代治理是依法治理的主要载体和领域平台，依法治理是人民城市现代治理的必然要求和发展趋势。在法治轨道上推进人民城市现代治理事业，不仅利于依照法律规范人民城市现代治理过程中的各方主体及其行为，还利于形成有法可依、有法必

---

① 习近平：《高举中国特色社会主义伟大旗帜　为全面建设社会主义现代化国家而团结奋斗——在中国共产党第二十次全国代表大会上的报告》，人民出版社2022年版，第67页。
② 习近平：《高举中国特色社会主义伟大旗帜　为全面建设社会主义现代化国家而团结奋斗——在中国共产党第二十次全国代表大会上的报告》，人民出版社2022年版，第42页。

依、执法必严、依法决策、依法施政、依法管理的人民城市良好治理氛围。人民城市现代治理之法治治理，对于社会公平正义也起着维护和促进作用。

人民城市现代治理强调依法治理，除了推进法治中国建设的时代需要外，更重要的是为体现人民意志、保障人民权益、激发人民创造活力的人民城市建设，提供不受人为因素干扰的可靠法治治理保障。人民城市的依法治理是一项专业性极强、严谨度极高的城市工作实践，需要多主体、多方面、多层次和多领域的有序协调。在立法层面上，要着重提升城市立法的系统性、整体性、协同性和有效性，特别是要依据现代城市治理的形势发展和实践需要，制定必要的合乎城市实际的法律法规；在执法层面上，要着重提升城市执法的人性化、人情味和柔韧度。城市治理执法的目的是规范行为，而不是惩治处罚。在执法过程中，既要让人民群众感受到法治的威严，又要让人民群众感受到法治的温度，以此提升城市治理过程中的依法治理成效，把人民城市建成规范有序和温暖有爱的现代化城市。

四 美好生活的逻辑旨归

城市美好生活是新时代高品质城市生活的代名词，是人民城市理论与实践的逻辑旨归。伴随着我国城镇化进程的快速推进，多数城市发展的物质技术基础已经达到较高水平，人民群众对于内涵更加丰富的城市美好生活的向往变得日益迫切。这些内涵包括丰富的城市文化生活、优美的城市生态环境、完善的城市基础设施、均等的城市公共服务、超强的城市发展韧性、便捷的城市数字智慧等，它们归根结底都是统一于社会主义现代化城市的高质量发展。人民群众对于城市美好生活的追求，折射出社会主义现代化城市高质量发展的未来趋势。

美好生活作为中国式现代化的主题内涵，作为中华民族伟大复兴的题中应有之义，对于全面建成社会主义现代化强国意义重大。习近平总书记多次在不同场合提及和强调美好生活。2018年2月，习近平总书记在春节团拜会上指出："我们要坚持把人民对美好生活的向往作为我们的奋斗目标，始终为人民不懈奋斗、同人民一起奋斗"①。2022年10月，习近平总书记在党的二十大报告中反复提及美好生活。在阐释"中国式现代化是全体人民共同富裕的现代化"时，习近平总书记指出："我们坚持把实现人民对美好生活的向往作为现代化建设的出发点和落脚点，着力维护和促进社会公平正义"②。美好生活作为中国式现代化的出发点和落脚点，构成中国式现代化的应有逻辑意蕴。在阐发"新时代新征程中国共产党的使命任务"时，习近平总书记指出："人民生活更加幸福美好，居民人均可支配收入再上新台阶，中等收入群体比重明显提高，基本公共服务实现均等化"③。美好生活被确立为2035年我国社会发展总目标的主要维度之一，中国共产党在新时代的主要使命之一就是为人民群众创造更加美好的生活。在诠释"增进民生福祉，提高人民生活品质"时，习近平总书记指出："必须坚持在发展中保障和改善民生，鼓励共同奋斗创造美好生活，不断实现人民对美好生活的向往。"④习近平总书记的重要讲话，为实现美好生活提供了共同奋斗的路径策略遵循。作为新时代中国特色社会主义事业的有机内涵，习近平总书记关于美好生活的重要论述，其核心意蕴是提升人民群众的生活品质，这为人民城市美好生活的创造提供了战略方针指引。人民城市美好生活的创造，要立足人民根本利益维护，民生福祉增进，让人民群众在城市生活中的获得感、幸福感、安全感更加充实、更有保障、更可持续，让人民城市美好生活的建设成果更多更公平惠及人民群众。

城市美好生活与城市高质量发展紧密相连，城市美好生活的实现最终要落脚于现代化城市的高质量发展实践之中。党的二十大报告提出：

---

① 中共中央党史和文献研究院、中央"不忘初心、牢记使命"主题教育领导小组办公室编：《习近平关于"不忘初心、牢记使命"论述摘编》，党建读物出版社、中央文献出版社2019年版，第242页。
② 习近平：《高举中国特色社会主义伟大旗帜 为全面建设社会主义现代化国家而团结奋斗——在中国共产党第二十次全国代表大会上的报告》，人民出版社2022年版，第22页。
③ 习近平：《高举中国特色社会主义伟大旗帜 为全面建设社会主义现代化国家而团结奋斗——在中国共产党第二十次全国代表大会上的报告》，人民出版社2022年版，第24页。
④ 习近平：《高举中国特色社会主义伟大旗帜 为全面建设社会主义现代化国家而团结奋斗——在中国共产党第二十次全国代表大会上的报告》，人民出版社2022年版，第46页。

"高质量发展是全面建设社会主义现代化国家的首要任务。"① 社会主义现代化城市是社会主义现代化国家建设的重要组成，高质量发展同样也是社会主义现代化城市的首要任务。社会主义现代化城市的高质量发展有着丰富的内涵，既包括城市坚实的物质技术基础和城市良好的精神文化氛围，又包括城市优美的生态环境、城市和谐的社会秩序，更包括应对突发性事件的韧性与数字化运营的智慧。社会主义现代化城市的高质量发展不是单一维度的，而是囊括了城市经济、政治、文化、生态、民生、治理、安全、公共服务等诸多维度。社会主义现代化城市高质量发展的多维度，构成新时代人民城市理论建构与实践发展的多维度。

人民城市是党和国家吹响社会主义现代化城市高质量发展的"冲锋号"。党的二十大报告指出："贯彻以人民为中心的发展思想，在幼有所育、学有所教、劳有所得、病有所医、老有所养、住有所居、弱有所扶上持续用力，人民生活全方位改善。"② 人民城市实现高质量发展的标志是人民生活实现全方位改善，这就意味着人民城市高质量发展必须要紧密围绕人民生活作出科学统筹的战略谋划。习近平总书记指出："紧紧抓住人民最关心最直接最现实的利益问题，坚持尽力而为、量力而行，深入群众、深入基层，采取更多惠民生、暖民心举措，着力解决好人民群众急难愁盼问题，健全基本公共服务体系，提高公共服务水平，增强均衡性和可及性"③。习近平总书记着重提到了公共服务体系与公共服务水平，并强调增强它们的均衡性和可及性，这为人民城市的高质量发展明确了重点方向。

城市公共服务是现代化城市发展的重大问题，事关现代化城市的发展水平与质量。健全城市基本公共服务体系，提高城市公共服务水平，是人民城市高质量发展的目标之一。面对我国城市公共服务供给不足、

---

① 习近平：《高举中国特色社会主义伟大旗帜 为全面建设社会主义现代化国家而团结奋斗——在中国共产党第二十次全国代表大会上的报告》，人民出版社2022年版，第28页。
② 习近平：《高举中国特色社会主义伟大旗帜 为全面建设社会主义现代化国家而团结奋斗——在中国共产党第二十次全国代表大会上的报告》，人民出版社2022年版，第10页。
③ 习近平：《高举中国特色社会主义伟大旗帜 为全面建设社会主义现代化国家而团结奋斗——在中国共产党第二十次全国代表大会上的报告》，人民出版社2022年版，第46页。

公共服务水平不高、公共服务不均衡等发展现实，增强公共服务均衡性和可及性迫在眉睫。从我国城市发展的整体状况而言，不同城市之间因经济发展水平的差异，在公共服务水平方面也存在着参差不齐的情况。一般而言，经济发展程度较好的城市，公共服务供给相对充足，公共服务水平相对较高，人民群众对城市公共服务的满意度也较高；反之，经济发展程度较差的城市，公共服务供给相对缺乏，公共服务水平相对较低，人民群众对城市公共服务的满意度也较低。除了经济发展水平对城市公共服务水平的影响外，均衡性和可及性也是影响公共服务供给水平的重要因素。

党的二十大报告提出："以中国式现代化全面推进中华民族伟大复兴。"① 中国式现代化是中国共产党领导的致力于高质量发展的现代化，是坚持以人民为中心发展思想的现代化，这就决定了人民城市的高质量发展，包括人民城市对于美好生活的创造，都要在中国式现代化的基础之上来实现。中国式现代化强调全体人民的共同富裕、物质文明和精神文明的相互协调、人与自然的和谐共生，这些内容恰恰是人民城市高质量发展过程中需要重点加强的层面。与此同时，中国式现代化将发展全过程人民民主纳入其中，意在强调中国式现代化是尊重人民群众意见、依靠人民群众力量、符合人民群众需要的现代化。发展全过程人民民主为打造体现人民群众立场、凝聚人民群众力量、发挥人民群众作用的高质量发展的人民城市提供了民主策略遵循。

---

① 习近平：《高举中国特色社会主义伟大旗帜 为全面建设社会主义现代化国家而团结奋斗——在中国共产党第二十次全国代表大会上的报告》，人民出版社2022年版，第21页。

第三章

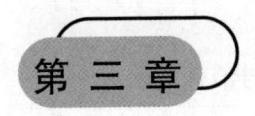

中西城市理论之多维比较

人民城市理论作为中国特色社会主义理论体系城市维度的时代创新,作为习近平新时代中国特色社会主义思想城市维度的理论彰显,同西方资本主义城市理论之间存在根本差异。人民城市理论坚持人民逻辑至上,根植中华优秀传统文化,借鉴人类城市发展经验,其在城市文明新形态创造、现代化发展路径支撑、城市治理现代化策略等方面,具有西方资本主义城市理论所无可比拟的巨大优势。相较于坚持资本逻辑至上的西方资本主义城市理论,紧密围绕"人民"这一核心议题展开理论建构和实践指导,既是人民城市理论最大的优势所在,也是人民城市理论实现质性创新的关键所在。

城市文明作为人类社会文明的有机构成,在人类文明发展史中扮演着重要角色。西方资本主义城市因高度发达的生产力水平,长期占据着人类城市文明的"领跑"地位。社会主义城市因生产力水平相对较低、发展程度不够充分,一直处于"跟跑"状态。西方资本主义所创造的城市文明,在带来物质财富日渐充足的同时,也带来了生态环境的肆意破坏和城市居民的精神困局。资本主义城市文明形态成为人的自我异化的"温床"。人民城市理论立足于人的自由全面发展的终极价值目标,谋划社会主义现代化城市建设的全过程,致力于创造物的全面丰富和人的全面发展的人类城市文明新形态。人民城市理论为打破我国社会主义城市发展"跟跑"资本主义城市的局面,走向"并跑"并实现"领跑"

提供了理论可能。

人民城市理论是我国社会主义现代化城市建设与治理的科学理论，它指引的人民城市发展是中国式现代化道路上的社会主义城市高质量构建。从现代化路径而言，中国式现代化的核心是人，西方式现代化的核心是物，这就决定了以中国式现代化道路为支撑的人民城市理论是服务于人的现代化实现的城市发展理论，以西方式现代化道路为支撑的资本主义城市理论是服务于物的现代化实现的城市发展理论。从现代城市治理而言，资本主义城市理论主张的城市治理，本质上是围绕资本逻辑开展的物本化治理；人民城市理论主张的城市治理，本质上是围绕人民逻辑开展的人本化治理。人民城市理论在治理目标确定、治理理念设计、治理手段实施等方面，实现了对西方资本主义城市传统治理模式的全面超越。

第一节　文明形态维度的中西城市理论

纵观人类城市文明发展史，城市文明同世界文明一样充满了多样性和多元化。城市文明形态并不是固定不变的，而是随着城市发展理论的变化而出现变革。特定的城市文明形态是特定的城市发展理论指导城市发展实践的逻辑结果，城市文明形态与城市发展理论之间存在着密切关联。不同的城市文明形态，折射出不同的城市发展理论；不同的城市发展理论，塑造多样的城市文明形态。当今世界范围内存在着两种截然不同的城市文明形态，即资本主义城市文明形态和社会主义城市文明形态。相较于封建时代的城市文明形态，资本主义城市理论塑造的资本主义城市文明形态呈现出鲜明的历史进步性，这是毋庸置疑的。但因资本主义城市资本逻辑的异化特质，资本主义城市文明形态内部的冲突、隔阂和优越等局限性与矛盾性也较为突出。

新的城市理论能够催生新的城市文明形态，这是人类城市文明发展的客观规律。人民城市理论是中国共产党科学把握人类城市发展客观规律，战略谋划社会主义现代化城市建设与治理，在城市维度为人的自由全面发展进行理论探索的全新理论。人民城市理论不同于人的城市理论，它内在是以人为核心的人本城市理论。人本城市即以人为本的城市，城市的发展依靠人和为了人，人既是城市的构成要素，又是城市的价值目标。人的城市即人聚集而成的城市，人只是城市的构成要素，并不是城市存在的目的。人民城市理论倡导社会的公平正义和人的自由全面发展，反对任何阶级特权的存在和人的自我异化的发生。人民城市理论在人本城市主题、社会公平正义和人的自由全面发展等维度，实现了对资本主义城市理论的全面超越，为无产阶级创造自由全面发展的城市文明新形态提供了理论保障。

一 城市文明形态与中西城市理论

城市是人类文明的主要载体，同时也在创造着城市文明。城市文明自身是一个结构复杂且内涵丰富的文化系统，除了涵盖城市物质文明和精神文明外，还包括了城市政治文明、社会文明、生态文明、技术文明、道德文明、伦理文明、法治文明等多层次内涵。城市文明作为人类城市实践活动的直接创造，无论其内涵随着时代发展而出现什么样的变化，都永远不会改变"城市文明的核心是人的文明"这一精髓旨要。在中西城市理论的不同视域中，基于意识形态和核心逻辑的差别，它们对于"人的文明"的理解与诠释也不尽相同。在西方城市理论视域中，"人的文明"实质是资产阶级范围内的物化文明；在人民城市理论视域中，"人的文明"实质是人民群众范畴内的人本文明。

俄国十月社会主义革命开启人类现代历史进程后，以社会主义制度为基础的社会主义城市正式登上人类历史舞台，资本主义城市与社会主义城市并存发展的局面开始形成。依照马克思主义关于生产力与生产关系的思想，生产力是人类社会发展的决定性因素。城市作为一个同时容纳生产力、生产关系、经济基础和上层建筑的综合体，生产力的发展水平决定着城市的整体发展状况。换而言之，城市的功能、结构及文明形态是生产力与生产关系、经济基础与上层建筑相互作用的结果。这就意味着在城市文明形态的塑造过程中，生产力是起决定性作用的因素。回溯人类城市文明发展史，资本主义城市以高度发达的生产力水平，创造了物质财富极大充盈的资本主义城市文明形态。受资本主义工业化进程和物质技术至上观念的影响，加之全球化条件下资本主义城市理论中资本逻辑的盛行，当今世界城市文明更多的是工业文明和技术文明相融合的物质文明。随着资本主义城市文明形态引发的诸多城市文明短板的日渐暴露，关于资本主义城市理论合理性与局限性的探讨在世界范围内受到越来越多的关注。

资本逻辑是西方资本主义城市理论的核心逻辑，资本增殖是西方资本主义城市理论的核心旨要。作为马克思主义哲学、政治经济学理论体系中非常重要的概念，资本逻辑指以资本为中心的发展逻辑，内在是物质利益最大化的发展逻辑。对于人类社会发展而言，资本逻辑并不是资本主义社会的专属逻辑，其自身并非一无是处，它存在的价值在于通过资本的不断循环而实现物质财富的创造集聚，进而为社会生产提供源源不断的资本动力。资本主义社会发展的历程已经证明：资本逻辑能够带来社会发展物质财富的增加，是资本主义社会全过程和各领域运作的核心逻辑。由于资本逻辑强大的渗透性和贯穿性，资本逻辑并不局限于政治经济学和哲学领域，而是衍生出许多不同的应用领域。近代以来的人类城市发展演变，资本逻辑起着十分重要的作用。在资本逻辑主导的城市发展过程中，资产阶级将资本视作城市运行决策的中心问题，城市自身仅仅充当的是资本增殖的空间载体。资本主义城市理论中的资本逻辑，既为资本主义城市发展提供了理论逻辑指引，又为资本主义城市发展带来了实实在在的坚实物质基础。正如任何事物发展都有其两面性一样，资本逻辑虽然能够给资本主义城市带来现代经济支撑的物质基础，但也会带来资本扩张的悖论，造成资本主义城市发展的现代性危机。马克思在《资本论》中指出："资本是一个活生生的矛盾"[1]。资本逻辑的最大问题在于极易形成资本特权，在资本特权的加持下，资本主义城市

---

[1] 《马克思恩格斯全集》第30卷，人民出版社1995年版，第405页。

理论则会演变为资产阶级制造阶级不平等和攫取私有利益的理论工具，并最终促使资本主义城市变为人的自我异化的"帮凶"。

近代以来，以资本逻辑为核心逻辑的资本主义城市理论与实践，创造了属于资本主义社会自身的城市文明形态。随着现代社会的持续发展，资本逻辑的优势与弊端同步彰显，特别是无产阶级自身觉醒意识的不断增强，资本主义城市文明形态呈现出悖论演变的尴尬境地，即资本主义城市文明形态的历史进步性和局限性并存，这对人类城市文明发展进程产生了深刻影响。首先，资本主义城市文明形态的历史进步性。马克思在《〈政治经济学批判〉导言》中指出："资本是资产阶级社会的支配一切的经济权力。它必须成为起点又成为终点"①。在资本逻辑主导的资本主义理论与实践中，资本是最为核心性和根本性的问题，即它必须成为所有理论与实践的起点与终点。这就意味着当资本成为资本主义城市发展的主宰后，它所创造的城市文明形态必然带有强烈的资本特征。资本主义城市文明形态的资本特征具体表现为资本主义城市物质财富的极大丰富，特别是高度发达的城市物质文明、工业文明和技术文明被相继创造出来。相较于封建时代的城市文明形态，资本主义城市文明形态在城市发展阶段和物质文明创造等方面都有巨大的历史进步意义。其次，资本主义城市文明形态的历史局限性。资本的贪婪本性，决定了资本逻辑必然带有贪婪的意味。资产阶级的贪婪可以带来城市物质财富的增加，却无法改变自身和无产阶级备受资本支配的事实。资本逻辑能够为资本主义城市文明形态塑造提供强大的物质支撑，这是建立在牺牲城市文明形态的其他方面，尤其是牺牲无产阶级切身利益的基础之上的。马克思在《资本论》中指出，资本"在把自己的产品作为资本来生产的阶级方面，是贫困、劳动折磨、受奴役、无知、粗野和道德堕落的积累"②。在马克思看来，资本是造成无产阶级自身受压迫、受剥削和受奴役等困境的重要原因。对于资本主义城市文明形态而言，资本逻

---

① 《马克思恩格斯选集》第2卷，人民出版社2012年版，第707页。
② 《马克思恩格斯选集》第2卷，人民出版社2012年版，第290页。

辑带来的城市物质文明，永远无法掩盖城市生态文明的破坏和城市精神文明的匮乏。资本逻辑让资本主义城市文明形态成为人的异化发生的"文明温床"。资本主义城市文明形态带给人类城市发展前所未有的时代困境，急需契合人的自由全面发展目标的新的城市理论，来创造新的城市文明形态进行破解。

人民城市理论是以人类城市为主要载体，以人民逻辑为核心逻辑，以人的自由全面发展为终极目标，谋划社会主义现代化城市高质量发展的全新理论。人民逻辑作为人民城市理论的主导性和根本性逻辑，对于人民城市理论的建构、创新和丰富起着决定性作用。所谓人民逻辑，简而言之指以人民为中心的发展逻辑，或称作坚持人民至上的发展逻辑。人民逻辑并不是意识形态领域或哲学范畴的专属概念，而是代表着以人民为根本旨向的发展逻辑理路，它可以渗透和延展到许多领域和层面。这就意味着人民逻辑并不能从某个单一维度去解读，否则极易造成对人民逻辑内涵真谛理解的偏差。从世界观和方法论层面来看，人民逻辑既包含马克思主义辩证唯物史观中人民群众是历史参与者、创造者、推动者和评判者等主要思想，又包含人民群众是物质财富创造者、精神财富创造者和社会变革决定力量等重要观点；从生成和应用领域来看，人民逻辑既涉及经济领域、政治领域、文化领域、社会领域、生态领域等宏观领域，又涉及城市建设、民生保障、公共服务、人居环境等微观领域；从人的自由解放层面来看，人民逻辑是实现人的自由全面发展，并最终建立自由人联合体的唯一正确逻辑。人民逻辑具体到城市理论与实践中，表现为城市发展坚持以人民为中心，坚持人民至上，坚持来自人民、依靠人民、为了人民和实现人民。人民是人民城市理论与实践的起点和终点。人民逻辑的鲜明特质，决定了人民逻辑主导的人民城市理论是真实服务于人的自由全面发展的城市理论体系。以人民城市理论为指导的社会主义城市文明形态创造，也是真正促进人的自由全面发展的城市文明形态取向。

党的十八大以来，以习近平同志为核心的党中央，在积极建构人民逻辑主导的人民城市理论的基础上，对社会主义城市文明形态进行了创造性探索。首先，社会主义城市文明形态是坚持人民至上准则的城市文明形态。社会主义城市文明形态的最大特征是人民至上，这是由社会主义城市自身的属性所决定的。人民至上准则是人民逻辑主导的理论与实践的基本原则，坚持人民至上准则就是全过程、全领域、全维度保障人民逻辑的落地与贯彻。中国特色社会主义进入新时代后，从城市规划征求人民意见，到城市建设引导人民参与，再到城市政绩引入人民评价，中国共产党将人民逻辑贯穿于城市建设与治理的全过程和各环节，确保了社会主义城市文明形态的人民属性。其次，社会主义城市文明形态是物质精神协调发展的城市文明形态。物质文明与精神文明是人类城市文明形态的两大重要维度，社会主义城市文明形态既注重城市物质文明的创造，又注重城市精神文明的丰富。相较于资本逻辑主导的重物质文明轻精神文明的资本主义城市文明形态，社会主义城市文明形态实现了城市物质文明与城市精神文明两者之间的协调。社会主义城市文明形态对于城市精神文明的重视，正是对于资本主义城市文明形态中精神文明困境反思的结果。最后，社会主义城市文明形态是人与自然和谐统一的城市文明形态。生态文明是人类城市文明形态的重要构成。伴随大规模工业化进程的推进，特别是资本主义城市文明形态忽视生态文明建设的前车之鉴，城市环境问题日益引发人们关注，并成为影响现代城市发展质量的重要问题。在人民逻辑的主要内涵体系中，人、自然、城市应该是有机的统一体。协调好人、自然与城市三者之间的关系，促进城市生态文明发展，是创造更好人类城市文明形态的题中应有之义。

习近平指出，"文明没有高低、优劣之分"[①]，"各种人类文明在价值上是平等的，都各有千秋，也各有不足"[②]。资本主义城市文明形态和社会主义城市文明形态之间没有绝对的优劣之分，它们在人类文明创造的历史过程中发挥着不同的作用，两者都为人类城市文明创造作出了贡献。资本主义城市文明形态和社会主义城市文明形态的发展历程已经

---

① 《习近平外交演讲集》第1卷，中央文献出版社2022年版，第98页。
② 《习近平外交演讲集》第1卷，中央文献出版社2022年版，第98页。

证明：不同城市文明形态之间的差异，根本在于城市发展理论主导逻辑的差异。人民逻辑所主导的人民城市理论及其所创造的社会主义城市文明新形态，在有效弥补资本逻辑主导的资本主义城市理论及其所创造的资本主义城市文明形态短板的同时，为人的自由全面发展探寻出了新的城市文明形态创造道路。人民逻辑主导的人民城市理论对于资本逻辑主导的资本主义城市理论的全面超越，为人类城市文明新形态创造提供了新的可能。

二 人本城市对人的城市的超越

不同的城市理论反映不同的城市文明，不同的城市文明折射不同的城市属性。人本城市理论铸就人本城市文明，人的城市理论铸就人的城市文明。人本城市不同于一般意义上的人的城市，它们之间存在质性差异。人是城市建构与发展的基本要素，而且是起着决定性作用的要素。世界范围内的所有人类城市都可被称为人的城市，但并不意味着所有城市都有资格被称为人本城市。人本城市是人的城市发展的更高级阶段。人本城市并不能简单地理解为人聚合在一起而形成的建筑空间，而是包含着承载人的各种发展需求的社会空间复合体。人本城市是全体公民无差别的以人为本，并不是局限于特定阶级或阶层内部的以人为本。局限于特定少数人范围内的以人为本，并不是真正意义上的以人为本。人本城市的建设不能以牺牲部分阶级或阶层的利益为代价而满足其他阶级或阶层的利益。从某种意义上而言，资本主义城市是满足资产阶级特定需求的城市类型，它依然属于人的城市的范畴，而不是真正的人本城市。人类社会对于人本城市的不懈探索，恰恰反映出人类对于能够满足自身发展需求的理想城市的追求。人民城市作为社会主义条件下对于人本城市思想和理论的具体实践彰显，已经超越了传统意义上的人的城市实践。

科学把握城市理论、城市属性及城市文明形态之间的关系，正确理解城市的主要内涵是关键性前提。自城市产生之后，从空间建筑形态到社会关系聚合，再到历史文化传统、自由解放载体，城市的内涵一直在不断被认知和探索。除城市学研究的部分特定领域外，多数城市研究已经从物理空间转移到社会空间和文化空间层面上来。本部分对人本城市和人的城市、人本城市文明与人的城市文明的探讨同样也是基于社会空间和文化空间层面的考察。首先，城市是人类社会关系的高度聚合场所。城市不仅是建筑空间的汇合体，还是社会关系的聚合地，更是历史文化的承载者，尤其是后两者占据主导性地位。建筑空间只能决定城市的整体面貌，社会关系和历史文化却能够决定城市的属性及城市文明的形态。德国著名城市学者沃尔夫冈·桑尼（Wolfgang Sonne）指出："城市是一个更大的人类聚居地，各种社会联系也在这里的聚居生活中随之产生并制度化，从而表明某一趋势和倾向是属于私有领域还是公共领域。"[1] 美国著名学者戴维·哈维指出："城市是各种人和各种阶级融合在一起的地方。"[2] 无论是沃尔夫冈·桑尼，还是戴维·哈维，他们对于城市的理解都是建立在人的社会关系维度。城市的基本形态有两种：物理空间形态和社会关系形态。人本城市与人的城市是社会关系形态层面的城市差异，并不是物理空间形态层面的城市分类。人本城市强调聚合在一起的人按照共同的意愿去管理和经营城市，让每个人都能够在这个城市空间中实现自我的发展。从某种意义上而言，城市属性和城市文明形态的属性就是城市中的人所构成的社会关系属性。其次，城市是社会权力结构的表达方式。城市作为人的社会关系的承载，反映了特定阶级的社会权力结构。城市属于谁，谁拥有支配城市的权力和权利，决定着城市的根本属性。英国学者亚瑟·科恩（Arthur Cohen）在《历史造就城市》一书中，提出城市必须是一定时期内社会权力结构的表达形式。[3] 城市中社会权力的基本结构形态，意味着掌握城市权力的阶级或阶层就是真正意义上城市的主人。城市的主人自然有权力和权利去支配

---

[1] [德] 沃尔夫冈·桑尼：《百年城市规划史：让都市回归都市》，付云伍译，广西师范大学出版社2018年版，第27页。

[2] [美] 戴维·哈维：《叛逆的城市——从城市权利到城市革命》，叶齐茂、倪晓晖译，商务印书馆2014年版，第68页。

[3] 参见 [德] 沃尔夫冈·桑尼《百年城市规划史：让都市回归都市》，付云伍译，广西师范大学出版社2018年版，第43页。

隶属于城市的一切事物,并创造属于他们自身的城市文明形态。人民城市作为人本城市的时代具化,表明人民是城市的主人,人民有权力和权利决定城市为谁服务、城市如何发展、城市文明如何创造等城市发展的关键性问题。

城市由人构成,城市文明由人创造,这是人类城市发展的客观规律。城市属性及城市文明形态之间之所以存在差异,关键在于人在城市中的主体地位存在差别。在资本主义社会中,资产阶级是统治阶级,他们拥有支配城市发展的最高权力。无产阶级处于被统治地位,他们没有决定城市发展的任何权力。资产阶级和无产阶级的对立现实,导致人的主体地位被割裂和分化为矛盾状态。加之资产阶级在资本主义社会的阶级构成中占据少数,他们并不能够完全代表所有人,这就意味着资本主义城市理论中宣扬的以人为本,实质是以资产阶级自身为本,而不是包括无产阶级在内的以人为本。资本主义社会所创造的城市文明,内在是资产阶级自身的私有文明,而不是能够体现无产阶级利益的城市文明。从这个意义上来讲,资本主义城市仍然处于人的城市范畴之内,资本主义城市文明也依然是物质至上的私有城市文明。在马克思主义的群众史观中,人民群众是历史发展的决定力量,人民群众代表了社会成员的大多数。毛泽东在谈及革命的主体时指出:"什么人是根本的力量,是革命的骨干呢?就是占全国人口百分之九十的工人农民。"[1] 在毛泽东看来,人民群众必定是代表社会绝大多数人的利益的阶级群体。人本城市所主张的以人为本,理应是以社会绝大多数人的共同利益为本。人本城市所创造的城市文明,也应是能够体现绝大多数人发展要求的文明形态。人民城市将数量庞大的人民群众作为城市理论建构与城市文明形态创造的着眼点,这其实是人的主体地位在社会主义城市层面被提升和尊重的重要彰显。

对城市发展主体的定量分析,为纵深探讨人本城市与人的城市提供了条件。但绝不能就此认为,人本城市和人的城市的差别仅限于此。人

---

[1] 《毛泽东选集》第 2 卷,人民出版社 1991 年版,第 562 页。

本城市的核心内涵是满足人的发展的多方面需求。丹麦著名建筑师卡斯滕·波尔松（Karsten Påolsson）指出，发展人本城市，"需要为人的发展提供空间，注重历史文化底蕴，尊重过去的建筑传统，建造宜居的新城区"①，"必须为良好、安全的生活提供支撑和便利"②。近代以来，人类城市已经逐渐从军事防御、王权彰显等功能中走出来，而演变为满足人追求自我发展的空间载体。人的自我发展的需求是多维度的，既有物质与精神、生产与生活，还有文化与休闲、民主与自由等。这就意味着真正的人本城市是为了满足城市居民的各种需求。沃尔夫冈·桑尼从人本城市规划的视角指出："它们必须是精心设计的具有特色的建筑，通过迷人的外观，构成与背景环境相关的公共空间；它们必须展现出合适的城区密度、功能的融合，确保高质量的生活品质，并便于行人的出入；它们必须面向不同的民族，并对广泛的社会阶层开放，都市风貌的形成必须有全体市民的参与；它们必须得到多样的支持，并以当地的经济为基础；它们应该以丰富的文化生活为识别特征，并保持与周边景观的对照关系。"③人本城市在功能上必须是多样的，在受众上必须是广阔的，在生活上必须是便捷的。概而言之，人本城市要创造适宜人们工作、生活、发展的建筑空间和人文环境。人民城市作为中国条件下的人本城市探索，它的理论建构和具体实践的着眼点是满足人民对于城市发展的多样性需求，正如习近平总书记所强调的："无论是城市规划还是城市建设，无论是新城区建设还是老城区改造，都要坚持以人民为中心，聚焦人民群众的需求"④。

人的城市最为核心的内涵是人构成城市建设与发展的要素。在当代

---

① ［丹麦］卡斯滕·波尔松：《人本城市——欧洲城市更新理论与实践》，魏巍、赵书艺、王忠杰、冯晶、岳超译，中国建筑工业出版社2021年版，第34页。
② ［丹麦］卡斯滕·波尔松：《人本城市——欧洲城市更新理论与实践》，魏巍、赵书艺、王忠杰、冯晶、岳超译，中国建筑工业出版社2021年版，前言。
③ ［德］沃尔夫冈·桑尼：《百年城市规划史：让都市回归都市》，付云伍译，广西师范大学出版社2018年版，第325页。
④ 中共中央党史和文献研究院编：《习近平关于城市工作论述摘编》，中央文献出版社2023年版，第37页。

世界范围内，资本主义城市在某种意义上就是人的城市的代表。与人本城市不同，资本主义城市中的多数人充当的是城市发展的工具角色，而不是城市发展的价值目标。这就造成了人的城市更易引发城市内部的冲突和矛盾，进而阻碍到城市的发展与进步。在资本主义城市发展过程中，资产阶级创造的人的城市自身就是一个矛盾体，而且这个矛盾是难以调和的。资产阶级为了满足自身的城市利益需要，在被迫提升城市多样性、包容性和丰富性以吸引无产阶级的时候，却造成了城市内部的巨大冲突。在资本主义城市中存在两种人：第一种人是处于城市的中心，决定着城市的发展，属于城市的种族，尽管他们有的时候在物理距离上可以离城市很远，但并不妨碍他们对于城市的支配；第二种人离城市的物理距离可能很近，终日存在于城市的各个地方，但他们却是城市的边缘人，他们不属于城市，但又不得不接受城市对于他们的支配。在这两种人中，后者往往是大多数，是名副其实的城市局外人。这正是资本主义城市对于无产阶级虚假包容性的体现，在根本上是对人本城市的背离。资本主义城市所创造的人的城市为无产阶级造就了一种困境：对城市的爱和恨同时并存且难以取舍。一方面，资本主义城市所提供的就业、教育、医疗等多样化的资源，可以为无产阶级自身发展提供各种可能机会，这是吸引无产阶级涌入城市的主要原因。另一方面，城市中密集的人口、拥堵的交通、污染的空气、简陋的住房、经济的窘迫等带来的压力，以及难以融入城市的失落感和内心的孤寂感，又促使无产阶级想要逃离城市。资本主义城市出现如此之状况，既是奉行资本逻辑至上的必然结果，又违背了人本城市的价值旨向。

相较于人的城市所造就的城市文明发展困境，人本城市代表了人类城市及城市文明发展的一种趋势，且这种趋势是带有逻辑必然性的。作为人本城市思想的理论与实践探索，人民城市从占据社会绝大多数的人民群众的城市需求出发，致力于为人民群众创造宜居、宜业、宜乐、宜游的美好城市，这是人本城市真正应该有的样子。与此同时，人民城市所创造的城市文明，打破了资本主义的人的城市所创造的带有无序、隔阂、荒蛮色彩的城市文明，为人类城市文明带来了新的出路。因此，人本城市对于人的城市的超越是历史必然，人民城市真正代表了人类城市及城市文明的未来走向。

三 公平正义对私有特权的超越

公平正义是人类社会的基本共识和价值取向，也是人类文明的理想追求和题中应有之义。公平正义作为人的社会关系的理性状态，构成人类城市文明的重要内涵。作为与私有特权相对立的概念，公平正义从不属于特定阶级或阶层的私有权益，而是全体社会成员共同享有的公共权利。每个城市公民能够享有公平正义，要建立在整座城市实现公平正义的基础之上。如果一座城市中存在特权阶级或阶层，那么他们所形成的私有特权就会侵犯其他阶级或阶层的公平正义，这座城市就无法真正实现全体公民的公平正义。城市不仅是应用和彰显公平正义最多的空间场景，还是推进社会公平正义实现的主战场。在促进社会公平正义实现层面，人民城市理论及其实践比资本主义城市理论及其实践，表现出明显的历史进步性。

公平正义作为衡量城市文明发展程度的重要标准，是城市理论及其实践的基本遵循。在城市文明创造过程中，公平正义代表着城市中不同群体利益得到妥善协调，城市内部各种矛盾得到正确处理，城市各种关系实现和谐有序。城市中的公平正义看似是抽象的，实则要从具体领域来诠释。在经济领域、社会领域和司法领域，公平正义的具体指向是不同的。经济领域的公平正义是商品等价交换原则下的平等交易，它强调买卖双方的交易行为要符合等价交换；社会领域的公平正义是消除霸凌、强权、特权等行径，保障弱势群体的利益能够得到合理满足，它强调在强者权益得以满足的前提下，弱者的权益应当给予保障；司法领域的公平正义是法治面前的人人平等，不能有逾越法律底线的行为发生，它强调法律对于所有人的平等性和公正性。对于城市维度的公平正义，必须要依据特定的城市应用场景来加以区分，跨领域去解读公平正义会造成它失去应有的价值和意义。

公平正义具体到城市理论与实践维度，主要包括城市所提供的机会公平、城市参与过程的公平和城市发展成果享有的公平等宏观层面。每个宏观层面又包含着如制度设计的公平、民主参与的平等、公共服务的平等、空间权益的平等等微观内涵。影响城市公平正义实现的有以下四点因素。其一，生产资料所有制性质。生产资料的所有制属性，从根本上决定着社会公平正义的实现程度。城市中的公平正义作为社会发展的上层建筑，是由城市的经济基础所决定的。生产资料所有制作为经济基础的决定性因素，是公平正义实现的必要前提。纵观人类城市文明发展史，以公有制生产资料为基础的城市形态，更易促进公平正义的实现。社会主义城市作为以生产资料公有制为基础的城市发展样态，决定了社会主义城市是全体人民共同所有的城市类型，这为城市中公平正义的实现提供了坚实保障。其二，城市的经济发展水平。经济发展水平是影响公平正义的关键因素，主要缘于城市经济发展程度决定着公平正义的物质基础条件。习近平总书记指出："实现社会公平正义是由多种因素决定的，最主要的还是经济社会发展水平。"[①] 根据人类城市发展的一般经验，在相同属性的城市之间，经济发展水平越高的城市，公平正义的实现程度则相对较高。这就意味着无论是社会主义城市之间，还是资本主义城市之间，经济发展水平与公平正义的实现程度都是呈正相关的。资本主义城市与社会主义城市之间，不能简单以城市的经济发展水平去衡量其社会公平正义的实现程度。其三，发展成果的分配原则。谁是城市建设与治理的主体，谁就有权利去分享城市的发展成果，这是公平正义实现的主要准则。在社会主义条件下，人民群众是城市发展的主要参与者，城市发展的成果理应惠及每一个人。社会主义城市通过合理的制度和规则制定，能够让每个人都充分享有城市发展所带来的各种红利。资本主义城市因资产阶级拥有支配城市发展的一切权力，城市公民只是被作为城市发展的主体工具来对待，资产阶级绝对不允许作为城市创造者的城市公民去分享属于资本家私有的城市发展成果。其四，城市内部权力的架构。城市内部权力的基本架构，凸显公平正义的支撑力量。社

---

① 《习近平谈治国理政》第1卷，外文出版社2018年版，第96页。

会主义城市的所有权力掌握在广大人民群众的手中，人民群众作为城市发展的主体，是公平正义实现的强大推动力量。资本主义城市的权力属于资产阶级，他们掌控着城市发展的一切，无产阶级并不掌握城市发展的权力，更不能形成对资产阶级权力的约束。资本主义社会两极分化的权力状态，形成了对公平正义实现的巨大障碍。

资本主义城市对社会公平正义的破坏，来自资本主义城市的私有特权，这种特权观念在资本主义城市理论与实践中已经根深蒂固。从人类社会发展的整体历程来看，影响社会公平正义的因素有很多，但私有制始终是社会不公的根源所在，特别是与私有制相伴而生的私有特权更是加剧了社会中的不公平现象。私有特权是资本主义生产资料私有制在政治权力层面的产物，它不专属于资本主义社会，而是存在于人类社会发展的各种形态之中。私有特权观念深刻影响着资本主义城市理论的形成及其实践的发展。在资本主义城市理论及其实践中，资产阶级依据自身的利益需要，将资本主义城市视为攫取利润和价值增殖的工具，这势必加重资产阶级对于无产阶级劳动成果的剥削程度，加剧私有特权在城市发展实践层面的泛滥，进而造成城市发展过程中的不公平、不平等、不正义等现象的发生。对于资产阶级而言，他们一切理论与实践的出发点都是自身，绝不是无产阶级所代表的社会群体。资产阶级所诠释的公平正义，仅仅是资产阶级内部的公平正义，并不是包括无产阶级在内的公平正义。局限于资产阶级内部的公平正义，不是真正意义上的公平正义，因为这种公平正义以牺牲无产阶级的公平正义为代价。从这个意义上而言，资本主义城市理论是强化私有特权，加剧社会不公的城市理论。随着无产阶级自身力量的不断壮大，这种不公的城市理论最终会被无产阶级扔进历史的垃圾堆。

私有特权观念贯穿的资本主义城市实践中，存在大量的有违公平正义的现象。资本特权所主张的公平正义，主要是基于商品经济条件下的平等交换原则，这种貌似的公平正义实质是以商品交换原则掩盖了资本剥削和社会义务的真相。在市场经济中，平等交易是确保经济秩序稳定性的基本法则。通过买卖双方的公平交换，促进商品经济的繁荣发展，这完全符合现代条件下公平正义的要求。但问题在于，资产阶级将商品交换等价原则的适用领域进行无限制扩大，企图以所谓的公平正义替代他们进行资本盘剥的事实和应尽的基本社会义务，这势必造成有违公平正义的现象出现。如资本主义城市中难以消除的"贫民窟"问题。从空间正义视角来看，居住于城市中的每一个人，都有权利获得并有权支配自己的城市空间。资产阶级凭借着所谓的商品等价交换原则，将城市公共空间变革为货币化和私有化空间，私有空间的极度膨胀形成了对公共空间的侵占，这就造成了城市空间的非正义化现象。无产阶级为了满足基本的住房需求（或空间需求），只能选择被资本家再次压榨和剥削。对于那些已经被资本家盘剥殆尽的无产阶级，选择到"贫民窟"中去生活便成为必然。

与资本主义城市理论主张的私有特权不同，中国共产党将公平正义视作人民城市理论的基本价值内涵。人民城市是建立在生产资料公有制基础之上的社会主义城市，这为公平正义的实现提供了生产资料的前提支撑。公平正义的实现从来都是具体化的，而不是抽象化的。中国共产党对人民城市理论的建构及其实践的开展，重要目的之一是更好实现社会的公平正义。人民城市理论及其实践对公平正义的推进主要体现于以下三个方面。其一，城市人民权利的平等性。人民城市理论及其实践强调人民群众在城市中所拥有的各项权利是平等的，所享有的城市资源是平等的。习近平总书记指出："二亿多进城农民工和其他常住人口还没有完全融入城市，没有享受同城市居民完全平等的公共服务和市民权利，'玻璃门'现象较为普遍。"[①] 人民城市致力于消除城市中的"玻璃门"现象，让人民群众真正拥有平等的城市权利，真正享受到同等可及的高品质城市资源。其二，城市人权保障的真实性。人权问题是人民城市理论及其实践较为关注的重要问题。城市中的人权问题，不同于常规意义上的人权概念。习近平总书记指出："人民幸福生活是最大的人权。"[②]

---

① 中共中央党史和文献研究院编：《习近平关于城市工作论述摘编》，中央文献出版社2023年版，第20页。

② 《习近平著作选读》第2卷，人民出版社2023年版，第597页。

人民城市理论及其实践贯彻新发展理念，坚持以人民为中心的发展思想，坚持人民城市人民建、人民城市为人民，提升城市的现代治理水平，让人民群众有更多获得感、幸福感和安全感，这是对城市人权的保障，也是对公平正义的坚守和推进。其三，城市发展成果的共享性。城市发展成果能否实现充分的共享，反映着城市公平正义的实现程度。人民城市理论及其实践十分注重城市发展的成果共享问题。习近平总书记指出："共享发展注重的是解决社会公平正义问题"[①]。人民城市是共建共治共享的社会主义现代化城市，建设人民城市，推进成果共享，就是要消除城市中可能存在的特权现象，实现社会的公平正义。

人民城市理论是促进社会实现公平正义的城市理论，资本主义城市理论是维护私有特权的城市理论，这是两种理论之间的质性差异。从人类社会的发展趋势来看，公平正义代表着社会发展的前进方向，私有特权终将被公平正义的强大力量所取代，而湮没于人类的历史长河之中。人民城市对于公平正义实现的谋划和推进，在为超越资本主义城市的私有特权，营造公平正义的社会发展生态提供有益借鉴的同时，更为打破资本主义城市造成的人的自我异化窘境、推进人的自由解放事业发展提供了新的城市实践尝试。

四 全面发展对自我异化的超越

人的自由全面发展是人类社会发展的终极目标，也是人类文明形态的最终归宿。人类社会所有理论和实践都要为人的发展创造条件，这是人类社会发展的理想状态和基本要求。人是城市的核心因素，城市发展依靠人，城市发展为了人，归根结底城市要为人的发展服务，这就决定了城市理论及其实践必须要承担起为人的自由全面发展创造条件的历史使命。从某种意义上而言，合乎人类城市发展规律的城市理论，理应是人类探索自身自由解放的城市理论。城市理论指导城市实践的历史过程，理应是人类实现自由全面发展的历史进程。人民城市理论作为中国

[①] 《习近平著作选读》第 2 卷，人民出版社 2023 年版，第 405 页。

共产党立足中国式现代化和我国城市发展具体实际，全力谋求人的自由全面发展的城市理论，从多个维度和不同层面对人的自由全面发展进行理论性、系统性谋划，实现了对造成人的自我异化的资本主义城市理论的全面超越。

城市是人类社会活动的主要场所，是人类社会关系的聚合体，城市的发展承载着人的发展，人的发展凸显着城市的发展。奥地利著名学者马库斯·艾斯尔指出："城市的未来与人类的全面发展息息相关。"[①] 城市发展与人的发展是相得益彰的过程：城市发展为人的发展提供条件，人的发展为城市发展提供方向。城市发展如何为人的自由全面发展创造条件，关键在于城市理论及其实践必须回归人的核心的城市理性上来。城市理性并不等同于理性主义，城市理性是要改变城市发展背离人的局面，回归"人是城市的本质"的理论与实践层面上来。城市理论及其实践回归城市理性，并不是哲学式的空想和抽象，而是存在许多现实的维度，如城市空间理性、城市生态理性、城市文化理性、城市历史理性、城市功能理性等。每个层面的城市理性又有其具体的内涵，城市空间理性要满足公共空间、私有空间和过渡空间的并存。城市生态理性要处理好经济发展、城市建设与生态保护之间的关系。城市文化理性要延续好城市文脉，保存好城市遗迹，建设好精神文明。城市历史理性要尊重城市发展的历史传统，突出城市发展的历史特色。城市功能理性要协调好生产、生活和生态三大功能。城市发展每一个维度的理性，其主要的指向都是为人的自由全面发展创造可能条件。城市理论要在理论层面谋划好城市发展的不同理性层面，城市实践要在实践层面推进好城市发展的不同理性维度，只有这样才能真正建构起致力于人的自由全面发展的城市理念、模式和路径。

人的异化是与人的自由全面发展相对立的问题，不同的城市理论及其实践既能够促进人的自由全面发展，也能够带来人的异化。马克思对

---

① ［奥］马库斯·艾斯尔、格拉尔德·曼斯贝格、彼得·马特扎内茨、保罗·施莱希纳：《城市：人类这样聚集于大地》，边超译，四川美术出版社2021年版，第11页。

城市发展维度的异化问题少有涉及，但并不意味着异化问题不能发生或不存在于城市层面。恰恰相反，在马克思主义的整个理论体系中，人的异化是被视为一种历史现象而出现的，它广泛存在于资本主义社会发展的不同领域和层面。资本主义城市作为资本主义生产关系主要的聚集空间，是人的异化表现更为集中和突出的城市层面。马克思将人的异化放置于整个资本主义生产关系中去考察，目的是从劳动分工视角揭示人的异化的社会根源。资本主义城市作为马克思主义城市理论的批判对象，在人的自我异化中起着推动作用。资本主义城市内部充满着阶级矛盾和阶级斗争。依据马克思主义矛盾的普遍性原理来看，矛盾的存在具有必然性。但资本主义城市的矛盾不仅存在而且具有不可调和性。此种矛盾和斗争带来的直接结果是牺牲无产阶级的自由解放权益，加剧无产阶级自身的异化程度。在现代资本主义城市中，已经出现了较为严重的非人格化现象，即人的自我异化现象。城市存在的目的原本是满足人的生存、生活和发展需要的，在资本逻辑和私有特权的加持下，逐渐演变为威胁人的生存、生活和发展的工具。如若资本主义城市继续沿着人的异化的道路前进，最终将会造成更多人的逃离，城市发展的动力终会丧失。

资本需要什么样的城市，资产阶级就创立什么样的城市理论去指导城市实践，这是资本主义城市造成人的自我异化的重要原因。资本主义城市带给人的自我异化主要包含三个方面：人的本质异化、人的社会关系异化和人与自然关系的异化。首先，人的本质的异化即人在资本主义城市中走向了自己的反面——物化。在资本主义城市中，城市已经不再是常规意义上的空间形态，而是人的物化的呈现形式。作为资本主义城市的主要建设者，无产阶级建设城市的目的是为自身创造更好的生活和工作条件。但事实上，无产阶级创造的城市是资产阶级的私有财产，而并不是无产阶级与资产阶级的共有财产。资产阶级将城市看成无产阶级劳动成果的货币物化形式，完全忽略了无产阶级创造城市的根本目的和城市应该有的服务人的根本职能。换而言之，无产阶级创造的资本主义城市不是实现自身，而是被资产阶级进行了物化，走向了自由解放的对立面。其次，人的社会关系异化。人是社会关系中的人，人的社会关系应该是平等的、自由的和正义的。在资本主义城市中，因城市生产资料的私有特性，无产阶级为城市创造的物质财富越多，自身被奴役程度和受剥削程度越重。尽管资产阶级有时候会通过增加无产阶级在城市中享有的各项权利来改善他们的城市工作和生活条件，但这是基于缓和阶级矛盾和减少阶级斗争的需要，资产阶级并不是要打破他们同无产阶级之间的对立关系。从这个意义上而言，无产阶级创造的资本主义城市越强大，他们自身受剥削和压榨的程度就越重，他们在城市中受束缚的程度就越深。最后，人与自然关系的异化。在资本主义城市中，资产阶级通过将自然转化为资本以获取更多的利润，使人与自然的关系被物的关系所替代，造成人无法根据自己的真实需要来维护和促进同自然之间的关系。特别是工业资本主义城市发展时期，资产阶级无限度地从自然界中获取生产资料，造成城市水源污染、城市雾霾、城市固体废弃物污染、城市生态环境破坏等严重城市问题。这些城市问题严重制约了人的发展，尤其是造成了人与自然关系的异化，形成了对人的自身的否定。在人类社会的具体实践中，除了马克思强调的劳动异化之外，人的异化存在多种形式，如技术异化、需求异化、消费异化等。资本主义城市条件下，需求异化造成人的需要同人的生存和发展的实际需要相背离，变成无限制的对物质的欲求，从而让人变成自身物质欲望的奴隶；技术异化造成人对技术的过度依赖，从而让人变成技术的奴隶；消费异化致使人被消费所左右，最终变为消费的奴役。

  人民城市理论与资本主义城市理论不同，它是致力于人的自由全面发展的城市理论。人民城市作为社会主义现代化城市发展的理性趋势，是城市发展的人性化凸显和表达，根本上是推进人的自由全面发展的城市实践。首先，人民城市以高质量发展为目标，通过提升现代城市的整体发展水平，来为人的自由全面发展提供城市物质条件。生产力发展是人的自由全面发展的先决条件，人民城市建设从中国式现代化维度推进社会生产力发展，将城市经济高质量发展放在首位，即在为人的自由全面发展创造充足且优质的物质条件。其次，人民城市注重城市整体功能的完善，特别是围绕人民群众实际需要，拓展城市功能的多样性。过去城市的发展更多的是满足于某种特定功能，如防御中心、政治中心、经济中心、资源中心、交通中心、文化中心等。人民城市根据新的城市发展形势和人民群众的实际需求，增加了城市的教育、生态、人文等功能，这为人的自由全面发展提供了多样化的城市功能基础。尤其是人民城市在城市公共服务供给质量、均衡性和可及性方面作出了很多的努力。党的二十大报告指出，"健全基本公共服务体系，提高公共服务水平，增强均衡性和可及性"[1]，这既是人民城市发展继续努力的未来方向，更是人民城市为人的自由全面发展护航的彰显。最后，人民城市注重城市发展过程中的平等关系的塑造。在人民城市建设过程中，所有参与主体之间是完全平等的关系，不存在剥削和压迫关系，不存在将人的关系进行物化的现象，不存在阶级对立和冲突，这就为消灭人与人之间可能产生的支配关系提供了保障。作为人的自由解放的有机载体，人民城市对于生产力发展水平的重视，能够促使人在城市载体中实现物质解放；它对于城市功能多样性的提升，能够促使人在城市载体中实现多维度的解放；它对于城市中人与人平等关系的塑造，能够促使人在城市载体中消除被他人支配的可能。人民城市是新时代条件下推进人的自由全面发展的阶段性载体依靠，它在一定程度上消解了自由解放理想与现实之间的张力。

英国著名城市学者理查德·罗杰斯（Richard Rogers）依据以人为本的城市发展前瞻性理念，提出了可持续发展的城市思想，它包括正义的城市、美丽的城市、生态的城市、利于交往的城市、结构紧密多中心的城市、多样化的城市六个方面。[2] 理查德·罗杰斯的城市发展思想实质上就是为消除城市发展对人的异化，促进人的自由全面发展的思想探索。以理查德·罗杰斯为代表的城市思想，反映出城市学者对于资本主义城市理论及其实践造成的人的自我异化的深刻反思。人民城市理论作

---

[1] 习近平：《高举中国特色社会主义伟大旗帜 为全面建设社会主义现代化国家而团结奋斗——在中国共产党第二十次全国代表大会上的报告》，人民出版社2022年版，第46页。
[2] 参见［英］理查德·罗杰斯、菲利普·古姆齐德简《小小地球上的城市》，仲德崑译，中国建筑工业出版社2004年版。

为我国社会主义现代化城市发展的理论谋划，不仅涵盖了理查德·罗杰斯等城市学家的城市思想的合理成分，还在民主参与制度、城市生态保护、城市发展韧性以及智慧城市等方面实现了创新和突破，是真正致力于人的自由全面发展的现代城市理论体系。

第二节　发展道路维度的中西城市理论

　　城市发展道路问题是现代城市理论及其实践必须要关注的重大问题。城市理论对于城市发展道路谋划的正确与否，直接影响着城市实践能否得到科学有效推进。对于现代城市发展而言，现代化的发展道路是建设现代化城市必不可少的重要支撑。中西城市不同的现代化发展道路，铸就了中西城市发展的不同样态。以经济利益为主要驱动力量的西方资本主义城市，其发展依靠的是以资本为中心的西方式现代化发展道路，它内在是工业、农业、科技、交通等物的维度的现代化。以高质量发展为主要驱动力量的人民城市，其发展依靠的是以人民为中心的中国式现代化发展道路，它内在是经济、政治、文化、社会、生态和人的现代化。从人类历史发展的未来趋势看，中国式现代化发展道路支撑的人民城市发展，围绕人的现代化谋划推进城市的现代化实践，为人类城市发展提供了新的选择。

　　一个国家的现代化发展道路深刻影响着这个国家的现代城市发展模式。西方式现代化发展道路是资本逻辑主宰的现代化道路，它本质上是带有扩张侵略特征的现代化、贫富两极分化的现代化、物质主义极度膨胀的现代化、人与自然相割裂的现代化，这就决定了西方式现代化发展道路所承载的西方资本主义城市演变成为以资本为中心的、人与自然相对立的、物质利益至上的城市发展模式。中国式现代化发展道路是人民逻辑主宰的现代化道路，它本质上是和平发展的现代化、全体人民共同富裕的现代化、物质文明与精神文明相协调的现代化、人与自然和谐共生的现代化，这就决定了中国式现代化发展道路所承载的人民城市是以人民为中心的、人与自然相和谐的、人民利益至上的城市发展模式。人民城市坚持人民路径、现代理念和协调发展，实现了对资本主义城市的全方位超越。

一 现代化道路与中西城市理论

自工业革命开启人类大规模工业化进程后，人类社会开始进入现代化探索阶段。现代化并不是某种社会制度形态的专属，而是人类社会迈向更高级发展阶段的必然进程。人类社会没有统一且绝对有效的现代化模式，它需要不同国家依据自身实际开辟符合自身需要的现代化道路。人类现代社会多样性的文明，正是不同现代化道路共同作用的结果。现代化道路作为人类社会现代化进程的核心问题，从根本上决定着现代化进程的属性、方向、质量和效益。城市化作为人类社会现代化进程的重要构成和动力载体，它的实现程度依赖于现代化道路的发展程度。从某种意义上而言，现代城市发展理论及其实践是现代化道路在城市维度的拓展、探索和检验，中西城市理论的差异凸显了中西现代化道路的差异。

现代化道路即推进现代化目标实现的主要路径，它是当今世界各国普遍关注并不断探索的重要问题。人类对于现代化道路的不断探索过程，实质是人类现代化持续推进的过程。纵观人类现代化发展历程，包括农业现代化、工业现代化、城市现代化、交通现代化、经济现代化、科技现代化等诸多领域的现代化发展目标，最终都要依靠科学的现代化发展道路来达成。当今世界并不存在完全相同的现代化理念、模式和道路，这就决定了各个国家、不同地区的现代化各有差异。习近平总书记指出："世界上既不存在定于一尊的现代化模式，也不存在放之四海而皆准的现代化标准。"① 各个国家和地区的情况不同，现代化道路自然带有自身的特征。对于现代城市建设领域而言，社会主义现代化城市有其依赖的社会主义现代化道路，资本主义现代化城市也有其依赖的资本主义现代化道路。寻求适合自身的现代化发展道路，才是建设现代化城

---

① 《习近平著作选读》第2卷，人民出版社2023年版，第367页。

市的唯一正确出路。

　　西方现代化最早开启了人类现代化的进程，以西方现代化为代表的资本主义现代化道路是人类较为成熟的现代化模式。资本主义现代化道路作为资产阶级推进现代化发展进程的主要道路范式，极大地推动了整个人类社会的现代化进程，特别是为世界范围内的其他后起国家提供了可资借鉴的现代化发展路径。西方资本主义现代化道路在创造大量现代化辉煌成就的同时，其引发的诸如物质主义膨胀、贫富两极分化、生态环境破坏等现代化问题和弊病也逐渐凸显出来。这与西方资本主义现代化道路的本质特征密切相关。首先，资本主义现代化道路坚持物质利益至上，造成物质文明与精神文明发展的失衡。受资本逻辑主宰的资本主义现代化道路，将物的现代化作为现代化的起点和归宿，将物质利益最大化作为现代化的核心目标，这是资本主义现代化道路的鲜明特点。对于人类现代化进程而言，不断夯实物质基础，厚植物质文明，这既是现代化不可或缺的重要条件，又是现代化必然要经历的发展阶段。但只注重物质文明，会带来精神文明的缺失，这样的现代化并不是全面的现代化，在根本上背离了现代化为人服务的终极价值目标。其次，资本主义现代化道路以资产阶级为中心，造成资本主义社会内部贫富两极分化。资本主义现代化道路作为资产阶级开辟的资本主义现代化发展路径，它的存在是要服务于资产阶级对于经济利益的巨大需求。资产阶级经济利益不断被满足的过程，也是资产阶级财富集聚的过程。资产阶级财富日渐充盈的同时，也给无产阶级带来了更多的贫穷，形成了资产阶级与无产阶级之间的贫富差距。资产阶级的趋利性本质，决定了资本主义现代化道路只会带来愈益严重的两极分化，而不会致力于贫富差距的缩小和消除。最后，资本主义现代化道路牺牲自然环境利益，造成人与自然之间相割裂的发展状态。资产阶级在资本主义现代化道路上创造的物质文明和经济财富，是建立在对自然资源无限掠夺和生态环境严重破坏基础之上的。在资产阶级的眼中，自然界的一切资源仅是他们获取财富的工具，他们丝毫没有意识到人与自然是有机共存的共同体。正是这种错误思想指导，资产阶级在推进现代化的过程中，特别是在面对自然时变得有恃无恐，变本加厉从自然界中获取他们可以得到的一切，造成了人与自然的矛盾状态。西方资本主义现代化道路的这些缺陷，正是资产阶级把经济利益作为谋划现代化道路中心思想的必然结果，这种思想演化到资本主义城市层面，给资本主义城市理论及其实践打上了深深的资本逻辑和经济利益至上的烙印。

资本主义现代化道路支撑的资本主义城市理论及其实践带有明显的物质利益驱动特征。在物质利益的强大驱动下，包括无产阶级在内的资本主义城市发展的各个方面逐渐被物化，资本主义城市成为人的自由全面发展的现实障碍。被资产阶级所物化的城市，充满了资本主义的商品性气息，这样的城市承载的不再是大多数民众对于生活方式的美好期盼，而是演变为资产阶级攫取利润的工具。当然，不能否认的是在资本主义现代化道路上，资本主义城市创造的高度发达的物质文明，为更多人能够成功进入城市提供了坚实的物质基础。但随着现代化进程的持续推进，特别是在物质条件得以满足之后，人能够进入城市不再是城市化推进的主要目的，获得更好的生活才是目的所在。美国著名社会学者罗伯特·E. 帕克（Robert E. Park）认为：城市存在的目的，并不是把在充分流动基础上的社会关联变成像农夫与土地那样的纽带，而是让城市人认识到城市这个社会对其生活方式的期待与满足。[1] 无论现代城市如何变化，资产阶级要做的是坚持城市改善人的生活的目标不能动摇，这是资本主义城市理论建构者和资本主义城市建设者始终要恪守的城市发展"底线"。

面对西方式现代化道路带来的种种问题，中国共产党对中国式现代化进行了艰苦卓绝的不懈探索，成功开辟和推进了中国式现代化道路范式。早在改革开放初期，邓小平就指出："我们搞的现代化，是中国式的现代化。"[2] 邓小平提出中国式现代化设想，主要是区别于西方资本主义现代化，走出属于中国自身的现代化道路。党的十八大以来，以习近平同志为核心的党中央，对中国式现代化道路进行了理论与实践的

---

[1] 参见［美］罗伯特·E. 帕克等《城市——有关城市环境中人类行为研究的建议》，杭苏红译，商务印书馆2020年版。

[2] 《邓小平文选》第3卷，人民出版社1993年版，第29页。

重大创新,成功推进和拓展了中国式现代化道路。中国式现代化既汲取了资本主义现代化道路范式的成功经验,又批判了西方资本主义现代化道路的腐朽之处,特别是考量了中国特有的现代化进程实际。党的二十大报告对中国式现代化道路进行了明确阐释。其一,中国式现代化是人口规模巨大的现代化。我国庞大的人口数量,既是现代化的优势,又是现代化的劣势。超大的人口规模能够给我国现代化提供充足主体动力的同时,也极易造成现代化推进过程中强大的人口负担。党的二十大提出继续实施科教兴国战略、人才强国战略、创新驱动发展战略,这是将我国人口数量优势转化为人才质量优势的战略部署。通过这些战略性的设计,我国能够更好地为中国式现代化提供源源不断的和高质量的人才力量支撑。其二,中国式现代化是全体人民共同富裕的现代化。共同富裕作为社会主义的本质要求,是贫富两极分化的对立面。实现共同富裕是满足人民群众对于美好生活需要的必然路径,也是社会主义制度优越性的鲜明彰显。中国式现代化将人民群众作为现代化建设的出发点和落脚点,将人民群众的利益作为现代化发展的最高利益目标,体现出鲜明的人民至上、人民中心的现代化道路内在特质。这是中国式现代化道路与西方式现代化道路之间的根本性差异。其三,中国式现代化是物质文明与精神文明相协调的现代化。物质文明与精神文明是人类现代化道路创造的两大主要文明形式。党的二十大报告指出:"物质富足、精神富有是社会主义现代化的根本要求。物质贫困不是社会主义,精神贫乏也不是社会主义。"[1] 中国式现代化既注重物质文明的发展,也强调精神文明的发展,两者的相互协调才能实现真正的现代化。相较于西方资本主义现代化道路,在物质文明与精神文明协调发展维度,中国式现代化实现了巨大的历史进步。其四,中国式现代化是人与自然和谐共生的现代化。人与自然如何相处,是人类城市发展必须要认真思考和对待的重大问题。自古以来,中国就有"天人合一""道法自然""和谐共生"

---

[1] 习近平:《高举中国特色社会主义伟大旗帜 为全面建设社会主义现代化国家而团结奋斗——在中国共产党第二十次全国代表大会上的报告》,人民出版社2022年版,第22—23页。

"取物有节""竭泽而渔"等内涵丰富的生态文明思想，这些思想深刻影响着中国式现代化道路的建构和生成。党的二十大报告指出："人与自然是生命共同体，无止境地向自然索取甚至破坏自然必然会遭到大自然的报复。"[①] 人的行为对自然造成破坏，自然也会威胁人的生存，人与自然的关系是现代化进程中必须要协调好的重大关系。中国式现代化道路倡导经济发展与生态保护同步进行，避免了先污染后治理的西方现代化道路的覆辙。其五，中国式现代化是走和平发展道路的现代化。中国式现代化道路倡导和平发展、互利共赢、平等友好，反对损人利己、零和博弈、殖民侵略。党的二十大报告指出："我们坚定站在历史正确的一边、站在人类文明进步的一边，高举和平、发展、合作、共赢旗帜"[②]。人类现代化进程不能重走战争、殖民和掠夺等西方资本主义现代化的老路，因为老路违背了人类现代化进程的基本规律，背离了人类社会文明发展的基本方向。中国式现代化将和平发展作为鲜明标识，凸显了中国共产党心怀天下的世界情怀，这是西方资本主义现代化道路无法实现超越的地方。中国式现代化道路演进到社会主义城市层面，为人民城市提供了新的现代化路径支撑。

中国式现代化道路支撑的人民城市理论及其实践带有鲜明的人民利益至上特征。人民城市理论及其实践从人民群众的现实城市利益出发，谋划社会主义现代化城市的建设与治理，深刻体现了人民至上的人民逻辑主线。人民城市将人民群众对于美好城市生活的向往作为奋斗目标，通过收入分配制度的调整优化，缩小贫富之间的差距，防止了社会主义条件下的两极分化，特别是城市中的弱势群体利益得到了充分保障。人民城市将城市精神文明作为新时代社会主义现代化城市建设的主要任务来推进，并将其提升至和精神文明同等重要的地位来看待，极大满足了人民群众对于精神生活的需要，促进了人民群众城市精神生活的富足。

---

① 习近平：《高举中国特色社会主义伟大旗帜 为全面建设社会主义现代化国家而团结奋斗——在中国共产党第二十次全国代表大会上的报告》，人民出版社2022年版，第23页。
② 习近平：《高举中国特色社会主义伟大旗帜 为全面建设社会主义现代化国家而团结奋斗——在中国共产党第二十次全国代表大会上的报告》，人民出版社2022年版，第23页。

针对我国之前城市化进程中人、城市与自然之间关系相失衡的问题，人民城市从人与自然和谐相处的高度，重新理顺了人、自然和城市之间的关系，在城市生态保护和生态修复等方面走上了理性化的发展轨道。

二 人民路径对资本路径的超越

中国式现代化的人民路径是人民城市建设的主要路径，它是中国共产党坚持人民逻辑和以人民为中心发展思想，战略性谋划社会主义现代化城市发展路径的理论与实践的产物。西方式现代化的资本路径是资本主义城市发展的主要依赖路径，它是西方资产阶级坚持资本逻辑和以物质利益为中心，统筹推进资本主义城市发展的实践逻辑产物。人民城市发展的人民路径，强调人民群众在城市发展过程中的城市权力与城市权利依法得到合理保障，强调人民群众在城市发展过程中的实践主体地位、价值主体地位和历史主体地位的有机统一。资本主义城市发展的资本路径，始终强调资本主导城市发展的一切，城市发展要为资本作用发挥创造条件。人民路径与资本路径凸显的是中西城市发展的路径差异，从人类自由解放的整体进程而言，人民路径在促进人的自由全面发展的城市建设和治理上更具优势。

路径问题是城市理论的核心问题，也是城市实践的关键问题。科学的路径是城市建设取得实效的重要条件。什么样的城市发展路径能够契合人类城市发展的客观规律、能够满足人的自由全面发展的现实需要，是自人类开启现代化进程后就持续存在并存有争议的理论与实践问题。解决城市发展路径问题，必须要回归城市究竟是什么的根本性问题上来。自古以来，人类对城市的探索从未中断，不同时代的人对城市的理解产生了不一样的看法。就马克思主义世界历史视域而言，城市在人类社会发展的整体历程中，充当的是人的自由解放与人的全面发展的工具。这就意味着能够促进人的全面发展和自由解放的城市发展路径，才是真正符合人类城市未来社会发展趋势的正确路径。党的十八大以来，习近平总书记在很多场合提及人的全面发展问题，其中就涉及城市治理、城市文化等不同层面促进人的全面发展。人的全面发展已经成为新时代中国共产党治国理政的重要主题。中国共产党对新时代社会主义现代化城市工作的全局谋划，围绕的基本主题也是人的全面发展。城市存在的最终指向是人的全面发展，致力于人的全面发展的城市发展路径，才是真正科学的城市发展路径。

社会主义城市和资本主义城市对于城市发展路径进行了不同的探索，分别形成了中国式现代化道路视域下的人民路径和西方式现代化道路视域下的资本路径。前者是人民逻辑主导，后者是资本逻辑主导。所谓资本主义城市发展的资本路径，指以资本为中心推进城市建设、治理与发展的路径，它的鲜明特点是资本主导城市发展的所有方面。西方式现代化道路是资本逻辑主导下形成的现代化道路范式，这样的道路范式凸显在城市发展路径维度带有资本中心的特征。在资本主义城市发展的资本路径中，资本在其中发挥着关键性作用。从城市发展路径的起点、终点、手段，到城市发展路径的过程、目标、旨向，都是围绕着资本中心展开的。在城市发展过程中，资本路径自始至终的核心点都是资本自身，人只是资本运转的带有思想性的工具，并不是资本的价值旨向。换而言之，在资本主义城市发展的资本路径中，人的存在是为资本服务的，而不是资本的存在是为人服务的。人的主体性、能动性、自主性在资本路径的运转过程中，变成了能够激发资本效用最大化的且带有主观思想的工具而已。在资本路径的作用下，资本主义城市中的每个人都被迫成为精致的利己主义者。包括资本家在内的这些精致的利己主义者，丝毫不会关心自身的行为是否会对他人造成某种支配和约束，更不会关注自身在获得自由解放的同时，他人能否获得同样的自由解放权利。此种情况恰恰验证了资本主义城市发展过程中非常严重的问题：随着资产阶级财富积累的扩大，无产阶级的生活境况变得更加糟糕。马克思在《资本论》中指出，"一个工业城市或商业城市的资本积累得越快，可供剥削的人身材料的流入也就越快，为工人安排的临时住所也就越坏"[1]，"由于资本和劳动的大量流动，一个工业城市的居住状况今天还勉强过

---

[1]《马克思恩格斯文集》第5卷，人民出版社2009年版，第762页。

得去，明天就会变得恶劣不堪"①。资本主义城市发展的资本路径为了资产阶级的经济利益，牺牲掉无产阶级的自由解放权益，从根本上违背了人类城市发展的人的目标指向。资本主义城市发展的资本路径，给城市带来的直接结果是人与人之间的冷漠和困束。城市中的每个个体、阶级和阶层都自我封闭起来，造成了更为严重的社会支配现象。

　　社会主义城市发展的人民路径，不同于资本主义城市发展的资本路径，它们之间存在着根本差异。所谓社会主义城市发展的人民路径，即人民城市发展的人民路径，指以人民为中心推进城市建设、治理与发展的路径，它的典型特点是人民群众主导城市发展的全部领域。中国式现代化道路是人民逻辑主导下形成的现代化道路范式，以这样的道路范式为支撑的城市发展路径必定带有人民中心的独有特征。在人民城市发展的人民路径中，人民群众在其中起着决定性作用。从城市发展路径的起始点、落脚点和核心点，到城市发展的过程、目标和指向，都是围绕着人民群众对于美好城市的需要展开的。换而言之，人民群众是社会主义现代化城市发展的决定性力量，人民群众需要什么样的城市，党和国家就要瞄准什么样的城市努力奋斗。人民城市的人民路径，表明中国共产党在城市工作维度对于群众路线和群众观点的深度认知。群众路线和群众观点作为中国共产党坚持人民逻辑和以人民为中心发展思想的主要世界观与方法论指引，它们并不是中国共产党进行自我标榜的政治口号，而是要体现和贯穿于城市发展的具体实践之中。在人民城市的发展实践中，人民路径主张人民群众的实践主体地位、价值主体地位和历史主体地位是相统一的，这是群众观点和群众路线得以全方位和全过程贯彻的体现。人民城市发展的人民路径，很好解决了长期以来人民群众的主体地位只存在于城市发展的价值主体层面和历史主体层面的问题。人民路径通过赋予人民群众城市权力和城市权利的形式，将人民群众实践主体层面的作用发挥出来，这不仅彰显了人民群众的城市主体价值和主体作用，还有效维护了人民群众的城市权益。对于人民城市发展进程而言，

---

① 《马克思恩格斯文集》第 5 卷，人民出版社 2009 年版，第 762—763 页。

掌握城市权力和城市权利是人民城市坚持人民路径的关键。无论城市权力抑或是城市权利，它们本质上都是一种集体权力或权利，代表着集体权威、集体意志和集体行为。人民群众是我国的统治阶级主体，人民城市建设、治理与发展的主体，人民城市内在是人民掌权的城市，这是由人民城市的基本属性所决定的。中国共产党在城市工作中贯彻人民路径，其实质是代表人民群众而不是代替人民群众行使城市发展的集体决策权。

坚持人民城市发展的人民路径不是抽象的，而是实实在在体现于人民城市发展的细节之中。首先，尊重人民群众建设美好城市的现实愿望。坚持人民路径首要的是要搞清楚人民群众需要什么样的城市。伴随着我国大规模城镇化的完成，人民群众对于城市发展品质的要求越来越高，特别是人民群众对于美好城市的愿望愈益强烈。无论是对于城市品质的要求，还是对于美好城市的期待，归根结底是对人民城市高质量发展提出了新的诉求。党的十八大以来，以习近平同志为核心的党中央，紧紧把握人民群众对于城市发展高质量的实际需求，以高标准推进人民城市的高质量发展进程，这正是坚持人民路径的重要彰显。其次，满足人民群众对于城市发展的实际需求。人民路径主张每个生活在城市中的公民的合法权益都应当最大限度地被满足。经过改革开放的长期发展，我国城市发展的物质基础已经较为扎实，人民群众对于城市其他方面的实际需要变得愈益多样化，如丰富的精神生活、优质的教育资源、便捷的公共交通、优美的人居环境等，集中起来就是对城市美好生活层面的需求愈益迫切。党的二十大报告指出："必须坚持在发展中保障和改善民生，鼓励共同奋斗创造美好生活，不断实现人民对美好生活的向往。"[①] 中国共产党将人民群众对美好生活的向往作为包括城市工作在内的治国理政的重点任务来抓，体现的正是对人民路径的正确遵循。最后，赋予人民群众参与城市发展的民主权利。人民路径能否贯彻到位的关键在人民群众是否真实具有参与城市建设、治理与发展的民主权利。人民群众拥有

---

① 习近平：《高举中国特色社会主义伟大旗帜 为全面建设社会主义现代化国家而团结奋斗——在中国共产党第二十次全国代表大会上的报告》，人民出版社 2022 年版，第 46 页。

真实的民主参与权利，他们对于城市发展的合理诉求才能反映到城市决策层面上，并落实到城市发展的具体实践中去。习近平总书记指出，"尊重市民对城市发展决策的知情权、参与权、监督权"①，"继续推进全过程人民民主建设，把人民当家作主具体地、现实地体现到党治国理政的政策措施上来，具体地、现实地体现到党和国家机关各个方面各个层级工作上来，具体地、现实地体现到实现人民对美好生活向往的工作上来"②。人民城市通过贯彻全过程人民民主，充分赋予人民群众参与城市发展的各项权利，让人民群众由被参与变为真参与。

人民路径是人民城市建设、治理与发展的基本路径，是中国共产党推进人民城市发展的唯一路径。中国式现代化视域下的人民城市发展的人民路径，从全方位、多层次和各环节，将人民逻辑和以人民为中心的发展思想贯穿于社会主义现代化城市发展的过程中，确保了人民群众充分参与人民城市建设、治理与发展的各项权利，真正实现了人民城市发展的人民性贯彻和落实。人民城市的人民路径，致力于城市发展维度的人的全面发展，为人的自由解放提供了科学的实践路径。相较于资本主义城市发展的资本路径，人民城市的人民路径极大消解了人的自由解放理想与人的城市实践两者之间的现实张力，在促进人的全面发展方面实现了巨大的历史性超越。

三　现代理念对传统理念的超越

理念是指引事物发展的思想、方法、价值、观念等层面的高度聚合体。这里所讲的现代理念与传统理念，是面向整个国家发展的，包括城市建设、治理与发展等领域在内的普遍性指导的社会理念。这种普遍性社会理念具有统管全局、根本、方向、长远的特点，它是国家和社会发展原则、思路、方向、重点的概括。城市理论的建构与城市实践的推进作为国家整体事业发展的有机构成，在很大程度上受到普遍性社会指导

---

① 中共中央党史和文献研究院编：《习近平关于城市工作论述摘编》，中央文献出版社2023年版，第151页。
② 《习近平著作选读》第2卷，人民出版社2023年版，第532页。

理念的影响。探究中西城市理论及其实践在总体性指导理念上的差异，对于从新的视角把握指导人民城市发展的现代理念，以彰显相对于指导资本主义城市发展的传统理念的比较优势具有极其重要的价值。

西方资本主义社会发展的总体性指导理念是西方资本主义社会价值观的整体折射。透过西方资本主义社会的整体价值观，可以大致探查到西方社会发展总体性指导理念的轮廓。"以自由、民主、平等、人权为内容的资产阶级价值观是资本主义社会的核心价值观"[1]，西方资本主义社会对自由、民主、平等、人权等价值观的运用已经渗透到社会发展的不同领域，并印刻于资产阶级的思想意识之中，成为他们始终奉行的理论与实践价值圭臬。资产阶级追求自由、民主、平等和人权等价值观念本身并没有问题，问题在于他们的价值观建立在生产资料私有制的基础之上，造成了价值观上的抽象人性论、价值绝对化和阶级欺骗性等极端主义的严重倾向。资本主义社会的价值观映射到社会发展的总体性理念层面，同样带有抽象性、虚幻性、侵略性、殖民性等特征。如此的社会发展总体性理念特征，虽然不能穷尽资本主义社会发展理念的全部内涵，但至少代表了资本主义社会发展总体性理念的关键部分，这对于分析和把握资本主义城市发展所遵循的总体性理念提供了很好的突破口。

西方资本主义社会发展的总体性理念，对于资本主义城市理论及其实践产生了深刻影响。首先，绝对自由加剧了资本主义城市发展的无序状态。资产阶级认为绝对的自由才是自由的真谛，相对的自由仍然是束缚。绝对自由在资本主义城市中表现为资产阶级对膨胀私欲的过度追求，造成城市内部发展的诸多无序状态。资产阶级作为资本主义城市的实际掌权者，他们为了实现自身的绝对自由，无限制地攫取城市空间变为私有空间、无限制地掠夺城市资源变为私有资源、无限制地发展物质文明变为私有利润、无限制地营造城市商业垄断变为竞争霸权等，它们从不同层面给城市发展带来了无序的状态。其次，金钱民主破坏了资本主义城市秩序的公平正义。资产阶级所吹嘘的民主实质是金钱民主，而

---

[1] 汪信砚：《当代视域中的马克思主义哲学》，人民出版社2022年版，第445页。

不是包含无产阶级在内的广泛真实民主。在资产阶级看来，掌握更多的社会财富才能够拥有更多的民主权利，财富多少是决定民主权利多少的关键条件。金钱民主在资本主义城市中表现为资产阶级凭借雄厚的私有资产，来行使对于城市发展全部事务的最高裁量权。城市中的无产阶级因没有或只有少量的财富，他们在城市发展中拥有的参与权利是不真实的。以私有财产的多寡来决定城市权利的多少，严重违背了公平正义的基本原则。再次，虚假平等掩盖了资本主义城市内部的阶级对立。资产阶级所追求的平等，实质是物质财富的平等及其附之于物质财富基础之上的权力对等，这种平等只存在于资产阶级内部，无产阶级是被排除在外的。这种虚假平等在资本主义城市中表现为资产阶级通过法律制度等形式赋予无产阶级以平等的权利，但这些权利并没有相对应的保障条件。最后，抽象人权造就了资本主义城市公民的极端主义。"天赋人权"是资产阶级所崇尚的人权观念。每个人的人权都是具体的和历史的，个人人权的保障是建立在所有人人权得以保障的基础之上的。资产阶级有意忽略人权的具体环境条件，将人权进行脱离实际的抽象化，企图以抽象化的人权取代具体化的人权，以维护资产阶级自身人权和践踏他人人权的目的。抽象人权在资本主义城市中表现为进入城市中的所有人都拥有城市所赋予的人的各种权利，如人的自由、人格独立和个人尊严等，但实际上无产阶级城市人的权利在现实中往往都是虚化的。无产阶级为了追求抽象的城市人权，会选择使用暴力等方式干涉他人的正当人权，这就造成了城市中的人权极端主义的现象频发。

同西方资本主义社会发展的总体性传统理念不同，在党的十八届五中全会上，以习近平同志为核心的党中央，提出了新时代的"创新、协调、绿色、开放、共享"的全新发展理念，即"五大发展理念"。在党的二十大报告中，习近平总书记多次强调新发展理念问题，他指出，要"完整、准确、全面贯彻新发展理念，着力推动高质量发展"①。新

---

① 习近平：《高举中国特色社会主义伟大旗帜 为全面建设社会主义现代化国家而团结奋斗——在中国共产党第二十次全国代表大会上的报告》，人民出版社2022年版，第2页。

发展理念针对我国社会主义事业发展过程中遭遇的重大难题、主要困境提出的，它是新时代中国特色社会主义事业发展的总体性引领理念，凝结了改革开放以来我国经济社会发展的主要经验，在中国特色社会主义事业发展的全部领域和所有环节发挥着重要作用。新发展理念从创新、协调、绿色、开放、共享五大维度，战略性设定新时代中国特色社会主义事业发展的总体思路、主要原则、前进方向和策略重点等，为新时代中国特色社会主义经济社会发展提供了管全局、管根本、管方向和管长远的总体性理念引领。相对于传统发展理念来说，新发展理念契合时代需要、战略意蕴十足、具体内涵明确、发展眼光前瞻、实践指向清晰、纲领性更强，这些鲜明特点决定了其不仅是新时代条件下党和国家全部事业必须要始终坚持的总体性发展理念，还是中华民族走向伟大复兴历史征程中必须要坚持的总体性发展理念。

具体到我国城市发展维度，新发展理念是新时代中国特色社会主义现代化城市理论建构及其实践的思想理念指南。在中央城市工作会议上，习近平总书记谈到城市工作指导思想时指出：要"贯彻创新、协调、绿色、开放、共享的发展理念"①。人民城市理论作为新时代中国特色城市发展的主要理论，人民城市实践作为新时代中国特色城市发展的具体实践，必须要全面、准确和完整贯彻新发展理念。贯彻新发展理念，建设人民群众满意的人民城市，对于中国特色社会主义现代化城市发展而言是一场全面的、深刻的、系统的城市变革。其一，人民城市理论及其实践对创新发展理念的贯彻。创新发展理念是新发展理念的首要内涵，它重点解决的是人民城市发展的动力问题。党的十八大以来，面对整体创新能力不强，科技发展水平不高的情况，我国高度重视创新事业发展，从原始创新、自主创新、科技创新、人才创新，到理论创新、实践创新、文化创新、社会创新、协同创新等，创新型国家和社会建设效果显著。创新是现代城市发展的重要动力，中国共产党坚持城市发展的理念、理论、制度、实践等创新，在创新中谋求人民城市发展，在发

---

① 《习近平著作选读》第2卷，人民出版社2023年版，第18页。

展中谋划人民城市创新，为人民城市建设、治理与发展提供了源源不断的创新发展动力。其二，人民城市理论及其实践对协调发展理念的贯彻。协调发展理念是新发展理念的第二层次内涵，它重点解决的是人民城市发展的不平衡问题。协调发展是中国特色社会主义事业发展的基本要求，其不仅仅是指物质发展与精神发展的协调，还涉及区域、城乡、经济和社会、生态与生产等多维领域。进入新时代以来，我国发展的不协调问题日渐突出，特别是物质文明与精神文明、民生保障和经济发展、生态环境与生产发展、公共服务的供给与需求等不协调现象，严重影响着社会主义现代化城市发展的进程。中国共产党秉持城市协调发展理念，从加强精神文明建设、强化公共服务质量、提升城市现代治理水平等多层面，重点解决影响人民城市发展的不平衡问题。其三，人民城市理论及其实践对绿色发展理念的贯彻。绿色发展理念是新发展理念的第三层次内涵，它重点解决的是城市发展与自然环境的和谐问题。伴随我国大规模城镇化的持续推进，城市生态环境形势变得日益严峻，人、城市与自然的关系变得日趋紧张。人民群众对于城市人居环境的要求愈益提高，修复和改善城市生态环境刻不容缓。习近平总书记指出："城市工作要把创造优良人居环境作为中心目标，努力把城市建设成为人与人、人与自然和谐共处的美丽家园。"[①] 习近平总书记对人民城市建设坚持绿色理念提出了明确要求，人民城市在创造人与自然和谐相处的美丽城市层面上实现了历史性跨越。其四，人民城市理论及其实践对开放发展理念的贯彻。开放发展理念是新发展理念的第四层次内涵，它重点解决的是人民城市发展的内外联动问题。人民城市发展看似是城市自身的事情，但在改革开放、协同共治、合力发展的大背景下，认清城市发展内外形势，运用好城市内外两种资源，协调城市内外双重关系，对于社会主义现代化城市建设极其重要。党的二十大报告提出，"以城市群、都市圈为依托构建大中小城市协调发展格局"[②]。这就意味着人民

[①] 中共中央党史和文献研究院编：《习近平关于城市工作论述摘编》，中央文献出版社2023年版，第127页。

[②] 习近平：《高举中国特色社会主义伟大旗帜 为全面建设社会主义现代化国家而团结奋斗——在中国共产党第二十次全国代表大会上的报告》，人民出版社2022年版，第32页。

城市的发展不能再走各自为政的传统道路，而应该加强地域城市之间的联系，形成人民城市建设、治理与发展的协同合力。其五，人民城市理论及其实践对共享发展理念的贯彻。共享发展理念是新发展理念的第五层次内涵，它重点解决的是人民城市发展的公平正义问题。实现共享是解决公平正义的重要路径。人民城市同过去城市的最大不同之处在于强调城市发展成果的全民共享，这是推进人民城市发展实现公平正义的关键举措。人民群众作为人民城市建设、治理与发展的主体力量，他们有权利去享有人民城市发展的一切成果。中国共产党积极推进共建共治共享社会治理制度的建立，推进城市公共服务的均等化和可及性，重要目的就是要在人民城市发展过程中，确保人民群众公平可及地享有人民城市发展的各项成果，维护人民群众公平正义的权利。

"创新、协调、绿色、开放、共享"的新发展理念，以战略性、纲领性和引领性的全新内涵，为新时代中国特色社会主义事业发展提供总体性理念遵循的同时，也为人民城市的建设、治理与发展提供了总体发展理念指引。相较于资本主义城市坚持的社会发展总体性理念自身的短板，新发展理念在契合人类城市发展规律、顺应人类城市发展趋势、提高人类城市发展质量，尤其是在城市发展维度为人的全面发展提供条件等方面具有显著优势。中国共产党在城市工作层面对新发展理念的坚持和贯彻，为人民城市高质量发展开创了新的局面。

四 综合平衡对物质优先的超越

人类城市发展同人类社会发展一样，自身包含着诸多的发展领域和层面。这些领域与层面之间并不是彼此割裂、互不干扰的，而是密切联系、多维协调的。人类城市的发展从来都不是单维领域或层面的独立推进过程，而是多维领域和层面的综合平衡过程。随着人类历史向前发展，人类城市将承载更多内涵丰富的发展职能，这就意味着多维度、多领域和多层面统筹谋划城市发展，才能契合现代城市发展的未来需要。人类城市的发展应是不同领域、不同层面、不同维度相互协调、有序推进的发展过程。相较于资本主义城市理论及其实践强调物质优先的发展策略，人民城市理论及其实践注重城市发展的整体性、协调性和平衡性，强调城市发展的全局统揽、大局谋划和宏观统筹的综合平衡发展策略，综合平衡是对物质优先的反思和超越。

回顾人类城市发展的整体历程，资本主义城市以高度发达的物质文明、较为丰富的精神文明和较为先进的政治文明，取得了相对于封建制条件下城市发展的巨大胜利，并引领人类开启了现代化城市发展的新进程。但不能就此认为资本主义城市就是人类城市发展的唯一正确模式和可行路径，更不能就此认为资本主义城市代表着人类城市发展的未来趋势和必然走向。资本主义城市对物质文明的狂热追求，造成了资本主义城市发展的失衡状态，特别是引发了非常严重的阶级矛盾与对立。物质优先是资本主义城市理论及其实践的鲜明特征，这是由资本主义城市自身的物本特质所决定的。经过工业革命和现代化进程的洗礼，资本主义城市在物质文明层面取得的成就是有目共睹的，但物质优先的发展策略严重压制了资本主义城市其他方面的发展。资本主义城市对物质优先策略的强调，集中于将物质财富增加或物质文明作为城市发展的主要目标。当城市其他方面的发展与主要目标出现冲突时，要自觉服从于主要目标。在资本主义城市发展过程中，过度强调物质优先会引发城市空间、城市规模和城市产业三大结构的失衡，城市规划、城市建设与城市管理三大环节的失衡，城市改革、城市科技和城市文化三大动力的失衡，城市生产、城市生活与城市生态三大布局的失衡，城市政府、城市社会与城市居民三大主体的失衡。简而言之，物质优先的直接结果是造成城市内部不同领域、层面和维度的失衡现象愈发严重，城市居民的生活舒适度和城市期望值降低。理性的人类城市发展样态，应是硬实力与软实力的平衡互促，既要有经济基础的支撑，又要有文化力量的保障。

综合平衡是人民城市理论及其实践内涵的题中应有之义，也是人民城市理论及其实践的路径策略。综合平衡是一个充满辩证意味的哲学概念，它指人在协调事物关系的实践过程中，着眼全局的整体统筹、突出重点的主次协调和相对平衡的因势而变。综合平衡既是中国共产党统筹推进经济社会事务发展的优良传统，又是中国共产党带领人民群众推进中国特色社会主义事业发展的宝贵经验。进入新时代以来，习近平总书记对综合平衡尤为重视。他指出："在中国当领导人，必须在把情况搞清楚的基础上，统筹兼顾、综合平衡，突出重点、带动全局，有的时候要抓大放小、以大兼小，有的时候又要以小带大、小中见大，形象地说，就是要十个指头弹钢琴。"① 习近平总书记对综合平衡的强调，与其早期在地方工作时所积累的城市发展经验密切相关。综合平衡作为中国共产党推进中国特色社会主义事业的重要方法论，具体到人民城市发展维度，就是要从人民城市建设、治理与发展的整体和全局出发，分清主次、协调推进人民城市发展的不同领域、不同层面和不同维度，以促进人民城市的高质量发展。

人民城市理论及其实践所蕴含的综合平衡策略，主要体现于以下三个方面。首先，人民城市自身是包含多个发展维度的有机整体。新时代条件下的人民城市是兼具物质文明、精神文明、政治文明、社会文明、生态文明等文明形态在内的文明有机整体。具体而言，人民城市包含了符合新时代高质量发展要求的现代城市经济体系，中国特色社会主义文化繁荣兴盛的现代城市精神文明，确保人民群众广泛参与的现代城市民主机制，能够彰显公平正义的现代城市和谐氛围，共建共治共享及共同富裕的现代城市民生格局，人与自然和谐共生的现代城市美丽环境。习近平总书记强调："城市是我国各类要素资源和经济社会活动最集中的地方"②。新时代人民城市发展所担负的具体职能是多维度的，所涉及的发展领域是多元化的，所承载的内涵意蕴是多层次的，这是人民城市综合平衡意蕴的深刻彰显。其次，人民城市注重物质文明与精神文明的协调发展。文化强国是社会主义现代化强国目标的重要组成，文化强国的实现离不开城市在促进精神文明发展层面的重要作用。物质文明和精神文明是人类城市文明形态的"一体两翼"，两者相辅相成、密不可分，共同促进人类城市文明的发展进步。人民城市作为社会主义现代化强国

---

① 习近平：《论坚持全面深化改革》，中央文献出版社2018年版，第85页。
② 《中央城市工作会议在北京举行 习近平李克强作重要讲话》，《人民日报》2015年12月23日第1版。

征程的重要载体，必须要在物质文明与精神文明的协调发展上作出统筹安排。党的二十大报告中指出："物质贫困不是社会主义，精神贫乏也不是社会主义。我们不断厚植现代化的物质基础，不断夯实人民幸福生活的物质条件，同时大力发展社会主义先进文化，加强理想信念教育，传承中华文明，促进物的全面丰富和人的全面发展。"① 党的二十大报告为人民城市在促进物质文明和精神文明协调发展上指明了前进方向，这是人民城市贯彻综合平衡的鲜明体现。最后，人民城市强调城市内部不同要素间的统筹兼顾。人民城市的发展强调遵循与自然相统一、与文化相交融、与历史相辉映、与民众相促进的原则。人民城市的建设与治理，充分运用了城市中的自然条件，对自然条件进行契合自然规律的改造而不是彻底颠覆。自然界所提供的河流、山川、湖泊、森林等，是大自然的一种特殊恩惠，不能全盘否定而推倒重建，而是要运用人类自身智慧进行合理的改造，让城市与自然更好地融为一体。城市发展的灵魂在文化，一个缺乏文化底蕴的城市，只能是钢筋、水泥、玻璃、石头等构成的冷冰冰的建筑空间。人民城市注重城市自身的文化品牌建设，尤其是注重城市精神与城市品格的塑造。人民城市发展演变的过程是城市自身历史延续的历程。如果人为隔断了城市发展的历史血脉，城市发展将会失去厚重的文脉意蕴。隔断城市文脉的现象在现代城市发展过程中出现得较多，多数城市决策者弃旧城不顾而集中力量开发建设新城，殊不知合理的改造旧城，让其重现辉煌同样会给城市带来不一样的生机。人民城市的发展顺应了民众的需求，特别是民众对于未来城市发展的期望。人民城市始终是要服务人民群众的，人民群众对于城市发展的期待得到满足，他们才会有更多精力、更大热情和更高积极性投身人民城市建设实践中去，人民城市就能够拥有源源不断的发展动力。协调好人民城市内部发展诸要素构成的有机系统，同样是综合平衡的重要凸显。

综合平衡作为人民城市理论及其实践的内在属性和根本要求，为中

---

① 习近平：《高举中国特色社会主义伟大旗帜 为全面建设社会主义现代化国家而团结奋斗——在中国共产党第二十次全国代表大会上的报告》，人民出版社2022年版，第22—23页。

国共产党审视人民城市有机整体、把握人民城市发展大局、统筹人民城市内部要素提供了科学方法论支撑。人民城市的综合平衡发展策略，为人类城市发展由单一维度向复合维度拓展，促进多维度的有序协调给出了实践方案的可行探索。相较于资本主义城市强调物质优先的发展策略，人民城市的综合平衡策略更加契合人类城市发展的内在规律，更为符合人类城市发展的未来趋势，更有利于人类城市文明形态的创造，更能够促进人的全面发展，因此具有无可比拟的优越性。

第三节 城市治理维度的中西城市理论

城市治理是城市工作的重要领域，是现代城市理论及其实践的主要层面。根据人类城市发展的普遍规律，城市发展的具体阶段不同，对于城市治理模式的要求也不相同，城市发展阶段与城市治理模式之间存在匹配性问题，即适应城市发展阶段实际的城市治理模式，能够促进城市治理水平的提升；超越或滞后于城市发展阶段实际的城市治理模式，则会严重阻碍城市治理水平的提高。一般而言，当一个国家整体城镇化率较低（根据国际社会发展经验，通常是城镇化率低于50%）时[1]，此时的城市发展主要围绕基础设施建设而处于大规模推进阶段，轻管理重建设成为城市发展的主要特征；当一个国家整体的城镇化率超过50%时，伴随大规模城市建设任务的相继完成，此时的城市发展主要围绕着城市质量和城市品质而逐渐转向城市更新阶段，城市治理超越城市建设而占

---

[1] 西方资本主义社会首先开启城镇化进程，它们在城镇化方面有着丰富的实践经历。根据城市学家对西方资本主义城市历程的长期考察，他们提出了50%城镇化率警戒线理论。他们认为，一个国家整体城镇化率达到甚至超越50%时，必然会带来经济社会发展的不稳定和危险性因素，这些因素包括更加严重的城市内部冲突、城市产业形态的改变、城市居民生活环境的恶化等。中国ANBOUND首席研究员陈功，从2012年就开始警示我国城镇化发展过快的问题。他指出，从历史经验来看，城市化率50%是一条社会动荡的危险警戒线。城市化率达到50%之后，会带来众多社会问题，例如土地问题导致的社会冲突加剧，产业形态发生改变，生活成本急涨，城市舒适度降低，城市与乡村的有机关系可能被切断，城市二代人口融入社会困难，等等。要解决这些城市发展的深层次问题，科学有效的现代城市治理显得尤为必要和紧迫。

据城市发展的主要地位。

经过工业化和逆城市化进程的"洗礼",西方城市已进入后现代化发展阶段,即城市变革与城市更新阶段。如此发展阶段相对应地对国家和政府的现代城市治理能力与治理水平提出了更高的要求,西方的城市学者根据城市发展的新阶段,相继提出了"人性场所""生态都市主义""城市更新""未来城市""城市善治"等具有现代治理意味的城市治理思想与观点,但这些城市治理思想与观点在城市治理实践中并未起到太大作用,西方城市治理领域仍旧面临重重困境。党的十八大以来,以习近平同志为核心的党中央,准确把握我国城市发展阶段的具体变化,在提出人民城市发展理念的基础上,相应提出了人民城市发展的现代城市治理思想,在推动人民城市的人本化治理、全过程人民民主和协同性主体等现代治理维度进行了探索,为破除西方资本主义城市现代治理困境提供了新的思路启示。

一 城市治理现代化与中西城市理论

城市治理现代化是现代化城市建设的关键构成,现代城市发展的主要任务是推进城市治理的现代化进程。对于现代城市发展而言,城市治理效果直接关涉城市发展成效。城市自身是复杂的运营系统,最能考验城市决策者和建设者的现代治理能力与治理水平。城市治理不同于城市管理,前者强调城市的系统治理、依法治理、源头治理、综合施策,后者采取的是碎片化、无序化、片面化和主观化的管理举措,前者不仅包含后者,更是对后者的转型升级。人民城市现代治理作为中国共产党探索现代化城市治理模式的最新尝试,主张以"科学治理"为导向的系统性城市治理,以"美好生活"为基石的人本化城市治理,以"文明发展"为意蕴的可持续城市治理,相对于资本主义城市的现代治理模式,具有十分明显的进步性和创新性。

现代城市治理是城市管理随时代演化变革的产物,它是影响现代城市发展质量的关键因素。城市管理是自城市诞生以来就伴随始终的概念,通常意义上的城市管理即市政管理,它包含着与城市发展规划、城市建设运行相关的诸如城市基础设施、社会公共事务、公共服务设施等方面的管理。城市管理存在的价值在于直面城市发展过程中的矛盾和问题，最大限度保障城市秩序的正常运营和有序发展。城市管理在大规模城市化进程中，发挥了不可替代的重大作用，特别是确保了大规模城市建设进程的展开，为现代化城市建设进程开启作出了重大贡献。但随着现代化城市进程的日益推进，现代城市发展过程中一系列复杂矛盾和问题的产生，城市管理往往显得"力不从心"，尤其是城市管理的改进并未对城市发展质量产生较大的推进作用。这就促使城市决策者和建设者寻找更好的城市秩序维护方式，来实现城市发展的高品质与高质量。现代城市治理由此成为现代城市发展问题的关键维度而受到关注。城市治理相对于城市管理而言，更加注重从城市发展的大局出发，对事关城市发展的各个层面、维度和领域进行统筹安排，在解决城市问题的基础之上，推进城市向高品质和高质量方向发展。城市治理不仅包含了城市管理的所有内涵，尤其是增添了城市高质量发展的内涵意蕴，这是城市治理的鲜明特征。

中西城市理论对于现代城市治理的关注，内在反映的是对城市发展高品质和高质量的需求。现代城市发展与过去城市发展存在明显不同，在大规模城镇化进程基本结束后，多数城市会因迅猛的经济增速和庞大的人口数量，而进入城市矛盾和问题的集中凸显期，这是世界城市发展的一般规律。在城市发展的不同层面，矛盾和问题也有不一样的特点和具体呈现。如城市公共设施层面，公共交通便捷度不够、城市公共空间营造不足、城市基本公共服务设施不完善等；城市公共服务层面，城市公共服务供给水平较低、城市公共服务供给质量不高、城市公共服务的均衡性和可及性不够等；城市民生层面，城市住房价格高、城市看病难和贵、城市教育资源分布不平衡等；城市社区层面，"大拆大建"带来的城市文物古迹、历史街区和特色建筑遭受破坏，城市的历史韵味衰减甚至消失；城市文化层面，"拆真建违"现象较为普遍，引进外来文化造成本土文化特色消失，城市文化品牌建设意识缺乏等。这些问题严重影响着现代城市发展的高品质和高质量，显然已经不是传统的城市管理职能能够有效统筹的，急需具有现代治理理念、模式与路径的现代城市治理去破解此种现实困境。对现代城市治理的强调，并不是要否定城市管理，而是要在城市治理的总体框架下，界定好城市管理的职能范围，协调好城市治理与城市管理的各自职责，这是人类城市迈向现代治理的必然选择。

现代城市治理是解决现代城市问题的策略应对产物，人民城市的现代治理实践给出了先行探索。经过改革开放四十余年的发展，我国大规模城镇化建设基本完成。我国城市发展由大规模基础设施建设逐渐转向城市内在品质提升的更新阶段，这就意味着我国城市发展过去重建设轻管理的模式已经不适应城市发展的新阶段要求，急需从现代城市发展维度探索适应新发展阶段的城市治理模式。人民城市理论及其实践为现代城市治理提供了很好的时代载体。党的二十大报告提出："坚持人民城市人民建、人民城市为人民，提高城市规划、建设、治理水平"[①]。城市治理作为国家治理体系和治理能力现代化的重要载体，是由城市在国家整体发展中的地位和功能所决定的。习近平总书记指出："推进国家治理体系和治理能力现代化，必须抓好城市治理体系和治理能力现代化。"[②] 国家治理体系和治理能力能否实现现代化，在一定程度上是由城市治理体系和治理能力所决定的。提升现代城市治理能力和水平，不仅是应对我国城市发展新的阶段的需要，还是提升国家治理体系和治理能力现代化的需要，更为西方发达国家拓展现代城市治理思维、路径、模式及方法提供了借鉴。

相较于西方资本主义城市的现代治理模式，人民城市的现代治理有三个方面的突出特征：现代城市治理的党建引领、现代城市治理的重心下移及现代城市治理的数字赋能。首先，现代城市治理的党建引领。习近平总书记在党的二十大报告中指出："加强城市社区党建工作，推

---

① 习近平：《高举中国特色社会主义伟大旗帜 为全面建设社会主义现代化国家而团结奋斗——在中国共产党第二十次全国代表大会上的报告》，人民出版社2022年版，第32页。
② 中共中央党史和文献研究院编：《习近平关于城市工作论述摘编》，中央文献出版社2023年版，第114页。

进以党建引领基层治理"①。以党建引领现代城市治理是中国特色社会主义的制度优势,以党建提升现代城市治理能力与水平是人民城市现代治理的显著特征。人民城市的现代治理是由众多子系统构成,多主体参与的现代城市治理模式。能否将多主体参与的力量充分凝聚起来,发挥出他们的积极性、主动性和创造性,是人民城市现代治理能否取得实效的主要条件。坚持党的领导,实现党建引领与城市治理的深度融合,才能最大限度地形成不同治理主体间的合力,推进人民城市现代治理取得实效。其次,现代城市治理的重心下移。基层治理是人民城市现代治理的痛点、堵点和难点所在,破解现代城市治理困境的关键在城市基层。党的二十大报告指出:"在社会基层坚持和发展新时代'枫桥经验',完善正确处理新形势下人民内部矛盾机制,加强和改进人民信访工作,畅通和规范群众诉求表达、利益协调、权益保障通道,完善网格化管理、精细化服务、信息化支撑的基层治理平台,健全城乡社区治理体系,及时把矛盾纠纷化解在基层、化解在萌芽状态。"② 人民城市的现代治理注重从基层问题和矛盾出发,推动治理重心下移,将现代治理的各项矛盾化解在城市社区的基层范围之内。人民城市治理重心的下移,带来了城市管理的下移、城市服务的下移与城市资源的下移,为理顺城市职能权责分界、解决城市服务"最后一公里"、优化基层治理资源配置等提供了现代治理的全新思路。最后,现代城市治理的数字赋能。数字中国是党的二十大提出的新时代奋斗目标的重要内涵,数字中国的建设是全方位、立体化和多维度的,数字城市治理就是十分关键的构成。习近平总书记指出:"运用大数据、云计算、区块链、人工智能等前沿技术推动城市管理手段、管理模式、管理理念创新,从数字化到智能化再到智慧化,让城市更聪明一些、更智慧一些,是推动城市治理体系和治理能力现代化的必由之路"③。数字化、智能化、智慧化正在成为现

---

① 习近平:《高举中国特色社会主义伟大旗帜 为全面建设社会主义现代化国家而团结奋斗——在中国共产党第二十次全国代表大会上的报告》,人民出版社2022年版,第67页。
② 习近平:《高举中国特色社会主义伟大旗帜 为全面建设社会主义现代化国家而团结奋斗——在中国共产党第二十次全国代表大会上的报告》,人民出版社2022年版,第54页。
③ 中共中央党史和文献研究院编:《习近平关于网络强国论述摘编》,中央文献出版社2021年版,第143页。

代城市治理的重要引擎，特别是信息技术的日益发展与成熟，为现代城市治理的数字化、智能化和智慧化发展提供了重要条件。人民城市现代治理的数字赋能，围绕着城市现代治理的实际需求，着力推进不同城市治理应用场景感知设备的完善与升级，合理布局服务配套设施，实现现代治理信息的充分共享，避免城市治理中的"信息孤岛""信息鸿沟""信息滥用"等现象，确保现代城市治理过程中的信息安全、信息互通与信息平等，真正发挥数字赋能对于城市发展与治理的积极作用。

二　人本化治理对物本化治理的超越

现代城市治理是城市中的人与物之间的关系有序协调的过程，依据现代城市治理重心不同，可区分为人本化治理与物本化治理两大构成维度。人本化治理即以人为本的现代城市治理，它将人视为现代城市治理的重心，紧密围绕着人的实际需要展开城市现代治理实践。人本化治理是社会主义城市现代治理的主要方式。物本化治理即以物为本的现代城市治理，它将包括人在内的所有城市治理对象视为物的存在，并将物作为现代城市治理的重心。物本化治理是西方资本主义城市现代治理的主要方式。人本化治理与物本化治理之间的差异，不仅彰显着社会主义城市与资本主义城市现代治理的重心差异，还凸显现代城市治理手段与现代城市治理方式的差异。人民城市的现代治理是以人为中心的人本化现代城市治理模式，它强调城市治理的核心是人，实现了对资本主义城市物本化治理的超越。

在中央城镇化工作会议上，习近平总书记指出："现代化的本质是人的现代化"[①]。城市的核心是人，现代城市治理的核心也是人。推进城市治理的现代化，目的是实现人的现代化，人的现代化是城市治理现代化的终极目标和最终归宿。背离了人的现代化，城市治理的现代化将会迷失方向和失去动力。从这个意义上而言，人本城市的人本化治理是

---

① 中共中央党史和文献研究院编：《习近平关于城市工作论述摘编》，中央文献出版社2023年版，第98页。

契合人的现代化发展方向的城市治理，是符合城市治理本质要求的治理模式。过去城市管理的最大弊端就是忽视人，忘却了人是城市发展的根本主题，遗忘了城市治理现代化的实质是人的现代化。人作为现代城市治理的关键要素构成，既是现代城市治理的客观对象，又是现代城市治理的依赖主体，这是人在现代城市治理维度理应具有的双维意蕴。如若割裂人同时作为现代城市治理的客观对象和依赖主体，那么就极易陷入现代城市治理的物本化治理困境。

无论是人本化治理，还是物本化治理，它们都是人类追赶城市现代化进程的手段。在人类城市发展的早中期，特别是大规模城镇化任务尚未基本完成之前，物本化治理始终是城市治理的主流。包括受资本逻辑的影响，物本化治理仍旧是西方资本主义城市现代治理的主要特征。物本化治理是大工业时代城市治理思维的特有产物，如优先保证城市经济发展、城市硬件设施、城市服务工业等。大工业时代十分注重标准化、一体化和格式化，所有的社会领域都围绕着工业这个"物"来开展，城市发展以 GDP、指标、增长为主要动力，以城市各领域的具体数据论成败，这就造成了与之相对应的物本化治理的产生。在大规模工业化进程和城镇化进程基本完成之后，城市要逐步走向内涵型发展，即精细化、精准化和精品化的发展模式。此种发展模式强调城市发展的质量与城市建设的效益要同时并存，尤其是强调以人民群众的城市需求为指向开展城市不同维度的建设。归根结底，城市的内涵型发展所要求的城市治理要转向人本化治理，要为人的现代化、人的全面发展服务。换而言之，从发展进程逻辑上看，人本化治理是物本化治理的后继进程，但两者并不是对立关系。人本化治理的推进建立在物本化治理的成就的基础之上，物本化治理的未来趋向必定是人本化治理。以人民城市为代表的人本化治理模式，为资本主义城市走出物本化治理的旧有思维和传统模式提供了先行探索。

现代城市人本化治理，并不是某种特定社会制度或意识形态下城市治理理论与实践的专属模式，而是带有以人为治理指向特征的现代城市治理模式。人本化治理不具有意识形态的界限差异，它既适用于社会主义城市现代治理，也适用于资本主义城市现代治理。人本化治理主张将人视为现代城市治理的客观对象和实施主体，通过治理主体实际参与城市治理实践，实现治理主体的自觉融入和身份转换。在人本化治理维度，现代城市治理的客观对象和实施主体是高度统一的。人本化治理强调以人为核心，依据人的实际需要谋划城市治理全局，着力推进"管制型"向"服务型"的现代城市治理转变，凸显了人本化城市治理的服务、共享与融合的本质特征。首先，服务是人本化治理的核心特征。城市管理偏重城市发展对事物的管制功能，城市治理强调城市发展对于事物的服务功能。换而言之，城市管理主要是对人的管制，城市治理主要是对人的服务，两者之间存在较大不同。城市管理向城市治理的跃升，内含着"管理"向"服务"的职能转变。人民城市的人本化治理，更为注重塑造和提升现代城市治理对于人的全面发展的服务职能。其次，共享是人本化治理的关键特征。以人为本推进现代城市治理，这里的人是平等的自然人，不是有阶级差别的政治人。现代城市的人本化治理，强调城市中的每个自然人都是平等的，都拥有参与城市建设与发展的权利，都应平等享有城市发展的各项成果。共享体现的是现代城市治理的公平正义原则，人民城市主张社会主义现代化城市的共建共治共享，共建是重要前提，共治是主要手段，共享是目标指向。最后，融合是人本化治理的重要特征。现代治理的融合既包括多元治理主体之间的融合，又涵盖不同维度治理制度之间的融合，更内含数字治理技术、信息应用场景等智慧化治理的融合。人本化治理的融合目的是将不同维度、不同层面的治理力量，凝聚成现代城市治理的强大合力，推进现代城市治理不断向前推进。人民城市的人本化治理融合，实现了城市治理资源的充分调配和运用，将有限的治理资源发挥出最大的治理效力。人本化治理是人民城市现代治理的题中应有之义，也是人民城市现代治理的主要遵循。人民城市的现代治理要实现"破局"和"蝶变"，务必要恪守人本化治理的原则，围绕着人民群众的需要开展治理实践，将人本化治理贯穿到人民城市治理的各维度、环节和层面，让人本化治理的柔性力量助推城市发展。

人民城市的人本化治理，在我国现代城市治理实践中主要有三个方面的体现。其一，智能化管理。智能化是现代城市治理发展的主要趋势，也是信息治理技术服务于人的具体彰显。习近平总书记指出，"要坚持以人民为中心的发展思想，推进'互联网＋教育'、'互联网＋医疗'、'互联网＋文化'等，让百姓少跑腿、数据多跑路"①，"要强化智能化管理，提高城市管理标准，更多运用互联网、大数据等信息技术手段，提高城市科学化、精细化、智能化管理水平"②。现代社会信息化技术的日渐成熟，为现代城市治理提供了重要的载体支撑，为人民城市的人本化治理提供了技术保障。智能化管理的优势在于以安全、快捷、便民的数据信息，替代传统的费时、费力、费人的管理模式，达到提高治理效率，提升治理效能的目的。其二，柔性化治理。柔性化治理是现代城市治理的内在要求，是人本化治理的重要构成。2019年《政府工作报告》中提出："新型城镇化要处处体现以人为核心，提高柔性化治理、精细化服务水平，让城市更加宜居，更具包容和人文关怀。"③柔性化治理是与以"命令—服从"为主要特征的刚性治理相对立的治理概念，所谓柔性化治理，"指政府、社会组织和公众等治理主体，秉持以人为本、平等自主、公平正义的基本理念，采取理性沟通、协同合作等非强制性手段，共同应对城市生活中的公共事务"④。柔性化治理旨在打破过去管理过程中的强制性色彩、命令服从关系及治理主体的不对等状态，建构主体多元、平等友好、协同共治的新治理模式。柔性化治理的实质是城市治理实践中的以人为中心，它是人本化治理的另一种表达。人民城市所主张的柔性化治理，正是人本化治理实践理性的充分

---

① 中共中央党史和文献研究院编：《习近平关于城市工作论述摘编》，中央文献出版社2023年版，第111—112页。
② 中共中央党史和文献研究院编：《习近平关于城市工作论述摘编》，中央文献出版社2023年版，第153页。
③ 中共中央党史和文献研究院编：《十九大以来重要文献选编》上，中央文献出版社2019年版，第859页。
④ 参见陈朋《柔性化治理：现代城市治理的新趋向》，中国社会科学网，https：//www.cssn.cn/skgz/bwyc/202208/t20220803_5461294.shtml，2021年2月3日。

彰显。其三，精细化服务。精细化服务是现代治理的基本要求，是人本化治理实践的细节凸显。所谓精细化服务就是人性化服务，它要求现代治理过程中时刻做到以人为本，特别是在治理实践的细微之处彰显人本治理的价值取向。习近平总书记指出："要把更多资源、服务、管理放到社区，为居民提供精准化、精细化服务，切实把群众大大小小的事办好。"① 精细化服务是人本化治理在城市社区治理实践层面的具体要求，它要求城市治理实践中应当给予事关人民群众生产、生活的大事小情更多关注，在基层范围之内精准地解决各种矛盾和问题。

物本化治理与人本化治理的中心点是不同的，物本化治理主张将包括人在内的城市所有构成要素作为物的存在。人不再是现代城市治理的目的，而成为现代城市治理的手段，或者说人仅仅充当现代城市治理的客观对象。在物本化治理维度，物本治理所追求的物质利益是高于一切的，包括高于人的全面发展的现代治理旨向。物本化治理虽然可以带来物质财富的增加，或提供人的全面发展的物质基础，但其内在却不以追求人的全面发展为己任。物本化治理对物的治理的过度强调，忽视了人作为真正治理主体的重要作用。对于西方资本主义城市而言，物本化治理始终代表着城市治理发展的主要方向。物本化治理强调"管制""约束"，在"命令—服从"的循环往复间实现城市治理秩序的建构，营造一种现代城市治理的"和谐假象"和威权事实。资本主义城市物本化治理实践中，施加命令的一方是资产阶级，服从命令的一方是无产阶级，资产阶级将无产阶级视作现代城市治理的能动性工具来使用，帮其实现维护现代城市治理秩序的目的，内在却掩盖了阶级之间的治理利益矛盾和冲突。物本化治理与资产阶级不断膨胀的物质财富占有欲密切相关。

人本化治理是人民城市现代治理的主要方式，物本化治理是西方城市现代治理的主要方式，人本化治理是物本化治理的未来必然趋势，前者对后者的超越主要集中于以下三个层面。首先，治理重心上的超越。

---

① 《习近平在广东考察时强调 高举新时代改革开放旗帜 把改革开放不断推向深入》，《人民日报》2018年10月26日第1版。

人本化治理的重心在人，物本化治理的重心在物。人始终是城市发展的核心，是现代城市治理的关键，围绕人推进各方面城市工作，符合人类城市发展的客观规律。从人类社会发展的未来趋势来看，人民城市的人本化治理契合了人的现代化及人的全面发展的现代城市治理发展指向，超越了物本化治理为人的全面发展提供物质基础的发展阶段。其次，治理目标上的超越。人本化治理追求的是与人的全面发展相关的治理目标，物本化治理追求的是与物质财富增加相关的治理目标。人民城市的人本化治理，强调现代城市的精准化、精细化和柔性化治理，目的是依据人民群众的迫切需求来创造美好的城市生活。西方城市的物本化治理，主张现代城市的物质文明发展与城市的经济实力提升，这是人的全面发展的单一维度支撑。最后，治理手段上的超越。人本化治理的实质是以人为中心的城市服务，而不是过去城市管理过程中的城市管制。人民城市现代治理的手段是城市服务，城市服务构成人本化城市治理的核心意蕴；物本化治理的实质是以物为中心的城市管控。城市服务相较于城市管控而言，更为符合现代城市治理的本真内涵和未来趋向。

三 全过程人民民主对西式民主的超越

民主是人类社会实践的共同价值追求，是实现社会公平正义的强大"助推器"。现代城市治理是人类民主实践广泛应用的城市领域，城市民主治理是现代城市治理理论与治理实践的重要主题。与传统的城市管理不同，当前的中西方城市治理是以多元化治理主体为支撑的现代治理模式，有效协调不同治理主体之间的利益，建构不同治理主体之间的协同共治局面，科学的民主参与制度设计，特别是城市治理的基层民主制度设计显得尤为必要和迫切。党的十九大以来，以习近平同志为核心的党中央，根据新的国家治理形势和治理目标需要，提出了全过程人民民主的治理型民主范式，为人民城市的现代民主治理提供了民主范式遵循。相较于西方资本主义所倡导的政治型民主范式，全过程人民民主的治理型民主范式具有全链条、全方位、全覆盖的民主实践优势，它是更为彻底和有效的民主形式。

全过程人民民主是中国式民主的最新探索，它彰显了中国特色的民主风格和中国共产党的民主智慧。党的二十大报告指出："全过程人民民主是社会主义民主政治的本质属性，是最广泛、最真实、最管用的民主。"[①] 全过程人民民主作为当代中国人民民主发展的最新拓展，其内在是与国家治理体系和治理能力现代化相匹配的治理型民主。在庆祝全国人民代表大会成立60周年大会上，习近平总书记指出："发展社会主义民主政治，是推进国家治理体系和治理能力现代化的题中应有之义。"[②] 人民民主作为社会主义民主政治的核心要义，健全、完善、创新人民民主是推进国家治理体系和治理能力现代化的内在要求。全过程人民民主正是人民民主在新时代契合国家治理体系和治理能力现代化发展需要的全新民主呈现，也是人民城市现代治理急需的民主类型和民主形式。全过程人民民主作为新时代中国共产党创造的治理型民主，其根本要义在于确保国家各项事业治理过程中人民群众的当家作主地位能够充分实现。全过程人民民主赋予人民群众真正而充分的民主权利，人民群众通过全过程人民民主所赋予的权利，参与各项国家事务、社会事务和经济文化事业管理，由此成为现代治理各项事业的决策参与者和具体实践者。在全过程人民民主的内涵体系中，"全过程"是对人民民主的规定性要求，也是治理型民主的创新意蕴。全过程人民民主强调现代治理过程中的所有环节不能有民主缺失，每个民主环节都是人民当家作主并开展现代治理的真实过程。

全过程人民民主作为中国共产党治理型民主的创新探索，主要从四个层面贯穿于人民城市现代治理理论与实践之中。其一，人民城市现代治理的起点范畴。推进人民城市现代治理的重要前提是人民城市内部存在突出矛盾和尖锐问题，且这些矛盾和问题代表了不同阶层人群的特殊利益，需要通过民主协商的方式来解决。人民城市内在的现代治理矛

[①] 习近平：《高举中国特色社会主义伟大旗帜 为全面建设社会主义现代化国家而团结奋斗——在中国共产党第二十次全国代表大会上的报告》，人民出版社2022年版，第37页。

[②] 习近平：《在庆祝全国人民代表大会成立60周年大会上的讲话》，人民出版社2014年版，第20页。

盾，构成全过程人民民主被需要的关键条件。全过程人民民主在人民城市现代治理过程中表现为"治理矛盾—公共问题—决策议题"的逻辑起点范畴，从人民城市治理矛盾的发现，到人民城市治理公共问题的产生，再到人民城市治理决策议题的集中，任何一个环节都体现着民主与集中的关系。其二，人民城市现代治理的基点范畴。人民群众是人民城市现代治理的基础，规定着全过程人民民主的基点范畴。人民城市现代治理的决策议题确定之后，城市建设的领导者要走群众路线，进一步征求人民群众意见，虚心向人民群众学习，倾听人民群众呼声，汲取人民群众智慧，号召人民群众参与协商，表达真实意愿和真知灼见。全过程人民民主在人民城市现代治理过程中表现为"征求意见—群众路线—民主参与"的逻辑基点范畴，从人民城市现代治理的意见征求，到真正走实群众路线，再到协商式的民主参与，任何一个环节都离不开人民民主的贯彻与落实。其三，人民城市现代治理的落点范畴。人民城市现代治理最终要转化为城市治理政策的落地实施。在人民城市现代治理的人民群众意见集中之后，便要转化为权威性的政策而落地实施。在我国现行治理体系下，人民城市现代治理的政策制定，由党委来负责；人民城市现代治理的政策执行，由政府来负责。这两个阶段是全过程人民民主发挥作用的关键环节。全过程人民民主在人民城市现代治理过程中表现为"政策过程—政策制定—政策实施"的逻辑落点范畴。其四，人民城市现代治理的终点范畴。人民城市现代治理的终点是现代治理政策的实际实施效果，它规定和决定着全过程人民民主的终点范畴。人民城市的现代治理政策经过实施解决了影响人民群众的公共城市问题，产生了城市治理的直接效果，不断汇聚成城市治理的总体历史效果。全过程人民民主在人民城市现代治理过程中表现为"政策效果—直接效果—历史效果"的逻辑终点范畴。人民群众通过全过程人民民主，会对人民城市的现代治理政策实施效果产生决定性影响，并最终影响人民城市治理现代化的发展方向和未来趋势，这是全过程人民民主作为治理型民主的优势所在。

西方国家在现代城市治理理论与实践中，同样倡导管理的主体多元化、协商互动及参与决策等民主形式,但此种民主形式表面为治理型民主,内在却是政治型民主,实质是虚假式民主在城市治理层面的彰显。在西方社会的整体治理结构中,长期存在着一种特殊的治理现象——精英治理。精英治理作为治理型民主的特定形式,其无法摆脱资本主义金钱民主的虚假本质。精英治理在资本主义城市发展过程中,对于治理效能的提升、治理策略的优化等方面起到过积极作用,但随着精英治理的进一步发展,它的弊病也开始凸显,如极易造成城市治理的集权现象、侵吞集体资产等现象的发生,严重损害了民主的本质及城市发展的公平正义。精英治理在资本主义城市治理实践中只是一种形式上和间歇性的民主模式,并不是真正的、连续的治理型民主模式,而是属于资产阶级内部的民主类型。此种民主模式,在关涉城市治理的重大事务时,精英阶层允许普通民众参与城市的决策过程,但这个过程仅限于在投票时被唤醒,在投票后进入休眠期,更为重要的是普通民众的投票往往不会对城市的最终决策起到决定性作用。"西方资本主义民主实质上是少数人垄断公权力、为少数人服务的民主,是形式和内容相分离、原则与实践相脱节的虚假民主。"[1] 对于西方精英治理的治理型民主而言,资产阶级只是在城市治理的民主外貌形式上进行了伪装,其对于民主的贯彻依旧是金钱主导的、间歇式的和虚假性的。这就意味着在虚假式民主的主导下,所谓的城市治理的主体多元化、协商互动及参与决策都是有名无实的"噱头",普通民众的城市权利无法在虚假式的民主支撑下得到真实保障和实现。

相较于以西方城市治理型民主为代表的精英治理虚假式民主,人民城市现代治理的全过程人民民主主要在以下四个方面实现了超越。其一,全过程人民民主超越了西方虚假式民主的物化。西方资本主义城市发展受资本逻辑的影响至深,它意味着资本是城市治理本体和主体的观念已经根深蒂固。资本逻辑主导的西方城市现代治理,物化成为资本主

---

[1] 冯颜利、廖小明:《问题·旨趣·路径——社会主义核心价值观新探究》,人民出版社2014年版,第154页。

义城市发展的最深层事实。城市治理过程中的选举民主遭致物化的浸染，蜕变为少数精英资本家的争夺之物，这实际上隔绝了城市治理的全民参与可能。被物化的民主成为西方城市精英统治者屡试不爽的"一次性民主"。全过程人民民主本质是人民当家作主，它强调的是人民逻辑的引领。在人民逻辑的强大主导下，全过程人民民主将在人民城市治理的全方位、全链条和全环节推进人民民主的实现，将人民群众的积极性、主动性和创造性调动起来，在党的正确领导下形成人民城市治理的强大力量。其二，全过程人民民主超越了西方虚假式民主的虚伪化。西方现代城市治理过程中的虚假式民主，从根本上背离了人类民主的本真意蕴。此种虚假式民主，在城市治理的选举环节受资本逻辑掌控，导致选举成为少数精英之间掌权的利器，而绝大多数民众成为职业政客和大利益集团的民主工具。在城市治理的选举环节结束后，普通民众不再有机会参与城市的相关治理事务，"民主熔断"导致西方的治理型民主仅限于选举环节，不能延伸和覆盖到其他治理的环节和过程中去。习近平总书记指出："我们要坚持国家一切权力属于人民，既保证人民依法实行民主选举，也保证人民依法实行民主决策、民主管理、民主监督，切实防止出现选举时漫天许诺、选举后无人过问的现象。"[①] 全过程人民民主很好规避了西方城市治理型民主的"民主熔断"现象，确保了人民群众在人民城市治理过程中当家作主地位的实现。其三，全过程人民民主超越了西方虚假式民主的极化。西方城市治理过程中的虚假式民主是两极化的民主，致使城市成为被资本逻辑割裂而成的两极城市。西方城市治理型民主强调限制权力以保障人民参与城市治理的消极权利，却不保障和实现人民参与城市治理的积极权利，致使现代城市治理因资本逻辑而不断走向两极对立的发展方向。特别是在西方城市治理过程中，选举民主将部分国民特殊利益和非理性情绪放大，加剧了现代城市治理局面的动荡和撕裂。全过程人民民主坚持以人民为中心的发展理念，构筑的是全民参与的现代治理型民主范式。其四，全过程人民民主超越了

[①] 习近平：《论坚持全面依法治国》，中央文献出版社 2020 年版，第 82 页。

西方虚假式民主的异化。西方城市治理以金钱民主、选举民主的胜利为骄傲，但此种类型的民主却是被资本逻辑所异化的民主形式。金钱民主和选举民主在资本逻辑的强大作用下，其内在本质发生变异而反过来造成了与人民群众的对立。典型体现就是在城市治理过程中，资本逻辑所异化的民主沦为资产阶级自身谋求城市治理威权和霸权的工具，而不是人民群众表达治理建议、参与治理实践的民主载体，这已经从根本上背离了民主应有的本真内涵。习近平总书记指出："保证和支持人民当家作主不是一句口号、不是一句空话，必须落实到国家政治生活和社会生活之中，保证人民依法有效行使管理国家事务、管理经济和文化事业、管理社会事务的权力。"① 全过程人民民主通过法律赋予人民群众参与治理的各项民主权利，将民主充分体现并贯穿于人民城市现代治理的过程中，它是对民主本真意蕴的拓展和深化，超越了西方现代城市治理对民主的异化。

四 协同性主体对威权性主体的超越

城市治理主体是现代城市治理实践的关键要素，多元化主体参与是现代城市治理发展的主要趋势。伴随着城市现代化进程的持续发展，特别是不同城市治理主体之间利益的复杂性及城市治理主体参与意识的增强，治理主体多元化成为现代城市治理的鲜明特征。多元化的治理主体包括政府、专家、市民及社会组织等，它们基于现代城市治理需要而形成的治理主体是复合性主体，即现代城市治理共同体。依据城市治理共同体内部架构及权力分配的不同，区分为协同性主体和威权性主体两大类型。协同性主体强调各治理主体之间是平等的，要彼此配合、协同共治，发挥多主体协同共治效能的最大化；威权性主体主张政府要居于治理主体架构的核心位置，其他治理主体要在政府的威权性命令下开展对应的治理工作。协同性主体和威权性主体虽同属于现代城市治理共同体，但两者之间存在着根本差异。协同性主体是人民城市治理主体的主

---

① 习近平：《在庆祝中国人民政治协商会议成立65周年大会上的讲话》，人民出版社2014年版，第12页。

要特征，威权性主体是资本主义城市治理主体的主要特征。

协同性主体与威权性主体作为城市治理共同体构成的主要形式，是现代城市治理发展的逻辑产物。回望人类城市治理发展的历程，城市治理完全依赖政府单方力量的时代已经过去，多元主体的自治、法治、德治是现代城市治理的必由之路。多元主体建构而成的现代城市治理共同体，考验着多元治理主体之间的契约精神和集体意识。就城市治理共同体塑造的视角而言，契约的平等性和强烈的集体意识是城市治理共同体塑造不可或缺的重要条件。根据具体分工和职责的不同，真正科学有效的城市治理共同体要同时具备治理的根本主体、核心主体和扩展主体三个维度，且不同主体维度之间能够以高度自觉的契约精神和集体意识形成强大的治理合力。科学的现代城市治理共同体结构中，普通民众应是城市治理的根本主体，政府是城市治理的核心主体，社会组织是城市治理的扩展主体。其中，作为现代城市治理根本主体的普通民众，通常指占据城市绝大多数的人民群众；作为现代城市治理核心主体的政府，通常指具有领导功能的党委、政府及其他权力机关；作为现代城市治理扩展主体的社会组织，泛指一切非官方的权力组织，主要涵盖社会自治性团体、非营利性组织（NPO）和非政府性组织（NGO）。这三大治理主体之间，在彼此的职责范围内相互配合、协同共治，在塑造城市治理强大共同体的同时，提升现代城市的治理效能。三大治理主体虽然能够通过外在的和内在的体制机制来促成城市治理共同体，但它们彼此在城市治理中所担负的职责、所拥有的权限及所形成的架构是不同的，这也是协同性主体和威权性主体产生差异的主要原因所在。

协同性主体是人民城市现代治理共同体的主要形式。协同性强调的是不同治理主体之间相互配合，共同推进现代治理实践向前发展。党的十九届四中全会指出："完善党委领导、政府负责、民主协商、社会协同、公众参与、法治保障、科技支撑的社会治理体系，建设人人有责、人人尽责、人人享有的社会治理共同体"[①]。人人有责、人人尽责、人

[①] 《中国共产党第十九届中央委员会第四次全体会议文件汇编》，人民出版社2019年版，第12页。

人享有的社会治理共同体,即共建共治共享的社会治理共同体,它是人民城市现代治理协同性主体的核心内涵。人民城市现代治理共同体的形塑过程,就是协同性主体的建构过程。人民城市现代治理共同体即协同性主体是由党、政府、人民、社会组织和群团组织等多元化主体构成的,协调有序、紧密合作、各司其职、协同共治的系统治理组织架构。协同性主体作为现代治理共同体,不同于多元化主体构成的松散性治理架构,它既有人类城市现代治理共同体的普遍特征,又有人民城市现代治理共同体的中国特色。首先,协同性主体是以党的正确领导为核心的人民城市治理共同体。城市治理共同体坚实与否,不在于治理主体数量多少,而在于是否有坚强的正确领导核心。党的二十大报告指出:"把党的领导落实到党和国家事业各领域各方面各环节,使党始终成为风雨来袭时全体人民最可靠的主心骨"[1]。中国共产党领导是中国特色社会主义事业的最大优势,也是我国现代化治理事业发展的核心力量。在党的正确领导下,人民城市的不同治理主体能够团结一心、凝聚力量,确保心往一处想、劲往一处使,让人民城市现代治理的共同体更加稳固,更能发挥出协同性主体的治理效能。其次,协同性主体是以职能分工有序为遵循的人民城市治理共同体。人民城市现代治理共同体依据各自职责定位进行科学合理的职能分工,是协同性主体治理效能作用发挥的关键。除了党在协同性主体中要发挥总揽全局、协调各方的作用外,政府部门应该履行好城市管理的具体执行职责,确保城市管理秩序的整体稳定和有序发展;人民群众要发挥好自身的首创精神,不断提升自身的权利意识和参与意识,将自身的积极性、主动性和创造性自觉投入城市治理的实践中去,履行好自身的建议权、监督权等城市治理的民主权利;社会组织和群团组织在人民城市现代治理的自治领域中发挥着极其重要的作用。人民城市的现代治理涉及的具体事务越来越多,涉及的领域和层面也愈加复杂,党、政府、人民群众不能统揽全部城市治理事务,社

---

[1] 习近平:《高举中国特色社会主义伟大旗帜 为全面建设社会主义现代化国家而团结奋斗——在中国共产党第二十次全国代表大会上的报告》,人民出版社2022年版,第26页。

会组织和群团组织根据自身的业务领域承担必要的城市职能角色分工是不可或缺的。不同治理主体之间科学有序的职责分工，能够最大限度避免因职责缺位带来的治理真空，避免因职责重叠带来的治理资源浪费。再次，协同性主体是以提升治理效能为目标的人民城市治理共同体。协同性主体的主要目的是凝聚多元治理主体力量，汇聚多元治理主体智慧，形成人民城市现代治理效能提升的可靠主体支撑。党的二十大报告指出，"发展壮大群防群治力量，营造见义勇为社会氛围，建设人人有责、人人尽责、人人享有的社会治理共同体"①，"健全共建共治共享的社会治理制度，提升社会治理效能"②。人民城市现代治理效能提升是所有治理主体久久为功的过程，需要每个治理主体都发挥出自身的治理优势，凝聚起城市治理的强大合力。人民城市现代治理共同体的各治理主体之间，要发挥好我国民主协商制度的优势，特别是发挥出基层民主协商的作用，通过制度化、规范化、程序化的多维度、多层次、多方面的民主协商，不断增进人民城市治理的共识，画好人民城市现代治理效能提升的最大主体力量"同心圆"。最后，协同性主体是以人民广泛参与为原则的人民城市治理共同体。人民群众广泛参与是人民城市现代治理共同体的力量源泉，也是协同性主体生命力保持的重要条件。人民城市是人民群众自己的城市，人民群众有权利参与人民城市的治理实践。人民城市的现代治理不仅要问需于民，更要问计于民。人民群众对人民城市现代治理的广泛参与，一方面能够激发出人民群众推进人民城市现代治理的巨大潜能，另一方面能够增进人民群众共建共治共享的治理意识。人民群众广泛参与人民城市现代治理的过程，同时也是重建集体治理意识的过程。

威权性主体是西方资本主义城市现代治理共同体的主要形式。威权性主体与协同性主体虽同属现代城市治理共同体范畴，但两者之间存在

---

① 习近平：《高举中国特色社会主义伟大旗帜 为全面建设社会主义现代化国家而团结奋斗——在中国共产党第二十次全国代表大会上的报告》，人民出版社2022年版，第54页。
② 习近平：《高举中国特色社会主义伟大旗帜 为全面建设社会主义现代化国家而团结奋斗——在中国共产党第二十次全国代表大会上的报告》，人民出版社2022年版，第54页。

着根本性差异。威权性主体由政府、市民、社会组织等多元化治理主体建构而成，但其内在却是政府（代表资产阶级利益的政权机关）威权起决定作用的，缺乏共享目标支撑的，多元化主体之间分散式合作的治理共同体。威权性主体强调城市治理共同体内部对于威权命令的绝对服从，强调私有资源最大化而拒绝共享资源最大化。威权性主体以现代城市治理共同体的表面假象，掩盖了攫取现代城市公共治理资源的内在本质，其实质是现代城市治理的虚假共同体。威权性主体是现代城市治理的虚假共同体，主要有三个层面的缘由。首先，威权性主体缺乏共同体维系的坚强领导核心。坚强稳固的领导核心是现代治理共同体行稳致远的重要条件。西方资本主义城市的威权性主体，虽然存在多元化的治理主体结构，但却缺乏能够统领多元化治理主体结构的领导核心。威权性主体内部，除了依靠所谓的契约精神和共同利益来维系共同体松散的组织架构外，并没有任何治理主体能够凭借自身的领导才能承担起建构治理共同体的重任。缺乏坚强领导核心的威权性主体，注定是无法实现长远稳定发展的虚假治理共同体。其次，威权性主体强调共治之义务忽略共享之权利。真正的现代城市治理共同体，既要有共建共治的义务前提，又要有共享的权利保障。在西方城市现代治理的过程中，资本主义城市的当权者资产阶级以共建共治的义务履行来保障公民参与城市治理的热情，但在城市治理的成果上，却奉行资产阶级私有的实践理念。对于参与资本主义城市治理的多数人而言，威权性主体只是城市治理实践的义务性主体，而不是权利性主体，义务和权利在实践中出现了极为严重的割裂现象。正如西班牙学者阿方索·维加拉和胡安·路易斯·德拉斯里瓦斯在《未来之城——卓越城市规划与城市设计》一书中所批判的那样："人们越来越清晰地认识到，我们不想再纵容民主权力继续'为人民建设城市却不和人民一起建设城市'。"[①] 共建共治共享真正联系起来的现代城市治理，才是协调性主体应该有的发展方向。最后，威

---

① ［西］阿方索·维加拉、胡安·路易斯·德拉斯里瓦斯：《未来之城——卓越城市规划与城市设计》，赵振江、段继程、裴达言译，中国建筑工业出版社 2018 年版，第 140 页。

权性主体以集体意识之名行私有意识之实。西方资本主义城市的现代治理危机,实质是城市治理的公民参与危机。公民参与城市治理的过程,内在是城市治理集体意识重构的过程。威权性主体以集体意识塑造之名义,大肆攫取公共治理资源,捍卫私有意识之事实,这与现代城市治理共同体的本质是背道而驰的。美国学者哈维批评道:"问题是这种共享资源正在被继续地圈占起来,被资本以商品化和货币化的形式所占有,即使它是由集体劳动不断地创造出来的。"① 在资本主义城市治理实践中,资产阶级以商品化和货币化的形式侵蚀着集体意识,强化着能够帮助自身攫取最大治理资源的私有意识。

相较于威权性主体的资本主义城市现代治理共同体而言,协同性主体的人民城市现代治理共同体有着显著的优越性。当然,协同性主体的优越性是相对而言的,在城市现代治理的特定发展阶段,威权性主体也曾发挥过重要作用,这是毋庸置疑的事实。但在城市现代治理倡导多元化主体参与的大背景下,特别是普通民众、社会组织及群团组织等城市治理主体参与意识持续增强的条件下,协同性主体的城市现代治理共同体更为契合现代城市治理的基本趋势和客观规律。协同性主体对于威权性主体的超越主要集中于以下三个方面。其一,集体意识对个体意识的超越。现代城市治理是多元化主体有序参与并发挥作用的过程,多元化主体的有序参与依靠的是强烈的集体意识和协作本领。人民城市现代治理的协同性主体,将治理共同体的集体意识作为维系治理共同体的重要支撑,这是对资本逻辑和市场经济条件下城市治理威权性主体中存在的泛滥个体意识的超越。其二,普遍共享对阶级私享的超越。在城市治理共同体组织架构中,所有的治理主体之间是平等关系。对于治理主体而言,义务与权利并存是治理共同体稳固的必要条件。人民城市现代治理的协同性主体,将共建共治的义务放在共享的权利之前,并赋予共建共治共享同等重要的地位,这就确保了城市治理主体权利与义务的对等

---

① [美]戴维·哈维:《叛逆的城市——从城市权利到城市革命》,叶齐茂、倪晓晖译,商务印书馆2014年版,第79页。

性，实现了对威权性主体所主张的资产阶级私享治理目标的超越。其三，治理自觉对强制权力的超越。治理共同体治理效能的发挥依靠治理主体的高度自觉或是屈服于强制权力，这是影响治理共同体稳固性的重要因素。人民城市现代治理的协同性主体，以治理参与主体之间的核心领导、明确分工而形成了高度的协同共治自觉，这种高度自觉是对威权性主体的批判和反思，也是对其强制权力内核的全面超越。

人民城市理论以全新的城市文明形态塑造、高品质的城市发展路径探索和现代化的城市治理提升，实现了对西方资本主义城市理论的多维度、多层次和多方面的超越。但不可忽略的事实是"理论与实践毕竟是两码事"，理论创设的理想性不等同于实践贯彻的真实性和有效性，人民城市理论相较于西方资本主义城市理论的优越性，只有通过完善的实践体制机制的战略与策略部署，贯穿落实于人民城市的建设实践中去才能真正凸显。对中西城市理论进行对比分析，只是真正认清人民城市理论的一种手段，用人民城市的理论指导人民城市的实践，避免西方资本主义城市理论与实践的覆辙，才是中国共产党领导城市工作的重要使命。

第四章

人民城市理论之生态建设

生态乃国之大计、民之大事,生态兴则文明兴,生态衰则文明衰。城市生态是城市整体的重要构成,城市生态与城市民生、城市品质、城市环境等城市建设的各项事业息息相关。从党的十八大提出"建设美丽中国,实现中华民族永续发展",到党的十九大提出"加快生态文明体制改革,建设美丽中国",再到党的二十大提出"推动绿色发展,促进人与自然和谐共生",中国共产党谋划"美丽中国"生态文明战略的步伐从未停止。人民城市作为新时代中国共产党治国理政事业的重要领域,是"美丽中国"战略实施的主要载体,人民城市生态建设成效关乎我国整体生态文明的发展成效。人民城市生态理论是习近平生态文明思想在新时代城市工作维度的理论创新,它系统回答了"为什么建设城市生态文明""建设什么样的城市生态文明""怎么样建设城市生态文明"等重大理论与实践问题。

城市生态是受人类实践影响最大,也是最为脆弱的生态系统。城市生态愈发成为影响城市发展质量、城市人居环境及居民幸福指数的主要因素,重归城市生态理性日益成为现代城市发展亟待解决的重大议题。我国工业化进程起步较晚,城镇化进程步伐较快,双重进程的叠加让城市整体生态环境变得十分脆弱,城市生态保护任务异常艰巨。进入新时代以来,我国城市发展所面临的生态矛盾逐渐凸显,加之人民群众对于美好城市人居环境的渴求更加强烈,宜居、宜业、宜乐、宜游的人民城市建设，为我国有效应对城市发展所遭遇的生态困境，满足人民群众生态权益提供了新的城市路径。

优美城市生态环境能够提升人民群众城市生活的幸福感，这是现代城市生态文明建设的重要功能。人民城市作为社会主义现代化城市谋求美好城市人居环境的实践探索载体，立足于我国城市生态建设过程中的生态思想、系统、韧性与治理等多个层面的城市生态困境，全面反思以往人类城市生态文明建设的经验教训，秉持人与自然和谐共生及可持续发展的城市生态理念，坚持生态利民、生态惠民和生态为民的城市生态价值原则，着力推进新时代中国特色社会主义城市生态文明事业发展。人民城市凝聚着中国共产党谋划美丽城市的丰富智慧，这些智慧包括城市生态战略智慧、文化智慧、生态治理智慧及生态韧性智慧等，它们为和谐宜居的人民城市建设提供了生态策略遵循。

第一节　现代城市发展的生态理性

理性作为哲学概念，常与感性对应存在，它通常指人基于对事物内在本质的探索认知，最大限度按照事物自身的发展规律去审视问题和处理问题。感性是事物认知的低级状态，理性是感性发展的高级状态，感性主张依据事物的表象来处理问题，理性则强调人类要将感性因素上升到理性高度，以符合事物客观规律的形式看待事物和解决矛盾，减少感性因素对事物发展的可能影响。生态理性是人类尊重自然、顺应自然和保护自然，探究自然内在发展规律，谋求人与自然和谐共生的实践理性形式。生态理性是人类社会发展应该具备的基本理性，是人类自身实现与自然环境共荣共生的关键理性。在人类社会发展的所有领域，人与自然始终是命运相连的共同体，科学建构与重新回归生态理性是现代社会的必然选择。

生态理性的重构与回归是极其复杂和艰巨的工作，既要有完善的理论设计，又要有精准的实践部署，归根结底要彰显于人类社会发展的具体领域和诸多层面。现代城市是人类最重要的栖息地，人与自然的关系在城市关系整体架构中占据重要地位，现代城市成为重构和回归生态理性的理想载体。重构马克思主义生态理性，回归现代城市发展的生态理性，理顺人、城市与自然三者之间的错综关系，实现人、城市与自然三者之间的和谐有序发展，是现代城市发展不能回避的重要任务。全面把握、深刻理解现代城市发展的生态理性，是应对城市生态问题的关键前提。人民城市的理性发展更需要现代城市生态理性的重构与回归。

一 城市生态理性的哲学内蕴

任何事物都有其自身发展的客观规律，人类要在尊重客观规律的基础上发挥主观能动性，这是实践理性建构的重要条件。生态学马克思主义是社会主义生态文明发展的理论支撑，城市生态理性重回生态学马克思主义研究视野，既缘于人类对城市生态破坏所带来伤痛的深刻反思，又缘于生态学马克思主义为人的自由全面发展提供的生态理性方法论。城市生态理性作为人类社会生态理性体系的主要构成，事关城市生态事业发展成效和人的自由全面发展理想。城市生态理性的功能是以人对自然界客观规律的正确认知为前提，将人的城市实践引向与自然相适宜和相适度的状态。尽管城市生态理性的具体内涵会不断深化完善，但其致力于人的自由全面发展的哲学内蕴是永恒的，这是由"人是城市的核心"所决定的。

城市生态理性是建立在城市生态发展客观规律基础上的理性，它是协调好城市发展与自然环境关系的主要理性遵循。良好城市生态营造是现代城市建设的重要任务，是关涉城市未来发展潜力的关键工程。经过人类社会发展的长期实践，人与自然是生命共同体的理念已经深入社会发展的各个领域，成为世界范围内各国发展的普遍共识。坚持人与自然是生命共同体的理念推进现代城市建设，就是要在自然的承载能力范围之内开展城市实践，换而言之即要回归和实践城市生态理性。何为城市生态理性呢？城市生态理性是生态学马克思主义的核心概念构成，也是生态学马克思主义研究的主要议题之一。诠释城市生态理性，必须要理解生态理性。法国著名生态学家安德列·高兹（Andre Gorz），从生态学马克思主义的批判视角对生态理性进行了较为完整的诠释。他认为："生态理性在于，以尽可能好的方式，尽可能少的、有高度使用价值和耐用性的物品满足人们的物质需要，并因此以最少的劳动、资本和自然资源来满足人们的物质需要。"① 在安德列·高兹看来，生态理性是合理把控人类社会使用价值的理性形式，那么建立在此种理解基础之上的城市生态理性是以最少的资源、能源及其他物质消耗，满足人对城市发展建设需要的理性形式。城市生态理性的主要内涵至少在三个方面是确定的：第一，城市生态理性是主张城市发展与自然生态平衡的理性形式，主宰这种理性形式发展的是人这一根本主体；第二，城市生态理性是人类遭遇生态危机损害后的自我反思与策略回应，此种反思与回应是积极的和富有建设性的；第三，城市生态理性最根本的核心点在于审慎认知并正确处理人、城市与自然之间的关系，让它们之间实现互不伤害并有益彼此的状态。

城市生态理性的内涵折射出其诞生不是偶然的，它是经济理性让人类陷入城市生态危机和技术理性让人类深陷自我异化的逻辑结果。当然，生态危机的直接结果也造成了人的自我异化，成为人的自由全面发展的阻碍因素。城市生态理性的存在，并不是促使人类在城市建设过程中不对自然界造成任何程度的破坏，不是让自然界与城市保持彼此完全独立的发展状态。这种城市生态理性的设想在现实中是不可能存在的，也不可能在城市的具体实践中推行。城市生态理性的目的是把人类从经济理性与技术理性等不同形式理性的自我沉沦中，推向重新思考和正确建构现代城市生态平衡之域。这里就涉及城市生态理性的核心性内涵及其本质特征问题。从城市生态理性的核心性内涵而言，它强调的是人与城市、城市与自然、人与自然之间关系的和谐理性，而不是彼此独立、互不干扰的抽象理性。城市生态理性主张的和谐理性内在是人、城市、

---

① 参见［法］安德列·高兹《资本主义，社会主义，生态：迷失与方向》，彭姝祎译，商务印书馆2018年版，第44—56页。

自然三者之间的整体理性，而不是三者彼此独立和割裂的局部理性。人、城市与自然之间是相互依存、彼此依赖的关系，它们是城市生态理性内涵的主要客体要素，这些要素之间不是割裂存在的，而是构成城市生态理性功能发挥作用的整体。有的学者将城市生态理性的核心性内涵同人的生态整体性联系起来加以诠释："人的生态整体性，是指人的存在和生存始终敞开为多维，即人与宇宙、人与大地、人与整个生物圈、人与社会、人与人、人与内在自我之间的存在关系和生存关联，构成了人存在和生存本身。"[①] 这就意味着在城市的发展层面，人的生态整体性就是城市生态理性所强调的人、城市、自然构成的整体理性。城市生态理性的核心内涵内在是围绕人展开的人的生态整体性。从城市生态理性的本质特征而言，它将人的主体和自然客体由分离状态变为融合状态。纵览人类社会发展过往的各个阶段，城市生态危机发生的根源在于主体的人和客体的自然是相互割裂的两个独立整体，而不是有机联系的共同整体。人类将主体的人和客体的自然进行割裂，造成的直接结果是在城市建设的过程中，不断膨胀的物欲胜过了人的理性思维，引发了生态理性的认知误区。具体而言，主体的人和客体的自然之间的割裂甚至是对立关系，造成了人类只看到了自然对于人和城市发展的工具价值，却忽略了自然本身的价值，特别是忽略了人、城市、自然和谐共存的整体价值。城市生态理性主张将主体的人与客体的自然看成是完整的统一体，这就将自然的工具价值和自身价值很好结合起来，进而实现人、城市与自然三者之间的有机统一。尽管城市生态理性目的是调适城市发展与自然生态之间的关系，但其关键性内涵指向依然是人这一根本性主体。

由上可得，城市生态理性归根结底是人的理性，人的理性的出发点和落脚点是为人的存在和发展服务的。从哲学层面而言，城市生态理性服务于人的内蕴是人的自由全面发展即人的自由解放。德国著名哲学家约·狄慈根（Joseph Dietgen）认为："即使我们不是自然的奴隶，我们

[①] 唐代兴：《生境伦理的实践方向》，上海三联书店2015年版，第87页。

也必然永远是自然的仆从。认识只能使我们得到可能的自由,这种自由同时也是唯一合乎理性的自由"①。约·狄慈根指出了人类获得理性自由的重要来源——加强对自然的认识。城市生态理性作为人类对城市发展与自然生态关系的认知,它的目的是促使人从自然界中获得解放,为人的全面发展提供生态条件保障。人类社会的漫长发展,让人类认识到人依赖于自然,人是自然的成员,但人在自然面前是拥有自由的,即能够在自然界中获得自身的解放。马克思恩格斯强调人的自由解放不是单一维度的政治解放、劳动解放或物质解放,而是包括政治解放、劳动解放、物质解放在内的,涵盖精神解放、社会解放、自然解放、道路解放等多维度和多方面内容的自由解放体系。刘同舫认为:"人类解放是指人类不断地消灭现存状况、实现人的自由而全面发展的现实运动,是人类在经由政治解放、经济解放、劳动解放和文化解放所创造的社会物质精神条件下,把握与超越外部自然限度,并通过全面颠覆资本逻辑,消除私有制,以自由人的联合体取代市民社会体系和国家,建立起共产主义社会的历史过程。"② 超越自然限度是人获得自由解放的关键性前提,城市生态理性回答的正是城市发展维度人类如何实现超越自然限度的现实问题。马克思在《论犹太人问题》中对人的解放路径给出了明确回答:"任何解放都是使人的世界即各种关系回归于人自身。"③ 依据马克思的阐释,城市生态理性是在城市维度将人与城市、城市与自然、人与自然关系回归于人自身的解放理性。人类在现代城市发展过程中,重新审视并建构城市生态理性,能够缓解甚至解决人、城市与自然之间的矛盾,实现人、城市与自然相互发展之间的共赢。现代城市生态理性促使人与城市、城市与自然、人与自然关系回归人自身,影响着人的自由解放即人的自由全面发展程度。坚持现代城市生态理性的科学实践,带给人的必定不会是城市、自然和人自身的异化,而是人的自由解放与全面发展。

---

① 参见[苏]列宁《哲学笔记》,中共中央马克思恩格斯列宁斯大林著作编译局译,人民出版社1993年版,第412页。
② 刘同舫:《马克思人类解放理论的演进逻辑》,人民出版社2011年版,第1页。
③ 《马克思恩格斯文集》第1卷,人民出版社2009年版,第46页。

二　城市生态理性的核心要义

人与自然关系是人类社会诞生以来一直存在的重大问题，也是人类不断探索并尝试解决的主要问题。城市生态理性作为围绕人的自由全面发展而探索人、城市与自然三者关系的理性形式，表面看似仅仅是协调城市与自然两者关系的生态理性，实质是以现代城市为载体，调处和重塑人与自然关系的生态理性，人与自然关系构成现代城市生态理性的关键议题。人类社会发展的历程已经证明：无论是人类将自身凌驾于自然之上，还是人类将自身屈服于自然之下都是错误的，都会导致人与自然之间的不平等状态，都会引发自然界对于人的发展的强大束缚。城市建设作为人类实践活动对自然环境影响较大的领域，理顺人、城市与自然的关系，实现在城市发展维度人与自然的和谐共生，成为城市生态理性的核心要义。

人与自然的关系问题是城市生态理性的核心问题，正确把握人与自然之间的关系是科学诠释城市生态理性核心要义的必要前提。在人类社会出现之前，自然界已经先于人类而存在和发展。人类的出现是自然界自身演化变迁的结果，人类诞生于自然界之中并成为自然界的重要组成部分。伴随着人类的出现，特别是人类相对于其他动物所具有的高超的改造自然的能力，促使人类逐渐从自然界的整体中凸显并开始影响自然界的发展。人的出现带来了人与自然的关系，人与自然的关系成为影响人类、自然界及人类社会发展的重大关系。马克思和恩格斯在《德意志意识形态》中，对于人与自然关系的重要性进行了说明，他们指出："全部人类历史的第一个前提无疑是有生命的个人的存在。因此，第一个需要确认的事实就是这些个人的肉体组织以及由此产生的个人对其他自然的关系。"[①] 马克思恩格斯的话提醒人类不仅要重视人类自身与自然的关系，还要从根本上搞清楚人与自然之间究竟是什么关系。人是自然的产物，人在影响自然的同时，自然也在影响着人，这是人与自然之

[①]《马克思恩格斯文集》第1卷，人民出版社2009年版，第519页。

间最为浅层的关系表达，显然不能真正揭示出人与自然关系的内在本质。马克思指出："自然界，就它自身不是人的身体而言，是人的无机的身体。人靠自然界生活。这就是说，自然界是人为了不致死亡而必须与之处于持续不断的交互作用过程的、人的身体。所谓人的肉体生活和精神生活同自然界相联系，不外是说自然界同自身相联系，因为人是自然界的一部分。"[①] 马克思将自然界作为人的无机身体来考察和诠释，用极其形象而贴切的比喻揭示出人与自然之间的共存共荣关系——不可分割的共同体。正确理解人与自然之间构成的不可分割的共同体，不仅要科学理解共同体本身的内涵，还要理解人对于自然和自然对于人的双向关系。首先，就共同体本身的内涵而言，共同体绝不是松散的个体构成的形式上的整体，而是相互依存的要素之间构成的有机统一整体。共同体功能的正常发挥离不开各个要素之间的有序协调和共同配合。人与自然构成的共同体，是人类社会发展最重要的共同体形式，它不仅决定着人类社会发展的状况，也影响着自然界发展的状况。人类社会与自然界之间不是独立存在的部分，而是共同存在并深刻影响整个人类发展未来的有机整体。在共同体内部，人与自然任何一方出现问题，必将引发共同体的问题，人类社会发展将陷入某种困境。其次，就人对于自然和自然对于人的双向关系而言，自然界为人类诞生、生存和发展提供了必需条件，离开自然界，人类将失去赖以存在的根基；人类能够运用自身智慧为探索和认知自然界发展规律，并促进自然界更好发展提供实践谋略。

马克思和恩格斯对人与自然之间关系的本质界定，为人类正确认识和处理人与自然关系，建构人类社会发展的生态理性提供了重要依据。但遗憾的是在人类社会发展的历程之中，特别是生态理性的概念出现之前，人类对于自身与自然之间的关系的认知却经历了极其曲折的发展，这些曲折内在是人类违背生态理性所引发的消极结果。从人类诞生之后，人对自身与自然关系的认知主要经历了三个阶段。第一阶段——畏

---

① 《马克思恩格斯文集》第1卷，人民出版社2009年版，第161页。

惧屈从阶段。在人类诞生的早期，为了满足自身的生存需要，加之人类自身的认知水平较低，尚不足以解释自然界中的诸多现象，这就形成了人类对自然最为忠实的依附关系。马克思和恩格斯指出："自然界起初是作为一种完全异己的、有无限威力的和不可制服的力量与人们对立的，人们同自然界的关系完全像动物同自然界的关系一样，人们就像牲畜一样慑服于自然界"①。面对未知的自然界，早期的人类为了更好地活下来，只能在对自然界的少量认知中无奈地屈服于自然界的强大威力。第二阶段——肆意凌驾阶段。随着人类社会生产力水平的持续提升，特别是大工业进程开启后，人类逐渐掌握了大量改造自然界的强大工具。为了满足日益膨胀的物质欲望，加速财富的大量聚集，人类以前所未有的强度、力度和速度向自然界发起了猛烈的进攻，不断从自然界攫取各种资源和能源，人类在极力拓展自身活动空间的同时挤压了大量的自然空间，让人与自然之间的关系变得难以调和。这个阶段的人对于自然界财富的获取，已经远远超越了满足自身基本需要的状态，走向了一种带有报复性掠夺意味的状态。肆意凌驾背后反映的是生产力发展水平与自然界承载力之间发生了失衡，正如马克思和恩格斯所指出的那样："在工业中向来就有那个很著名的'人和自然的统一'，而且这种统一在每一个时代都随着工业或慢或快的发展而不断改变，就像人与自然的'斗争'促进其生产力在相应基础上的发展一样"②。第三阶段——生态理性阶段。在大规模工业化进程相继完成后，尤其是在工业化进程的后期，几乎所有国家都遭遇了因凌驾于自然界之上，造成自然环境破坏之后给人类带来的严重惩罚，人类所赖以生存和发展的自然生态环境遭遇前所未有的巨大危机。面对人与自然之间关系日益紧张的局面，人类开始重新思考自身与自然之间的关系，并试图回归到一种平衡的理性状态，这就促使人类社会不同领域、层面和维度的生态理性相继

---

① 马克思、恩格斯：《德意志意识形态》（节选本），中共中央马克思恩格斯列宁斯大林著作编译局编译，人民出版社2018年版，第26页。
② 马克思、恩格斯：《德意志意识形态》（节选本），中共中央马克思恩格斯列宁斯大林著作编译局编译，人民出版社2018年版，第21页。

出现。

　　城市发展维度的生态理性即城市生态理性，是人类生态理性在城市发展维度的折射。城市生态理性既有人类社会生态理性的普遍特征，又有城市生态领域自身的个性特点。包括城市生态理性在内的所有生态理性层面，人与自然之间不再是割裂对立的关系，而是平等相处的关系。换而言之，人既不是自然界的主宰，也不是自然界的奴隶，人与自然之间是平等与平衡的关系。人类要敬畏自然、尊重自然和保护自然，与自然和谐共处是人类应该时刻践行的生态理性实践准则。以往的从控制与被控制、统治与被统治等角度来理解和践行人与自然关系的观点及行为都是错误的，都不能准确、合理地把握人与自然之间的关系。在城市生态理性层面，城市所代表的是人的主体活动的空间载体，城市生态理性所触及的城市与自然之间的关系，实质是人与自然之间的关系。城市只是人的实践活动与自然界建构联系和产生作用的中介载体。从这个意义上而言，在城市建设、治理与发展的具体实践中，人处理城市与自然之间关系的态度，凸显的正是人对待自然的态度，城市成为彰显人与自然关系的一面"镜子"。在城市生态理性层面，人与自然之间是一种动态的平衡关系。人与自然之间的动态平衡强调的是人要依据城市发展情况和自然承载能力，将它们之间的关系调整到适度和适宜状态，并在不破坏人与自然之间动态平衡关系的前提下，从基于自然的解决方案中促进城市有序健康发展和人的自由全面发展。与此同时，城市生态理性视角下的人与自然之间的动态平衡关系，也是一种带有可持续性发展意味的协调关系。在城市生态理性层面，解决好人与自然之间的不平衡、不协调、不可持续的关系问题，必须要坚持可持续发展的战略。如果城市生态理性不主张人与自然关系的可持续发展，那么理性将会失去其应有的存在价值。当然，不能狭隘地将城市生态理性内含的人与自然之间的可持续发展关系，仅仅理解为城市生态某一领域如能源使用、碳的排放等，而是应该包括与城市生态相关的所有领域的可持续发展。除此之外，城市生态理性层面的人与自然之间的可持续发展关系，还要协调好代内与代际之间的城市生态公平问题。实现代内与代际的生态公平本身就是可持续发展内涵的题中应有之义,城市生态理性将可持续发展纳入人与自然之间关系的协调准则,自然就包含了代内与代际生态公平的内涵。

人与自然之间的和谐平衡作为现代城市生态理性的核心要义,决定了在城市建设实践层面,人类必须要用理性的态度去协调好人与自然之间的和谐平衡关系。恩格斯指出:"人离开动物越远,他们对自然界的影响就越带有经过事先思考的、有计划的、以事先知道的一定目标为取向的行为的特征。"[1] 在恩格斯看来,人从动物对自然的简单的欲望中逐渐脱离出来,那么人对自然的行为则会更具理性。仰视自然和俯视自然都曾经让人类付出了非常惨痛的代价,都是不符合城市生态理性要求的对待自然的态度。人类应该平视自然并抱以敬重的姿态对待自然,谨慎看待和认真考量人与自然之间的关系,尊重自然存在和发展的权利。具体而言,深刻理解城市生态理性的核心要义,把握好人与自然之间的和谐平衡,至少要从战略、思想和实践三个方面做好相关工作。其一,城市发展战略上,将城市生态战略作为城市顶层设计的重要构成来部署。恪守城市生态理性,协调好人与自然之间的关系,这是关涉城市发展的重大战略问题。战略上谋划得是否得当,直接影响着城市生态理性功能发挥的成效。过去我国城市生态环境建设步伐明显落后于城市经济发展步伐,这是城市发展重经济轻生态的战略顶层设计所带来的直接结果。城市生态理性内在要求城市决策者和建设者,要在城市发展的整体战略层面,赋予生态建设以重要的战略地位,并将其放在城市建设顶层设计的重要位置进行科学部署。其二,城市发展思想上,牢固确立人与自然是共存共荣的城市生态建设思想。城市生态理性核心要义的最大功用是明确了人与自然之间的共存共荣关系,这是人类协调好城市与自然关系的重要前提。城市发展思想作为引领城市发展的理论指南,将人与自然的共存共荣纳入城市发展思想之中,这是城市生态理性的客观要求。城市生态环境既包括原生性自然生态环境,又包括人为性自然生态

---

[1] 《马克思恩格斯选集》第3卷,人民出版社2012年版,第996页。

环境，无论是前者还是后者，都是促进人与自然共存共荣的重要构成，都是人类坚持城市生态理性的重要层面。在城市发展思想上，坚持人与自然的共存共荣，不仅是城市生态理性的客观要求，更是城市实现可持续发展的必要保障。其三，城市发展实践上，要把城市生态作为城市发展底线来推进城市的建设。在城市发展的具体实践中，能否守住、守好、守牢城市生态底线，不仅是城市生态理性能否被彻底坚持的重要衡量因素，还是影响城市发展质量的重要评判因素。以资源能源大量消耗为基础的城市发展模式，已经无法适应城市发展的新形势与新要求，绿色才是现代城市发展的根本底色。不触生态红线，守好生态绿线，是城市生态理性对于城市发展实践最为根本性的要求。

三 城市生态理性的价值准则

价值准则是主体在思考问题和开展实践过程中所坚持的价值标准和价值旨向，它本质上是约束和引导主体相关行为的价值规范与价值目标。科学有效的价值准则不仅是城市生态理性内涵架构的题中应有之义，还是城市生态理性功能发挥的重要保障。城市生态理性作为协调人、城市与自然关系的理性呈现，决定了其价值准则要同时兼顾人、城市与自然三大要素及它们之间的关系。城市生态理性的价值准则，既要充分考虑城市发展对于自然生态的实际需求，又要谨慎考量自然生态对于城市发展的承载能力，特别是要统筹平衡城市发展与自然生态之间的合理张力。"够了就行"以自然生态阈值为基本遵循，以适度适宜需求为主要目标，超越了"越多越好"的扭曲价值导向，成为现代城市生态理性的理想价值准则。

城市生态理性的价值准则即城市生态理性的价值目标和价值标准。城市生态理性的价值准则作为城市生态理性的必要遵循，决定着人在城市建设、治理与发展的过程中，应该坚持什么样的价值倾向，应该秉持什么样的价值标准，去统筹人、城市与自然三者之间的共生共荣关系，进而推动城市生态的良好有序发展。城市生态自身是极其复杂的、抽象的自然系统，城市生态理性的建立不是生态自身自发作用的结果，而是需要依赖于人类的判断力、预测力、感知力、平衡力等多维度的综合能力，这些综合能力演绎在价值维度，就成为城市生态理性价值准则确立的重要条件。法国著名生态学马克思主义者安德列·高兹对生态理性及其价值信条有过专门阐释。高兹认为："人们为了使其工作控制在一定限度内，就自发限制其需求，工作到自认为满意为止，而这种满意就是自认为生产的东西足够了。足够这一范畴是调节着满意的程度和劳动量之间的平衡。"① 在高兹对生态理性的具体阐释中，经济理性是工具理性，生态理性是价值理性，生态理性并不是自然而生的，它是资本主义经济理性相对立的产物。在价值信条层面，生态理性不是追求物质利益的最大化，而是追求人类行动的适宜和适度；不是盲从于经济理性对于物质利益的无限度欲望之中，而是将物质所需控制在特定的生态阈值之中，促进生产、消费与自然生态之间的平衡。"足够"成为高兹对于生态理性价值信条最为根本和趋近本质的界定。"足够"作为来自主体的人对物质创造情况的主观评判，内在反映出人对物质的需求不能无限制地膨胀，而是要控制在一定限度内，这样既能确保满足人的发展的需要，又能兼顾自然生态的接受能力。生态理性的"足够"价值信条，实质是在倡导满足人类自然生态权益的同时，最大限度上减少对自然生态的损害，让人类和自然发展的各自权利都能够得到充分而有效的保障。生态理性价值信条的"足够"原则，演绎在城市生态理性价值准则层面，指向的是城市发展的物质基础与自然生态的供给能力之间的张力平衡问题。张力过大或张力过小都不是城市发展与生态自然之间的理想状态，在城市发展与生态自然之间寻找到平衡点，才是城市生态理性价值准则确立的正确路径。党的二十大报告指出："人与自然是生命共同体，无止境地向自然索取甚至破坏自然必然会遭到大自然的报复。"② 对于城市生态理性的价值准则而言，寻求平衡，实现"足够"，实质就是"够了就行"。"够了就行"凸显的是人在城市建设、治理与发展的

---

① Andre Gorz, *Critique of Economic Reason*, London, 1989, pp. 111–112.
② 习近平：《高举中国特色社会主义伟大旗帜 为全面建设社会主义现代化国家而团结奋斗——在中国共产党第二十次全国代表大会上的报告》，人民出版社 2022 年版，第 23 页。

过程中，对于自然生态需求的适宜和适度原则，它摆脱了经济理性带来的"越多越好"的发展困境，摒弃了物质利益高于一切的思维误区，为城市生态理性价值准则的确立和贯彻提供了内涵保障。

"够了就行"作为现代城市生态理性的价值准则，代表着人作为城市发展主体的综合感知，特别是人对于城市发展实际物质需求的主观判断。"够了就行"不能停留于纯粹性的主观认知层面，而是要依据城市发展的实际数据进行较为精准的量化。将"够了就行"的城市生态理性价值准则进行量化，目的是消除或减少因人的主观判断不足，而可能引发的对城市自然生态需求无度和无序的问题。有理有据的城市发展数据，能够最大限度减少城市发展的盲目性，增强城市发展的生态理性。习近平总书记指出："推动能源消费革命，抑制不合理能源消费。坚决控制能源消费总量，有效落实节能优先方针，把节能贯穿于经济社会发展全过程和各领域，坚定调整产业结构，高度重视城镇化节能，树立勤俭节约的消费观，加快形成能源节约型社会。"[1] 大力推进能源领域的消费革命，抑制不合理的能源消费行为，内在是对"够了就行"城市生态理性价值准则的积极回应。完整把握"够了就行"的城市生态价值准则内涵，还需从认知、空间和资源三个层面进行考量。首先，从认知层面而言，"够了就行"是对"越多越好"盲目崇拜的彻底超越。城市生态理性"够了就行"的价值准则，并不是完全否定人类从自然界获取城市发展所需生态资源的合理性，而是要彻底摒弃"越多越好"的错误价值导向。"越多越好"只考虑到城市发展对于生态的需求，却忽略了生态自然自身的承受能力与水平，根本上违背了集约、高效与绿色的城市生态理性价值准则内在要求。其次，从空间层面而言，"够了就行"是对城市生产、生活与生态空间的重塑。现代城市建设的重要任务是生产空间、生活空间与生态空间三者秩序的重新塑造。城市建设对生态空间的占用是不可避免的，但并不意味着要牺牲生态空间去换取生产空间与生活空间，而人为促成生产空

---

[1] 《习近平谈治国理政》，外文出版社2014年版，第131页。

间、生活空间与生态空间之间的对立关系。生产空间集约高效、生活空间宜居适度、生态空间山清水秀是城市生态理性"够了就行"价值准则内涵的基本要求。最后，从资源层面而言，"够了就行"是对城市发展资源开源节流的价值回应。以大量资源消耗换取城市发展进步，已经成为当前城市发展的严重困境。随着生态环境形势的日益趋紧，城市发展过度依赖生态资源消耗的时代已经过去。重点解决"够了"的主要问题，成为城市生态理性保持的重要任务。"够了"不能仅依靠自然界供给，还要拓展城市发展所需自然资源的渠道，并提升资源使用的节约意识。双管齐下，多措并举，在保障城市发展资源供给的同时，尽最大努力减少对于自然生态资源的损耗，是城市生态理性"够了就行"价值准则的重要内涵。

城市生态理性"够了就行"的价值准则，并不是虚化的和抽象的价值指向存在，而是具体体现于城市生态理性的人类城市理念与实践维度。因城市生态理性"够了就行"价值准则审视的多维性，加之人类城市发展贯彻城市生态理性价值准则的多样性，穷尽"够了就行"城市生态理性价值准则不具有现实性，现重点围绕集约型城市及实践、低碳化城市及实践、无废城市及实践三个方面进行探讨诠释。其一，"够了就行"体现于集约型城市及实践层面。集约型城市是粗放型城市的对立面，它强调的是城市发展的规模集聚效应。2013年中央城镇化会议上，习近平总书记指出："粗放扩张、人地失衡、举债度日、破坏环境的老路不能再走了，也走不通了。"① 粗放扩张的城市发展理念及实践，给我国城镇化带来成就的同时，也引发了城市发展与环境之间十分尖锐的矛盾，集约型城市发展成为必然趋势和必由出路。集约型城市发展理念及实践，注重城市发展经济效益的同时，还兼顾城市发展的社会效益与生态效益，强调以最小的生态投入获得最大的城市发展产出。集约型城市是"够了就行"城市生态理性价值准则，在适宜生态环境容

---

① 中共中央党史和文献研究院编：《习近平关于城市工作论述摘编》，中央文献出版社2023年版，第21页。

量视角考察下的城市模式呈现。其二,"够了就行"体现于低碳化城市及实践层面。低碳化是城市面向绿色未来并实现高质量发展的必要遵循。党的二十大报告提出:"推动经济社会发展绿色化、低碳化是实现高质量发展的关键环节。"① 城市中的生产活动与生活活动是碳产生的重要途径来源,低碳化城市理念的目的是减少城市发展过程中碳的产生和排放,以低碳的标准提升城市生态环境的承载力和容纳力。"够了就行"的城市生态理性价值准则是双向维度的价值导向规范,不仅要包括城市资源消耗这个层面的规定,还要涵盖碳等废弃物排放层面的限制。低碳化城市是"够了就行"城市生态理性价值准则,在城市碳中和视角考察下的城市模式呈现。其三,"够了就行"体现于无废城市及实践层面。无废城市又称零废弃城市②,它并不意味着城市废弃物的零存在或零排放,而是致力于城市发展过程中固体废弃物产生量最小、资源化利用较为充分、处置较为安全的城市绿色发展模式。无废城市既是城市建设、治理与发展过程中的城市绿色管理的努力目标,又是城市生态理性实现的重要模式探索。无废城市的核心内涵是城市废弃物的充分利用和废弃物对于自然环境无害化的科学处置,这恰恰契合了"够了就行"城市生态理性价值准则的内在要求。无废城市是"够了就行"城市生态理性价值准则,在城市资源利用最大化视角考察下的城市模式呈现。

正确坚持城市生态理性"够了就行"的价值准则,需要从多个维

---

① 习近平:《高举中国特色社会主义伟大旗帜 为全面建设社会主义现代化国家而团结奋斗——在中国共产党第二十次全国代表大会上的报告》,人民出版社2022年版,第50页。

② 学界关于"无废"内涵的探讨尚未形成统一性定义,目前接受度较高的是来自无废国际联盟(ZWIA)对"无废"的界定。ZWIA指出:无废是通过负责任地生产、消费、再利用和回收产品、包装及材料的方法来保护所有资源;不焚烧,不排放到土壤、水或大气中,不威胁环境及人类健康。无废的核心理念:废弃物是潜在的资源,这是对废弃物价值的重新定义;无废的核心目标:全方位消减废物,实现废弃物排放的最小化或近于零。本书认为,无废城市是城市生态理性的一种全新尝试,它其实是尽最大限度将废弃物实现重新利用,这样就大大减少了对自然界资源的消耗,减轻了人类城市发展带给自然界的沉重压力,这与"够了就行"的城市生态理性价值准则是相符的。参见温宗国等《无废城市:理论、规划与实践》,科学出版社2020年版,第39—40页。

度做好相关工作。首先，控制城市发展规模。根据人类城市发展的普遍规律，在城市生态理性相关理念（包括可持续发展、绿色发展、低碳发展、循环发展等）提出前，城市发展规模与城市自然生态之间是成反比关系的，即城市发展规模越大，城市自然生态相对越糟糕。控制城市发展的总体规模，是把控自然生态资源能源消耗量的必要条件。习近平总书记指出："做好城市工作，首先要认识、尊重、顺应城市发展规律，端正城市发展指导思想。……引导调控城市规模，优化城市空间布局，加强市政基础设施建设"[1]。习近平总书记强调控制城市规模，就是为城市发展确定边界，让城市生态能够承载城市的发展。其次，严守城市生态底线。在城市发展的过程中，不与自然生态发生联系、不消耗特定的资源能源、不产生对环境的影响是不现实的。既然城市建设与生态环境之间的相互作用不可避免，那么守好特定的城市生态底线就成为秉持"够了就行"价值准则的重要条件。守好城市生态底线，不仅要有强烈的生态保护意识，还要树立正确的城市资源环境观、城市环境极限观，特别是要突出生态优先、绿色发展的理念。习近平总书记强调："坚定不移走生态优先、绿色低碳发展道路，着力推动经济社会发展全面绿色转型"[2]。在城市发展维度坚持生态优先，就是严守城市生态底线的鲜明彰显，更是对"够了就行"城市生态理性价值准则的最好引导。再次，确立城市整体思维。城市整体思维即城市发展的大局思维、全局视野和系统观念，归纳起来就是城市发展的"一盘棋"思维。城市生态理性"够了就行"的价值准则，实质是城市发展在生态维度的整体效应和综合状况，表面看似仅仅是生态层面的事情，内在却是城市发展多维度平衡的结果。城市发展涉及经济、政治、文化、社会、生态等诸多领域，每个领域具有相对独立性的同时，又与其他领域之间存在紧密联系。坚持城市生态理性"够了就行"的价值准则，不能仅靠生态层面去作出判断，而是要从经济、政治、文化与社

---

[1] 习近平：《论把握新发展阶段、贯彻新发展理念、构建新发展格局》，中央文献出版社2021年版，第56—57页。

[2] 《习近平谈治国理政》第4卷，外文出版社2022年版，第371页。

会等不同领域进行考量，这样才能作出更为准确的城市生态行为评估。最后，统筹城市多维空间。城市发展所承载的主要是生产空间、生活空间与生态空间这三种空间形态，具备这三种空间形态的城市才是真正意义上的完整城市。城市生态理性价值准则发挥作用的空间载体，自然也离不开生产空间、生活空间与生态空间。坚持"够了就行"的城市生态理性价值准则，就是依据城市发展的整体情况，将城市的生产、生活与生态空间维持在一定的范围内，既让它们彼此拥有足够的发展机会，又要保持它们之间恰当的比例关系，这样才能从整体上促进城市生态理性的把握和贯彻。

四　城市生态理性的现实指向

生态宜居是人类社会发展的重要目标，也是现代城市发展的内在要求。生态宜居城市作为人类追求高品质人居环境的代名词，构成了现代城市生态理性的现实指向。绿色是生态宜居城市的主要底色，宜居是生态宜居城市的核心目标，可持续是生态宜居城市的根本原则，幸福感是生态宜居城市的衡量尺度。生态宜居城市是现代城市建设、治理与发展的柔性目标，它本质上反映的是城市生态环境质量满足人的生态需要的主观感知和综合体验。生态宜居城市虽然强调城市发展的亲自然性——当然这也是城市生态理性的客观要求，但并不意味着城市发展的所有领域都要让位于城市生态文明，而是要以生态宜居为导向，倒逼现代城市发展理念的绿色性变革，推动人类城市朝着符合生态理性要求的高质量路径方向发展。

人类城市需要同自然发生接触并产生联系，这是人类城市发展不可改变的客观性规律。自然对于城市发展而言并不是可有可无的事物，而是人类现代城市生活的必需品。城市生态理性主张正确处理城市发展与自然生态之间的关系，但并不是要求人类去城市化而复归原生自然，这既不现实也不可能。在城市发展的现实维度，城市生态理性意在提醒人类应该积极寻求和创造城市融入自然的新方式、新方法和新路径，持续增加城市发展的亲自然性，让人类城市生活环境变得更加生态宜居。亲自然性成为城市生态理性现实指向的核心维度。人诞生于自然之中，人的生存和发展依赖于自然，人与自然之间存在着天然联系，这是亲自然性产生的关键前提。什么是亲自然性呢？① 所谓亲自然性，其自身并没有特定的学理性内涵，它只是代表了人与自然之间的亲密关系及人倾向于自然的特定情感。此种亲密关系通常凸显为人的本能，特定情感常常彰显为人的欲望，这就意味着亲自然性不需要被重新建立，而是需要在人的头脑中被重新唤醒。城市生态理性所内蕴的城市发展的亲自然性，不仅强调城市和自然都是有机体和生命体，还强调城市与自然的联系以及人对自然的热爱。人只有真正热爱自然，才不会去破坏和掠夺自然，才可能去保护和修复自然生态，才能在城市建设的过程中创造出让自身满意的亲自然的城市环境。亲自然城市是建立在人类亲自然性基础之上的城市，它"是自然资源丰富的场所，是高度富含自然的城市"②。亲自然城市至少包括十多个层面的具体内涵：自然遍布和自然体验丰富的城市；生物多样性的城市——具有丰富的动植物和真菌的城市；多感官的城市；具有相互联系的一体化自然空间和特色的城市；让我们沉浸在自然环境中；不刻意造访自然，而是生活在自然之中；可以户外活动的城市；拥抱海洋、淡水以及陆地等蓝色和绿色空间；颂扬大小不一、从显微镜到天体视角的各种尺度的自然；市民关心和接触自然的城市；所有年龄段的居民都积极参与享受、观赏、学习和参与身边的自然环境；引发深切的好奇心，能让人产生敬畏感的城市；关心和哺育其他形式的

---

① 关于亲自然性概念，国外学者给予了大量的阐释和解读，但始终未形成统一性的意见，国内学者对于亲自然性的关注则较少。"亲自然性"这个词最初由德国社会心理学家埃里克·弗洛姆提出，哈佛大学昆虫学家爱德华·威尔逊将其定义为"人类对其他生物的天生情感归属。天性意味着遗传性，因此亲自然性从根本上而言是人性的一部分"。本书认为，亲自然性无论如何定义，首先，它肯定了人与自然之间不可分割的关系；其次，它要求人要尊重自然并热爱自然；再次，它传递出自然对于人的特殊意义以及人对自然的复杂情感。尽管在有的学者看来，亲自然性带有极端生态主义的倾向，但其内在透露出的理性因素——人有亲近自然的本能和欲望却是无可辩驳的。参见〔美〕蒂莫西·比特利《亲自然城市规划设计手册》，干靓、姚雪艳、丁宇新译，上海科学技术出版社2018年版。

② 〔美〕蒂莫西·比特利：《亲自然城市规划设计手册》，干靓、姚雪艳、丁宇新译，上海科学技术出版社2018年版，第27页。

生命；衡量其他物种内在价值和生存权利的城市；关心超越边界的自然；受自然启发并模仿自然；展现和颂扬自然的形状和形态；寻求自然和自然体验的公平分配。①尽管亲自然城市的内涵有许多不同维度，但总的归纳起来，其核心是创造良好城市生态环境以满足人类的需求。

　　亲自然城市作为城市生态理性的现实指向核心维度的城市模式建构，其在当代人类城市发展的具体实践中集中表现为建设生态宜居城市。生态宜居城市即生态维度适宜人类居住的城市，生态宜居已经成为当今人类城市发展的主流趋势。生态宜居城市的重点在宜居，这里的宜居主要是指生态维度的宜居。2007年中国《宜居城市科学评价标准》正式出台。该文件明确了宜居城市的六大衡量标准，即社会文明程度、经济富裕度、环境优美度、资源承载度、生活便宜度和公共安全度。就建立在生态宜居原则基础之上的生态宜居城市而言，生态与宜居及其两者的统一是生态宜居城市建设的关键。生态宜居城市强调的是适宜人类开展生产与生活实践的高品质的城市人居生态自然环境的塑造，而且这种城市生态自然环境能够让人感觉到舒适。当然，生态宜居城市不是生态城市与宜居城市的简单拼凑，生态城市"侧重于土地利用模式、交通运输方式、社区管理模式、城市空间的绿色发展等方面"②，宜居城市"不仅重视自然环境、更关注繁荣的经济环境、高效的交通网络、完善的公共设施网络、丰富的文化娱乐设施、便捷的医疗健康服务体系架构、发达的科技教育架构等人文生活氛围等因素"③。生态宜居城市既是生态维度的宜居城市，也是宜居维度的生态城市，生态是宜居的前提，宜居是生态的目的。概而言之，生态宜居城市是以人的综合城市感触为基础，生态城市与宜居城市充分融合并形成统一的产物。

　　生态宜居作为现代城市生态理性的现实指向，已经成为现代城市竞

---

　　① 参见[美]蒂莫西·比特利《亲自然城市规划设计手册》，干靓、姚雪艳、丁宇新译，上海科学技术出版社2018年版，第21页。
　　② 陶良虎、张继久、孙抱朴主编：《美丽城市——生态城市建设的理论实践与案例》，人民出版社2014年版，第139页。
　　③ 陶良虎、张继久、孙抱朴主编：《美丽城市——生态城市建设的理论实践与案例》，人民出版社2014年版，第139页。

争力的重要构成。习近平总书记指出:"我们应该坚持人与自然共生共存的理念,像对待生命一样对待生态环境,对自然心存敬畏,尊重自然、顺应自然、保护自然,共同保护不可替代的地球家园,共同医治生态环境的累累伤痕,共同营造和谐宜居的人类家园,让自然生态休养生息,让人人都享有绿水青山。"① 生态宜居城市建设是确保人类在城市生活中享有生态权益的重要载体,也是人类亲自然性实现的主要路径。生态宜居城市并不意味着天然绿色植被覆盖越多就越好,也并不意味着人造自然城市景观越多就越好,它是原生自然生态与人造自然景观同时并存并和谐统一的有序状态。就原生自然生态维度而言,生态宜居城市至少包括城市空气质量良好、城市水体资源优良、城市物种多样性稳定等因素;就人造自然景观维度而言,生态宜居城市应该包括城市公共绿地、城市人工水系、城市山林系统等因素。城市的原生自然生态是生态宜居城市的基础,城市的人造自然景观是生态宜居城市的补充,生态宜居城市不仅要尽最大限度保持城市原生自然生态环境中的各种生态要素,还要科学性统筹和布局人造城市自然景观,在两者的裨益互补中满足人们对于城市生态环境的需求,进而促进城市整体生态环境的可持续发展。无论是城市的原生自然生态,还是人造自然景观,它们基本的构成要素具有一致性即山水林田湖草沙。生态宜居城市的建设过程,实质是原生自然生态层面与人造自然景观层面的山水林田湖草沙布局不断优化和完善的过程。当然,随着时代的不断变化,生态宜居城市的内涵也在发生着变化。过去,人们所追求的生态宜居只是城市有绿地、水等自然元素即可,而对于绿地面积、水生态环境等质量要求并不高;当前,人们不仅追求城市中要有山水林田湖草沙等基本的生态自然元素,还对它们的品质有了更高的要求。具体而言,理想中的生态宜居城市,既要有山水、绿地等自然生态元素的底蕴,又要有街道、公园、道路等人工自然景观的点缀。城市道路两旁绿树成荫,支撑着城市发展的绿色脉络;城市碧色水系纵横交织,贯通着城市发展的绿色源泉;城市生物种

---

① 习近平:《论坚持推动构建人类命运共同体》,中央文献出版社 2018 年版,第 512 页。

类繁多活跃，孕育着城市发展的蓬勃生机。

生态宜居城市的建设成效，影响着城市生态理性的落地实效。生态宜居城市作为解决现代城市发展人居环境尖锐矛盾的方案探索，它的建设重在理念转变，要在规划统筹。首先，生态宜居城市建设重在理念转变。受工业化城市发展过程中城市绿色植被、水体环境和空气状况遭受严重破坏的影响，人们对生态宜居城市的认知仅限于增加城市绿色植被覆盖率、改善城市水体环境、优化城市空气质量三个主要方面，而对于城市生态宜居的其他层面（如街区公园、人工水系、城市森林、城市生态涵养区等）关注较少。关注城市绿色植被覆盖率、水体环境与空气质量也是城市生态理性实践的重要体现，但只关注这些则凸显出城市建设者对生态宜居城市建设层面的理念认知误区。生态宜居城市绝不是简单地让绿色更浓、水体更清、空气更优，它需要从城市发展的战略理念上真正融入绿色，让绿色贯穿于生态宜居城市建设的各环节和全过程。2020年，习近平总书记考察杭州西溪国家湿地公园时指出："原生态是旅游的资本，发展旅游不能牺牲生态环境，不能搞过度商业化开发，不能搞一些影响生态环境的建筑，更不能搞私人会所，让公园成为人民群众共享的绿色空间。"① 习近平总书记在杭州考察时的讲话，正是对生态宜居城市建设理念的强调。其次，生态宜居城市建设要在规划统筹。城市规划是城市发展的"指挥棒"，决定着城市发展的方向和策略。生态宜居城市建设必须要在城市规划中作出周密的安排和部署，绝不能将之作为改善城市生态环境的权宜之策。习近平总书记强调："城市规划建设的每个细节都要考虑对自然的影响，更不要打破自然系统。……许多城市提出生态城市口号，但思路却是大树进城、开山造地、人造景观、填湖填海等。这不是建设生态文明，而是破坏自然生态。"② 习近平总书记强调城市规划必须要考虑对自然的影响，这既是对城市规划原则的完

---

① 《习近平在浙江考察时强调 统筹推进疫情防控和经济社会发展工作 奋力实现今年经济社会发展目标任务》，《人民日报》2020年4月2日第1版。
② 中共中央党史和文献研究院编：《习近平关于城市工作论述摘编》，中央文献出版社2023年版，第124页。

善，更是对生态宜居城市建设的重要遵循。在人类城市发展的进程中，建设好生态宜居城市，就是对城市生态理性及其现实指向的最好回应。

第二节 我国城市面临的生态困境

人类城市发展是把"双刃剑"，它既可以给人类社会发展带来契机，也能够给人类社会发展造成危机。随着世界人口数量增加、工业化进程的加速，全球生态环境形势变得愈发严峻，环境污染、生态破坏、资源浪费、能源紧缺等城市生态挑战日渐加剧，人类城市发展陷入前所未有的生态危机之中。城市危机引发的城市生态困境是人类城市发展过程中所面临的共性问题，不是哪个国家或民族的独有矛盾。我国城市发展在经历大规模工业化进程洗礼后，大气污染、土壤污染、水污染、植被破坏以及人地关系紧张等城市生态环境问题非常突出，严重影响了我国城市"以人为本"的变革发展进程。

我国城市发展面临的生态困境是城市生态危机所引发的客观结果，它既具有西方国家城市生态困境的普遍性，又具有我国城市生态困境的特殊性。审视人类城市发展的过往进程，所有城市生态困境的产生，根本上都是人类自身不尊重自然界存在和发展权利的必然结果。人类在遭遇城市生态危机前，从未真正认识到人类尊重自然存在和发展的权利，就是在尊重人类自身存在和发展的权利。人是自然的产物，自然存在和发展的权利同人的存在和发展的权利是紧密相连、并行不悖的。我国城市发展所遭遇的生态困境是多种因素共同作用的结果，这些因素不仅有城市生态思想层面的误区，还有城市生态系统层面的失衡，更有城市生态韧性层面的不足和城市生态治理层面的短板。

一 城市生态思想的误区

思想是行动的先导，正确思想是行动取得成功的关键，错误思想则会把行动引向歧途。长期以来，我国面临着赶超西方城镇化发展水平的巨大压力，城市经济发展具有了超越其他领域发展的绝对优先性。加之我国现代化城市生态领域建设经验的严重缺乏，特别是城市生态领域发展的指导思想不甚明确，这就造成了我国城市生态领域建设常常处于边缘化状态，无法得到城市决策者和建设者应有的重视。改革开放后，我国社会主义市场经济快速发展，市场经济给我国城市建设带来巨大机遇的同时，也带来了西方城市的发展思想与建设理念。这些思想和理念主要包括人类中心主义、城市消费主义、技术理性主义等，它们对我国城市生态思想领域形成了强大冲击，造成了我国在城市生态思想认知层面陷入严重误区。

无论是人类中心主义、城市消费主义，还是技术理性主义，它们都源自西方资本主义社会发展的过程中，在世界范围内得到广泛传播，并深刻影响了人类社会的诸多发展进程。这些主义在诞生之初，因新的思想认知、观点阐释、立场设定，契合了人类社会发展对思想解放的时代需求，深受资本主义社会的强烈追捧。伴随人类社会实践的向后推移，人类中心主义、城市消费主义及技术理性主义，逐渐演变成为资本主义社会追求物质利益、商品利润及技术至上的思想工具，特别是促使人类在思想上产生了征服自然、威慑自然、统治自然、凌驾自然等错误想法。人类中心主义、城市消费主义和技术理性主义，在不同层面和视角对人与自然关系进行了带有异化倾向和色彩的解读，形成了人与自然关系认知维度的思想误区，造成了人类城市发展过程中生态环境的持续恶化，引发了人类城市生态领域的巨大危机，城市人居环境面临极为紧迫的形势挑战。

人类中心主义作为我国城市生态思想误区的主要表现之一，是与生态中心主义相对立的概念。人类中心主义即以人类为中心的思想观点，它是人类对自身在宇宙中所处位置和发挥作用的思考。关于人类中心主义的概念内涵，不同学者给出了不同视角的解释，大体上主要涉及宇宙人类中心主义、神学人类中心主义和生态人类中心主义等。对人类城市生态思想影响较大的是生态人类中心主义，而不是其他层面的人类中心主义。生态人类中心主义是生态维度的人类中心主义，它是"人是自然的尺度""人是自然的主宰""人是自然的立法者"等思想在生态层面的价值取向和突出彰显。生态人类中心主义强调：人是自然的支配者、统治者和管理者，人与自然之间的相互作用实质是人占主导地位的单方面联系；人类对自然的管理实践，根本上都是出于保护自身的目的而采取的行动；人对自然所造成的生态危机，只能由人自身采取措施进行合理解决。生态人类中心主义的核心价值理念是人的价值是第一位的且始终高于自然价值，人类对自然施加的任何行为都是基于人的价值需要。

生态人类中心主义将人视为宇宙万物的中心，这就产生了生态层面人类超越自然的绝对优越感，此种优越感让人类认为自然不仅是满足人类需要的工具，还是人类利用和改造的对象。在生态人类中心主义中，人与自然之间是割裂对立的关系，而不是平等并存的关系。割裂对立关系根本上背离了人与自然关系的应有理性状态。恩格斯在《自然辩证法》中指出："我们每走一步都要记住：我们决不像征服者统治异族人那样支配自然界，决不像站在自然界之外的人似的去支配自然界——相反，我们连同我们的肉、血和头脑都是属于自然界和存在于自然界之中的；我们对自然界的整个支配作用，就在于我们比其他一切生物强，能够认识和正确运用自然规律。"① 恩格斯的话指出了人与自然应有的正确关系，这是走出生态人类中心主义思想误区的重要理论依据。在我国城市生态文明建设领域，生态人类中心主义主要表现为两个方面。首先，人们将自然当作社会主义城市发展的资源仓库。改革开放以来，我国大规模城镇化进程开启，城市发展对自然资源的依赖度迅速提高，城市建设者从自然界获取各类资源的速度随之加快。自然界为城市发展提供资源的丰富性和低门槛，让人们愈加体验到支配自然的快乐，这就加剧了人与自然之间关系的紧张程度，为我国当前城市生态领域危机埋下了伏笔。其次，人们将自然当作城市发展的垃圾处理场。伴随着我国城市规模不断扩大、城镇人口数量持续增加，城市生产与居民生活所产生

---

① 《马克思恩格斯选集》第3卷，人民出版社2012年版，第998页。

的大量垃圾，成为影响城市可持续发展的重大问题。受生态人类中心主义影响，人们将自然界空间作为城市发展垃圾的天然处理场所，随处堆积、随意丢弃等现象日益普遍，污水横流、垃圾遍地、臭气熏天等情况日益严重。我国城市发展过程中的这些现象和情况，造成了城市发展所处生态环境系统的严重破坏，与城市生态文明建设的客观规律是相违背的。

城市消费主义作为我国城市生态思想误区的主要表现之二，代表着人的一种城市价值观念和文化态度。消费主义概念在西方社会由来已久，资产阶级为了扩大生产、赚取商品利润而鼓励公民开展消费，这是资产阶级谋取利益的权宜策略。消费主义在诞生之初，对于生产发展、商品流通及社会经济增速起到过积极作用。但随着资产阶级日益膨胀的物质利益欲望，消费主义出现了滋生蔓延现象，并很快走上了消费异化的道路。在消费主义的哲学理论根基中，人与自然之间是征服与被征服、剥夺与被剥夺的关系，即人主宰自然，自然为人服务。此种哲学根基表现在消费领域，它主张人类有权无限制地占有和挥霍物质财富，以满足人类无限的消费感官欲望，这就促使消费主义逐渐演变成为以过度消费为代表的消费异化现象。消费异化已经背离了消费满足人的需要的基本初衷，而演变为带有彰显人的社会身份、社会地位象征意义的炫耀消费、奢侈消费、畸形消费等消费现象。消费异化即异化的消费主义，带来了商品需求的无度和浪费效应。生产者为了满足消费者的消费需求，势必要增强对自然资源的掠夺程度，造成"生产—消费—废弃""再生产—再消费—再废弃"的恶性循环，形成对自然生态的巨大负担。城市消费主义是城市维度的消费主义，它是消费主义在城市层面的拓展。异化的城市消费主义让城市消费变成"为了消费而消费"的盲目跟风消费，滋生了人们贪图物质享受的不良消费风气。在社会主义市场经济条件下，异化城市消费同样会造成城市生产专注于物质财富的无限创造，增加城市发展对自然资源的过度消耗和无限"掠夺"，让脆弱的城市生态变得更加脆弱。

异化的城市消费主义背后内隐的是异化的城市生态观念，这种城市生态观念在我国城市生态文明建设领域，直接演变为社会主义城市发展的反生态特征。首先，异化的城市消费主义引发了城市发展对于自然资源的过度消耗。城市发展正常消耗适量自然资源本身并没有问题，问题在于对自然资源的消耗超过必要限度而成为过度消耗。对自然资源的过度消耗，并不来自城市发展本身，而是城市中的商品生产与公民消费的无度状态，这种状态如果持续下去而得不到改变，将会对我国城市生态环境造成极为严重的后果。其次，异化的城市消费主义引发了城市发展对于自然环境的重大污染。由于市场经济作用的长期影响，我国部分城市自然环境已经成为经济利益生发的机器。异化城市消费主义层面的城市经济利益生发，必然要建立在强大消费欲望所驱使的不当消费行为的基础之上。城市不当消费之后产生的大量消费废弃物，如包装盒、食品袋、废旧塑料，特别是难以自然降解和无回收利用价值的物品，在严重污染着城市生态环境的同时，也造成了我国城市发展不同程度的资源危机。

技术理性主义作为我国城市生态思想误区的主要表现之三，是现代科学技术加速发展背景下的理性主义思潮形式。技术理性主义又称为理性的技术化，其核心意蕴是人类崇尚科学技术是万能的，科学技术能够解决人类遭遇的所有问题。技术理性主义的基本观点是：人作为能动的主体，能够通过理性认知和掌握科学来把握万事万物的本质结构，能够通过科学技术手段的持续精进去认知自然和掌控自然，进而解决人类生存与发展过程中的实际问题。在人类社会发展的生态领域，技术理性主义之所以具有局限性，主要在于其主张通过科学技术去征服自然和掌控自然。掌握自然发展规律是人类社会发展的必然实践，但带有非平等关系的掌控自然与征服自然，却违背了人与自然之间的理性平等关系的建构。技术理性主义的本质内涵，强调以"主体—客体"的方式去看待和处理人与自然之间的关系，而不是以"主体—主体"的方式去审视和统筹人与自然之间的关系。在"主体—客体"的关系模式中，人是主体，自然是客体，人能够掌握科学技术来控制客体，这就形成了人与自然之间的不平等关系，即造成了人控制自然的关系异化。在"主体—主体"的关系模式中，人和自然都是主体，人与自然之间是平等的关系，人在实践中作用于自然的同时，自然也以自己的方式作用于人；人不能以征服的方式去和自然相处，更不能以掠夺的方式去和自然共存。技术理性主义的最大问题在于其关于人与自然关系的"主体—客体"的非平等审视和处理方式，这是技术理性主义引发人类社会自然生态危机的根源所在。当然，技术理性主义在警醒人类要正确处理人与自然异化关系的同时，更提示人类不能弱化科学技术在社会发展中的重要作用。

技术理性主义虽然是西方资本主义社会资本逻辑条件下的产物，但受全球化趋势的影响，技术理性主义出现在我国社会发展的部分领域，特别是对社会主义城市生态文明建设产生了较大影响。技术理性主义在城市生态领域一旦占据了统治地位，就非常容易造成技术至上的城市发展陷阱。技术至上视域下，城市的生态自然资源会被认为是人的技术手段所能控制的对象，它们要完全无条件地为城市发展服务。概而言之，在城市发展维度，技术至上促使自然成为人建设城市的统治原料，人与自然之间的割裂对立关系在技术理性的加持下变得更加尖锐。具体而言，在技术理性主义视角下，我国城市生态环境演变成为特定的交换价值，即获取城市发展资源的一种手段。城市建设者会依据对自然生态资源的需求，打破城市自然生态自身发展的秩序性，让城市生态逐渐丧失自我协调的能力与功能，最终导致了我国城市生态发展的危机。

二 城市自然生态的失衡

城市自然生态系统作为城市生态系统的关键构成，在城市生态文明建设过程中发挥着重要作用。城市自然生态质量关涉城市发展的整体品质，良好的城市自然生态不仅是拉动城市发展的靓丽名片，还是提升城市竞争力和潜力的优势条件。党的十八大之前，我国确立了可持续发展的生态保护总体战略，但许多城市迫于经济发展和民生保障等重重压力，选择漠视或者忽略城市自然生态系统建设工作，这就造成了我国对城市自然生态系统的重视性不够、城市自然生态功能受损严重、城市自然生态系统失衡现象凸显等。

城市自然生态是与城市人工生态相对应的城市生态概念，它在总体上影响着城市生态文明建设的整体效果。同自然生态一样，城市自然生态并不是由单一元素构成的，而是多样性元素交织的复杂系统。城市自然生态的失衡作为城市自然生态系统的失衡，并不是某项单一城市生态要素的失衡。何为城市自然生态系统呢？简而言之，城市自然生态系统指城市及其周边自然生态元素相互作用，促进城市生态良好发展的有序架构。从学理性层面上，城市自然生态系统是生物元素和非生物元素相互交织而成的，它"是在特定的城市环境内，非生物元素（如空气、水、土地等）与各种生物之间相互影响和作用，不断交换物质和能量而形成的。城市自然生态系统的演化，是基于生物与非生物、生物与环境之间的动态平衡关系有序、正向进化，保持生态系统的可持续性发展"①。城市自然生态系统主要包括城市及其周边自然环境中的山、河流、草地、湖泊、滩涂、湿地、动植物等。每座城市自然生态系统的构成要素都有自身的独特性，不同城市自然生态系统存在差异的同时，彼此之间可能又存在某些内在关联，这是城市自然生态系统的复杂性所在。城市自然生态系统是维护人类城市发展与自然生态关系的最基本屏障，是人类城市建设必须要守护好的根本底线。

城市自然生态系统对于人类城市发展至关重要，它是人类城市实现永续发展的重要保障。在人类城市发展过程中，城市自然生态系统具有两个维度的功能。首先，城市自然生态系统关涉城市发展底色的塑造。现代城市发展不仅要有繁荣的经济作为物质前提，还要有优美的生态环境提供柔性空间支撑，特别是后者引发的关注度越来越高。优美城市生态环境是现代城市基本公共服务中最普惠的民生福祉服务，是人民群众最基本的城市生态环境权益保障。优美城市生态环境塑造的过程，就是城市发展基本底色——绿色的塑造过程。城市自然生态系统是城市最为基本的生态安全屏障，城市发展能否保持"绿色"的底色不改变，关

---

① 但强、郎庆斌：《智慧城市研究——顶层规划》，人民出版社2019年版，第9页。

键在于城市自然生态系统能否保持稳定运营态势。其次，城市自然生态系统与城市功能发挥息息相关。城市自身是一个复杂的功能架构，其既具有营造城市发展需要的自然生态环境的功能，又有提供市民需要的生产、交通、居住等不同服务的功能。城市营造自然生态环境的功能与提供不同服务的功能看似是彼此独立的功能系统，但两大功能之间存在密切的内在关联。城市所提供的不同服务的功能需要被城市自然生态环境所容纳，这是城市服务功能正确发挥的重要前提；与此同时，城市服务功能必须要生态化和绿色化，才能符合现代城市发展的规律要求。

尽管城市自然生态系统对于现代城市发展而言至关重要，但城市自然生态系统遭受破坏的情况在现实中却屡见不鲜、屡禁不止，其中的原因是多方面的。英国学者马丁·V. 麦乐西（Martin V. Melosi）指出："工业化、拥挤的城市、建筑经济、集中结构及资源利用，不仅造就了城市发展，同时也制造了更严重的水、空气、土地和噪音污染。……城市环境污染不是简单的过去问题。持续的人口增长、激烈的工业活动以及不明智的土地利用方式都会促使城市环境恶化。"① 在城市建设和发展的过程中，任何不合理的实践行为都可能会对城市自然生态系统造成难以修复的破坏，而不合理的实践行为通常既有有意识的也有无意识的。无意识与有意识仅是城市自然生态系统遭受破坏的借口，本质上反映出包括城市居民在内的城市建设者自身城市自然生态系统思想意识的不足。德国著名学者莫尔特曼（Jürgen Moltmann）在《创造中的上帝：生态的创造论》一书中批评道：科学与技术文明的危机、人类思想上的漠视，造成了人类城市发展日益恶化的自然生态环境。人类需要彻底改变不合理的城市生活方式，并找到与自然友好相处的方法，这才是人类走出城市自然生态困境的理想路径，否则迎接人类的将会是难以承受的空前的大灾难。② 城市自然生态系统失衡的关键原因仍在于人类对城

---

① ［英］彼得·克拉克主编：《牛津世界城市史研究》，陈恒、屈伯文等译，上海三联书店2019年版，第434页。
② 参见［德］莫尔特曼《创造中的上帝：生态的创造论》，隗仁莲等译，生活·读书·新知三联书店2002年版。

市自然生态系统认知的不足。

我国城市自然生态系统失衡的现象较为严重，主要表现在以下几个方面。其一，城市生物多样性减少。生物多样性是城市自然生态系统的有机构成，生物多样性越丰富，表明城市自然生态环境越好。我国城市规模的大面积扩张，挤占了生物生存的大量自然空间，引发了城市生物多样性的锐减。其二，城市绿地质量参差不齐。城市绿地是城市自然生态系统的必要补充。城市绿地面积严重不足，已经成为影响城市整体环境质量的重要问题。我国部分城市以牺牲绿地的方式换取城市道路硬化率，特别是一些城市绿地有名无实，布局偏僻且面积狭小，绿地质量整体不高，城市中的立体绿化、屋顶绿化等覆盖率较低，远未发挥出城市绿地应有的生态效应。其三，城市山体、水体、废弃地等修复工作存在短板。城市中的山体、水体、废弃地等都是城市自然生态系统的组成部分，它们在城市自然生态全局中发挥着不同作用。部分城市为了实现城市扩容，将原本的自然山体推倒，山体自身的生态系统遭受破坏，城市建设完成之后，并未对原有山体进行合理修复，造成自然山体的生态功能无法发挥出来。城市水体是城市自然生态系统的水屏障，部分城市内的河流、河道，成为工业、商业和居民生活废水的排放通道，城市水体遭受到极为严重的破坏，鱼虾等河内生物消失殆尽。城市废弃地多为无开发价值或者开发价值较小的城市区域，此部分区域具有成为城市绿地的优势，大部分城市建设者受制于思想认知不足，而任由废弃地蔓延。无论城市山体、水体、废弃地，都需要从思想上加强认识，通过科学细致的修复工作，让它们重新焕发应有的生态效应。其四，森林城市、园林城市等建设成效不明显。森林城市、园林城市是重塑城市自然生态系统的重大工程，森林城市、园林城市给城市自然生态带来的生态环境效益是巨大的。我国许多城市未充分注意到森林城市和园林城市自身的巨大生态效益，在发展规划上和具体实践上均未对森林城市和园林城市给予足够的重视，这就严重制约了森林城市与园林城市的发展，使城市自然生态系统失衡的现象得不到改善。其五，城市自然生态系统的基本网络不完善。完整的城市自然生态系统，应该包括城市森林、绿地、水系、河湖、耕地等诸多自然生态要素，它们之间相互作用，共同保护并促进城市整体自然生态系统的有序运转。部分城市在规划建设过程中，忽略了城市自然生态系统构成要素的联系性，孤立地进行拆分，造成各个元素之间无法形成紧密的连接，生态系统要素的整体功能无法实现最优化，城市自然生态系统失衡的现象也就在所难免。

三　城市生态韧性的不足

"韧性""城市韧性""韧性城市"等是近些年生态学、城市学、管理学等学科领域出现频率较高的名词，它们都指向了一个共同主题——城市的自我恢复能力。城市是人通过智慧和实践创造出来的，且人与自然高度耦合的集约系统，良好的城市生态韧性对于城市发展不可或缺。作为城市韧性体系重要构成的城市生态韧性，不仅是生态维度的城市韧性，还是城市生态系统的重要特性。城市生态韧性与城市可持续发展密切相关，它既要应对城市生态事业的现实脆弱性，又要谋划城市生态发展的未来前瞻性。近些年来，伴随着各种自然灾害和极端气候变化发生概率的不断增加，许多城市在化解突发性生态危机时表现出的力不从心，特别是一系列较为严重的城市生态问题，深刻暴露了我国城市生态韧性建设的不足。

生态韧性并不是韧性的原生概念，而是"韧性"概念拓展到生态领域产生的创新概念。生态韧性不是生态与韧性的简单结合，它指代生态维度的韧性。生态领域同社会发展的诸多领域不同，其具有高度的抽象性、脆弱性和复杂性。正是生态领域自身的脆弱性、复杂性和抽象性较为突出，生态韧性的建立、保持和维系在实践中并不容易。究竟什么是生态韧性呢？概而言之，生态韧性是生态系统吸收干扰的能力，或者是抗干扰并自我恢复的能力。具体而言，生态韧性是指一个生态系统在受到干扰（主要是外来的突发性干扰，特别是强烈的干扰）的同时，维持原有基础结构和功能的能力，也是自我组织、适应压力和变化的能力。生态韧性同众多其他范畴的韧性一样，其自身也具有强弱之分。生态韧性的强弱，在根本上是由构成它的单元所决定的，而这些单元体具有可再生性的特质，并同其他单元体之间相互连接以互通信息。在生态学视域中，生态韧性主要强调生态系统所拥有的预期、化解外来冲击，并在危机出现时仍能维持其主要功能运转的能力。城市维度的生态韧性即城市生态韧性，指"城市基于绿色解决方案，从可能面临的困难和挑战中迅速恢复生态的能力。提高城市生态韧性就是增强抵御风险的能力"[1]。城市生态韧性是城市生态系统应对气候变化、城市化等问题的可持续发展的能力，良好的城市生态环境能够成为抵御风险和灾害的天然屏障。如若城市自然环境遭受较为严重的破坏时，就会造成城市应对各种风险和灾害的次数增加。城市生态韧性表面似乎是关于城市生态系统自身能力的问题，实质依然是人与自然的关系问题。城市生态韧性，既包括城市自然生态自身原有的韧性，又包括人的智慧和实践创造出来的生态韧性。城市自然生态原有韧性是城市生态韧性的重要基础，人类所创造出的生态韧性是必要补充。理想化的城市生态韧性，是依靠城市生态系统自身的调适能力，来化解和应对城市中突发的生态环境挑战。但现实情况却是相反的，人类在城市发展过程中，往往会忽略掉城市生态系统自身的韧性，特别是不合理地利用城市生态系统来谋求城市建设，这势必会进一步加剧城市生态系统的脆弱性，让城市生态韧性变得更加"弱不禁风"。城市生态韧性增强的关键在于保持城市生态系统内在的连通性。目前，我国城市生态韧性存在的不足，大都是因为城市生态系统内部连通性遭受阻滞所引发的，必须要下大气力从源头上进行解决。

城市生态韧性的不足，会直接造成城市在应对气象灾害、地质灾害、生物变化等事件时敏感性降低，整体削弱城市自我恢复和发展的能

---

[1] 因"生态韧性"概念出现较晚，国内学界对城市生态韧性的关注并不多，鲜有学者对城市生态韧性的概念、特征、作用等进行学理性阐释。本书借用了新加坡国家公园局高级设计署署长邓国辉关于城市生态韧性概念的解读（参见张萌《充分利用植物提高城市生态韧性》，国家林业和草原局、国家公园管理局网站，http://www.forestry.gov.cn/main/393/20220507/163203861969488.html）。在推进美丽中国建设实践中，城市生态韧性是不可绕开的重要城市议题。改革开放以来，我国城市发展的重点基本在经济实力增强、城镇人口数量增加、城市规模扩大等，对生态领域的关注较少，这也是城市生态韧性尚未引发学界关注的重要原因。

力。我国城市生态韧性的不足，主要集中于城市生态系统脆弱性和城市应对气候变化适应能力弱两大方面。首先，城市生态系统自身的脆弱性。众所周知，自然生态系统本身就具有脆弱性，特别是面对人类强大的改造能力与征服自然的野心时，这种脆弱性变得更加突出。对于城市生态系统而言，人类行为的持续干预，不仅不会减少城市生态系统的脆弱性，反而会让这种脆弱性变得愈加凸显。在城市发展过程中，人对自然生态系统的干预是必然的，这种必然性决定了科学干预是有效减少城市生态系统脆弱性的努力方向。我国城市经过了长期的发展，城市生态系统的很多元素已经深深印刻上了人类干预的痕迹，而且在短时间内不会消失。其次，城市应对气候变化适应能力弱。城市生态系统自身并不是完全封闭的，任何外来的不可控因素都会对其产生影响，干旱、暴雨、高温等突变的气候对城市生态韧性提出了极其严峻的挑战，气候变化的脆弱性会给城市生态系统带来更多难以预料的不稳定性因素。我国作为当今世界上最大的发展中国家，气候变化的脆弱性相比较于发达国家表现得更加明显。在极端天气现象中，暴风、洪水、极端高温、干旱等是对我国城市生态系统影响较大的几种类型。近些年来，突发性强降水（暴雨）发生的频率越来越高，城市洪涝灾害造成的损失也越来越大。城市决策部门为了提升城市地面硬化率，将大量的城市公共绿地、街区道路进行了柏油或道砖的铺装，造成了城市地面透水率降低。加之城市排水系统设计容量前瞻性不足，特别是城市内部具有泄洪功能的河道被大量城市垃圾堵塞，有的甚至被违规占用，造成了排水不畅。这些因素叠加在一起，当城市遭遇特大暴雨时，往往会引发较为严重的城市内涝，造成城市基础设施的大量损坏和人民群众生活的各种困难。除此之外，我国城市应对气候变化能力弱，还与海绵城市建设长期滞后有关。海绵城市不仅是应对城市气候变化的关键工程，还是城市生态韧性增强的必要举措。

四 城市生态治理的短板

城市生态治理是现代城市治理的重要任务，是城市生态文明建设的关键支撑。城市生态治理水平作为城市生态治理成效的衡量标准，既彰显现代城市治理的总体水平，又凸显现代城市生态治理的整体效能。城市生态治理是一项涉及多个领域、多重环节和多种要素的系统工程，从具体对象上看，涉及山、水、林、田、湖、草、沙等许多不同的要素；从治理主体上看，涉及政府、企业、社会和公民等诸多不同的主体；从方式方法上看，涉及法律、政策、技术、市场等多样化的手段。我国城市生态治理总体起步较晚，加之生态治理理念落后、多元化主体参与机制不健全、生态治理的法律法规不完善等生态治理的多方面短板，造成我国城市生态治理的整体效能低下，生态治理的现代化总体水平不高的现实窘境。

党的十八大以来，伴随推进国家治理体系和治理能力现代化重大战略的提出，城市生态治理体系和治理能力现代化开始进入我国现代城市发展视野。我国提出城市生态治理体系和治理能力现代化的主要目的是应对城市生态治理过程中的短板，推进城市生态文明建设迈上新的台阶。当前，我国城市生态治理的短板主要体现在三个方面，即城市生态治理的科学理念欠缺、法律法规不完善及体制机制不健全。首先，城市生态治理的科学理念欠缺。科学的城市生态治理理念是城市生态治理的重要前提，是引导城市生态治理有序发展的关键条件。长期以来，我国城市生态治理领域内的指导理念落后、模糊等现象突出，城市生态治理处于无序发展的状态。具体而言，我国城市生态治理理念的短板有如下三个方面。其一，城市生态治理理念陈旧落后。不同的时代实践需要不同的理念来指引，理念的与时俱进是理念正确发挥作用的必要前提。在城市生态文明建设领域，过去我国城市发展对生态文明建设重视程度较低，主要采取的是政府单方管理的陈旧模式。此种模式极易造成并事实上已经造成了政府强化管理的时候，城市生态环境变得好转，政府放松管理的时候，城市生态环境变得糟糕，治标不治本现象较为普遍，这内在是城市生态治理理念跟不上时代发展步伐所造成的。城市生态治理的现代性，要求治理理念必须要与时俱进，尤其要同国家治理体系和治理能力现代化的理念要求相适应。其二，城市生态治理主体责任不清。城市生态治理主体的职责界定是城市生态治理理念内涵的题中应有之义。科学有效的生态治理职责划分，有助于城市生态治理的现代化发展进程。城市生态治理作为一项极其复杂的系统工程，需要政府、企业、社会和公民共同努力来推进。过去，政府是城市生态治理的唯一主体，政府通过行政命令、行政规定等权威性方式来行使城市生态管理的相关职能，其他主体只能按照政府的命令或规定去参照执行。这反映出在城市生态治理理念的设计上，并未充分考虑多元化主体参与城市生态治理的职责设定，将更多城市生态治理的潜在主体排除在外，造成了城市生态治理主体职责不清状况的发生。其三，城市生态治理理念宣传缺乏。生态治理理念宣传是城市生态治理的必要工作，良好的生态治理理念宣传能够提升城市居民参与生态文明建设的意识，激发全社会形成良好的生态文明建设氛围。过去，我国许多城市不重视城市生态治理理念的宣传工作，在青少年群体中更是鲜有城市生态文明建设的相关教育，造成了城市公民生态文明建设的思想意识不足、积极性不高、参与度不够，严重制约了我国城市生态文明建设的前进步伐。

其次，城市生态治理法治化建设不足。法治化是城市生态治理的必由之路。推进城市生态治理法治化是一项系统工程，既涉及城市生态治理法治意识的确立，又涉及城市生态治理法律体系的完善，更涉及城市生态治理的基本法治规范。改革开放以来，我国整体法治水平较低，加之我国对城市生态文明建设缺乏必要的正确认知，城市生态治理领域内的法治化不足问题突出。具体而言，我国城市生态治理法治化建设的不足主要集中于以下层面。其一，城市生态治理的法治意识不足。能否具有现代法治意识，从根本上决定着城市生态治理水平的高低。现代城市生态治理的法治意识，既包括立法、司法、执法等意识，还包括督法、守法等意识。在立法意识层面，我国城市生态治理的总体性立法意识是不足的，各个城市鲜有结合本地实际的生态治理立法性规范，这与我国长期将注意力集中于城市经济社会发展维度有关。在司法意识层面，相关城市生态环境管理职能部门，因职责权限的不明晰甚至缺位问题，造成履职意识淡薄现象突出，司法意识普遍不足。在执法意识层面，城市生态治理执法队伍专业性建设不足，多数执法人员为其他部门临时抽调为主，且专业背景构成比较多样，专业化执法水平不高成为共性矛盾。在督法意识层面，城市居民缺乏对生态治理基本法治的认知，监督缺位、监督无力等现象突出。在守法意识层面，城市中各类生态治理主体，因对生态治理相关的法律法规认识不足，守法意识普遍较弱。在部分城市中，甚至出现了较为严重的违反生态治理法律法规的恶性事件。其二，城市生态治理专门性法律欠缺。我国城市生态治理的法治化建设起步较晚，许多专门性的生态治理法律法规仍然存在诸多需要完善的地方。我国目前有关城市生态治理的法律主要涵盖《环境保护法》《水污染防治法》《大气污染防治法》等。但这些法律法规依然无法满足我国城市生态治理的形势发展需要，亟需在烟尘排放、循环型社会建设、绿色采购、城市环境规划等方面不断细化和完善。其三，城市生态治理未确立法律规范。法律规范是城市生态治理的必要前提。城市生态治理是涉及国之大计、民之大事的重大事业，必须要在生态治理的任务、方式、路径上确立起基本的法律规范。以法治化的形式确立起城市生态治理的基本规范，利于在法治化轨道上推进城市生态治理。我国城市生态治理的任务、方式和路径长时间缺乏必要的法治规范支撑，造成了生态治理缺乏必要的法律保障，生态治理的效果得不到有效的提升。

最后，城市生态治理体制机制不健全。体制机制是影响现代城市生态治理成效的关键因素。城市生态治理改革是一项关系国计民生的复杂事业，体制机制弊端必须要从根本上破除。习近平总书记指出："推进国家治理体系和治理能力现代化，就是要适应时代变化，既改革不适应实践发展要求的体制机制、法律法规，又不断构建新的体制机制、法律法规，使各方面制度更加科学、更加完善，实现党、国家、社会各项事务治理制度化、规范化、程序化。"[①] 我国城市生态治理效果不佳，与旧有体制机制的阻碍和新的体制机制不健全密切相关。具体而言，我国

[①] 中共中央文献研究室编：《十八大以来重要文献选编》上，中央文献出版社2014年版，第549页。

城市生态治理体制机制不健全主要集中于以下层面。其一，城市生态治理多元化主体协同的体制机制不健全。城市生态治理是需要多元化主体共同参与的事业，并不是某一单个主体能够独立完成的。从治理主体上而言，我国城市生态治理的主体既涵盖政府、企业，又包括社会性组织和城市公民。政府、企业、社会和公民等多元化的参与主体，如何最大限度协同并进、共同发力是问题的关键所在。当前，我国缺乏必要的体制机制去支持多元化主体参与城市治理，政府主导、企业负责、社会协同与公众参与等多方面资源并未形成有效整合，造成多元化主体之间的生态治理合力并未凝聚起来。其二，城市生态治理多维度要素协同的体制机制不健全。城市生态治理是涉及多个维度不同要素的统筹性工程，生态治理效能的最大化，依赖于各个要素之间的协同程度。长期以来，我国城市生态治理领域"头痛医头、脚痛医脚"现象较为普遍，城市生态治理的整体思维、全局意识严重不足。局部性治理思维能够在一定程度上解决城市生态治理的局部性问题，但城市生态治理的整体效果却不佳。城市生态治理涉及山、水、林、田、湖、草、沙等众多不同的生态元素，每个城市要结合自身的生态元素构成实际，形成多元素协同治理的生态治理思维。其三，城市生态治理常态化的协同机制不健全。城市生态治理成效的达成，不是一时之功，而是要久久为功，常态化协同十分必要。城市生态治理通常涉及法律运用、政策谋划、技术辅助、市场调节等多样化的方式手段，需要根据这些方式与手段的独特功能，建构起多种资源相互配合的协同治理方式。我国生态治理领域长期处于某一种或某几种方式手段发挥作用的状态，多样化的方式手段之间缺乏必要的协同机制作为支撑，造成不同手段方法之间的协同性不足，城市生态治理的多样化协同效应不能真正发挥出来。

第三节　人民城市蕴含的生态智慧

现代城市是人类生态文明发展的重要载体，城市生态文明建设的总体状况，影响着人类社会乃至整个国家的生态文明建设成效。人民城市是中国共产党推进新时代中国特色社会主义城市各领域高质量发展的全新谋划，高品质的生态文明建设是人民城市发展的核心任务和本质要求。在生态文明建设维度，同人类以往的城市发展模式相比，人民城市强调把生态文明、绿色发展、和谐宜居等现代理念融入城市发展的全过程和各领域。人民城市是中国共产党积极探索可持续发展城市模式的时代实践，它致力于人与自然和谐共生的城市发展格局的塑造，致力于社会主义城市居民的生态权益的保障，致力于现代城市生态公共服务均等化目标的实现。人民城市的建设过程，是社会主义现代化城市生态理性的重塑过程。

党的十八大以来，以习近平同志为核心的党中央，顺应人类社会可持续发展的潮流趋势，围绕新时代中国特色社会主义事业发展的总体性目标，系统提出了社会主义生态文明建设的总体战略，为人民城市建设与治理提供了卓越丰富的生态文明智慧。人民城市所蕴含的现代城市生态智慧，既包括美丽中国引领的城市生态战略智慧，又包括中华优秀传统文化涵养的城市生态文化智慧，更包括重塑城市生态治理格局的城市生态治理智慧，以及宜居、低碳、绿色和可持续等意蕴丰富的城市生态韧性智慧。人民城市的生态智慧，不仅是习近平生态文明思想在城市发展维度的集中彰显，还是中国共产党新时代生态文明事业的智慧创造。人民城市的生态智慧，为高品质城市生态环境营造和治理提供了科学的智慧借鉴。

一 城市生态战略智慧

战略智慧是中国共产党治国理政的重要智慧，是实现中华民族伟大复兴的必要保障。党的十八大以来，习近平总书记从中华民族永续发展的战略利益和整体全局出发，秉持马克思主义生态观的基本立场与观点，大力推进社会主义生态文明的理论、实践与制度创新，形成了新时代中国特色社会主义生态文明建设的战略指导思想——习近平生态文明思想。习近平生态文明思想作为人民城市生态文明建设的战略思想，不仅是新时代人民城市生态事业发展的根本遵循和行动指南，还是人民城市生态战略智慧的思想源泉和理论依据。人民城市生态战略智慧以美丽中国为战略目标导向，坚持生态优先、绿色发展等重要理念，促进人与自然和谐共生，为新时代人民城市生态文明建设实践，提供了战略意蕴丰富的智慧策略借鉴。

正确的战略智慧是科学思想孕育的结果，人民城市生态战略智慧的思想源泉是习近平生态文明思想。习近平生态文明思想是以习近平同志为核心的党中央，立足我国新的发展阶段和社会主要矛盾，在深刻把握人类生态文明发展的时代趋势，深刻反思资本主义发展模式的严重弊病，深刻领会生态文明建设的重大价值等基础上，形成的带有中国特色、时代特点和民族风格的生态文明建设纲领性指导思想。习近平生态文明思想作为习近平新时代中国特色社会主义思想的重要组成部分，它关于新时代我国生态文明建设的理念、宗旨、原则、方法、路径等方面的创新性观点，科学回答了"为什么建设生态文明""建设什么样的生态文明""怎样建设生态文明"等重大理论与实践问题，为我国生态文明事业发展提供了新理念、新思想和新战略。习近平生态文明思想是我国生态文明建设的总体性战略体系，它主要涵盖八个方面的科学内涵，即生态文明建设的根本保证——加强党对生态文明建设的全面领导，生态文明建设的核心理念——绿水青山就是金山银山，生态文明建设的宗旨要求——良好生态环境是最普惠的民生福祉，生态文明建设的战略路径——绿色发展是发展观的深刻革命，生态文明建设的系统观念——统筹山水林田湖草沙系统治理，生态文明建设的制度保障——用最严格制度最严密法治保护生态环境，生态文明建设的社会力量——把建设美丽中国转化为全体人民自觉行动，生态文明建设的全球倡议——共谋全球生态文明建设之路。① 习近平生态文明思想八个方面的主要内涵，为包括城市生态文明建设在内的我国生态文明事业发展指明了方向，提供了

---

① 习近平生态文明思想的科学内涵体系是依据《习近平生态文明思想学习纲要》的主要内容提炼而成。习近平生态文明思想的科学体系由十个方面组成，即坚持党对生态文明建设的全面领导，坚持生态兴则文明兴，坚持人与自然和谐共生，坚持绿水青山就是金山银山，坚持良好生态环境是最普惠的民生福祉，坚持绿色发展是发展观的深刻革命，坚持统筹山水林田湖草沙系统治理，坚持用最严格制度最严密法治保护生态环境，坚持把建设美丽中国转化为全体人民自觉行动，坚持共谋全球生态文明建设之路。

思想遵循。与此同时，习近平生态文明思想还契合了中国式现代化发展的主题内涵，这是党中央推进社会主义现代化和生态化共同发展的战略统筹。党的二十大报告指出："中国式现代化是人与自然和谐共生的现代化"①。中国式现代化与传统型现代化的主要区别之处在于中国式现代化始终秉持生态优先的基本原则，坚决不走西方国家"先污染后治理"的生态发展老路，而是坚定不移地走生产发展、生活富裕、生态良好的人与自然和谐共生的现代化生态发展新路。习近平生态文明思想的战略指向之一是促进人与自然的和谐共生，守牢自然生态发展的安全边界和根本底线，实现现代化事业和生态化事业的共融与双赢。人民城市作为中国式现代化道路和生态化事业的主要载体，它所肩负的生态文明建设使命是极其艰巨的，要在习近平生态文明思想的指引下，创造出人与自然和谐共生的社会主义城市发展新模式。习近平生态文明思想是人民城市坚持生态优先、绿色发展原则的科学战略指引，它为人民城市的生态文明事业提供了方向和策略指南。

美丽中国是习近平生态文明思想的核心目标，它为人民城市生态文明建设提供了目标智慧遵循。人与自然的和谐共生作为人类生态文明建设的永恒主题，在不同国家、地区语境条件下有着不同的话语表达。美丽中国是新时代中国生态文明建设的中心话语和特色表达。从党的十八大，中国共产党提出"把生态文明建设放在突出地位，融入经济建设、政治建设、文化建设、社会建设各方面和全过程，努力建设美丽中国，实现中华民族永续发展"②，美丽中国的国家生态文明发展目标首次被赋予战略身份；到党的十九大，中国共产党系统提出"加快生态文明体制改革，建设美丽中国"的各项战略举措——"推进绿色发展""着力解决突出环境问题""加大生态系统保护力度""改革生态环境监管体制"等，③ 为美

---

① 习近平：《高举中国特色社会主义伟大旗帜 为全面建设社会主义现代化国家而团结奋斗——在中国共产党第二十次全国代表大会上的报告》，人民出版社2022年版，第23页。
② 胡锦涛：《坚定不移沿着中国特色社会主义道路前进 为全面建成小康社会而奋斗——在中国共产党第十八次全国代表大会上的报告》，人民出版社2012年版，第39页。
③ 习近平：《决胜全面建成小康社会 夺取新时代中国特色社会主义伟大胜利——在中国共产党第十九次全国代表大会上的报告》，人民出版社2017年版，第50—52页。

丽中国实践明确了路线图和时间表；再到党的二十大，中国共产党战略性提出"推动绿色发展，促进人与自然和谐共生"的美丽中国具体策略——"加快发展方式绿色转型""深入推进环境污染防治""提升生态系统多样性、稳定性、持续性""积极稳妥推进碳达峰碳中和"。[①] 中国共产党对美丽中国生态文明建设的目标认识逐渐深化，美丽中国已经成为新时代中国特色社会主义生态文明事业发展的导向性目标和客观性准则，已经成为人民群众追求理想人居环境的"代名词"。

当然，美丽中国作为新时代中国特色社会主义生态文明事业的总体性目标，在不同的发展维度有着具体的内涵指向。在生态维度，美丽中国的总体性目标指向生态质量优良与环境治理有效的生态之美；在经济维度，美丽中国的总体性目标指向经济社会与生态环境和谐互促的发展之美；在政治维度，美丽中国的总体性目标指向承担生态治理时代责任、造福子孙后代的治理之美；在文化维度，美丽中国的总体性目标指向绿色文化传承、弘扬与创新的文化之美；在社会维度，美丽中国的总体性目标指向人民群众积极参与、优美生活环境营造的和谐之美。美丽中国为新时代中国特色社会主义生态文明事业发展所提供的目标是清晰而具体的，具有极强的前瞻性、科学性和实践性等鲜明特点。人民城市是新时代中国特色社会主义生态文明事业的重要承载主体，美丽中国的总体性目标在人民城市层面有着特殊的意蕴。习近平总书记指出，"要让城市融入大自然，不要花大气力去劈山填海，很多山城、水城很有特色，完全可以依托现有山水脉络等独特风光，让居民望得见山、看得见水、记得住乡愁"[②]；"城市建设要体现尊重自然、顺应自然的理念，依托现有山水脉络等独特风光，让城市融入大自然，让居民望得见山、看得见水、记得住乡愁"[③]。习近平总书记对城市建设要让居民"望得见

[①] 习近平：《高举中国特色社会主义伟大旗帜 为全面建设社会主义现代化国家而团结奋斗——在中国共产党第二十次全国代表大会上的报告》，人民出版社 2022 年版，第 49—52 页。

[②] 中共中央党史和文献研究院编：《习近平关于城市工作论述摘编》，中央文献出版社 2023 年版，第 123 页。

[③] 中共中央宣传部、中华人民共和国生态环境部编：《习近平生态文明思想学习纲要》，学习出版社、人民出版社 2022 年版，第 42 页。

山、看得见水、记得住乡愁"的反复强调，正是美丽中国总体性目标在人民城市生态文明建设层面的具体化。"望得见山、看得见水、记得住乡愁"为人民城市生态文明事业发展，提供了美丽中国内涵指向明确的战略目标遵循。

以美丽中国为生态文明核心目标的习近平生态文明思想，为人民城市提供的生态战略智慧主要体现于以下四个方面。其一，现代化城市永续发展的生态战略动力。城市如何实现永续发展，这是人类城市发展过程中不懈探索的重大话题。传统的城市发展理论认为，发达的城市生产力及其相匹配的城市生产关系是决定城市能否实现永续发展的根本条件。现代城市的发展进程已经证明：人类单纯依靠经济发展水平的生产力原则，并不能从根本上确保城市的永续发展，它只是构成人类城市发展的重要条件之一。2017年1月，习近平主席在联合国日内瓦总部发表演讲时提出："我们应该遵循天人合一、道法自然的理念，寻求永续发展之路。"① 习近平主席的话为人类城市实现永续发展提供了中国方案——尊重自然、顺应自然和保护自然，正是人民城市所蕴含的城市永续发展的生态战略动力智慧，也可称之为中华传统生态文明智慧。其二，生态优先、绿色发展的生态战略准则。生态优先即把自然生态放在国家各项事业发展的优先位置，绿色发展即以效率、和谐和可持续为目标的社会发展方式，生态优先、绿色发展内在反映的是亲近自然、和睦共荣的全新发展观念，它根本上凸显的是人类社会发展对于自然生态环境的特定态度倾向。习近平总书记指出："坚持生态优先、绿色发展的思想认识，形成共抓大保护、不搞大开发的行动自觉。"② 生态优先、绿色低碳是提升城市生态环境品质，营造城市发展健康生态的基本遵循，它外在是人民城市建设的鲜明口号，内在是人民城市发展的战略准则。其三，人与自然和谐共生的生态战略旨向。人与自然如何相处的问题是困扰城市可持续发展的理论问题，也是关涉人民群众美好幸福城市

---

① 《习近平著作选读》第1卷，人民出版社2023年版，第568页。
② 习近平：《论坚持人与自然和谐共生》，中央文献出版社2022年版，第223页。

生活能否实现的实践问题。习近平总书记指出,"生态文明建设是关系中华民族永续发展的千年大计,必须站在人与自然和谐共生的高度来谋划经济社会发展"①,"要构建和谐优美生态环境,把城市建设成为人与人、人与自然和谐共生的美丽家园"②。人与自然的和谐共生是人类社会发展的美好追求,是城市发展过程中必须要处理好的重大问题。打破人与自然关系的异化状态,促进人与自然的和谐共生,成为人民城市在任何时候都不能丢掉的战略旨向。其四,绿水青山就是金山银山的生态战略理念。城市发展不仅要注重经济效益,还要注重生态效益,这是现代城市发展的基本要求。习近平总书记指出:"绿水青山就是金山银山,保护环境就是保护生产力,改善环境就是发展生产力。"③ 习近平总书记提出的"绿水青山就是金山银山"战略理念,打破了过去城市发展过程中经济社会发展与生态环境保护长期对立和割裂的错误思维,为人民城市提供了生态环境保护与经济社会发展相统一的全新思维。"绿水青山就是金山银山"生态战略理念,将人民城市优美生态环境的塑造转化为城市发展的生态创新动力,这既是城市生态战略理念的重大突破,更是城市发展观念的深刻变革。

二 城市生态文化智慧

中华文化博大精深、源远流长,孕育了富含独特智慧的生态文化。中华民族素有尊重自然、热爱自然、保护自然,与自然共生共荣的优良文化传统。新时代以来,以习近平同志为核心的党中央,积极探索并大力弘扬中华优秀传统生态文化,持续拓展和大胆创新传统生态文化时代内涵,为中华优秀传统生态文化注入了前所未有的时代生机和强大活力。从"道法自然""民胞物与""顺天时,量地利""取之有时,用之有度"的传统生态文化传承,到"人与自然是生命共同体""人与自

---

① 习近平:《论坚持人与自然和谐共生》,中央文献出版社2022年版,第249页。
② 中共中央党史和文献研究院编:《习近平关于城市工作论述摘编》,中央文献出版社2023年版,第39页。
③ 习近平:《习近平谈"一带一路"》,中央文献出版社2018年版,第122页。

然和谐共生"的现代生态文化观念创新，中国共产党以传统生态文化涵养现代生态实践谋略，将中华优秀传统生态文化的思想精髓融入现代生态文明的实践之中，为人民城市的生态文明建设提供了取之不尽、用之不竭的生态文化智慧。

对中华优秀传统生态文化开展继承性弘扬和时代性创新，是人民城市生态文化智慧产生的重要路径。中华民族不同时代的先民们，依据他们在生产与生活实践中，对于自然、人与自然关系及自然界发展规律等方面的思考和认知，形成了层面多维、内涵丰富、意蕴深远、价值重大的生态文化体系。这些生态文化体系，既包含了不同哲学家、思想家对于生态文化的哲学诠释，又涵盖了国家统治者、普通大众对于生态文化的朴素创造，它们为中华民族生态文明事业提供了重要文化滋养。但不可否认的是，受制于特定时代条件的影响，中华传统生态文化有其特定的时代内涵和实践指向，许多不同层面和维度的生态文化并不能够直接拿来供当代生态文明事业发展使用，这是由传统文化的时代特质所决定的。以习近平同志为主要代表的中国共产党人，依据中国特色社会主义进入新时代的新特点，将中华优秀传统生态文化进行了新时代的弘扬和创新，形成了指导人民城市生态文明事业发展的生态文化智慧，为中国特色城市发展道路提供了优秀的生态文化滋养。

中华优秀传统生态文化涵养的人民城市生态文化智慧主要体现于以下方面。首先，城市生态规划层面的文化智慧。城市生态规划是城市整体规划的重要组成部分，是城市生态事业发展的蓝图描绘。科学的城市生态规划，能够为人民群众提供优美的城市人居环境。早在春秋时期，我国著名的政治家、军事家管子就提出过城市生态规划的一些理念。《管子·乘马·立国》有曰："凡立国都，非于大山之下，必于广川之上。高毋近旱，而水用足；下毋近水，而沟防省。因天材，就地利，故城郭不必中规矩，道路不必中准绳。"[①] 在管子看来，城郭即城市的建造，必须要充分考虑自然条件的影响，既要依靠自然界所赋予的天然资

---

① （春秋）管仲：《管子》，远方出版社2006年版，第63页。

源，又要凭借自然界所给予的地势之利，这样的城郭不仅可以实现自然条件的最大限度的使用，还能够实现城市发展与自然发展之间的平等和谐。管子的观点代表了中国古人对城市生态规划的早期设想，可以被看作是中国古代城市生态规划思想的雏形代表。在中央城镇化工作会议上，习近平总书记对城市生态规划也作出了明确指示。他指出，"有的城市规划专家说，要本着同土地谈恋爱的立场来做好规划。这都体现了尊重自然、顺应自然、天人合一的理念"，"古人描写的自然风光……很多城市将来还能看得见看不见都成问题了。城市在周边保留一些庄稼地有什么不好呢？稻田、麦浪、青纱帐、湿地都可以成为城市风景"①。习近平总书记对城市生态规划传统智慧的强调，为人民城市的生态规划提供了努力方向。

其次，人与自然关系层面的文化智慧。人与自然的关系问题是任何维度的生态文明建设都绕不开的重大问题，也是人类社会发展不懈探索的未解难题。人类社会发展的工业化和城镇化进程已经证明：人对于人与自然关系认知的模糊性是生态环境破坏的根源所在。习近平总书记对中华优秀传统生态文化的丰富养分，进行了贴合实际和时代需要的内涵创新，提出了"人与自然和谐共生""人与自然是生命共同体"等人与自然关系探索的全新论断和观点。这些创新性论断和观点，为人类重新认识人与自然的关系，特别是科学处理人与自然关系的实践提供了富含中国智慧的解决方案。人民城市建设是新时代处理人与自然关系的全新尝试，习近平总书记关于人与自然关系的创新性论断，同样是人民城市建设过程中要坚守好的基本原则。人民城市生态文明建设所秉持的"人与自然和谐共生""人与自然是生命共同体"等创新性理念，源自中华优秀传统生态文化中关于人与自然关系探索的文化智慧，如《周易·贲·彖》中提道："观乎天文以察时变，关乎人文以化成天下"②，意在强调人类要从自然的现象入手，去认识自然界的变化规律，这是人

---

① 中共中央党史和文献研究院编：《习近平关于城市工作论述摘编》，中央文献出版社2023年版，第123页。

② 邢文：《帛书周易研究》，人民出版社1997年版，第194页。

与自然关系的基本规律。在全国生态环境保护大会上,习近平总书记强调:"要把天地人统一起来、把自然生态同人类文明联系起来,按照大自然规律活动,取之有时,用之有度,表达了我们的先人对处理人与自然关系的重要认识。"① 习近平总书记对人与自然关系的全新阐释,不仅为人民城市生态文明建设提供了认知与实践指导,还彰显了我国优秀传统生态文化的独特智慧。

再次,生态机构设置层面的文化智慧。我国古人没有将他们对自然、人与自然关系及自然界自身发展规律等维度的认知停留于纯粹的思维探索层面,而是将这些认知上升到了国家管理维度,并有针对性地设置了与自然生态环境发展相关的管理机构、法律条文和政治制度等。西周时期,我国的统治者就已经开始设置专门掌管山、林、川、泽的监督机构和执行机构,并制定了较为详细的政策、律令、法规等,这是我国最早出现的关于国家生态机构设置的虞衡制度。其中,虞是指专门保护山、林、川、泽的监督机构,衡是指专门保护山、林、川、泽的执行机构,虞和衡也被许多学者认定为世界上最早的与生态环境保护相关的职能机构。《周礼·地官司徒》中有曰,"山虞掌山林之政令,物为之厉,而为之守禁","林衡掌巡林麓之禁令而平其守","若斩木材,则受法于山虞","川衡掌巡川泽之禁令而平其守"。② 后来的许多朝代也对虞衡制度进行了完善、延续和发展,虞衡制度一直存续到清朝时期。秦汉时期的统治者,将虞衡制度进行了细化,着重将国家层面的生态管理机构细分为林官、湖官、陂官、苑官、畴官等,还有一些朝代也设置了生态管理机构的专门职位,如"大司马""川师""渔人""兽人""鳖人""少府"等,这些都反映出生态管理已经成为我国古代国家管理事业的重要组成,在整个国家管理事业的全局中拥有重要地位。从某种意义上而言,我国古代的生态文明事业之所以能够延续发展,能够保持人与自然和睦友好的状态,在很大程度上得益于前人对生态环境的朴素认

---

① 习近平:《论把握新发展阶段、贯彻新发展理念、构建新发展格局》,中央文献出版社 2021 年版,第 246 页。

② 《周礼·仪礼》,崔高维校点,辽宁教育出版社 1997 年版,第 36 页。

知和卓越智慧,他们触及了人与自然之间更为本质的关系,并心存敬畏地体现于具体的实践中。

最后,传统生态哲学层面的文化智慧。生态哲学智慧是中华优秀传统生态文化的典型代表,它集中体现了中国古人对于自然及人与自然之间本质关系的深邃认知。在中国优秀传统生态哲学文化的丰富内涵体系中,"和合"文化元素是其中最为核心性的思想元素,它成为包括生态文明建设在内的我国各项事业发展的主导思想原则。中国传统生态哲学文化内在就是以"和合"为中心的哲学文化,人民城市生态文明建设所强调的"人与自然之间的和谐",实质是中国共产党坚持弘扬和有效创新"和合"哲学文化的当代实践之逻辑必然。中国传统的"和合"哲学文化思想,从文字学视角最早可溯源至商代的甲骨文和金文中关于"和"与"合"的文字记载。在中国早期的甲骨文和金文中,已经出现了"和"与"合"的象形文字,这就侧面说明"和合"的文化血脉在中华民族文化的根源上早已存在。在第六十四卦《易经》当中,记载道:"乾道变化,各正性命,保合太和,乃利贞。"(《周易·乾·辞象》)这句话意思是说在天道的千变万化之中,万事万物都有各自所遵循的自然发展规律,并始终保持着和合的关系。"和合"在《易经》的内容体系之中代表着一种平衡和原则,讲"和合"凸显出中华民族先民们对美好境界的理想追求,这是中国古人对和合哲学文化思想的较早探索。中国传统生态哲学文化体系的丰富内涵和精深意蕴,为人民城市生态文明建设过程中正确处理人与自然关系,实现人与自然之间的和睦相处提供了坚实的传统文化智慧支撑。

三 城市生态治理智慧

城市生态治理是城市发展大局的关键构成,是关涉城市民生的重要事业。城市生态治理水平,不仅能够反映城市治理的整体水平,还能够凸显整个国家的治理能力。在全面推进国家治理体系和治理能力现代化的时代背景下,完善人民城市生态治理体系,提升人民城市生态治理能力,增强人民城市生态治理效能,对于构建人民群众所期待的宜居型、现代化城市意义重大。人民城市生态治理作为推进社会主义现代城市治理的主要途径，以国家治理体系和治理能力现代化水平提升为关键依托，紧密围绕我国城市生态文明治理过程中的突出矛盾和重点问题，进行了覆盖城市生态治理目标、城市生态治理战略、城市生态治理策略、城市生态治理思维等多维度和多层面的城市治理改革，形成了内涵丰富且价值重大的人民城市生态治理智慧。

人民城市生态治理是涉及多个现代治理维度的系统工程，其改革难度之大、面临困难之多、承担任务之重前所未有。党的十八届三中全会以来，我国社会主义城市生态文明事业发展进入现代治理体系和治理能力的全面提升阶段，以现代城市生态治理体系和治理能力为依托，全面重塑社会主义城市生态发展格局成为人民城市生态治理的现实指向。人民城市生态治理坚持现代城市生态治理的系统性思维和"一盘棋"意识，秉持可持续发展的国家生态事业总体战略，以"资源节约型"和"环境友好型"的"两型社会"建设为目标导向，以现代生态治理的数字化、专业化技术为手段载体，全面优化现代城市发展的各项指标及政绩考核评价体系，大力推进城市发展总量观、城市环境建设观、城市环境资源观、城市环境极限观、城市环境可持续观、城市空间宜居观、城市生态补偿观等多样化、多维度的现代生态治理观念建构，形成了现代治理特征突出、生态治理特点鲜明、治理实践科学有效的现代城市生态治理模式。新时代人民城市生态治理的具体实践，在现代生态治理观念、生态治理路径及生态治理原则等方面，实现了契合时代发展要求、符合生态发展规律和满足人民群众期待的现代城市生态治理模式的彻底变革，为人类城市生态文明现代治理事业提供了全新智慧借鉴。

人民城市生态治理所蕴含的现代城市生态治理智慧，主要包括以下四个方面。首先，系统化的现代城市生态治理观。任何事物的治理都不是单维度和单层面的，它自身必然包含或同身边的事物存在这样和那样的联系，这是事物自身的属性使然。就现代治理视角而言，人民城市的生态治理包含了许多层面，如人民城市的生态治理战略、人民城市的生态治理目标、人民城市的生态治理路径、人民城市的生态治理原则、人民城市的生态治理理念、人民城市的生态治理实践等,这些层面既独立存在又相互连接,共同构成人民城市生态治理的整体系统。这就意味着系统性思维和"一盘棋"意识是人民城市生态治理视域的核心支撑。人民城市生态治理是有机统一的整体系统,是各种城市生态组成要素相互依存、紧密联系的有机链条。在全国生态环境保护大会上,习近平总书记强调:"要从系统工程和全局角度寻求新的治理之道,不能再是头痛医头、脚痛医脚,各管一摊、相互掣肘,而必须统筹兼顾、整体施策、多措并举,全方位、全地域、全过程开展生态文明建设。"①习近平总书记在这里强调的是生态文明建设的"一盘棋"意识,即全局视野和大局眼光,其本质上也是系统化思维的重要构成。人民城市生态治理强调城市生态治理的整体性、有机性、大局性和协调性,这正是系统化现代城市生态治理观的重要彰显。当然,人民城市所蕴含的系统化现代城市生态治理观,不仅体现在系统性思维和"一盘棋"意识层面,还体现在人民城市所坚持的现代城市生态发展战略、理念、原则等层面。在城市生态文明发展战略层面,人民城市继续坚持可持续发展的国家生态文明总体战略。习近平指出:"我们将毫不动摇实施可持续发展战略,坚持绿色低碳循环发展,坚持节约资源和保护环境的基本国策。"②可持续发展战略是全人类生态文明事业的前瞻战略,是全世界范围内都需要遵循的战略指南,人民城市生态治理是可持续发展战略在社会主义现代化城市生态文明发展层面的接续贯彻和鲜明凸显。在城市生态文明发展理念层面,人民城市秉持"资源节约型""环境友好型"的"两型社会"建设理念,大力推进城市的集约化发展,努力提升城市的环境容量。习近平总书记指出:"加快建设资源节约型、环境友好型社会,推进美丽中国建设"③。习近平总书记对"两型社会"的强调,

---

① 习近平:《论把握新发展阶段、贯彻新发展理念、构建新发展格局》,中央文献出版社2021年版,第257页。
② 《习近平外交演讲集》第1卷,中央文献出版社2022年版,第423页。
③ 中共中央文献研究室编:《十八大以来重要文献选编》中,中央文献出版社2016年版,第826页。

目的是为绿色中国建设提供基本的社会发展理念遵循。与此同时，党和国家也针对"两型社会"的建设与治理提出了诸多具体性指导理念，如框定城市发展总量、树立环境资源观、坚持环境极限观等，这些具体的指导理念也是人民城市生态文明系统化城市生态治理观的重要构成。

其次，生产生活生态空间一体性谋划。现代城市生态治理问题，内在是不同维度空间的综合调处问题，本质是城市内部不同功能空间的发展平衡问题。城市发展是不同维度的空间相互作用，并彼此产生影响的过程。现代城市发展主要涉及三个维度的空间类型，即生产空间、生活空间与生态空间。城市生态文明事业发展出现失衡，其实质是生产空间、生活空间与生态空间之间的失衡。习近平总书记指出："生态环境问题归根结底是发展方式和生活方式问题，要从根本上解决生态环境问题，必须贯彻创新、协调、绿色、开放、共享的发展理念，加快形成节约资源和保护环境的空间格局、产业结构、生产方式、生活方式，把经济活动、人的行为限制在自然资源和生态环境能够承受的限度内，给自然生态留下休养生息的时间和空间。"① 习近平总书记所强调的发展方式与生活方式问题，在城市空间维度对应的正是城市生产空间、生活空间与生态空间三者之间的关系问题，一般表现为城市生产空间偏多、生活空间与生态空间偏少的突出矛盾。人民城市从其理念提出之初，就已经把协调城市生产空间、生活空间与生态空间三者之间的关系问题摆在了重要位置来对待。早在中央城镇化工作会议上，习近平总书记就对我国新时代社会主义城市发展的总体性要求给出了明确指示。他强调："城市空间结构直接关系城镇化质量，影响房价、交通、生态等城镇人居环境和竞争力，处理不好会滋生和助长城市病。……要按照促进生产空间集约高效、生活空间宜居适度、生态空间山清水秀的总体要求，结合化解产能过剩、环境整治、存量土地再开发，形成生产、生活、生态空间的合理结构。"② 习近平总书记提出的"生产空间集约高效""生活

---

① 《习近平著作选读》第 2 卷，人民出版社 2023 年版，第 171—172 页。
② 中共中央党史和文献研究院编：《习近平关于城市工作论述摘编》，中央文献出版社 2023 年版，第 46 页。

空间宜居适度""生态空间山清水秀"的城市空间发展总体要求，科学阐明了城市发展过程中生产空间、生活空间与生态空间三者之间的关系，准确揭示了城市生产空间、生活空间与生态空间三者并存发展的内在规律，为人民城市发展的合理空间建构提供了方向准则和规律遵循。习近平总书记所提出的城市空间发展的总体要求，表面看似与现代城市生态治理之间的关系不大，但其每个方面都体现着城市生态治理的科学思维。具体而言，人民城市生产空间层面所坚持的集约高效，体现的是城市生态文明发展对于城市资源能源使用的具体要求；人民城市生活空间层面所坚持的宜居适度，体现的是城市生态文明发展对于城市人居环境建构的具体要求；人民城市生态空间层面所坚持的山清水秀，体现的是城市生态文明发展对于城市自然生态系统塑造的具体要求。概而言之，习近平总书记对城市生产空间、生活空间与生态空间的重要阐释和总体要求，本质是对城市生态文明建设的创新性探索，凸显的是中国共产党对人民城市空间发展的整体战略谋划，彰显的是人民城市生态治理的空间维度智慧。

再次，城市生态公共服务的均等化。生态公共服务是基本公共服务体系的有机构成，生态公共服务均等化问题是我国社会发展过程中的重大问题，它事关人民群众对于现代社会发展，特别是优美人居环境建设的满意度和幸福感。《中共中央关于制定国民经济和社会发展第十三个五年规划的建议》中明确提出要增加公共服务供给，不断提升政府的公共服务能力和水平。《建议》指出："加强义务教育、就业服务、社会保障、基本医疗和公共卫生、公共文化、环境保护等基本公共服务，努力实现全覆盖。"① 党的二十大也再次明确，未来五年要实现基本公共服务均等化水平的明显提升，这为我国生态公共服务均等化提出了努力方向和具体要求。近年来，伴随着我国城镇化的快速推进和城市发展水平的整体提升，人民群众对于城市生态公共服务的需求随之迅猛增

---

① 中共中央文献研究室编：《十八大以来重要文献选编》中，中央文献出版社2016年版，第812页。

加,这对我国现代城市生态公共服务体系及保障水平提出了严峻挑战。城市生态公共服务在范畴上虽隶属于城市基本公共服务体系,但其与教育、医疗、交通等一般性的城市基本公共服务不同,它所涉及的层面更多、维度更广、难度更大。城市生态公共服务作为城市发展必须要提供给人民群众的社会性公共产品,不仅包括城市绿地、公园、河流、湖泊、森林、空气、水源等基本要素,还包括城市中的污水处理、垃圾处置、噪声消除、环境整治等基本设施,更包括城市生态治理与保护的相关法律、制度、政策等。城市生态公共服务的均等化,目的是促使城市中的全体公民能够公平地、可及地获得大致均等的生态公共服务,它的核心是生态公共服务的机会均等,切实保障人民群众应有的城市生态环境权益。党的十九大以来,人民城市以高标准的现代城市优美生态环境建设为遵循,把人民群众对于城市生态公共服务的强烈需求作为城市发展的主要目标来谋划,极大地提升了社会主义条件下现代城市生态公共服务的均等化水平。在人民城市建设过程中,党和国家始终坚持生态利民、生态惠民和生态为民的城市生态发展原则,重点谋划和解决了损害人民群众生态环境权益的突出问题,全面开展蓝天保卫战、碧水保卫战、净土保卫战等生态环境保护的攻坚战,积极推动花园城市、森林城市、园林城市、低碳城市、海绵城市、绿洲城市等不同类型的城市建设,大力完善城市街区公园、城市公共绿地、城市生态涵养区、城市环境保育区等城市生态基础设施,严格控制城市发展总体容量(人口数量、土地面积等),持续提升城市生态容量,优化完善城市生态治理与发展的各项体制机制、法律法规和社会公约,不断创造人民群众向往的天蓝、水绿、山青的优美城市人居环境,最大限度促进现代城市生态公共服务的均等化,有效提升城市生态公共服务的水平。

最后,科技赋能城市生态治理实践。现代城市治理是融数字化、信息化、智能化、便捷化等特征为一体的全新治理模式,相较于以往的传统城市发展而言,现代城市治理对于先进科学技术的依赖度越来越高,场景化运用的频次越来越多。大力推进数字城市、智慧城市等现代智能城市建设,不仅是人类社会发展的必然趋势,也是人民城市建设与治理的客观需要。习近平总书记指出："要建设一批产城融合、职住平衡、生态宜居、交通便利的郊区新城，推动多中心、郊区化发展，有序推动数字城市建设，提高智能管理能力"①。生态治理作为人民城市现代治理的重要层面，其形势之严峻、任务之艰巨、条件之复杂，同样需要智能化、数字化、大数据、云计算等现代信息技术来提供必要支撑。在浦东开发开放30周年庆祝大会上，习近平总书记指出："要提高城市治理水平，推动治理手段、治理模式、治理理念创新，加快建设智慧城市，率先构建经济治理、社会治理、城市治理统筹推进和有机衔接的治理体系。"②智慧城市是现代城市治理走上高质量现代治理道路的必要举措，利用现代信息技术开展城市生态治理，既能够提升人民城市生态治理的精准性，又能够提升人民城市生态治理的精细化水平。进入新时代以来，我国在大力推进现代城市治理数字化转型发展的过程中，将基于物联网、云计算、大数据、5G、区块链、VR/AR等数字技术的城市应用场景，从智慧政务、智慧商务等层面拓展到智慧社区、智慧厕所、智慧交通、智慧医疗、智慧教育、智慧校园、智慧警务、智慧零售等更为广泛的领域，建构起了现代城市治理的数字"城市大脑"。与此同时，人民城市生态治理的数字化应用技术也在不断更新，数字技术的生态应用场景也在持续扩展，如城市环境监控系统、城市污水处理信息系统、城市垃圾处理信息系统、城市水体环境监测系统、城市大气环境监测系统、城市绿地智能浇灌系统、城市路灯管理系统等。现代科学技术已经在多个层面实现了与城市生态治理领域的充分融合，尤其是通过卫星遥感、智能定位、光纤传输、影像识别等现代科学技术，精准识别和准确定位城市人口密集区、高能耗承载区、生态敏感区、环境重点污染地区等城市所属重点区域，及时准确地将城市生态环境的相关数据及状况实时动态地反馈到有关政府部门，极大地提升了人民城市生态治理的决策效率、

---

① 中共中央党史和文献研究院编：《习近平关于城市工作论述摘编》，中央文献出版社2023年版，第63—64页。

② 中共中央党史和文献研究院编：《习近平关于城市工作论述摘编》，中央文献出版社2023年版，第160—161页。

策略精度和总体效能。现代科学技术对于人民城市生态治理实践的助推作用是多方面的，除了信息技术外，现代污水处理技术、垃圾处理技术、水体污染处理技术等，也为人民城市现代生态治理实践注入了强劲动力。

四 城市生态韧性智慧

城市生态韧性是城市韧性体系建构的核心组成，是现代城市生态文明建设不可或缺的关键要素。能否建立起强大的城市生态韧性，事关城市生态环境的承载力、适应力和恢复力。现代城市生态韧性如若出现缺失或存在短板的话，将会直接造成城市生态系统的整体脆弱性，削减城市生态系统内在风险抵抗力，并最终影响城市建设与治理的总体进程与效果。城市生态韧性作为城市生态系统发展的必要屏障，它存在的价值功用是增强城市应对生态灾害的能力，提升城市生态系统的可持续性。超强城市生态韧性建构是一项涉及诸多层面的系统化工程，既需要从城市生态系统自身作出战略安排，又需要从城市生态系统外围进行科学统筹，以形成内外双维、协同互促、安全高效、科学灵活的现代城市生态韧性体系格局。

人民城市作为我国社会主义现代化城市生态文明事业发展的变革探索，其高站位的城市生态战略谋划、高质量的城市生态发展目标、高标准的城市生态实践策略，共同决定了人民城市生态韧性建构的高起点、高品质和高难度。党的十九届五中全会以来，以习近平同志为核心的党中央，在通盘谋划"韧性城市"建设远景目标的同时，对我国城市生态文明事业发展也作出了统筹性安排。这些统筹性安排不仅涉及海绵城市发展、韧性城市建设等宏观性目标，还包括城市生态修复、城市环境改善、城市污染治理等实践性要求，它们既构成人民城市生态韧性建构的必要遵循，又蕴含人民城市生态韧性的丰富智慧。在人民城市生态文明治理事业的战略蓝图中，增强城市生态韧性的根本目的并不是致力于短时间内改善城市生态系统的微循环能力，而是要全面塑造并整体提升城市生态系统的风险抵抗力、灾后恢复力、动态适应力和创新学习力，让城市生态系统能够拥有自我调适、自我修复和自我发展的强大能力，以应对可能随时出现的城市生态环境危机及问题。人民城市生态韧性智慧发挥作用的过程，一方面是绿色发展理念不断贯彻和深入实施的过程，另一方面也是可持续发展战略不断延续和持续拓展的过程。人民城市的生态韧性智慧，为人类城市生态韧性建设提供了城市探索道路的中国方案。

中国共产党对人民城市生态智慧的创造，并不是简单地针对表层的生态风险抵抗力和生态灾后恢复力等作出策略谋划，而是深入城市生态韧性的内在实质层面，从根源上进行系统化的多维探索和精准部署。人民城市的生态韧性智慧有多个方面的体现。首先，绿色转型是人民城市生态韧性的核心智慧。纵观人类城市发展进程，城市生态环境遭受破坏的关键原因在于城市发展的绿色理念虽已确立，但在实践中并未真正走深走实，特别是绿色生产方式与生活方式尚未完全确立。绿色不仅是城市生态文明事业发展的底色，还是人类城市生态韧性的本色。什么时候真正把绿色理念及其实践融入现代城市发展的全领域和各环节，什么时候就能够真正建立起强大的人类城市生态韧性，并最终建成全人类共同向往和赖以生存的绿色城市梦想家园。中共十八届中央委员会第四十一次集体学习以"推动形成绿色发展方式和生活方式"为内容主题，深入学习讨论了绿色发展方式和生活方式的重要性及推进策略。习近平总书记强调："我们要充分认识形成绿色发展方式和生活方式的重要性、紧迫性、艰巨性，加快构建科学适度有序的国土空间布局体系、绿色循环低碳发展的产业体系、约束和激励并举的生态文明制度体系、政府企业公众共治的绿色行动体系"[①]。习近平总书记所强调的绿色发展方式和生活方式，构成人民城市生态韧性建构的实践智慧基础。人民城市的绿色发展方式，注重城市经济与社会发展的集约化与协调性，通过绿色交通、节能环保、低碳消费等方面的基础设施建设，最大限度保留和提升城市生态系统的自我调适能力，以抗击来自自然的城市生态系统灾害和人为的城市生态系统破坏。人民城市绿色发展方式培育是人民城市生态韧性建构的重要支撑。人民城市的绿色生活方式，倡导简约适度、绿

---

① 《习近平著作选读》第1卷，人民出版社2023年版，第609页。

色低碳的城市生活理念，反对奢侈浪费和不合理消费的错误认知，通过绿色家庭、绿色学校、绿色社区、绿色机关、绿色家具、绿色建材等绿色化的机构变革与生产变革，实现人民群众城市生活的全方位绿色变革。人民城市绿色生活方式涉及人民群众的衣食住行等各个方面，其对城市生态系统的影响力尤为巨大。全力推进人民城市绿色生活方式形成，是人民城市生态韧性建构的最有力路径。无论是推动城市绿色发展方式形成，还是推动城市绿色生活方式形成，最终都要归于人民城市发展的绿色转型。现代城市发展的绿色转型是城市生态韧性的深层次和根本性要求，它是确保城市生态韧性强度和韧度符合城市生态系统需要的关键依托。人民城市的绿色转型，能够全方位、宽领域和多环节建构并增强城市生态韧性。

其次，环境宜居是人民城市生态韧性智慧的指向。就基本功能维度而言，城市生态韧性是以城市生态系统的自适力和调节力为支撑，避免城市生态系统在遭遇重大变故时受到伤害或减少伤害程度的韧性体系结构。城市生态韧性的基本功能要服务于城市生态系统发展，这是城市生态韧性的内在属性决定的。但不可否认的是，人类通过各种举措提升城市生态韧性，除了要为城市生态系统功能的发挥提供保障外，更重要的是人类要为自身创造生态自适力和调节力较强的城市宜居环境。城市环境宜居是人民城市生态韧性智慧的深层指向，也是中国共产党建构城市生态韧性的创新目标。习近平总书记在多个场合提及城市宜居问题。在中央财经委员会第十一次会议上，习近平总书记提出，"要增强城市宜居性，引导调控城市规模，优化城市空间布局"[①]；在雄安新区规划建设工作座谈会上，习近平总书记指出，"坚持生态优先、绿色发展，坚持以人民为中心、注重保障和改善民生，坚持保护弘扬中华优秀传统文化、延续历史文脉，建设绿色生态宜居新城区"[②]；在浦东开发开放30

[①] 中共中央党史和文献研究院编：《习近平关于城市工作论述摘编》，中央文献出版社2023年版，第126页。

[②] 中共中央党史和文献研究院编：《习近平关于城市工作论述摘编》，中央文献出版社2023年版，第11页。

周年庆祝大会上，习近平总书记强调："城市是人集中生活的地方，城市建设必须把让人民宜居安居放在首位，把最好的资源留给人民。"①习近平总书记对城市宜居性、生态宜居、人民宜居安居等层面的反复强调，意在为社会主义现代化城市生态文明事业明确宜居的韧性发展目标。人民城市生态韧性建构作为我国社会主义城市生态文明事业的有机构成，归根结底要为人民群众创造宜居的城市生态环境，满足人民群众对于优美城市人居环境的迫切需要。当然，人民城市宜居环境的创造是多层次的，既涉及城市原生的自然生态系统，又涵盖人类创造的人工环境系统，本质上是自然生态系统与人工环境系统共同作用、相互融合的生态产物。从这个意义上而言，人民城市宜居环境的现实彰显与城市生态韧性的内在指向是辩证统一的。人民城市生态韧性的增强与人民城市宜居环境的创造，完全依靠城市自身的自然生态系统来推进和实现既不现实也不可行，主要缘于城市生态韧性和城市宜居环境都是人类实践作用于城市生态系统的结果，而不是城市自身生态系统独立发生作用的结果。就作用机理层面而言，人民城市生态韧性的增强，能够为城市宜居环境的营造提供可持续性的保障；人民城市宜居环境的创造，能够为城市生态韧性的增强提供现实方向指引。因此，不论是城市的原生自然生态系统，抑或是人类创造的人工环境系统，都是人民城市生态韧性建构的重要组成，都对城市整体生态环境起着重要的屏障作用。人民城市致力于城市生态韧性提升基础之上的宜居生态环境营造，彰显的正是中国共产党对于人民城市生态韧性智慧的独特探索和创造。

再次，人民城市生态韧性智慧实践的应用性策略。人民城市生态韧性智慧的实践主要有两大维度，既包括城市生态韧性自身要素的实践，也包括城市生态韧性外围要素的实践。对于前者而言，集中性的体现是城市水生态修复、土壤生态修复、大气生态修复、动植物多样性修复等，这是人民城市生态韧性智慧实践的基本构成；对于后者而言，集中

---

① 中共中央党史和文献研究院编：《习近平关于城市工作论述摘编》，中央文献出版社2023年版，第39页。

性的体现是城市污水处理、城市垃圾处理、城市泄洪河道疏浚、城市排水设施完善、城市生态涵养功能区建设等，这是人民城市生态韧性建构基础设施的完善。人民城市生态韧性智慧实践的两大维度，囊括了城市生态系统灾害管理周期的各个阶段——灾害减轻、应急准备、灾害吸收、灾后恢复、灾害反应、灾后适应。除此之外，人民城市生态韧性智慧实践并不单独强调政府这一主体应该担负的生态职责，还主张企业、社会与公民等不同主体应该担负的生态责任，致力于打造涵盖政府、企业、社会与公民等全社会主体共同参与的共建共治共享的城市生态韧性建构的新格局。就此而言，中国共产党所创造的人民城市生态韧性智慧实践，不仅有面向当前城市生态系统危机的解决方案，还面向未来可能遭遇的城市生态危机的前瞻谋略；不仅明确了政府、企业、社会与公民等不同生态主体应有的职责，还确立了社会主义城市生态韧性共建共治共享的实践格局目标。从根本上来说，人民城市生态韧性实践智慧，内在提供的是全方位、多层次、针对性兼具的城市生态韧性提升方案。

具体而言，人民城市生态韧性智慧实践的应用性策略包括三个方面。其一，以海绵城市建设为契机，全面提升人民城市雨水涵养能力。城市雨水涵养能力是衡量现代城市生态韧性水平高低的重要指标，它事关城市在遭遇重特大暴雨灾害时的自我调适能力、自我防御力和自我恢复力。海绵城市建设是我国谋划社会主义现代化城市生态文明建设事业的战略举措，是全面提升我国城市发展整体生态韧性水平的主要手段。我国对海绵城市建设给出了具体性规定，《中共中央、国务院关于进一步加强城市规划建设管理工作的若干意见》中指出："充分利用自然山体、河湖湿地、耕地、林地、草地等生态空间，建设海绵城市，提升水源涵养能力，缓解雨洪内涝压力，促进水资源循环利用。鼓励单位、社区和居民家庭安装雨水收集装置。大幅度减少城市硬覆盖地面，推广透水建材铺装，大力建设雨水花园、储水池塘、湿地公园、下沉式绿地等雨水滞留设施，让雨水自然积存、自然渗透、自然净化，不断提高城市雨水就地蓄积、渗透比例。"① 现代海绵城市建设契合了人民城市生态

---

① 中共中央党史和文献研究院编：《十八大以来重要文献选编》下，中央文献出版社2018年版，第190页。

韧性建构的实践需要和发展目标，为人民城市生态韧性增强提供了有效可行的实践方向。

其二，以城市自然生态恢复为手段，增强人民城市自然生态活力。城市自然生态活力是城市生态韧性增强的必要前提，良好的城市自然生态活力，能够为城市自然生态系统提供强大的自我恢复力和灾后重建力。城市自然生态系统作为城市生态系统的重要构成，在城市生态韧性建构中起着关键性作用。如若城市自然生态系统在城市发展过程中遭受较为严重的破坏，将会直接造成城市自然生态活力的下降，给城市自然生态系统恢复带来巨大的压力。《中共中央、国务院关于进一步加强城市规划建设管理工作的若干意见》中指出："优化城市绿地布局，构建绿道系统，实现城市内外绿地连接贯通，将生态要素引入市区。建设森林城市。推行生态绿化方式，保护古树名木资源，广植当地树种，减少人工干预，让乔灌草合理搭配、自然生长。鼓励发展屋顶绿化、立体绿化。进一步提高城市人均公园绿地面积和城市建成区绿地率，改变城市建设中过分追求高强度开发、高密度建设、大面积硬化的状况，让城市更自然、更生态、更有特色。"[1] 对于人民城市发展而言，不断促进城市自然生态的全面恢复及整体修复，持续激发城市自然生态的强大活力，对于人民城市生态韧性的有效提升发挥着极其重要的作用。

其三，以污水、垃圾等综合治理为载体，完善人民城市生态设施。现代城市生态韧性的不足，人类不合理的城市生产方式与生活方式所带来的城市生态环境破坏是主要诱因。城市黑臭水体、城区污水横流、河湖水系污染、垃圾污染环境等城市生态环境问题，根本上是城市生态韧性意识不足，城市生态实践行为失当所引发的。加之现代城市发展存在着对生态文明不重视，城市生态基础设施不完善等情况，让原本脆弱的城市生态环境变得更加脆弱。人民城市注重从现代城市发展的生态文明实践中，通过污水治理、大气治理、垃圾综合治理等形式多样的载体，

---

[1] 中共中央党史和文献研究院编：《十八大以来重要文献选编》下，中央文献出版社2018年版，第190页。

推进城市自然生态及城市环境的修复，最大限度提升城市生态韧性。《中共中央、国务院关于进一步加强城市规划建设管理工作的若干意见》中指出："强化城市污水治理，加快城市污水处理设施建设与改造，全面加强配套管网建设，提高城市污水收集处理能力。整治城市黑臭水体，强化城中村、老旧城区和城乡结合部污水截流、收集，抓紧治理城区污水横流、河湖水系污染严重的现象"，"强化城市保洁工作，加强垃圾处理设施建设，统筹城乡垃圾处理处置，大力解决垃圾围城问题。推进垃圾收运处理企业化、市场化，促进垃圾清运体系与再生资源回收体系对接"。① 人民城市生态基础设施的不断完善，为人民城市生态文明事业发展，特别是人民城市生态韧性的建构和提升提供了重要保障。

人民城市理论对现代城市生态理性的纵深认知，对我国城市发展所遭遇的生态困境的科学破解，对城市生态文明事业发展的智慧创造，深刻彰显着中国共产党对社会主义现代化城市生态文明事业发展规律的时代探索，凸显着以习近平同志为核心的党中央对于社会主义城市生态文明实践的战略谋划和深邃思考。人民城市生态文明建设的全新理念、模式、路径及道路等探索，既契合了我国社会主义城市发展的客观规律和时代趋势，又为满足人民群众对优美城市生态环境的需要提供了多维度理论与实践借鉴，更为人类城市生态文明事业的当前困境和未来发展贡献了有中国生态智慧的解决方案。

---

① 中共中央党史和文献研究院编：《十八大以来重要文献选编》下，中央文献出版社2018年版，第190—191页。

第五章

人民城市理论之文化建设

自古以来,城市不仅是人类的政治中心与经济中心,还是承载人类文明的重要文化中心。文化与城市是依存共荣的关系,文化是城市的灵魂,城市是文化的载体。文化是人类推进城市发展过程中不可或缺的核心要素,城市是特定文化元素、文化符号、文化价值、人文精神、历史传承的有机产物。城市文化往往蕴藏着城市的真正价值,彰显着城市的独特魅力,延续着城市的文脉涵养,寄寓着城市的美好图景。繁荣多彩、底蕴深厚的城市文化,既能够满足城市居民对于先进文化的强烈需求,又能够减弱纯粹城市建筑空间带给人的压抑感、冷漠感和孤寂感,更能够让城市发展拥有思想、富有情感、充满灵性和存有温度。一座城市的文化修养,常常反映着这座城市自身的内在特质和城市居民的精神风貌,能够决定这座城市未来发展的高度和地位,能够影响这座城市的综合竞争力和自我塑造力。

长期以来,我国城市发展在取得重大经济社会效益的同时,也形成了城市文化软实力发展的"真空地带",城市文化荒漠、历史文脉断裂、区域特色消失等漠视和忽略城市文化发展的现象愈发严重。改革开放后,我国城市建设受到西方现代化城市模式影响,城市建筑、公共交通、环境绿化、功能布局等方面的趋同性愈加明显,"千城一面,万楼一貌"的城市同质化更新和城市"化妆"运动愈演愈烈,城市的独特性、吸引力和生命力呈现逐渐减弱态势,这在根本上是因城市文化软实力不足所引发的。现代城市发展单纯依靠经济总量、规模速度等硬实力指标的时代已经过去，文化软实力逐渐成为现代城市竞争力增长的核心要素。赢得城市文化发展的高地，才能赢得城市发展的未来。

党的十八大以来，以习近平同志为核心的党中央，高度重视社会主义城市文化建设，全面谋划人民城市文化事业发展，从人民城市的整体文化魅力，到人民城市的精神品格塑造，再到人民城市的公共文化服务，全方位、精细化、体系性的人民城市文化发展战略布局，为人民城市文化软实力增强提供了可靠的战略与策略保障。人民城市的文化发展实践，立足我国城市文化软实力不足的现实困境，通过城市文化遗产的保护、城市历史文脉的传承、城市精神品格的凝练、城市文化设施的完善、城市文化服务的供给等方式和手段，探寻人民城市发展的区域文化特色，夯实人民城市建设的传统文化根基，增强人民群众对于人民城市的情感认同、价值认同和身份认同，促进人民城市持续朝着富有文化个性的方向健康发展。

第一节　人民城市的历史人文魅力

城市历史人文魅力是城市独特文化产生的吸引力和诱惑力，代表着人类对于城市文化形象、特质、个性、特色等方面的综合感知。独特强大的城市历史人文魅力，既是人类城市发展的重要命脉，又是城市凝聚力、影响力等柔性实力提升的重要支撑。拥有城市文化资源并不等同于拥有城市历史人文魅力，城市历史人文魅力绝不是城市文化资源的简单堆砌，而是城市文化资源时代化的整体呈现。城市历史人文魅力形成的核心条件是城市文化资源的独特性发掘和城市文化个性的创新性塑造，这在根本上取决于城市决策者、建设者及民众对于城市文化底蕴、历史文脉、文化特色等城市文化元素的实践态度。在大规模城镇化日渐放缓的时代背景下，持续营造并提升城市的独特历史人文魅力，构成现代城市谋求高质量发展的必由之路。

人民城市的历史人文魅力是人民城市综合文化形象的内在向度，它的创新性营造和有效性提升是中国共产党在现代化视域下对各类城市文化资源进行统筹整合和战略重构的客观结果。城市文化品牌是现代城市发展的重要标识，中国共产党主张通过城市文化品牌的精心打造，来强化人民城市自我身份的精准识别和社会影响；城市文化涵养是城市发展内生活力的文化源泉，人民城市将文化涵养视作自身发展的重要动力，并通过文化涵养的方式来激发城市的发展活力；城市历史文脉是城市文化传承与延续的主要载体，现代城市发展与城市历史文脉是融荣共生的关系，以城市历史文脉为依托培养现代城市的独特个性，构成人民城市发展的重大时代任务；城市建筑遗产是城市文化资源的宝贵财富，人民城市坚持保护和修复城市特色风貌建筑，让城市在文化特色的底蕴中不断创生出新的生命力。

一　城市文化品牌与城市身份

城市文化品牌作为城市整体文化资源的高度凝聚和集中彰显，是现代城市展示文化底蕴、传播文化形象、提升身份辨识、赋能品质发展的有力"武器"。打造响亮的城市文化品牌，不仅是扩大城市自身对外影响力的现实需要，还是提升同质化城市之间身份识别度的实践需要。我国社会主义城市在经历了疾风骤雨式的城镇化洗礼后，经济发达、沿海地带、政治中心、产业集聚、交通枢纽、旅游胜地等趋同化的城市身份标签日渐增多，而能够真正凸显城市之间根本性差异的带有城市身份独特标识的文化标签却少之又少，这是长期以来我国城市文化品牌建设效果不佳的客观表现。人民城市立足我国城市文化品牌建设普遍不足的具体现实，通过贴合实际、特色鲜明、意境深远的城市文化品牌打造，提升现代城市之间的身份识别度，增强现代城市发展的软实力。

城市文化品牌建设是城市文化形象打造、城市文化气质形塑的重要路径，城市文化品牌的美誉度和知名度，彰显的是城市整体文化资源要素的软实力和影响力。城市文化品牌与带有营利性质的商业品牌不同，它是基于城市自身文化底蕴和不同文化资源，由城市决策者、管理者通过凝练、整合和升华城市优势文化资源所形成的带有城市鲜明特点的品牌形象。在人类社会日渐强调品牌形象重要性的时代大势中,城市文化品牌成为城市整体文化形象系统性重塑、时代化培育与有效性传播的重要载体。人民城市文化品牌强调现代城市文化品牌的形塑必须要坚持人民立场和以人民为中心的观点,即在人民群众的文化视域中对城市文化资源开展高效整合,真正体现人民群众对于城市文化品牌形塑的责任感、参与度和认同性。① 过去的城市文化品牌大都是政府单方直接决策的产物,人民群众的直接参与度过低造成了城市文化品牌缺乏必要的群众基础而无法形成强大的影响力和美誉度。人民城市文化品牌注重人民群众在城市文化品牌形塑过程中的主体地位和历史作用,将人民群众的城市文化需求、城市自身的文化底蕴与城市发展的文化形象充分结合起来,实现了现代城市文化品牌打造的系统性创新和时代性升级。人民城市文化品牌的核心意蕴在于发挥人民群众在城市发展过程中的关键性主体作用,让人民群众成为城市文化形象的创造者、城市文化事业的贡献者和城市文化传播的代言人。

人民城市文化品牌对于人民群众主体地位和作用的强调,决定了人民城市文化品牌拥有着同其他类型城市文化品牌不同的典型特征。其一,人民城市文化品牌的传播性更强。城市文化品牌最为普遍的外化形式是城市文化品牌口号,城市文化品牌口号与人民群众的城市生活息息相关。人民群众的力量是无穷无尽的,他们一旦形成对城市文化品牌的高度认同,就会不自觉地化身城市文化品牌的宣传者和城市文化品牌口号的传播者,并伴随自身的社会实践而形成强大的社会传播力和影响力。其二,人民城市文化品牌的时代感更足。人民群众对于时代变化拥有着超乎寻常的敏锐洞察力和感知力,对于时代感有着强烈的追逐欲和

---

① 学界对于城市文化品牌的界定视角较多,这些视角涉及传播学、广告学、政治学、管理学、社会学、心理学等,而基于马克思主义理论视角的解读相对较少。本书尝试运用马克思主义的基本立场、观点与方法,对现代城市文化品牌及人民城市文化品牌的相关内涵给予界定,以此来明确人民城市文化品牌建设与过去城市文化品牌建设之间的差异性,凸显人民城市文化品牌建设内涵的创新性、时代性和进步性。

好奇心。时代感是人民城市文化品牌的重要特质和构成要件,时代感满满的城市文化品牌,不仅能够最大限度地彰显现代城市文化事业的与时俱进,还能够最大程度地赢得不同城市群体对于时代城市文化的垂青。人民群众对于时代更新的不懈追求,赋予了人民城市文化品牌更强的时代感。其三,人民城市文化品牌的认可度更高。人民群众对于自身所创造出来的东西有着莫名的忠诚度和喜爱感,人民城市文化品牌,体现着人民群众的城市文化意志,凸显着人民群众对于城市文化的兴趣和需求,饱含着人民群众对于城市文化的热爱和追崇,这样的城市文化品牌得到人民群众的广泛认可是必然的。其四,人民城市文化品牌的影响力更大。创意是人民城市文化品牌的生命线,人民城市文化品牌创意的动力源泉来自人民群众。人民城市文化品牌是人民群众基于城市特色文化资源进行有效整合的创造性产物,是人民群众文化创意的外在凸显。人民群众的城市文化品牌创意,能够提升城市文化品牌的美誉度,对城市文化品牌的影响人群、范围和效果起着重要作用。

人民城市文化品牌作为现代城市文化软实力的有机构成,与现代城市身份的标签确立与有效识别存在密切联系。当今中国城市发展正遭遇着巨大的趋同化压力,文化特色消退、名号肆意标榜、建筑跟风攀比等城市建设不良现象日益严重,除了行政名称的显著不同之外,城市与城市之间的诸多差异呈现出逐渐缩小的态势。城市发展的趋同化增加了城市之间的辨识难度,降低了部分城市的社会存在感,削弱了城市自身的影响力和吸引力,更为严重的是可能引发城市身份的丧失与同化。对于现代城市发展而言,不断增强城市之间的差异性,有效提升城市身份的识别度,成为城市决策者和城市管理者必须要面对和解决的重大问题。城市身份是城市自身区别于其他城市的独特之处,是社会发展所给予城市的特殊标识,是人民群众衡量城市发展水平的直观标尺。城市身份在现今时代所承担的意义是多元化的,其既是社会意义层面上城市赖以生存和发展的"脸面",又是经济意义层面上城市整体综合实力的特定"代号"。城市身份的迥异依赖于不同方面的城市内在特质,其中起着重要作用和具备明显标识的是城市所拥有的文化特质。每座城市都是文化元素长期积淀的结果，任何城市都有属于自身的独特文化标识，世界上不存在文化特质完全相同的两座城市。城市文化品牌作为城市文化特质的"外衣"标识，以城市文化品牌为载体的城市身份建构，才是现代城市走出同质化陷阱束缚，强化城市身份标签认同，提升城市识别度的理性手段。

以城市文化品牌为载体确立城市身份标签，并不意味着城市文化品牌完全等同于城市身份。人民城市身份独特识别标签的确立是对经济、政治、文化、社会、生态等多种不同层面城市要素进行综合分析后的客观评判，它必须以人民城市发展的整体实力为基础，又必须符合人民群众对于城市发展状况的总体感知。人民城市身份的来源与确认，既有来自官方依据特定评价体系所认定的评价结果，如国家中心城市、区域中心城市、特大城市等，又有来自民众根据社会人群的普遍性感受所认可的评价结果，如美食之城、浪漫之都、动漫王国、避暑胜地等。人民城市的身份标签具有多重性与单一性并存的特征，同一座城市可能拥有多重身份标签，如成都既是成渝地区双城经济圈的核心城市和国家中心城市，又是四川省的省会城市和"天府之国"的代表城市，更是人民群众热爱和向往的美食之城。对于大多数城市而言，城市身份标签的多重性是不存在的，身份标签的唯一性才是最真实的状态。城市身份标签的多重性，究其根本是不同维度的城市因素参与城市考评引发的客观结果，它们是城市真实状况的不同视角的审视和不同维度的彰显。同经济、政治、生态等因素相比，城市文化因素的特质性更加鲜明和突出，从城市文化视角来凝练城市身份标签和增强城市差异识别度成为人民城市的必然选择。人民城市文化品牌打造正是从城市文化视角，将城市身份标签确立同城市文化特质挖掘贯通起来的具体实现，必定能够对人民城市的身份认同产生积极作用。

当前，人民城市文化品牌打造的能动意识和人民城市身份标签的差异化建构意识虽然在一定程度上被唤醒，但在人民城市建设、治理与发展的具体实践过程中依然存在着诸多亟待解决的问题，人民城市文化品牌打造的科学方法与有效路径就是其中之一。美国著名城市理论家、社会哲学家刘易斯·芒福德认为,"城市,就是人类社会权力和历史文化所形成的一种最大限度的汇聚体"①;德国著名学者奥斯瓦尔德·斯宾格勒(Charles Francis Atkinson)指出,"人类所有的伟大文化都是由城市产生的"②。城市与文化是相互依存的,人民城市是社会主义文化长期积淀的结果,人民城市文化品牌打造不能离开人民城市自身的独特文化资源。深厚文化积淀作为人民城市的基本属性和独特优势,是人民城市文化品牌打造的关键源泉。人民城市文化品牌来源于人民群众的城市生活,但又高于人民群众的城市生活,它在带有人民城市自身文化鲜明特征的同时,又能够充分包容和代表人民城市的文化品格与文化属性。人民城市的文化品牌打造,需要城市决策者、管理者及其他参与者充分挖掘、搜集和整合能够体现城市自身特色的文化资源与文化元素,这些文化资源与文化元素要具有唯一性、独特性和垄断性等特征,尤其要体现出较强的差异性、特色性和可识别性,并将它们汇聚成城市文化品牌建设的强大合力。人民城市文化品牌的载体不是固定的,既可以是优美自然景观载体,又可以是意蕴深远的人文景观载体;既可以是名垂千古的人名标识载体,又可以是地域特色的地名标识载体。不同的人民城市文化品牌在彰显人民城市不同文化特色的同时,也能够最大限度提升人民城市身份的可辨识性,增强人民城市文化品牌自身的扩张力。

二 城市发展活力与文化涵养

城市发展活力是现代城市存续的生命源泉,是现代城市治理的重要议题,它直接决定着城市的发展水平与发展质量。发展活力得到充分激发和有效释放的城市,必定是生命力、竞争力和影响力优势明显的城市。伴随人类社会经济的持续革新,文化逐渐被越来越多的城市决策者和建设者所重视,而渐趋成为现代城市发展的重要驱动力量,城市文化

---

① [美]刘易斯·芒福德:《城市文化》,宋俊岭、李翔宇、周鸣浩译,中国建筑工业出版社2009年版,第1页。
② [美] R. E. 帕克、E. N. 伯吉斯、R. D. 麦肯齐:《城市社会学——芝加哥学派城市研究文集》,宋俊岭、吴建华、王登斌译,华夏出版社1987年版,第3页。

对于城市景观重塑、城市活力提升、城市人才吸引等方面的作用愈加突出。文化兴城、文化荣城、文化润城成为当今城市发展的新潮流与新时尚，文化何以能够兴城、荣城和润城，依靠的是城市自身的文化涵养。人类城市发展的历程已经证明：城市文化涵养与城市发展活力之间呈正比关系，即城市文化涵养越深厚的城市，它的发展活力指数相对越高，反之就越低。人民城市将文化涵养作为关键任务来抓，为自身发展活力提升探寻了有效路径。

人民城市发展活力作为人民城市的重要命脉，不仅事关人民城市的前途命运，还关涉人民城市未来潜力的空间大小。在中央城市工作会议上，习近平总书记指出："城市发展需要依靠改革、科技、文化三轮驱动，增强城市持续发展能力"①。习近平总书记提到的城市持续发展能力，内在实质是城市发展活力问题。习近平总书记对改革、科技和文化等城市发展驱动要素的强调，在为我国社会主义现代化城市持续发展指明策略的同时，也为新时代人民城市释放发展活力提供了实践要素和关键方向指引。人民城市的发展活力主要包括两大维度：内生发展活力维度与外来驱动活力维度。人民城市的内生发展活力维度，不仅涵盖传统性的城市产业活力、经济活力、组织活力等具体内容，还涵盖了时代性的城市文化活力、创新活力、生态活力等崭新内涵。内生维度的人民城市发展活力是人民城市生命力质量的决定性要素。在城市文化建设日渐成为现代城市主要竞争领域的今天，以城市文化传承、文化创新、文化传播等为手段增强城市文化活力，已经成为人民城市发展的重点拓展方向。人民城市的外来驱动活力维度，主要涵盖城市的竞争活力、人才活力、政策活力、开放活力等层面。外来维度的人民城市驱动活力是人民城市发展活力的必要补充，它内在是人民城市的文化心理、文化样态、文化氛围、文化气质、文化愿景等不同文化层面作用于现代城市发展动力维度的客观呈现。从文化发展和城市治理的双重视域来看，城市文

---

① 中共中央党史和文献研究院编：《习近平关于城市工作论述摘编》，中央文献出版社2023年版，第104页。

元素在城市发展活力体系建构中发挥着不可替代的重大作用，这就决定了人民城市文化活力将会成为人民城市发展活力的核心组成部分，并成为未来人民城市竞争力激烈角逐的焦点领域。

人民城市注重从文化层面激活和释放自身发展的活力，这主要是因为城市文化在人民城市建设、治理与发展实践过程中发挥着不可替代的重要作用。过去我国城市发展更多的是"外延式"发展，城市文化长期处于不受重视的状态，其对于城市发展的促进作用也就无法发挥出来。人民城市作为我国城市发展由"外延式"逐渐转向"内涵式"的实践探索，"内涵式"对标的高质量发展目标对城市文化及其作用发挥提出了新的明确要求。人民城市的"内涵式"发展，不仅仅在于城市外在形态的与时俱进，还在于城市整体软实力的持续提升。城市软实力同城市硬实力不同，它内在是现代城市发展的本质力量和柔性动力，实质是城市文化所主导的，包括城市制度体系、社群观念、创新能力等在内的能够产生深远影响的感召因素和不竭动力。城市文化作为城市软实力体系的重要构成因素，作为支撑城市发展的深层次内在力量，其对于城市文化软实力提升和城市活力释放的促进作用是不言而喻的。对于人民城市而言，无论是生命力和凝聚力，还是影响力和竞争力，最终都要归结于人民城市的发展活力，都要依靠人民城市文化所产生的独特力量来推进。与此同时，人民城市的文化软实力一旦形成科学有效的创新增长模式，就能够为人民城市发展提供相对稳定和持久的文化动力。人民城市文化所具有的多元化和包容性特质，能够有效减弱不同城市文化引发的冲突，为人民城市多维度和可持续的发展活力释放提供诸多可能条件。

人民城市文化软实力能够为人民城市发展活力提供内生力量，背后隐藏的是中国共产党对于人民城市文化涵养的高度重视和战略统筹。人民城市的文化涵养是指人民城市文化概貌、文化底蕴、文化特色、文化遗产、文化素养等文化元素构成的综合样态，它既是人民城市文化资源的"蓄水池"，又是人民城市个性气质的"培养皿"。人民城市文化涵养作为人民城市文化自信的重要来源，文化涵养程度越高的城市，往往彰显出强烈的文化自信特征。习近平总书记指出："文化自信是更基本、更深沉、更持久的力量。"① 一座不重视文化涵养的城市，必定是发展潜力不足和发展未来渺茫的城市。人民城市的文化涵养并不是固定不变的，而是随着时间向前推移和文化元素变迁呈现出与时俱进的发展态势。人民城市的文化涵养体系包含着不同的范畴和层面，如城市特色文化的培育、城市文化个性的塑造、城市历史文化的传承、城市传统习俗的延续、城市情感信仰的确立以及城市居民的道德素养、价值观念、文化修养、社会心理等。人民城市从来都是不同文化聚集、交流、融通与作用的场所，人民城市的文化涵养尤其不能丧失自我的文化属性和特色，可以借鉴创新其他城市的文化涵养模式，但绝不能以照搬同化的方式替代创新发展，否则极易造成人民城市文化涵养的独立性和特色性丧失。独立性和特色性消失的人民城市文化涵养，对于人民城市发展活力的价值功能将会变得荡然无存。

　　人民城市文化涵养作为人民城市发展活力的文化力量支撑和宝贵文化财富，并不直接作用于人民城市的整体发展活力，而是通过影响人民城市发展活力的不同层面，达到激发和释放人民城市发展活力的效果。人民城市文化涵养对于人民城市发展活力的激发和释放作用主要体现于以下三个层面。首先，人民城市文化涵养对人民城市经济活力的影响。经济活力是人民城市发展活力的基础要件，良好的经济活力能够提升人民城市发展的整体硬实力。人民城市文化涵养的城市文化产业是人民城市发展的巨大财富，文化产业发展所带来的经济产值增长，本身就是对城市生产总值增长的重要贡献；人民城市文化涵养的城市文旅产业作为支撑城市发展的主要产业类型之一，对于现代城市产业结构的调整和优化发挥着重要作用，城市文旅产业直接和间接所创造的城市经济产值同样是无法给予准确估量的。其次，人民城市文化涵养对人民城市文化活力的影响。文化活力是人民城市发展活力的重要构成，良好的文化活力能够提升人民城市发展的总体竞争力。人民城市文化涵养既涉及城市文

---

① 习近平：《在哲学社会科学工作座谈会上的讲话》，人民出版社2016年版，第17页。

化硬件设施的完善，又涉及城市文化环境氛围的营造。人民城市文化涵养能够丰富城市文化的特色内涵，能够创新城市文化的时代意蕴，能够提升城市居民的文化修养，能够改善城市文化的整体氛围，为城市整体文化活力释放提供坚实的文化滋养保障。最后，人民城市文化涵养对人民城市创新活力的影响。创新活力是人民城市发展活力的根本构成，良好的创新活力能够提升人民城市发展的持久驱动力。创新活力的关键在人才，吸引人才并留住人才是人民城市拥有创新活力的关键路径。人民城市文化涵养所形成的城市文化形象、文化品格与文化影响，能够为人民城市吸引人才、留住人才提供丰富的文化资源抓手。此外，文化创新作为现代城市发展事业的竞技场域，人民城市文化涵养为城市文化创新提供了思想、方法、路径等多维载体。人民城市通过文化涵养留住人才，就能够为自身发展提供源源不断的创新发展主体活力。

审视当今人类城市发展遭遇的发展活力匮乏危机，如美国汽车之城底特律、法国煤钢城洛林、中国锡都云南个旧等，城市文化涵养的不足造成资源枯竭后转型发展的困难重重。现代城市发展所面临的活力困境危机，决定了城市文化涵养完全有必要上升到城市发展重大战略的顶层设计高度来审视和谋划。当前，人民城市发展因文化涵养不足而引发的城市发展活力困境屡见不鲜，这些困境主要体现在以下三个方面。其一，思想认知的困境。受制于大规模城镇化进程的思维惯性影响，我国许多城市依然延续着数量为王、规模至上、经济优先、体量先行等传统的城市发展模式，对于城市文化涵养的事业和产业存在认知偏差，城市发展思想上不重视文化涵养的现象较为普遍，人民城市高质量发展的文化涵养基础不牢已成为备受社会关注的热点问题。其二，缺乏个性的困境。人民城市的文化涵养尤为强调文化涵养的个性化和特色化营造，这是走出"千城一面"同质化困境的关键文化抓手。我国部分城市虽然对城市文化涵养整体上较为重视，但对城市文化涵养的个性化和特色化重视不够，肆意攀比、盲目跟风、无中生有、粗制滥造等背离文化涵养基本规律的现象时有发生，人民城市文化涵养面临着个性化和特色化塑造不足的巨大挑战。其三，实践推进的困境。人民城市文化涵养的实践推进是复杂的系统性工作,缺乏必要的战略统筹和策略谋划是无法有效开展的。许多城市因为基本经验的缺乏,加之功利化心态的影响,在目标不清、思虑不深、举措失当的条件下,通过"依葫芦画瓢"的方式照抄照搬其他城市的文化涵养做法,结果造成自身城市文化涵养效果不佳的情况发生。每座城市都有自身的文化传统,探寻城市文化涵养的科学实践路径,成为人民城市必须要解决好的重大时代问题。

三 城市历史文脉与文化个性

城市历史文脉是城市历史与城市文化交织作用的客观产物,它内隐于城市发展的各环节和全过程中,对于人类城市历史文化延续发挥着不可替代的重要作用。城市历史文脉作为延续城市发展历程的主线载体,能够让城市清晰地知道自身来自何处、未来将要走向何处。守护好城市历史文脉,追忆城市历史、传承城市文化、延续城市生命才有可能实现。城市历史文脉是城市文化个性的"孵化器",人民城市的文化个性并不是一朝一夕形成的,而是在历史文脉的长期沁润中孕育而生。每座人民城市的历史文脉都是中华优秀传统文化延续的有机载体,守护和延续人民城市的历史文脉,不仅事关人民城市文化个性的时代塑造,还关涉人民城市未来发展的历史底蕴。人民城市的历史文脉不能被割断或丢弃,否则会对人民城市的历史文化传承和人民城市的文化个性塑造形成毁灭性打击。

纵观人类城市发展演绎史,历史与文化在人类城市发展的过程中扮演着不可或缺的关键角色。丹麦建筑师卡斯滕·波尔松指出:"城市是历史和文化艺术创作的产物。"[①] 城市是历史和文化的空间载体,历史和文化是城市的生命载体,城市与历史、文化是紧密联系在一起的有机整体。从历史文化视角而言,现代城市的发展过程,其实就是城市历史

---

① [丹麦]卡斯滕·波尔松:《人本城市——欧洲城市更新理论与实践》,魏巍、赵书艺、王忠杰、冯晶、岳超译,中国建筑工业出版社2021年版,第26页。

文化传承和延续的过程，即城市历史文脉保护和延续的过程。习近平总书记在中央城市工作会议上强调，城市建设要"保护弘扬中华优秀传统文化，延续城市历史文脉，保留中华文化基因"①。延续城市历史文脉，内在是续写城市发展历史、传承城市文化血脉、延续城市文化个性。那么，究竟何为城市历史文脉？从历史文化学视域而言，城市历史文脉可以简单等同于城市历史文化，但它并非不成体系的、零碎的城市历史文化，而是带有城市文化底蕴、体现城市文化特色的历史文化系统。2019年2月，习近平总书记在北京考察时强调："一个城市的历史遗迹、文化古迹、人文底蕴，是城市生命的一部分。文化底蕴毁掉了，城市建得再新再好，也是缺乏生命力的。要把老城区改造提升同保护历史遗迹、保存历史文脉统一起来，既要改善人居环境，又要保护历史文化底蕴，让历史文化和现代生活融为一体。"② 在习近平总书记看来，城市历史文脉代表了城市赖以存在和发展的历史文化系统，历史遗迹、文化古迹、人文底蕴都是城市历史文脉的重要构成，保护城市历史文脉就是保护城市发展的生命力。

人民城市的历史文脉是人民城市发展的生命线，它是由人民城市不同维度历史文化元素构成的复合系统。人民城市的历史文脉，既包括孕育于城市发展过程中的浩瀚典籍，又涵盖流传于城市演变历程中的思想理论，还囊括留存于城市变迁过程中的文物古迹。这些浩瀚典籍、思想理论与文物古迹都是人民城市十分珍贵的历史与文化财富，它们以不同的形式承载和保留着人民城市发展的过往记忆，弘扬和传承着人民城市独特的文化意象，延续和守护着人民城市生存的文化血脉。人民城市的历史文脉不是抽象存在的，而是具体表现为城市地名文脉、名人文脉、文物文脉、建筑文脉、精神文脉等不同的层面。相关数据显示，我国目前有141座国家历史文化名城，它们基本覆盖了中国大部分行政区域的

---

① 中共中央党史和文献研究院编：《习近平关于城市工作论述摘编》，中央文献出版社2023年版，第110页。

② 中共中央党史和文献研究院编：《习近平关于城市工作论述摘编》，中央文献出版社2023年版，第113页。

主要城市。① 国家设置历史文化名城的文物保护机制，其重要目的之一就是要守护好城市发展的历史文脉。在人民城市发展的现实实践中，守护好城市历史文脉的首要前提是明确城市历史文脉的重要价值及作用。习近平总书记对城市历史文脉的作用进行了多次强调。2015 年 12 月，习近平总书记在中央城市工作会议上指出，"城市是一个民族文化和情感记忆的载体，历史文化是城市魅力之关键"②；2019 年 11 月，习近平总书记在上海考察时指出，"城市历史文化遗存是前人智慧的积淀，是城市内涵、品质、特色的重要标志。要妥善处理好保护和发展的关系，注重延续城市历史文脉"③；2020 年 10 月，习近平总书记在广东考察时指出，"在改造老城、开发新城过程中，要保护好城市历史文化遗存，延续城市文脉，使历史和当代相得益彰"④。发挥好人民城市历史文脉的作用，最根本的途径是防止割断城市历史文化血脉的现象发生，要营造历史文化血脉传承的良好氛围。任何城市都有自身的历史文脉，割断了历史文脉等于清零城市发展的过去、忘却城市成长的历史、阻隔城市延续的血脉，在根本上是违背人民城市发展客观规律的，不利于人民城市文化个性的建构和创新。

城市文化个性是现代城市应有的内在文化属性，富有独特文化个性的城市往往是现代城市魅力十足的城市。所谓城市文化个性，并不是城市中某一方面或者某一领域文化元素的共同个性的简单相加，而是基于城市整体历史文化元素评判基础之上的总体感觉抽象。此种感觉抽象在现实层面常常具化为特定的文化形容词语，如开放包容、沉稳宁静、热情奔放、古朴典雅、闲适阔达等，它们或是单一存在，或是组合在一

---

① 此数据来源于《141 座国家历史文化名城：河南省位列 TOP3》，河南省文物局官方网站，https://wwj.henan.gov.cn/2022/05-27/2457447.html。
② 中共中央党史和文献研究院编：《习近平关于城市工作论述摘编》，中央文献出版社 2023 年版，第 109 页。
③ 中共中央党史和文献研究院编：《习近平关于城市工作论述摘编》，中央文献出版社 2023 年版，第 114 页。
④ 中共中央党史和文献研究院编：《习近平关于城市工作论述摘编》，中央文献出版社 2023 年版，第 115 页。

起，让人不禁深思和细细品味这些词语所透露出的城市文化个性韵味。城市文化个性形成的重要前提是城市历史文化的多样性，多样性是造就城市历史文化丰富性的必要条件，当把丰富性的和有侧重性的城市文化特质放在一起，凝练出最能体现城市自身文化风格的代名词，城市文化个性的语言形象外衣便会产生。当然，城市中的诸多历史文化元素，如城市建筑、特色美食、区域语言、传统风俗、生活节奏、环境容貌、思想观念、心境态度、民风氛围等，都可能成为城市文化个性造就的关键性支撑元素。不同的城市因地域、历史、自然、人文等诸多条件的不同，其自身的文化都会带有与众不同的个性特征。在现实的城市实践中，人民城市文化个性经常带给人的是一种较为抽象的思维意境，这些意境也常常给人造成一种错觉——文化个性只存在于人类对于城市的感觉之中。但事实却恰恰相反，人民城市的文化个性有其丰富的现实承载和媒介彰显，如城市中的建筑个性、精神个性、街区个性、居民个性、环境个性、习俗个性等。通过这些不同层面的具体个性，把握人民城市文化个性的整体特质将变得不再困难。对于人民城市的文化个性而言，它内在反映的是人民城市长久积淀而成的文化风骨、文化特质和文化意蕴。

人民城市文化个性的根脉在人民城市的历史文脉中，城市历史文脉包含着城市文化个性塑造的必要条件。人民城市文化个性是人民城市历史文脉长久涵养和持续积淀的结果，人民城市文化个性的魅力和吸引力同样来自人民城市的历史文脉。区域文化心态是城市文化个性形塑的重要条件之一。人民城市历史文脉隐藏着人民城市的地域文化心态，有什么样的地域文化心态，就会对应形成什么样的人民城市文化个性。如上海是海派文化与江南文化交融的地理区域，这两种文化类型支撑着上海历史文脉的演变与发展，并促进上海形成了内外兼收并蓄的城市文化心态。上海城市文化心态中所蕴含的理念、意境、神韵、智慧等，深刻影响着上海城市文化的传播和延续，对独具上海风格的城市文化个性形成发挥着不可替代的作用。现代城市大型文化项目，在以新的形式、载体、内涵延续着城市历史文脉的同时，也在塑造和强化着城市的文化个性。

　　传承人民城市历史文脉，塑造人民城市文化个性，是需要人民城市自身进行科学谋划的系统性工程。习近平总书记强调："要本着对历史负责、对人民负责的精神，传承城市历史文脉，下定决心，舍得投入，处理好历史文化和现实生活、保护和利用的关系，该修则修，该用则用，该建则建，做到城市保护和有机更新相衔接。"① 当前，我国部分城市在历史文脉传承和文化个性塑造的过程中遭遇了一些突出性问题。首先，漠视城市自身历史文化的现象时有发生。立足自身历史文化传统，开展城市文化个性塑造，这是人民城市提升文化涵养应该遵循的科学之道。习近平总书记在中央城镇化工作会议上指出："一些城市漠视历史文化保护，毁坏城市古迹和历史记忆"②。部分城市管理者对历史文化保护的不重视，对城市历史古迹的肆意毁坏，都会造成城市历史文化记忆的消逝，形成城市历史文脉的断裂。人民城市的历史文脉一旦发生断裂，人民城市的文化个性塑造将会失去赖以存在的文化土壤。其次，丢掉中华优秀传统文化的情况较为普遍。我国每座城市无论发展的历史长短，都是中华优秀传统文化沁润的产物，它们在不同维度彰显和延续着中华优秀传统文化的血脉。传承人民城市历史文脉，塑造人民城市文化个性，最关键的是不能脱离中华优秀传统文化的血脉根基。习近平总书记在中央城市工作会议上强调："我们要借鉴国外城市建设有益经验，但不能丢掉了中华优秀传统文化。"③ 中华优秀传统文化是人民城市建设、治理与发展的文化根基，在任何时候都不能抛弃中华优秀传统文化这个根基。最后，盲从国外塑造文化个性的实践依然存在。人类城市文化发展具有交互性、融通性，多样性并存的文化才能够带来世界文化的繁荣。人民城市的历史文脉虽有其相对稳定的文化构成因

---

① 中共中央党史和文献研究院编：《习近平关于城市工作论述摘编》，中央文献出版社2023年版，第100页。
② 中共中央党史和文献研究院编：《习近平关于城市工作论述摘编》，中央文献出版社2023年版，第71页。
③ 中共中央党史和文献研究院编：《习近平关于城市工作论述摘编》，中央文献出版社2023年版，第108—109页。

素，但与其他城市之间的文化交流则是不可避免的。人民城市历史文脉的传承并不反对不同城市历史文化之间的交流，但要坚持"以我为主、为我所用、批判借鉴"的基本原则，不盲从国外城市文化建设的做法及经验，这样才不会失去人民城市历史文脉的底色，才能真正塑造属于人民城市自身的文化个性。习近平总书记批评道："一些地方热衷于改老地名，喜欢起一些洋气一点的地名，如'曼哈顿'、'威尼斯'、'加州1886'、'玛斯兰德'等，五花八门，与中国历史文化协调吗？不仅群众看得一头雾水、莫名其妙，而且也割断了地名文脉、不利于传承我们的民族文化。"① 对此，习近平总书记明确指示："传承文化不是要简单复古，城市建设会不断融入现代元素，但必须同步保护和弘扬传统优秀文化，延续城市历史文脉。"②

四　城市建筑遗产与文化特色

城市建筑是城市文化特质的空间承载、形态彰显与意蕴表达，城市建筑风貌折射着城市自身的文化底蕴、文化个性和文化特色。城市建筑作为城市文化传承的物质载体，并不是永恒不变的空间存在，而是时刻要遭遇老旧建筑更新存续与建筑风貌修缮迭代的现实问题。人民城市作为社会主义条件下城市具体景观与城市文化形象、人民群众城市欲望与城市想象的建筑空间，既是城市历史文化与城市历史记忆的容器，又是城市建筑遗产与城市历史风貌的时代活化载体。人民城市在建设、治理与发展的过程中，对待自身建筑遗产特别是历史老旧建筑的实践态度，反映着人民城市对待自身历史文化的具体态度。在我国大规模开启城市更新进程，谋求城市高质量发展的时代背景下，保护城市建筑遗产，营造城市独有风貌，形成城市文化特色，成为人民城市发展过程中亟待解决的重要问题。

---

　①　中共中央党史和文献研究院编：《习近平关于城市工作论述摘编》，中央文献出版社2023年版，第100页。
　②　中共中央党史和文献研究院编：《习近平关于城市工作论述摘编》，中央文献出版社2023年版，第100页。

人类城市是建筑空间的聚集，城市建筑是城市空间的骨架，如若城市脱离了建筑将会失去空间载体，如若建筑脱离了城市终将沦为沙土瓦砾。在人类城市发展的漫长历程中，城市空间与城市建筑始终是相存相依的亲密伙伴，它们在为城市发展构建空间"建筑骨架"的同时，也在塑造和承载着城市发展的内在"文化灵魂"。人类对于城市建筑的情感是复杂的，既希望城市建筑能够为人类提供更大、更舒适的生活与工作空间，又期望城市建筑能够跟随时代变化满足人类的审美需求；人类既会沉醉于华美建筑带来的喜悦之中，也会迷失于破败建筑带来的悲伤之中。人类对于城市建筑寄予的希望太多，得到的失望回应也太多，这种对于城市建筑爱恨交织的复杂心情始终渗透在城市发展的过程中。但无论在任何时候，人类都不曾有抛弃城市建筑的半点想法，因为城市建筑提供的不仅仅是人类生活工作的物质空间，它还提供了人类思想精神的文化空间，更重要的是支撑起了人类的梦想空间。人类可以从城市建筑构建的立体空间中，洞察到城市的文化特色，感受到城市的文化底蕴，触摸到城市的文化灵魂。习近平总书记在中央城市工作会议上指出："城市建筑是人类劳动和创造的结晶，承载着人类社会文明进步的历史。建筑也是富有生命的东西，是凝固的诗、立体的画、贴地的音符，每一个建筑都在穿行的岁月里留下沧桑的故事。"[①] 在习近平总书记看来，城市建筑不是冷冰冰的砖石瓦块、钢筋水泥，而是富有生命感和人文气息的历史文化载体。这就意味着，城市建筑的功能并不是单一的，除了能够满足人类对于储藏、居住、办公、遮蔽、娱乐等空间功能需求之外，还承载着人类的思想理念、精神追求、价值趋向、审美偏好等文化传承功能，同时还凸显着城市的精神品格、历史底蕴和文化特色。

经过百年甚至千年岁月洗礼而依旧屹立不倒的城市建筑，是最值得被城市所珍视的历史建筑遗产。从北京的明清帝王建筑故宫，天津的劝业场，上海的外滩建筑群、中共一大会址、东方明珠塔，到重庆的人民

---

① 中共中央党史和文献研究院编：《习近平关于城市工作论述摘编》，中央文献出版社2023年版，第108页。

大礼堂、解放碑、朝天门码头，南京的中央大学旧址，再到厦门的厦门大学旧址、武汉的汉口近代建筑、哈尔滨的索菲亚大教堂等，我国的城市历史建筑遗产数量不计其数，它们主要涉及住宅建筑、会堂建筑、教育建筑、文体建筑、纪念建筑、宗教建筑、医疗建筑、办公建筑、商业建筑、工业建筑、宾馆建筑、交通建筑等十余个门类，时间跨度从几十年到数百年乃至千年之久。这些丰富的城市历史建筑遗产，留存的是建筑本身的历史风采，展现的是城市文化的历史魅力。"建筑是文化的载体，文化是建筑的灵魂"①，城市历史建筑遗产是城市的历史、文化与建筑三者完美融合的外在表现，缺少了历史与文化的滋养，城市建筑就缺少了赖以存在的灵魂。城市历史建筑遗产作为前人城市建筑智慧的创造性积淀，凝结着城市建筑发展变革过程中的价值观念，展现着城市特色文化沿革的历史实践；城市历史建筑遗产作为城市历史文脉传承与延续的器物载体，具有不可复制、不可再生、独一无二的稀缺性特征，是城市文化特色彰显的重要介质平台。城市历史建筑遗产在城市整体形象架构中通常表现为带有地域文化特色的城市风貌。习近平总书记指出："城市特色风貌是城市外在形象和精神内质的有机统一，是自然地理环境、经济社会因素、居民生产生活方式等长期积淀形成的城市文化特征，决定着城市的品味。"② 城市特色风貌是包括城市建筑风貌在内的城市整体风貌，它代表着城市的文化气质、形象、性格和特色，保护好城市特色风貌，就是守护好城市历史文脉。承载着丰富历史文化资源的城市历史建筑遗产，为人们观察城市文化、阅读城市历史、感受城市韵味提供了十分可靠的媒介载体。

在现代城市建设、治理与发展的过程中，城市历史建筑遗产常常是与城市老旧建筑画等号的。当然，作为历史建筑遗产的城市建筑是具备特定文化底蕴、带有特定文化标识的建筑个体或建筑群体，它们的城市

---

① 中共上海市委党校编著，赵勇主编：《人民城市建设的实践探索》，上海人民出版社2021年版，第163页。

② 中共中央党史和文献研究院编：《习近平关于城市工作论述摘编》，中央文献出版社2023年版，第108页。

老旧建筑身份是确定无疑的，但又不完全等同于一般性的陈旧老建筑。加拿大著名学者简·雅各布斯在《美国大城市的死与生》一书中，对城市老建筑的内涵给予了自己的阐释。她认为："老建筑对于城市是如此不可或缺，如果没有它们，街道和城区的发展就会失去活力。所谓的老建筑，我指的不是博物馆之类的老建筑，也不是那些需要昂贵修复的气宇轩昂的老建筑——尽管它们也是重要部分——而是很多普通的、貌不惊人和价值不高的老建筑，包括一些破旧的老建筑。"① 其实判断城市陈旧老建筑，并不是一件十分困难的事情，通过建筑的外表形态、使用年限及设施状况等基本可以得出相对准确的界定。但作为城市历史建筑遗产的陈旧老建筑，必须要对建筑的时代背景、功能用途、理念指征、历史演变、文化承载等作出综合性的考量和评判，这在实践中是具有较大操作难度的，因为城市管理者个人的主观判断不可避免地要渗透其中。众所周知，特定的城市历史建筑遗产即城市陈旧老建筑，背后彰显的必定是特定的城市历史文脉与城市文化特色，这是由城市建筑的特有属性所决定的。作为城市历史文化符号的老旧建筑遗产，它们传承的不仅有城市的文化底蕴，还有城市的文化特色。城市历史建筑遗产为城市文化特色的挖掘和保持，提供了可综合感知的外在器物载体。对于人民城市而言，判定和识别城市陈旧老建筑本身不是目的，在推进城市更新的过程中，科学传承和有效延续城市陈旧老建筑所代表的文化特色和文化底蕴才是当务之急。

  人民城市文化特色的挖掘与塑造，要充分利用好城市历史建筑遗产的资源优势，这主要是缘于人民城市历史建筑遗产，特别是城市陈旧老建筑承载着城市文化特色的发展脉络。人民城市的文化特色，反映的是人民城市自身文化所具有的与其他城市显著不同的地方，既可以是人民城市中某些单个文化元素的个别特色，也可以是人民城市整体文化系统的共同特色；既可以是人民城市实物载体形式的物质特色，也可以是人

---

① ［加］简·雅各布斯：《美国大城市的死与生》，金衡山译，译林出版社 2020 年版，第 220 页。

民城市价值载体形式的精神特色。但不论是什么样的文化特色，都离不开城市历史建筑遗产这一外在表现形式，也离不开城市历史文化底蕴这一内在本质精髓。习近平总书记多次提及城市文化特色与城市建筑遗产、城市历史文化底蕴之间的关系问题。2018 年 10 月，习近平总书记在广东考察时指出，"城市规划和建设要高度重视历史文化保护，不急功近利，不大拆大建。要突出地方特色，注重人居环境改善"①；2019 年 2 月，习近平总书记在北京考察时指出，"要把老城区改造提升同保护历史遗迹、保存历史文脉统一起来，既要改善人居环境，又要保护历史文化底蕴，让历史文化和现代生活融为一体。老北京的一个显著特色就是胡同，要注意保留胡同特色，让城市留住记忆，让人们记住乡愁"②；2021 年 3 月，习近平总书记在福建考察时指出，"保护好传统街区，保护好古建筑，保护好文物，就是保存了城市的历史和文脉。对待古建筑、老宅子、老街区要有珍爱之心、尊崇之心"③；2022 年 1 月，习近平总书记在考察调研世界文化遗产山西平遥古城时强调，"要敬畏历史、敬畏文化、敬畏生态，全面保护好历史文化遗产，统筹好旅游发展、特色经营、古城保护，筑牢文物安全底线，守护好前人留给我们的宝贵财富"④。包括城市历史建筑在内的城市历史文化遗产是城市文化特色发掘的重要支撑。保护好人民城市历史建筑遗产，就是守护好人民城市的文化特色和文化根基，城市历史建筑遗产与城市文化特色是须臾不可分离的。

当前，我国在保护城市历史建筑遗产，处理新旧城市建筑关系，推进城市文化特色塑造的进程中，遭遇了一系列棘手问题，如《中共中央、

---

① 中共中央党史和文献研究院编：《习近平关于城市工作论述摘编》，中央文献出版社 2023 年版，第 112 页。
② 中共中央党史和文献研究院编：《习近平关于城市工作论述摘编》，中央文献出版社 2023 年版，第 113 页。
③ 中共中央党史和文献研究院编：《习近平关于城市工作论述摘编》，中央文献出版社 2023 年版，第 116 页。
④ 中共中央党史和文献研究院编：《习近平关于社会主义精神文明建设论述摘编》，中央文献出版社 2022 年版，第 235 页。

国务院关于进一步加强城市规划管理工作的若干意见》中提及的"城市建筑贪大、媚洋、求怪等乱象丛生，特色缺失，文化传承堪忧"①；中央城镇化工作会议上提及的"一些地方大拆大建、争盖高楼，整个城市遍地都是工地；城市建设缺乏特色、风格单调；一些城市建设贪大求洋，一些干部追求任期内的视觉效果"②；习近平总书记所批评的"不少城市为了一年一变样、几年大变样，由几个大房地产开发商搞建设，就像计算机复制功能键一样，拿一张图在各个城市搞粘贴，哪都一样"③，"我们的城市有许多历史记忆，特别是一些历史悠久的老城区，是最宝贵的东西，不能因为浮躁、无知而破坏掉"④，"有的城市不顾自身几千年的历史文化沿革，简单模仿新兴城市风格……一个有几千年历史文化的城市怎么能去模仿一个只有几十年历史的城市?!"⑤ 这些问题的矛盾焦点是城市陈旧老建筑的存续及城市文化特色的消失。在推进人民城市有机更新的过程中，陈旧老建筑是否需要保存和修复，并不取决于人们的主观感知，而在于老建筑对于城市文化特色塑造和城市文脉传承能否起到作用及起到多大程度作用。对于那些存续历史时间相对较短，不具备城市文化承载功能的老旧建筑，以合适的方式推进更新是必要的；对于那些存续历史较长，具有重要历史文化价值，特别是承载城市文化特色的城市历史遗迹老建筑，要以十分谨慎的方式开展好保护和修复工作。正如习近平总书记强调的："历史文化遗产是祖先留给我们的，我们一定要完整交给后人。城市是一个民族文化和情感记忆的载体，历史文化是城市魅力之关键。古人讲，'万物有所生，而独知守其根'。"⑥ 守护

---

① 中共中央党史和文献研究院编：《十八大以来重要文献选编》下，中央文献出版社2018年版，第182页。

② 中共中央党史和文献研究院编：《习近平关于城市工作论述摘编》，中央文献出版社2023年版，第70—71页。

③ 中共中央党史和文献研究院编：《习近平关于城市工作论述摘编》，中央文献出版社2023年版，第99页。

④ 中共中央党史和文献研究院编：《习近平关于城市工作论述摘编》，中央文献出版社2023年版，第99页。

⑤ 中共中央党史和文献研究院编：《习近平关于城市工作论述摘编》，中央文献出版社2023年版，第15页。

⑥ 中共中央党史和文献研究院编：《习近平关于城市工作论述摘编》，中央文献出版社2023年版，第109页。

好人民城市文化特色塑造的重要根脉——人民城市建筑遗产，才能更好地夯实人民城市文化形象培育的文化根基。

在人民城市的具体实践中，如何正确对待包括建筑遗产在内的城市历史文化遗产，处理好遗产保护和城市开发之间的关系，保持好城市发展的文化特色和独有风貌？面对这些复杂棘手问题，习近平总书记从城市发展的长远利益给出了明确的努力方向和实施策略。首先，保护好城市文化遗产，延续城市的文化特色。习近平总书记指出："要保护好前人留下的文化遗产，包括文物古迹，历史文化名城、名镇、名村，历史街区、历史建筑、工业遗产，以及非物质文化遗产，不能搞'拆真古迹、建假古董'那样的蠢事。既要保护古代建筑，也要保护近代建筑；既要保护单体建筑，也要保护街巷街区、城镇格局；既要保护精品建筑，也要保护具有浓厚乡土气息的民居及地方特色的民俗。"① 其次，秉持好对历史负责、对人民负责的基本精神。城市建设既要对历史负责，更要对人民负责，历史和人民是城市发展历程的最好见证。习近平总书记指出："历史文化是城市的灵魂，要像爱惜自己的生命一样保护好城市历史文化遗产。北京是世界著名古都，丰富的历史文化遗产是一张金名片，传承保护好这份宝贵的历史文化遗产是首都的职责，要本着对历史负责、对人民负责的精神，传承历史文脉，处理好城市改造开发和历史文化遗产保护利用的关系，切实做到在保护中发展、在发展中保护。"② 最后，善待城市中的老建筑，有序性推进城市更新。习近平总书记指出，"像对待'老人'一样尊重和善待城市中的老建筑，保留城市历史文化记忆"③，"加强对城市的空间立体性、平面协调性、风貌整体性、文脉延续性等方面的规划和管控。城市规划要因地制宜，'因风吹火，照纹劈柴'，留住城市特有的地域环境、文化特色、建筑风格等

---

① 中共中央党史和文献研究院编：《习近平关于城市工作论述摘编》，中央文献出版社2023年版，第110页。
② 《习近平在北京考察工作时强调 立足优势 深化改革 勇于开拓 在建设首善之区上不断取得新成绩》，《人民日报》2014年2月27日第1版。
③ 中共中央党史和文献研究院编：《习近平关于城市工作论述摘编》，中央文献出版社2023年版，第114页。

'基因'"①。《中共中央、国务院关于进一步加强城市规划建设管理工作的若干意见》中指出:"有序实施城市修补和有机更新,解决老城区环境品质下降、空间秩序混乱、历史文化遗产损毁等问题,促进建筑物、街道立面、天际线、色彩和环境更加协调、优美。通过维护加固老建筑、改造利用旧厂房、完善基础设施等措施,恢复老城区功能和活力。加强文化遗产保护传承和合理利用,保护古遗址、古建筑、近现代历史建筑,更好地延续历史文脉,展现城市风貌。"② 此外,对于城市老建筑要坚持"活化"原则,继续"拆旧再仿旧,拆真再仿真",会加剧人民城市发展的内耗,根本上违反了高质量发展的方向和原则。

第二节 人民城市的精神品格塑造

精神与品格是事物文化涵养和文化特质的凝练升华,中华民族伟大复兴离不开伟大的民族精神与民族品格,人民城市的建构发展同样需要自己的城市精神和城市品格。深厚的城市文化底蕴,决定了城市的品格属性,形塑了城市的精神特征,储存了城市的发展印迹。城市精神与城市品格是现代城市自身文化长期孕育和精确提炼的结果,它们既是现代城市对外形象的集中概括,又是汇聚城市发展力量的灵魂支柱。城市精神与城市品格虽不能完整呈现某座城市全部的个性气质和文化特色,但却代表了这座城市最为突出和最为鲜明的文化特质。城市精神让现代城市变得更加伟大,城市品格让现代城市更富文化内涵。城市精神与城市品格已经远远超越了城市文化符号的属性范畴,成为城市展现文明素养、涵养意志品格、凝聚发展共识的时代旗帜。

城市精神与城市品格是现代城市赖以生存的灵魂支撑,城市精神让

---

① 中共中央党史和文献研究院编:《习近平关于城市工作论述摘编》,中央文献出版社2023年版,第81页。

② 中共中央党史和文献研究院编:《十八大以来重要文献选编》下,中央文献出版社2018年版,第185页。

城市变得更加伟大，城市品格让城市更富人文意蕴。党的十八大以来，以习近平同志为核心的党中央，深刻把握社会主义城市发展道路的内在规律，全面推进城市治理体系和治理能力的现代化，提出了城市精神与城市品格双维治理手段建构的人民城市发展战略。人民城市精神与人民城市品格，既存密切联系，又有本质差别，它们作为人民城市自身文化特色和时代发展趋势相融合的思想产物，对于提升人民城市的凝聚力、归属感和认同感，打造现代城市治理的坚强共同体，推进现代城市内涵性发展等发挥着重要作用。塑造人民城市精神与人民城市品格，关键在于以人民城市文化涵养为根基，与时代发展要求相契合，加强创造性转化和创新性发展。人民城市精神与人民城市品格已经成为人民城市建设、治理与发展的不竭动力源泉。

一　城市精神与城市品格的区别联系

人类社会的每座城市都孕育着属于自身特性、富有地域特色的城市文化，当这些城市文化与城市目标旨向、价值追求、思想潮流、发展趋势等相互融合、共同作用的时候，便会滋养出城市精神与城市品格赖以存在的肥沃土壤。在人民城市视域中，城市精神与城市品格虽同属城市文化意蕴范畴，虽皆为城市文化的衍生物，但两者之间并不是完全等同的。人民城市精神涵盖了维度更广、层面更多、特征更强的文化元素，它既有城市文化的内蕴部分，也有城市文化的外显部分；人民城市品格与人民城市精神不同，它更为侧重于城市文化元素中相对内蕴和较为稳定的文化德性部分，代表的是城市整体形象中内敛的、沉稳的文化个性。人民城市精神与人民城市品格之间存在相通性，在部分维度或某些层面更是重叠交叉的，人民城市精神经过岁月的洗礼会沉淀为人民城市品格。

现代城市精神作为城市综合形象的精神维度呈现，给予城市精神一个相对完整而精确的定义是十分困难的。在中央城市工作会议上，习近平总书记首提城市精神问题。他指出："城市精神彰显着一个城市的特色风貌。要结合自己的历史传承、区域文化、时代要求，打造自己的城市精神，对外树立形象，对内凝聚人心。"① 在习近平总书记的宏阔视野中，城市精神蕴含着城市的特色风貌、历史传承，体现着城市的区域文化和时代趋势，发挥着城市形象树立与人心凝聚的重要作用。国内外的不同学者对于城市精神也有着自己的诠释。我国学者杨子葆阐释道，城市精神"就是被生活在这座城市里的人们所普遍承认的价值观，会被广泛采用之观看事情的视角"②。在杨子葆看来，城市精神代表着城市居民普遍认可的社会价值观，凸显城市居民审视城市发展的视角维度。加拿大学者贝淡宁（Daniel A. Bell）和以色列学者艾维纳（Avner de Shalit）阐释道：城市精神是"生活在某个城市的人普遍认可的一套价值观和观念"③。贝淡宁、艾维纳也认为城市精神是城市范围内大多数公民所共同认可的价值观与观念。荣跃明等学者认为："城市精神是一个城市独具特质的精神品格，是城市居民身份认同的信念依据；城市精神可以外化为城市发展的生机、活力和魅力，是城市特色的集中概括，是支撑城市文明和市民素质所能达到高度的精神力量。"④ 在荣跃明等看来，城市精神不能简单等同于城市公民的主流价值观念表达，也不能简单等同于城市独特品格的凝练升华与抽象归纳，而是兼顾城市身份认同、城市发展活力、城市特色彰显、城市居民素养等众多维度意蕴的精神品格系统。毋庸置疑城市精神折射的是城市自身的文化底蕴和文化特色，彰显的是人们对于城市整体概貌的综合判断和理性直觉，显露的是城市文化价值观中的突出元素和典型特征。归根结底，城市精神是城市整体形象、文化底蕴、身份特质、个性特色的价值抽象，它既要具备深厚的历史积淀，又要体现鲜明的时代特征，更要成为城市未来发展不竭的精神动力和价值导向源泉。

人民城市精神作为社会主义城市发展过程中时间流转和文化积淀的

---

① 中共中央党史和文献研究院编：《习近平关于城市工作论述摘编》，中央文献出版社2023年版，第110页。
② 杨子葆：《城市的36种表情》，商务印书馆2020年版，第209页。
③ ［加］贝淡宁、［以］艾维纳：《城市的精神：全球化时代，城市何以安顿我们》，吴万伟译，重庆出版社2018年版，第16页。
④ 荣跃明等：《城市精神引领上海创新实践》，上海人民出版社2021年版，第2页。

间接反馈，不仅具有人类城市精神的普遍性特征，还具有人民城市精神的个性化特点。其一，根基的历史性。忘记历史意味着背叛，人民城市精神是人民城市历史的精神浓缩。人民城市精神的根基在人民城市自身的历史底蕴和文化积淀，如若离开了历史根基，人民城市精神将会变为无源之水与无根之木。西班牙著名建筑师阿方索·维加拉等阐释道："城市的精神是随着岁月的流逝而形成的"①。人民城市的历史文化资源为人民城市精神提供了坚实的历史积淀。其二，内涵的时代性。特定的精神诞生于特定的时代，反映时代特点和契合时代要求的时代精神，能够为时代发展提供有效的精神力量。人民城市精神是新时代城市发展的精神反馈，时代要求与时代特色是人民城市精神内涵的必备要素。"城市精神具有时代特征，城市精神只有反映时代要求和时代特色才能够对城市的建设发展起到引领作用。"②脱离新时代内涵的人民城市精神，将会丧失引领城市发展的新时代动力。其三，意蕴的可读性。精神的意蕴常常是深奥难懂的，这是由精神本身的抽象性所决定的。人民城市精神的意蕴源自人民城市对于自身形象、发展目标、个性气质等层面的高度概括，它的意蕴不是晦涩难懂的，而是贴近实际、贴近群众、贴近时代的，这样的城市精神意蕴具有较强的可读性，让人人都可理解人民城市精神的意蕴。其四，特质的人民性。人民性是人民城市的本质属性，是人民城市精神的根本特质。人民城市精神作为服务于人民城市建设、治理与发展等具体实践的精神类型，来自人民群众的集体智慧，反映人民群众的精神需求，具有鲜明的人民性特质。离开了人民性特质的人民城市精神，将无法发挥出人民群众创造人民城市的重要作用。其五，实践的共享性。人民城市精神从来不是专属于某个人或某些人的城市精神，而是属于全体人民群众共同享有的城市精神，其本质上是一种公共精神。贝淡宁、艾维纳认为，城市精神"在一定程度上是共享的，城市居民普遍相信城市表达了某种特别的价值观，但不一定每个人都认同

---

① ［西］阿方索·维加拉、胡安·路易斯·德拉斯里瓦斯：《未来之城——卓越城市规划与城市设计》，赵振江、段继程、裴达言译，中国建筑工业出版社 2018 年版，第 99 页。
② 荣跃明等：《城市精神引领上海创新实践》，上海人民出版社 2021 年版，第 9 页。

这种价值或者世界观"①。人民城市精神在实践上的共享性，能够最大限度地扩大城市精神的影响人群，以获得更多的人对于人民城市精神的认同。其六，表达的通俗性。人民城市精神存在目的是指方向、聚民心、鼓干劲，如果其语言表达十分晦涩，人民群众无法理解和掌握，再好的人民城市精神也是无用的。人民城市精神的语言表达追求高度凝练，但也强调生动活泼，丢弃浓厚的行政指令色彩和标语口号的局限，贴近于人民群众的生产生活实践。

城市品格即城市内敛的、鲜明的城市个性，城市品格如同城市精神一样具有极强的抽象性，准确界定城市品格的基本内涵是挑战性较高的工作。为了对城市精神与城市品格进行学理性区分，这里立足学界已有的研究成果基础上，尝试给城市品格的基本内涵作出界定。首先，从词源概念来看，品格作为城市品格的核心词语，是品性与性格的合并式，原意是指人的品性、性格、格调等主要属性，也代指文学、艺术作品等的质量与风格。品格与城市相联结而成的城市品格是一种十分形象的拟人化表达，它本意就是指城市所内蕴的和展现的某些鲜明特质。其次，从本质意蕴来看，城市品格内在是城市精神特质。人类社会发展过程中的每座城市，其经济、政治、文化、社会、生态等事业发展所造就的人文精神，都会深深打上属于城市自己的特色印迹，这些带有城市独特印迹的人文精神的高度凝练，就是城市自身与众不同的精神特质，即城市品格。城市品格根植于城市发展的历史进程之中，体现于城市发展的现实实践之中。再次，从构成维度来看，城市品格是城市不同文化层面所呈现出的共同精神状态。有学者认为，城市品格是"指通过城市物质文化（即人化自然，包括街道、建筑、广场、绿地、公园、雕塑、亭台楼阁、桥梁舟车等）、行为文化（包括生活方式、生产方式、交往方式）、观念文化（价值观念、伦理道德、审美情趣）与历史文化等方面体现出来的共同精神状态"②。最后，从属性范畴来看，城市品格是对

---

① ［加］贝淡宁、［以］艾维纳：《城市的精神：全球化时代，城市何以安顿我们》，吴万伟译，重庆出版社2018年版，第34页。
② 熊月之：《上海城市品格读本》，学林出版社2020年版，第3—4页。

城市整体形象的某种审美判断。每座城市都有自身的城市形象，鲜明独特的城市形象通常会给社会公众留下较为深刻的印象。将城市整体形象中能够代表城市特点的、凸显城市特质的、内蕴城市核心个性的内涵进行升华归纳，就会成为城市品格。作为城市形象集中概括和高度凝练的城市品格，自然与城市形象同属审美判断的属性范畴。

人民城市品格作为人民城市的内在灵魂，作为人民城市的文化特质，与城市发展历史、文化底蕴、形象魅力、未来目标、内在动力等方面存在紧密联系，这些联系让人民城市品格呈现出鲜明特点。其一，根脉的人文性。城市品格同城市精神一样，都是城市历史所孕育而出的文化结果。城市的历史文化资源是城市品格源源不断的营养供给。人民城市品格不是城市领导者、建设者凭空想象的产物，而是基于人民城市的历史沿革、文化底蕴、人文脉络、精神风貌、整体气质等方面的凝练升华。人民城市品格对人民城市历史文脉的继承与创新，让其自身具有了浓厚的人文性底蕴和特征。其二，内涵的深蕴性。城市品格是城市特性的彰显，是城市的气质、灵魂、底蕴和魅力所在。人民城市品格是深蕴在人民城市精神体系、文化涵养和整体气质中最本质、最深层和最核心的东西，它不仅要能够体现人民城市的整体概貌，还要能够代表人民城市最关键的精神特质。人民城市品格的凝练和形塑，最能考验人民城市管理者和建设者洞察城市发展本质、把握城市发展全局的能力。其三，突出的时代性。时代性是现代城市品格的基本属性，是城市品格发挥引领作用的关键前提。人民城市品格的时代性，既有回溯"过去时"的时代性，也有立足"进行时"的时代性，更有面向"未来时"的时代性，全方位、立体化、多维度的时代性才能真正达至人民城市品格核心内涵的最深处，才能从时间维度更为完整地展现和挖掘人民城市的独有精神特质。其四，表达的简洁性。文字表达简洁性是城市精神与城市品格语言凝练的基本特点。无论人民城市品格的内涵意蕴多么深远，最终都是要转化为人民群众内心接受、普遍认可、易于理解、广泛传播，甚至是朗朗上口的简洁语言表达，这是人民城市品格凝练的基本要求。

人民城市精神与人民城市品格是人民城市整体形象和独特魅力的文

化彰显，它们是中国共产党以高度的文化自觉在城市发展维度提升文化自信的战略举措。人民城市精神与人民城市品格两者之间既有本质区别，又有紧密联系，共同构筑起人民城市整体形象展示的立体架构。人民城市精神与人民城市品格之间的主要差异在于以下两点。其一，内蕴深度不同。人民城市精神展现的是人民城市的整体形象，尤其是人民城市的综合文化素养；人民城市品格凸显的是人民城市整体形象体系中最具代表性和相对沉稳的部分。从触及广度和展现深度上而言，人民城市精神尽可能包罗了人民城市形象中不同维度、不同层面和不同特征的诸多元素，它既覆盖城市形象的外显部分，也囊括城市形象的内隐部分；人民城市品格则偏重人民城市整体形象体系中蕴藏更深、更为成熟和相对稳定的内隐部分，即内敛的、沉稳的、趋近于本质的个性特质。概而言之，人民城市精神所触及的人民城市形象维度更广、层面更多，人民城市品格所触及的人民城市形象更为彻底和更为深层。其二，阐释语言不同。人民城市精神与人民城市品格在阐释语言上存在不同，最主要体现于词语表达的应用层面。中华文字博大精深，形容精神和品格的词语浩如烟海，如奋勇争先、踔厉奋发、开明睿智、追求卓越、胸怀全局、开放包容、团结奉献、艰苦奋斗等。但这些词语并不都可以用来同时阐发城市精神或城市品格，如奋勇争先、踔厉奋发、开明睿智、追求卓越等可以用来描述城市精神，但鲜有用于描述城市品格的，反之，有些词语也只可用于城市品格阐发，但不太适合于城市精神。在人民城市精神与人民城市品格的塑造实践之中，不同的城市要依据自身的区域实际和特色特点来选用合适的词语表达。

人民城市精神与人民城市品格之间的联系较为密切，两者都是人民城市历史发展的特定产物，都是人民城市软实力体系的核心构成，都是人民城市形象展示的文化符号。从形成条件上来看，人民城市精神和人民城市品格，都属于人民城市整体形象中共性要素的凝练与提升。无论是人民城市精神，抑或是人民城市品格，它们都是城市地域特色、历史文化、群众思想、发展追求等方面的反映。不同的城市在城市精神或城市品格的语言表达上或许是相同的、重叠的，但具体内涵上却并不一定完全相同。每座人民城市都有自己的特点，都有属于自身的个性，语言表达的相同性不能遮蔽城市特质的多样性。从相互关系上来看，城市精神可以涵养和提升城市品格。有什么样的人民城市精神，便会涵养出什么样的人民城市品格。人民城市精神在沁润着人民群众的同时，也在涵养着人民城市自身的品格。人民城市精神作为传承于人民城市自身历史的文化基因和无形力量，它在影响城市建筑风格、文化风貌、人文环境、居民行为等方面的同时，也在完善和提升着自身的文化涵养，沉淀和塑造着自身的品格特质。与此同时，人民城市品格的沉淀与升华，为人民城市精神的时代内涵、逻辑架构、语言表达、意蕴深度等层面的持续完善，提供了更接近于人民城市内在本质与真实形象的实践方向指引。

二 城市精神与城市品格的构成要素

人民城市精神与人民城市品格作为人民城市综合形象在文化维度的高度凝练和集中彰显，是人民城市管理者和建设者整体把握人民城市发展状况的治理智慧。审视我国现有的城市精神与城市品格，它们在语言表达上无一例外地呈现出简明化的阐释特点。简明阐释的城市精神与城市品格之语言表达背后，深藏着城市精神与城市品格内涵意蕴建构的复杂要素体系，此体系主要包括：历史文化要素、时代特征要素、发展经验要素、价值目标要素、社会环境要素、公共意识要素、道德操守要素、市民气质要素、自由解放要素等。通过现有城市精神与城市品格的理论剖析，从学理层面搞清人民城市精神与人民城市品格的构成要素是十分必要的。鉴于人民城市精神与人民城市品格在内涵意蕴建构上的互通性，对人民城市精神和人民城市品格的构成要素分析不再进行区分。

当前，我国直辖市及部分省会城市、首府的城市精神与城市品格主要有：北京城市精神——"爱国、创新、包容、厚德"，天津城市精神——"爱国诚信、务实创新、开放包容"，上海城市精神——"海纳百川、追求卓越、开明睿智、大气谦和"，上海城市品格——"开放、创新、包容"，重庆城市精神——"登高涉远、负重向前"，成都城市精神——"和谐包容、智慧诚信、务实创新"，南京城市精神——"开明开放、诚朴诚信、博爱博雅、创业创新",杭州城市精神——"精致和谐、大气开放",武汉城市精神——"敢为人先、追求卓越",广州城市精神——"心忧天下、敢为人先",合肥城市精神——"开明开放、求是创新",郑州城市精神——"博大、开放、创新、和谐",南昌城市精神——"大气开放、诚信图强",长春城市精神——"兼容和谐、诚信卓越",呼和浩特城市精神——"骏马精神、草原气质,呼和风细雨、养浩然之气、建特色青城"等。人民城市精神与人民城市品格的主要构成要素如下。

其一,历史文化要素。历史文化要素即文脉底蕴与区域文化要素,是人民城市精神与人民城市品格的基本构成要素。一般而言,城市发展维度的历史文化要素主要包括:城市历史文脉、建筑遗产、史料典籍、文化底蕴、思想观念、特色文化等。这些历史文化要素在不同的层面、维度和视角,承载和展现着人民城市的历史文脉,涵养和滋润着人民城市的文化土壤。人民城市精神与人民城市品格,虽然是人民城市整体形象的聚合升华,但始终离不开人民城市的历史根脉和文化土壤,这就决定了历史文化要素是人民城市精神与人民城市品格的必备要素。历史文化要素在人民城市精神和人民城市品格的阐释表达中存在着直接体现和间接蕴含两种形式,无论哪种形式都改变不了历史文化要素要融入人民城市精神和人民城市品格的实践事实。

其二,时代特征要素。时代特征要素即反映时代要求与时代趋势的精神构成要素,它是表明人民城市对待时代发展态度倾向的要素构成。人类社会发展会经历不同的时代变革,每个时代都有属于本时代的趋势、特点和要求,契合时代趋势、体现时代特点与满足时代要求的时代精神,能够更好地促进事物持续向前发展。就时代发展视角而言,人民城市精神是历史精神,也是时代精神,即契合新时代发展阶段的新时代精神;人民城市品格是历史品格,也是时代品格,即契合新时代发展阶段的新时代品格。具备时代特征要素的人民城市精神与人民城市品格,才能精准贴近时代脉搏引领人民城市向前发展。

其三,发展经验要素。无论是城市发展的外来经验,还是城市发展的自身经验，对于城市发展而言都是极其宝贵的无形财富。当城市建设、治理与发展经验凝练升华为城市建设、治理与发展的精神指导时，便会对城市建设、治理与发展起到积极的引领与推动作用。人类城市发展的经验是多维度和多元化的经验体系，既包括城市历史变革经验、城市理论指导经验，又包括城市创新发展经验、城市时代实践经验等。这些经验本身是城市发展过程中避免和减少思想、理论与实践误区的重要支撑，特别是这些经验进行高层次升华之后产生的思想精神，更是城市发展过程中十分难得的动力源泉。将人民城市自身发展经验所凝练提升的思想精髓融入人民城市精神与人民城市品格之中，对于人民城市精神与人民城市品格作用发挥将会起着至关重要的作用。

其四，价值目标要素。明确的价值旨向与清晰的发展目标是现代城市建设、治理与发展实践不可或缺的重要构成。价值目标对于城市发展具有指引作用，精神品格对于城市发展具有引领作用，将价值目标融入精神品格之中就会形成推动城市发展的巨大动力。人民城市是新时代人民群众追求幸福美好生活的城市载体，人民城市不断向好发展是人民群众的共同愿望。人民城市持续向好发展离不开科学的价值目标引领，价值目标对于人民城市发展至关重要。对于人民城市而言，价值目标分为具体清晰化的价值目标和模糊抽象化的价值目标，前者如城市经济增长率、城市建设用地面积增加等，后者如谦和、大气、低调、沉稳等。体现在人民城市精神与人民城市品格阐释表达中的价值目标元素，往往以模糊抽象化的目标为主，这主要是为了更好发挥城市精神品格对于城市发展的引领作用。

其五，社会环境要素。整体社会环境是影响城市发展的主要条件，良好的社会环境是城市发展的助推剂。正如社会环境能够影响人一样，任何城市精神与城市品格都是社会环境长期影响和作用的结果，特定的城市精神与城市品格是特定社会环境的直接或间接呈现。影响城市发展的社会环境因素有很多，如经济因素、政治因素、文化因素及信息因素等。其中，经济因素是基本前提，一座城市在尚未完全实现经济发展自主的状态下，谈及城市精神与城市品格是不现实的；政治因素是重要保障，国家对于城市发展的具体政策，势必会直接影响到城市发展的各个方面；文化因素是必要支撑，城市的文化涵养、教育水平、价值观念等，关涉着城市管理者、建设者及公民对于城市精神与城市品格的认知；信息因素是必要条件，城市对于信息的感知、传播与消化能力，影响着城市发展的整体效率。当然，在人民城市精神与人民城市品格的内涵架构中，并不是社会环境因素的所有层面都要涵盖其中，重点体现其中的具有代表性的部分层面是常态。

其六，公共意识要素。人民城市精神和人民城市品格反映的是人民城市的公共精神与共同品格，实质上彰显的是一种强烈的社群意识，即公共意识。公共意识是某个群体中大多数人的集体意识，如果这种集体意识是积极的和正向的，那么就会激发出多数人推进事物发展的动力与活力。对于人民城市精神与人民城市品格而言，它要充分体现人民群众对于人民城市发展愿望的集体意识，并尽可能得到人民群众最大限度的思想接受和普遍认可，最直接有效的办法就是将人民群众的集体意识融入精神品格的内涵意蕴之中。将公共意识要素融入人民城市精神与人民城市品格，还能够对那些持否定或中立态度的人民群众起到必要引导作用。正如贝淡宁、艾维纳所认为的："那些不赞同这种价值和世界观（城市精神）的人仍然有义务尊重它们（城市精神）。"[①]

其七，道德操守要素。人类社会发展需要遵循基本的道德操守，这是人类社会发展千古不变的客观规律。中华民族是非常重视道德涵养的伟大民族，孝悌忠信、礼义廉耻的传统道德操守底蕴，涵养和延续着中华民族赖以生存发展的道德血脉。中华民族的传统道德操守，成为华夏子孙为人立世的精神宝库。人民城市精神与人民城市品格，孕育于中华优秀传统文化土壤之中，承载着延续中华民族优秀传统文脉的重要职能。将中华民族优秀道德操守要素融入人民城市精神与人民城市品格的内涵之中，成为人民城市发展的时代要求和中华传统文化传承的时代需

---

① ［加］贝淡宁、［以］艾维纳：《城市的精神：全球化时代，城市何以安顿我们》，吴万伟译，重庆出版社2018年版，第34页。

要。作为道德操守层面的人民城市精神与人民城市品格构成要素，主要是那些触及社会公德、职业道德、家庭美德与个人品德的要素，这四大维度的要素普遍具有较高的社会认可度。

其八，市民气质要素。城市居民受城市历史文化影响所形成的积极向上的个性气质，是现代城市精神与城市品格十分重要的元素载体。人民城市精神与人民城市品格，表面上是人民城市的精神与品格，实质是生活在这座城市之中的人民群众的精神面貌和个性气质。人民群众在城市工作生活中所形成的精神面貌和个性气质，代表了他们对于自身及城市发展应有精神品格的认知。这些被人民群众所熟知和接受的精神面貌与个性气质，在人民城市建设、治理与发展的过程中，往往能够起到凝聚人心、团结力量、激发活力等重要作用。当然，并不是人民群众彰显和认可的所有精神面貌与个性气质，都要成为人民城市精神与人民城市品格的构成要素，这样既不现实也不可能。只有那些被广泛认可且具有典型性特点的精神气质才应该被涵盖其中。

其九，自由解放要素。就哲学视角而言，任何精神和品格都隐喻着人类基于现有发展对实现未来美好发展的理想期待，此种理想期待以直观的文字形式呈现出来，更能激发出人类朝着目标奋进的实践动力。人类社会发展的所有物质实践与精神实践，都是在为人类自身的自由解放事业作铺垫，这是人类社会发展的基本实践遵循。人类城市是承载人类自由解放理想的实践载体，人类推进城市实现更好发展的具体实践，其实质也是人类自身追求自由解放理想的实践。人民城市是社会主义性质的城市发展类型，无产阶级所肩负的人类自由解放伟大使命，离不开无产阶级领导和建设的社会主义城市作为支撑。人民城市精神与人民城市品格为人民城市发展所提供的思想精神动力，反映的正是人民群众对于人民城市更好发展状态的真实诉求，也是对于自身自由解放理想的现实诉求。

一座城市有一座城市的精神，一座城市有一座城市的品格。每座人民城市都有着自身的个性特点，不同人民城市的精神与品格也存在这样或者那样的根本差异。对于人民城市精神与人民城市品格而言，历史文化要素、时代特征要素、发展经验要素、价值目标要素、社会环境要素、公共意识要素、道德操守要素、市民气质要素、自由解放要素等，只是人民城市精神品格构成要素的主要层面，并不意味着所有人民城市精神与人民城市品格都要将这些要素全部纳入，这主要是缘于不同视角审视下的元素可能是相同的表达，如"爱国"可能同时属于历史文化要素、发展经验要素、社会环境要素等。人民城市精神与人民城市品格的构成要素，要依据人民城市自身的地域特色、发展实际、群众诉求及整体形象等方面进行综合考量，选择其中一个或者几个层面且具有典型代表性的要素融入即可。

三 城市精神与城市品格的价值功能

精神与品格对于人的成长与发展的重要性，如同城市精神与城市品格对于现代城市建设与治理的重要性。人民城市精神与人民城市品格的实然存在不是人民城市的目的，探索人民城市精神与人民城市品格的重大价值，发挥人民城市精神与人民城市品格的功能作用，推进人民城市朝着满足人民群众美好生活向往的方向发展才是目的所在。人民城市精神与人民城市品格是人民城市赖以生存发展的核心灵魂，虽然两者在内涵上存在差异，但在价值功能上却是相似的。人民城市精神与人民城市品格的价值功能主要体现在"三大维度"的"七个层面"，"三大维度"即灵魂支柱、旗帜导向与动力源泉，"七个层面"即树立对外良好形象、夯实内在灵魂根基、汇聚发展强大合力、塑造治理共同体、改善人文生态环境、提升文化影响力、增强整体竞争力，它们构成人民城市精神品格的价值功能体系。

人民城市精神与人民城市品格价值功能的"三大维度"，即人民城市精神品格对于人民城市生存发展的灵魂支柱作用、旗帜导向作用与动力源泉作用，这"三大维度"的作用具体凸显为"七个层面"。第一，能够树立人民城市对外良好形象。人民城市对外形象是人民城市生存发展的重要"脸面"，良好的对外形象能够为人民城市赢得更多的社会美誉度。人民城市对外形象作为人民城市自身形象的外在层面，它是城市管理者和建设者整体把握城市发展状态的高度凝练。人民城市对外形象的高度凝练属性，决定了人民城市对外形象是抽象性的存在，它需要借助于一定的载体、媒介、手段和途径，才可充分展现出来并被社会公众所直观感触。人民城市精神与人民城市品格看似是无形的存在，但却真实地反映着人民城市内在最为本质性的东西，成为全方位解读人民城市发展概貌的无形密码。人民城市精神与人民城市品格，以简明精练的文字表达，实现了对人民城市综合状况的归纳概括，它们构成人民城市对外形象的文化媒介、内涵载体、彰显手段和传播路径。与此同时，人民城市精神与人民城市品格是人民城市自身的个性特质、历史底蕴、文化特色等方面最具典型性的元素彰显，这样的人民城市精神与人民城市品格对于人民城市对外良好形象的树立和传播，会产生积极的推动作用。

第二，能够夯实人民城市内在灵魂根基。相较于过去的人类城市发展类型，人民城市是中国共产党谋划社会主义城市高质量发展的现代城市类型，这就意味着人民城市在发展理念、模式与道路上已经出现了深度变革，"内涵性"发展成为新时代人民城市发展的全新目标指向。缺乏核心灵魂支撑的城市，无论过去发展多么辉煌，最终都会走向没落沉沦的境地。那么，支撑现代城市"内涵性"发展的核心灵魂是什么呢？人类社会发展的事实已经证明：经济发展作为城市核心灵魂的时代已经远去，以文化涵养为基础的精神品格成为城市实现"内涵性"发展的核心灵魂。人民城市的"内涵性"发展，要在打破"城市是不同功能建筑所组织的人的活动空间"的认知的基础上，融入现代城市发展所需的历史文化元素，重塑城市生存发展的精神品格之核心灵魂。过去的人类城市，将经济发展作为城市唯一的动力来源，当社会经济出现疲软态势甚至停滞倒退时，城市的发展也就随之陷入困境。人民城市不仅将经济发展作为自身的动力，还将精神品格作为自身的动力。精神品格所带来的城市发展动力具有可持续性，能够为人民城市发展提供充足的动力保障。人民城市精神与人民城市品格，为人民城市发展品质的持续提升，夯实了可靠的精神品格灵魂根基。

第三，能够汇聚人民城市发展强大合力。人类社会发展的多维主体力量分布态势,决定了汇聚城市发展合力是现代城市建设的基本遵循。在人民城市发展的要素体系中,没有任何要素能够同人的要素一样引发巨大关注。对于人民城市而言,汇聚城市发展的强大合力,就是要将人民城市中不同阶层、职业和背景的人联合起来,共同投身人民城市发展事业,形成推进人民城市发展的强大动力。人民城市如何吸引人并留住人,成为汇聚发展合力必须要解决的关键问题。在我国整体城镇化率已经接近65%的大环境下,单纯依靠发达的经济水平、完善的基础设施、较好的薪酬待遇、优美的人居环境等外在条件,吸引足够多的人到城市中去并留下来已经不太现实。人是拥有思想和富有情感的社会性个体,以城市文化涵养来强化人民城市身份认同,成为人民城市吸引人并留住人的可行路径。人民城市精神与人民城市品格是人民城市身份的意蕴彰显和符号代表,人民群众对于人民城市精神与人民城市品格的认知接受程度越高,相应地对于人民城市身份的认可程度也就越高,他们投身人民城市建设的积极性也就越高。人民城市精神与人民城市品格的思想内化和广泛传播,能够带来人民群众对于人民城市的凝聚力、归属感、认同感和自豪感,进入人民城市并留在人民城市就会成为人民群众的自觉主动行为,人民城市发展因此便会具有源源不断的强大发展合力。

第四,能够塑造人民城市治理的共同体。构建多主体参与、有序性协同的现代治理共同体,既是现代治理理念的变革趋势,又是人民城市治理的客观需求。人民城市治理是现代治理理念引领下的社会主义城市治理实践,多元化治理共同体的建构成效,影响着人民城市现代治理的具体成效。政府、社会与市民是人民城市现代治理的主体构成,如何将它们有效凝聚起来并形成治理共同体,成为人民城市现代治理必须要解决的重大问题。过去我国城市管理的主体是政府,政府依靠行政命令、强制力量等维持城市发展秩序是常态化的操作手段。面对多元化的治理主体,行政命令与强制力量等传统手段,在治理共同体建构面前显得苍白无力。人民城市治理共同体的建构,并不是简单地将政府、社会与市民这些主体会集在一起,而是要通过思想精神引导它们自觉地凝聚在一起,形成"心往一处想,劲往一处使"的紧密团结、有序协同的强大治理共同体。缺乏思想精神内核的共同体，本质上只是不同治理主体的聚合而已。人民城市精神与人民城市品格作为中国共产党推进人民城市治理的新时代举措，能够以全社会不同治理主体普遍认可和接受的精神品格，引导政府、社会与市民自觉凝聚到人民城市现代治理共同体建构的实践中来，为打造人民城市治理共同体提供思想精神力量。

第五，能够改善人民城市人文生态环境。人文生态环境与自然生态环境是人类城市发展环境的两大维度，前者为城市发展涵养文化动力，后者为城市发展提供自然生态保障，两者都是人类城市发展不可或缺的关键条件。人文生态环境即人类文化生态环境，它既是人民城市建设领域的重要构成，又是人民城市文脉延续的环境依托。人文生态环境作为人民城市建设、治理与发展的软环境，涵养着人民城市发展所需要的精神品格、价值观念、思想意识等柔性发展因素。人文生态环境虽然不能直接为人民城市发展提供经济动力，但却能够为人民城市发展涵养精神文化源泉。人文生态环境相对良好的城市，往往是发展理念相对科学、人文氛围相对浓厚及发展潜力相对较大的城市。人民城市人文生态环境的营造和改善，不仅要开展好诸如保护城市历史遗迹、修复城市老旧建筑、完善城市文化设施、举办主题文化活动等各类实践，还要以人民城市的精神品格为核心，依据人民城市自身的历史文脉、文化底蕴、个性特点及群众需求来进行系统性的谋划。人民城市精神与人民城市品格，承载着人民城市最深层的文化意蕴，代表着人民城市最本质的人文内涵，它们是营造和改善人民城市人文生态环境的思想精神指引。以人民城市精神和人民城市品格为引领，就能够创造出良好的人文生态环境。

第六，能够提升人民城市的文化影响力。文化影响力作为现代城市发展能力架构的必备能力，主要包括文化吸引力、文化辐射力和文化促进力三个层面。无论是文化吸引力、文化辐射力，还是文化促进力，归根结底考验的是现代城市的综合文化实力。一座城市的综合文化实力，既来源于城市的历史文化底蕴、城市的文化创新能力等内在维度，又凸显在城市的精神品格、文化形象、文化魅力等外在层面。人民城市精神与人民城市品格是人民城市综合文化实力最为核心和最为集中的体现，人民城市精神与人民城市品格的影响力，反映的正是人民城市综合文化实力的影响力。人民城市精神与人民城市品格对于人民群众的影响是深远的，生活在人民城市中的人民群众，随着时间的向后推移，会逐渐对以城市精神品格为代表的城市文化形成心理上的认同和思想上的嵌入，而最终内化为人民群众生存发展的文化基因。人民群众对于人民城市的热爱和依恋之情，与其说是人民城市的特色建筑、基础设施、生活工作、教育娱乐等各种功能带来的感官作用，倒不如说是人民城市精神与人民城市品格所产生的吸引力使然。人民城市精神与人民城市品格是人民群众感知人民城市文化形象、领悟人民城市文化魅力的"窗口"，增强人民城市精神与品格的影响力，就是提升人民城市的文化影响力。

第七，能够增强人民城市的整体竞争力。当今世界范围内城市存在的数量是极其庞大的，城市与城市之间的较量呈现出愈加激烈的发展态势，城市竞争力成为衡量城市发展能力与整体实力的关键指标。纵观人类城市竞争力的演变历程，从军事竞争力、宗教竞争力，到经济竞争力、人才竞争力，再到科技竞争力和文化竞争力，文化、科技与人才愈加成为现代城市竞争力的核心要素。其中，以文化因素为代表的文化竞争力，已经成为决定城市整体竞争力大小和竞争成败的关键所在。文化竞争力是多元城市文化在交流、碰撞的过程中产生的竞争力类型，文化竞争力的大小是由城市文化创新能力所决定的，集中表现为城市精神与城市品格的塑造力。对于现代城市而言，提升城市知名度最为便捷的路径就是塑造和传播城市精神与城市品格。城市精神与城市品格所内蕴的城市发展精神动力，不仅能够在城市经济发展的过程中，转化为推进经济发展的强大物质力量，还能够带动文化产业及相关产业的发展，为城市发展注入强大精神力量。文化竞争力是城市整体竞争力的重要组成，文化竞争力越强的城市，其整体竞争力也就越强。人民城市精神与人民城市品格是人民城市文化竞争力的有机构成，提升两者传播面和影响力的过程，就是为人民城市整体竞争力增强贡献力量的过程。

四 城市精神与城市品格的凝练创造

城市精神与城市品格是支撑现代城市发展的有机要素，科学塑造城市精神与城市品格是城市理应具备的能力素养。任何城市精神与城市品格都不是凭空想象、主观臆断的产物，而是根植于城市自身历史、凸显于区域特色文化和把脉于时代发展形势的意蕴凝练与高度概括。人民城市视域下的城市精神与城市品格，作为人民城市整体形象的核心标识，其成功创生凝结着中国共产党推进现代城市建设、治理与发展的卓越智慧。充足物质基础是人民城市精神与人民城市品格凝练的基本前提；以历史文化积淀为根基的创造性转化、与时代发展要求相契合的创新性发展、传承中华民族精神品格的根本性遵循，构成人民城市精神与人民城市品格创造的主要原则；自上而下与自下而上相结合是人民城市精神与人民城市品格的建构路径；多样化的实践形式是人民城市精神与人民城市品格的鲜活载体。

综观世界范围内人类全部的城市类型，是否所有的城市都需要自我精神和品格？答案显然是肯定的。是否所有的城市都能够塑造精神和品格？答案似乎又是否定的。城市发展需要精神、品格和城市能够创造精神、品格完全是两码事，这主要缘于城市精神与城市品格的塑造依赖于重要前提——人类城市发展在克服物质匮乏之后。美国著名心理学家马斯洛（Abraham Maslow）的需求层次理论认为，物质生理需求是人类社会发展最基本的需求类型，人类只有在自身的食物、衣服等物质生理需求得到满足以后才会考虑较高层次的精神享受需求。缺少物质前提的精神是虚化的。城市精神与城市品格表面看似是城市自身的精神品格，实质却是城市中的人的共同精神与共同品格。作为城市发展的唯一主宰者，人在城市中最紧要的事情就是不断创造物质条件，让自己首先能够有足够的物质资料生存下来。在城市物质资料匮乏的问题得到解决之后，人才可能有精力去谈论城市精神与城市品格。贝淡宁、艾维纳认为："只有在城市克服了物质匮乏之后，公众才有义务创造或者培养一种精神。区别城市和农村的特征之一，是城市整体上要更富裕一些。但是，贫穷国家的有些城市仍然非常贫穷，这意味着许多居民难以获得日常生活的必需品，如获得足够的食物和饮水，以及像样的厕所设施。在这种情况下，城市很难发展团结市民的城市精神：在非常贫困的城市竭力创造一种精神似乎是不道德的——如果它是以牺牲最紧迫地获得生活必需品为代价的话,那就更不应该了。我们这样说,并不是宣称贫穷城市的人民不关心或者不在乎城市精神问题,我们只是说如果与应对更紧迫的极端贫困的任务发生冲突时,要求这个城市关注城市精神就不合适了。"① 这就意味着脱离较为充盈的物质资料前提来塑造城市精神与城市品格是不现实的。习近平总书记提出人民城市精神与人民城市品格问题,是基于我国大多数城市居民已经实现物质生活的充盈之后,社会主义城市急需从"外延型"发展转向"内涵型"发展,特别是人民群众对于精神文化需求渐趋增加的大背景下。人民城市精神与人民城市品格问题的适时提出,彰显出习近平总书记对我国城市发展阶段的精准定位,这为新时代社会主义现代化城市建设注入了新动力。

具备了人民城市精神与人民城市品格产生的基本前提,并不意味着能够成功凝练和创造出人民城市精神与人民城市品格。人民城市精神与人民城市品格的凝练创造需要坚持以下三个方面的原则:以历史文化积淀为根基的创造性转化、与时代发展要求相契合的创新性发展、传承中华民族精神品格的根本性遵循。首先,以历史文化积淀为根基的创造性转化。依据人民城市自身的历史文化积淀来塑造精神品格,这是人民城市精神与人民城市品格凝练创造的核心原则。回望五千多年华夏文明,我国有着悠久的城市历史,在长期发展过程中形成了内涵丰富、特色鲜明的深厚文化积淀,这些历史文化积淀涵盖城市历史文脉、独特区域文化与中华传统文化等三大部分,它们构成人民城市精神与人民城市品格产生发展的文化源泉。城市历史文脉是城市精神与城市品格塑造的根本所在,独特区域文化是城市精神与城市品格凝聚的肥沃土壤,中华传统文化是城市精神与城市品格凝练的宝贵资源,它们共同记录着城市发展的历史印迹,涵养着城市稳定的个性特质,凸显着城市居民的思想修为,延续着城市生命的文化血脉。城市历史文脉、独特区域文化与中华

---

① [加]贝淡宁、[以]艾维纳:《城市的精神:全球化时代,城市何以安顿我们》,吴万伟译,重庆出版社2018年版,第26—27页。

传统文化作为历史文化积淀的客观性存在，不会自动转变为人民城市精神与人民城市品格，而是需要城市管理者和建设者进行创造性的转化。

其次，与时代发展要求相契合的创新性发展。嵌入时代发展的最新形势和最新要求来塑造精神品格，是人民城市精神与人民城市品格凝练创造的关键原则。人民城市是新时代中国共产党推进社会主义现代化城市发展的伟大探索，顺应新时代的发展趋势和赶超新时代的发展潮流，成为人民城市各项工作科学推进的基本要求。审视人类城市发展历程，城市精神与城市品格的塑造是动态化的过程，两者的内涵意蕴与表达形式会因时代变革而不断更新、丰富和完善。中国特色社会主义进入新时代，是我国社会主义各项事业发展的总体背景。在新时代的总体背景下，我国社会主义现代化城市建设、治理与发展的实践出现了新的形势和特点，相应地对人民城市各项工作提出了全新要求。人民城市精神与人民城市品格作为人民城市整体工作的有机构成，它们的凝练、升华、培育和践行同样要符合新时代的发展要求。这就要求人民城市管理者和建设者围绕新时代的新要求、新特点和新趋势，塑造、更新和完善人民城市精神与人民品格内涵，让它们在体现时代发展趋势的同时，能够更好地引领人民城市发展。与此同时，人民城市精神与人民城市品格要迎合现代数字城市建设的潮流趋势，将人民城市的精神品格进行数字化形式的转化和传播，以更新的时代载体扩大人民城市的精神品格影响。

最后，传承中华民族精神品格的根本性遵循。延续中华民族的精神品格根脉来塑造精神品格，是人民城市精神与人民城市品格凝练创造的主要原则。人类社会漫长的演绎史证明：城市、国家、民族之间存在着天然联系，它们是密切联系的"命运共同体"。自人类城市诞生以来，它们就已经深深刻上了民族和国家的鲜明烙印。城市从来都是民族的城市，也从来都是国家的城市，超越民族和国家历史范畴的城市并不存在。人类社会城市作为民族或国家的基本构成，其精神体现着民族和国家的精神，其品格彰显着民族和国家的品格。城市精神与城市品格既是民族和国家精神品格的组成部分，也是民族和国家精神品格的局部彰显。人民城市作为中华民族的社会主义城市，隶属于中华民族和社会主义的中国，内蕴和体现中华民族的精神品格是人民城市精神与人民城市品格的题中应有之义。中华民族在创造东方文明的过程中，形成了"以爱国主义为核心的团结统一、和谐守礼、爱好和平、勤劳勇敢、自强不息的伟大民族精神"，这一伟大民族精神是人民城市精神与人民城市品格凝练创造的根本所在。人民城市精神与人民城市品格，要从不同视角和不同层面传承延续中华民族的宝贵精神品格，让中华民族精神品格通过人民城市发扬光大。

人民城市精神与人民城市品格是人民群众精神品格的集中呈现，人民群众是凝练和创造人民城市精神与人民城市品格的真正主体。过去，由于我国城市管理体制机制的不完善，特别是城市管理认知的思想误区，城市精神与城市品格的塑造常被定义为是政府管理权限内的专属事务，包括人民群众在内的其他社会主体参与度普遍较低。政府主导的城市精神与城市品格塑造过程，是一个自上而下的行政命令过程，为了完成城市精神与城市品格的塑造任务，政府以行政强制手段召集诸如政府工作人员、城市问题专家及其他社会主体参与其中，对于城市居民而言多数情况下是被动式或被迫式参与，他们的意见和建议经常被城市管理者所忽略。通过如此过程产生的城市精神和城市品格，常常是政府单方拍脑袋进行决策的结果，无法真正反映城市居民的愿望和意志。缺乏必要群众基础的城市精神与城市品格，终将会被城市居民所抛弃，城市精神与城市品格塑造的真正作用也将无法发挥出来。新时代以来，以习近平同志为核心的党中央，提出了构建政府、社会和公民有序参与的治理共同体崭新理念，这为人民城市精神与人民城市品格塑造的主体路径提供了科学指引。人民城市精神与人民城市品格的凝练创造，既不能完全采用自上而下的政府主导式，也不能完全采用自下而上的群众自发式。前者容易造成人民群众参与度过低，尤其是人民群众的积极性和主动性会受到负面影响；后者容易造成城市精神与城市品格缺乏特色性、针对性和有效性，甚至可能变为纯粹性的宣传标语或口号。人民群众作为人民城市精神与人民城市品格的塑造主体，他们的真正有效参与是人民城市精神与人民城市品格得以成功塑造的主体保障。缺乏人民群众的广泛参与，会造成城市精神与城市品格不能反映人民群众意见，这样的城市精神与城市品格将无法得到人民群众的普遍认可。得不到人民群众认同的城市精神与城市品格，人民群众自然无法将它们转化为促进城市发展的直接动力，城市精神与城市品格的价值作用也就无从谈起。人民城市精神与人民城市品格塑造的主体参与路径，应是政府部门与人民群众的共同参与和有效协同。以自下而上的方式，广泛听取人民群众的意见和建议；以自上而下的方式，充分发挥政府部门民主决策与科学决策的治理优势。通过自上而下与自下而上相结合，最大限度汇聚人民群众力量，提升政府决策前瞻，让人民城市精神与人民城市品格在充分代表人民群众意愿和意志的同时，也能够以科学前瞻的内涵意蕴及本质揭示，形成推动人民城市不断向前发展的强大动力。

精神品格源自实践，这是人类社会发展的客观真理。人民城市精神与人民城市品格作为人民群众对人民城市的主观意识反映，多样化的实践形式对于两者的凝练创造同样是不可缺少的。人民城市精神与人民城市品格在人民城市的发展过程中有许多的承载形式，如城市建筑空间、重大活动、模范榜样、艺术作品、街区景观、整体形象、公民素养等，它们构成人民城市精神与人民城市品格凝练创造的丰富实践载体。具体而言，通过城市建筑遗产的历史韵味，来挖掘人民城市精神与人民城市品格；通过新的城市建筑融入和体现人民城市精神与人民城市品格；通过城市发展过程中的重大建设工程、惠民利民工程、招商引资工程、纳贤聚才工程以及重要城市活动，来归纳人民城市精神与人民城市品格；通过挖掘和培育城市中各行各业的先进典型（优秀党员干部、先进工作者、书香街区等），树立和宣传各类模范榜样（职业道德模范、孝亲敬老模范、见义勇为榜样等），来揭示人民城市精神与人民城市品格；通过反映城市人文风貌、历史底蕴、文化特色、风土人情、个性特质等方面的艺术创作、艺术展览与艺术作品，来展现人民城市精神与人民城市品格；通过打造和修复城市街区景观，来凸显人民城市精神与人民城市品格；通过城市形象内涵提升、城市魅力指数增加，来传播人民城市精神与人民城市品格；通过城市公民道德建设、文明城区建设、思想素养提升等方式，来涵养人民城市精神与人民城市品格；通过城市品牌打造、数字智慧应用及新媒介平台推送等途径，来宣传人民城市精神与人民城市品格。人民城市精神与人民城市品格的凝练创造，离不开人民城市具体实践的关键依托，唯有在实践中塑造和检验城市精神与品格，它们的生命力才能更加长久。

第三节　人民城市的公共文化服务

城市公共文化服务即以政府为主导的，社会力量参与的，旨在满足城市公民基本文化需求的公共文化产品、设施、活动及其他相关文化服务。公共文化服务作为现代城市公共服务体系的核心构成，不仅考验着城市的现代治理能力与治理水平，还与人民群众基本文化权益保障息息相关。以人民群众实际文化需求为导向，提供均衡、普惠、优质、可及的基本公共文化服务是现代城市的重要职责。长期以来，受制于城市发展指导思想及重点建设领域的束缚，我国基本公共文化服务事业在城市发展过程中一直处于不被重视的边缘化状态。城市基本公共文化服务存在诸多弱项和短板，如公共文化服务的供给数量不足、供给质量不佳、供给与需求不匹配等矛盾长期存在；公共文化服务体系不健全，服务方式和手段缺乏创新性，特别是公共文化服务的可及性较差，整体服务水平尚有较大进步空间。

面对我国城市在基本公共文化服务方面存在的紧迫问题，以习近平同志为核心的党中央，整体审视社会主义城市基本公共服务事业，全面谋划人民城市公共服务事业发展战略，特别是提出了"健全基本公共服务体系，提高公共服务水平，增强均衡性和可及性"[1]的具体策略指引，为人民城市公共文化服务指明了未来努力方向。人民城市作为新思

---

[1] 习近平：《高举中国特色社会主义伟大旗帜　为全面建设社会主义现代化国家而团结奋斗——在中国共产党第二十次全国代表大会上的报告》，人民出版社2022年版，第46页。

想、新理念和新路径支撑下的社会主义现代化城市建设、治理与发展实践，其视域下的基本公共文化服务的内涵更丰富、标准更明确、实践更鲜明。人民城市视域下的公共文化服务是面向全体人民群众的，带有普惠性、均等化和可及性等典型特点的公共文化服务类型。人民城市公共文化服务，以服务供给数量和供给质量的双维提升为基础，强调补齐城市公共文化服务的短板，兜牢城市公共文化服务的底线，全面提升人民城市公共文化服务水平。

一 城市公共文化服务的新格局

新的格局彰显新的理念并指导新的实践。构建满足人民群众基本文化需求，契合我国城市高质量发展目标的公共文化服务格局，是新时代赋予中国共产党的神圣使命和主要职责。党的十九大以来，以习近平同志为核心的党中央，立足我国现代城市发展新形势、基本公共文化服务新要求及人民群众文化权益新期待，对新时代社会主义城市基本公共服务体系进行了创新性部署，形成了包括领导保障、覆盖对象、基本原则、主要遵循、服务方式、手段载体等方面在内的，全方位、系统性、精细化的人民城市基本公共文化服务新格局。人民城市基本公共文化服务格局，实质是人民城市公共文化服务事业的理念格局、目标格局、制度格局、工作格局和实践格局，这既是中国共产党把握人民城市公共服务事业发展规律的战略设计，又是掌握人民城市公共文化服务事业发展主动权的有力举措。

党的正确领导是人民城市基本公共文化服务新格局的领导保障。中国共产党作为中国特色社会主义事业的领导核心，始终发挥着总揽全局、协调各方的关键作用。坚持党的正确领导是我国社会主义各项事业取得成功的根本所在，也是加快中华民族伟大复兴实现征程的命脉所系。在人民城市基本公共文化服务新格局中，党的主要领导职责是制定人民城市基本公共文化服务战略，明确政府等不同主体的角色和职责，监督政府等行政机关的具体工作，确保公共文化服务格局朝着既定目标方向建构。具体而言，人民城市基本公共文化服务是政府主导的公共文化服务类型，政府应当扮演的角色和承担的职责都是在党的领导下确立起来的。人民城市基本公共文化服务的核心属性是公共服务，这就决定了政府所扮演的主要角色不应该是管理者，而应该是服务者。党的十九届四中全会提出："必须坚持一切行政机关为人民服务、对人民负责、受人民监督，创新行政方式，提高行政效能，建设人民满意的服务型政府。"① 党对服务型政府的明确定位，为政府实现由管理者向服务者的思想与身份转变提供了政治领导保障。政府在扮演好服务角色的同时，还要发挥好自身的主导职责。人民城市公共文化服务由政府来主导，并不意味着要包办具体事务，这是两个完全不同的概念。政府主导是政府应该承担的职能使然，不包办具体事务是公共文化服务的具体属性使然。《中共中央、国务院关于地方政府职能转变和机构改革的意见》指出："推动政府职能向创造良好发展环境、提供优质公共服务、维护社会公平正义转变"②。为人民群众提供优质的城市基本公共文化服务是政府的主要职能，这体现出党对政府职责的具体界定。因此，党的正确领导是人民城市基本公共文化服务格局的重要保障力量。

全体城市居民是人民城市基本公共文化服务新格局的覆盖对象。城市基本公共服务对象的覆盖范围，是衡量基本公共服务"公共性"程度的主要标准。人民城市是人民群众共同建设与共同治理的社会主义现代化城市，这样的根本属性决定了人民城市的全部事业都是要为人民群众服务的。人民城市基本公共文化服务是人民群众基本城市文化权益实现的重要渠道，人民城市基本公共文化服务对象的覆盖范畴是全体人民群众。作为人民城市建设与治理事业关键主体的人民群众，享有人民城市提供的基本公共文化服务是他们非常重要的民主权利。人民城市基本公共文化服务的覆盖对象，不存在阶级、阶层、职业、社会地位等方面的任何差异，即全体人民群众都平等地享有人民城市所提供的基本公共

---

① 中共中央党史和文献研究院编：《十九大以来重要文献选编》中，中央文献出版社2021年版，第279页。
② 中共中央文献研究室编：《十八大以来重要文献选编》上，中央文献出版社2014年版，第411页。

文化服务。当然，在我国城镇化快速推进的过程中，受城乡户籍制度、政府财政支付能力、公共服务体制机制设计等多方面因素的影响，城市基本公共文化服务对象不能实现城市居民全覆盖的问题较为突出。特别是非城镇户籍人口反映强烈的城市归属感和融入感过低等问题，部分是由于城市基本公共服务对象将非本地户籍人员排除在外所引发的。我国出台的相关规章制度中也积极关注了城市基本公共服务对象范畴存在的局限性问题，如中央城镇化工作会议强调，"到二〇二〇年，我们既要逐步解决一亿农民工及其家属在城镇落户和相关公共服务问题，又要逐步解决余下农业转移人口的基本公共服务问题，让他们有归属感，不能让他们长期徘徊在城市边缘"①；党的十八届五中全会强调："对二亿多在城镇务工的农民工，要让他们逐步公平享受当地基本公共服务"②。面对此问题，人民城市基本公共文化服务强调服务对象的全覆盖和无差别，即全体人民群众都有权利享有人民城市提供的基本公共文化服务。其旨在使那些不具备城市户籍且长期生活工作在城市之中的公民，同样能够享受与城市户籍人口同等的基本公共文化服务。人民城市基本公共文化服务对象的全覆盖，将有利于人民群众城市融入感和归属感的提升。

　　织密服务网络是人民城市基本公共文化服务新格局的基本原则。城市基本公共文化服务是城市最基础的民生保障，织密城市基本公共文化服务网络，就是要兜住城市基本公共文化服务底线，保障和改善城市的基础民生。人民城市基本公共文化服务重在"基本"，要在"服务"，达成"基本""服务"就是要通过基础性的文化设施、文化产品、文化活动等来满足人民群众的基本文化消费，确保人民群众的基本文化权益得到维护和实现。"基本""服务"决定了人民城市基本公共文化服务的鲜明特点是织密网、兜底线、保民生。织密人民城市基本公共文化服务网络是兜住人民城市公共文化服务底线的前提，保障人民群众基本公

---

① 中共中央文献研究室编：《十八大以来重要文献选编》上，中央文献出版社2014年版，第617页。
② 中共中央文献研究室编：《十八大以来重要文献选编》中，中央文献出版社2016年版，第832页。

共文化权益是织密人民城市基本公共文化服务网络的目的。归根结底，织密人民城市基本公共文化服务网络，就是要让每位城市居民都能够享有相应的基本公共文化服务。具体而言，织密人民城市基本公共文化服务网络，包括织密服务对象保障网络、织密服务内容保障网络及织密服务机制保障网络三个方面。其中，织密服务对象保障网络，就是要保证城市中的每位公民都拥有享受公共文化服务的权利，特别是重点保障低收入群体、老年人群体及青少年群体等特殊人群的文化需求，切实做到公共文化服务对象上的应享尽享；织密服务内容保障网络，既要保障人民群众最为基本的文化需求，也要满足人民群众多样化的文化需求，促进基本公共文化服务内容的基础性和多样性相统一，切实做到公共文化服务内容的应有尽有和应保尽保；织密服务机制保障网络，就是要建立健全人民城市基本公共文化服务的规章制度、体制机制，确保基本公共文化服务的高效率、"无门槛"或"低门槛"，切实做到公共文化服务机制的落地有效。国家层面针对城市公共文化服务也出台了相关指导性意见，特别是提出要建立公共文化服务的标准体系。《关于加快构建现代公共文化服务体系的意见》指出："以人民群众基本文化需求为导向，围绕看电视、听广播、读书看报、参加公共文化活动等群众基本文化权益，根据国家经济社会发展水平和供给能力，明确国家基本公共文化服务的内容、种类、数量和水平，以及应具备的公共文化服务基本条件和各级政府的保障责任，确立国家基本公共文化服务指导标准，明确政府保障底线，做到保障基本、统一规范。"[1] 织密人民城市基本公共文化服务网络，兜住人民城市基本公共文化服务底线，同时也是在修补人民城市基本公共文化服务体系的短板，捍卫人民群众的文化权益。

兼顾数量与质量是人民城市基本公共文化服务新格局的主要遵循。服务供给数量与服务供给质量是评判现代城市基本公共文化服务体系和水平的重要指标。在现代城市基本公共文化服务体系中，服务供给的数量与服务供给的质量之间是相辅相成的依存关系，服务供给

---

[1] 《关于加快构建现代公共文化服务体系的意见》，人民出版社2015年版，第7页。

数量是前提，服务供给质量是生命；不能为了追求庞大数量而忽略根本质量，也不能因为强调质量而减少数量，两个方面都是不可或缺的。一般而言，基本公共文化服务体系相对健全的现代城市，其基本公共文化服务的水平相对较高，其提供的基本公共文化服务数量与质量可以较好地满足人民群众的基本文化需求。当前，我国许多城市基本公共文化服务存在两个方面的突出问题：一是基本公共文化服务的供给数量与城镇新增人口数量不匹配，无法保障人民群众对于服务的数量需求；二是基本公共文化服务的供给质量相对较低，无法保障人民群众对于服务的品质需求。特别是后者的矛盾愈加尖锐和激化。为了解决我国城市基本公共文化服务体系中存在的"量不足、质不高"的突出问题，人民城市通过创新基本公共文化服务提供方式，完善基本公共文化服务体系等方法，开展了一系列卓有成效的实践探索，确保了基本公共文化服务数量与质量的双维增强。在服务数量层面，重点针对城市新增人口的基本文化需求，相应地增加了公共文化服务专项资金的列支，尤其是加强了政府购买公共文化服务的数量；在服务质量层面，重点针对基本公共文化服务的内容、形式及人民群众期望的服务方式、渠道等方面进行系统性变革，特别是侧重解决了服务供给内容与人民群众需求不匹配的突出问题。人民城市在基本公共文化服务体系上的创新性举措，为公共文化服务的供给数量增加、供给质量提升提供了"双维"并进的策略性遵循。

精准供给服务是人民城市基本公共文化服务新格局的服务方式。精准的服务供给方略是人民城市基本公共文化服务有效落地的重要保障，也是人民城市基本公共文化服务新格局的题中应有之义。精准部署、精准实践、精准落地等精准性思维是中国共产党治国理政的创新性思维和独特性优势，对于新时代中国特色社会主义事业的治理与发展意义重大。精准供给服务作为中国共产党精准性思维在人民城市基本公共文化服务维度的实践彰显，本质上是人民城市基本公共文化服务的核心内涵和根本方式。人民城市视域下的精准供给服务是指政府以人民群众的基本公共文化服务需求内容为导向，通过人民群众普遍认可的易于接受的服务方式与服务渠道，向不同人群准确提供量足质优的公共文化供给服务。人民城市精准供给服务，不仅强调政府在公共文化服务供给战略上的精准性，还强调公共文化服务供给对象上的精准性，更强调公共文化服务供给内容上的精准性及供给实践上的精准性。过去，我国缺乏城市基本公共文化服务供给的必要经验，脱离人民群众实际文化需求的粗放性供给方式普遍存在，特别是服务供给内容的针对性不强，服务供给方式的有效性不足，漫无目的、大水漫灌的公共文化服务供给现象较为突出，直接造成了城市基本公共文化服务供给效率的低下。漫无目的、大水漫灌的城市基本公共文化服务供给方式，不仅不能缓解政府基本公共文化服务供给与人民群众实际需求之间的矛盾，还会引发更为严重的公共文化服务供需体系失衡，拉低我国城市公共文化服务的整体水平。人民城市在公共文化服务体系上的精准供给服务，有效克服了我国城市原有的漫无目的、大水漫灌的服务供给方式，系统推进了城市基本公共文化服务供给战略、对象及内容等方面的有效变革。

"互联网+"是人民城市基本公共文化服务新格局的手段载体。我国信息数字技术的持续发展、日渐成熟及城市不同场景化的普遍性应用，给我国社会主义现代化城市基本公共文化服务手段带来了前所未有的严峻挑战。如何有效应对这一全新挑战，不断提升城市基本公共文化服务的效率，直接影响着人民城市基本公共文化服务格局的建构成效。习近平总书记在十九届中央政治局第二次集体学习时指出："大数据在保障和改善民生方面大有作为。要坚持以人民为中心的发展思想，推进'互联网+教育'、'互联网+医疗'、'互联网+文化'等，让百姓少跑腿、数据多跑路，不断提升公共服务均等化、普惠化、便捷化水平。要坚持问题导向，抓住民生领域的突出矛盾和问题，强化民生服务，弥补民生短板，推进教育、就业、社保、医药卫生、住房、交通等领域大数据普及应用，深度开发各类便民应用。"[①] 2018年4月，习近平总书

[①] 中共中央党史和文献研究院编：《习近平关于城市工作论述摘编》，中央文献出版社2023年版，第111—112页。

记在海南考察时指出:"各级党委和政府要强化互联网思维,善于利用互联网优势,着力在融合、共享、便民、安全上下功夫,推进政府决策科学化、社会治理精细化、公共服务高效化"①。互联网作为现代城市治理全过程和各环节的崭新手段与必要载体,运用好"互联网+"技术开展包括城市基本公共服务在内的现代治理,成为我国城市发展过程中必须要面对和解决的时代问题。进入新时代以来,我国高度重视"互联网+"技术,积极探索"互联网+文化"的技术可行性及应用场景化,取得了十分明显的城市治理效果。同传统的城市基本公共文化服务手段载体相比,人民城市"互联网+文化"的基本公共文化服务手段有着诸多的优势。"互联网+文化"以现代流媒体、3D空间、VR技术、光纤传输等先进技术,实现城市基本公共文化服务内容的数字化承载和虚拟性展现,大大提升了基本公共文化服务的供给效率;"互联网+文化"倡导"数据多跑路、百姓少跑路",以数字化的公共文化服务产品,全方位提升人民群众享受基本公共文化服务的便捷度和可及性;"互联网+文化"能够以全时空的方式,让精彩多元的城市基本公共文化服务,不受任何时间和空间的限制而得以实现,极大提高了城市基本公共文化服务的覆盖面。"互联网+文化"的人民城市基本公共文化服务手段,不仅带来了我国城市基本公共文化服务水平的整体提升,还优化了人民城市自身的公共文化服务格局。

二 城市公共文化服务的普惠性

普惠性是社会主义城市基本公共文化服务的基本特性,也是人民群众基本文化权益得以保障的必要条件。党的十九大报告提出:"完善公共文化服务体系,深入实施文化惠民工程,丰富群众性文化活动。"②文化惠民体现的就是公共文化服务的普惠性特征及要求。坚持基本公

---

① 中共中央党史和文献研究院编:《习近平关于网络强国论述摘编》,中央文献出版社2021年版,第24页。
② 习近平:《决胜全面建成小康社会 夺取新时代中国特色社会主义伟大胜利——在中国共产党第十九次全国代表大会上的报告》,人民出版社2017年版,第44页。

文化服务的普惠性是适应我国社会主义初级发展阶段，特别是现代城市具体发展实际的必然要求。人民城市基本公共文化服务普惠性的责任主体是政府，惠及对象是人民群众，旨在满足人民群众日益增长的城市文化需求。人民城市基本公共文化服务的普惠性，不是以牺牲公共文化服务质量为代价的名不副实，而是以确保基本公共文化服务品质为前提的名副其实。普惠性的人民城市基本公共文化服务，在大大降低人民群众享有高质量城市基本公共文化服务门槛的同时，也为基本公共文化服务的可持续发展注入了活力。

坚持人民城市基本公共文化服务的普惠性，既是我国城市治理现代化实践举措的重要构成，又是契合现代城市基本公共服务发展规律的必然举措。在社会主义现代化城市发展视域中，基本公共文化服务的普惠性问题是涉及城市民生的重大问题，党和国家的重要会议及文件中多次提及公共服务的普惠性问题。党的十八届五中全会审议通过的《中共中央关于制定国民经济和社会发展第十三个五年规划的建议》指出，"坚持普惠性、保基本、均等化、可持续方向，从解决人民最关心最直接最现实的利益问题入手，增强政府职责，提高公共服务共建能力和共享水平"[1]；2016年1月，习近平总书记在重庆调研时强调："做好普惠性、基础性、兜底性民生建设，全面提高公共服务共建能力和共享水平，满足老百姓多样化的民生需求"[2]；党的十九届四中全会公报指出，"必须健全幼有所育、学有所教、劳有所得、病有所医、老有所养、住有所居、弱有所扶等方面国家基本公共服务制度体系，注重加强普惠性、基础性、兜底性民生建设，保障群众基本生活"[3]。不断加强现代城市基本公共文化服务的普惠性，成为我国推进人民城市现代治理的重要任务。人民城市基本公共文化服务的普惠性，强调的是人人都可以享

---

[1] 中共中央文献研究室编：《十八大以来重要文献选编》中，中央文献出版社2016年版，第811—812页。

[2] 中共中央文献研究室编：《习近平关于全面建成小康社会论述摘编》，中央文献出版社2016年版，第158页。

[3] 《中国共产党第十九届中央委员会第四次全体会议文件汇编》，人民出版社2019年版，第11页。

有人民城市所提供的公共文化服务，即基本公共文化服务不是一部分人享有和少数人享有。普惠性体现了社会主义条件下城市公共文化服务对象的全面性和宗旨的平等性。当然，普惠性的人民城市基本公共文化服务，意味着人民城市提供的基本公共文化服务具有公益性和免费性特征。没有公益性和免费性的关键前提，普惠性的公共文化服务目标就没有办法达成。公益性、免费性和普惠性，共同决定了人民城市基本公共文化服务必须由政府来主导、政府来投入。如若将人民城市基本公共文化服务的供给主体转嫁给市场，人民城市基本公共文化服务的普惠性将会大打折扣，也会从根本上背离"人民城市为人民"的人民城市根本指向。

　　人民城市基本公共文化服务的普惠性建设，是涉及我国九亿多城镇人口基本文化权益的宏大工程，其在现实的推进过程中遭遇了一系列障碍和困难，它们主要表现在以下方面。其一，思想认知层面存在误区。普惠性的人民城市基本公共文化服务的主体理应是政府，这点是确定无疑的。必要的改革对于普惠性公共文化服务体系的建立是有益的，但许多城市管理者和建设者在谈及文化改革时，一味地认为要把政府主体变革为市场主体，将本该政府履行的公共文化服务职责推向市场来履行，造成的直接结果就是公益性和免费性的基本公共文化服务变成了高收费和谋利性的属于特定人群的公共文化服务。利用市场化手段提升人民城市基本公共文化服务的数量和质量本身没有问题，但绝不能以牺牲普惠性为代价，否则就背离了人民城市基本公共文化服务的价值旨向。其二，专项财政资金缺口较大。人民城市基本公共文化服务普惠性的提供主体虽然是地方政府，但不同地方政府之间的财政收支情况是不完全相同的。政府对于城市基本公共文化服务的资金投入，影响着基本公共文化服务的普惠化程度。有些地方限于整体财力不足，削减和限制对城市基本公共文化服务的专项资金使用，造成城市基本公共文化服务的普惠性缺乏必要的财力保障。经济发达地区的城市相较于经济落后地区的城市，尽管在基本公共文化服务普惠性建设资金投入上较多，但总体上依然无法满足庞大城市人口的基本文化权益需求。其三，体制机制设计不健全。健全的体制机制是人民城市基本公共文化服务普惠性的必要保障。近些年来，我国虽然针对城市基本公共文化服务制定并出台了一些规章制度，但许多城市在普惠性基本公共文化服务的战略规划、策略实施、保障机制、实践方法等方面依然存在较大的短板。如部分城市并未将基本公共文化服务的普惠化列入城市经济和社会发展的总体战略之中，部分城市以"补缺型"社会服务替代普惠性公共服务等。其四，普惠内容脱离实际需求。普惠性的人民城市基本公共文化服务，必定是以人民群众实际需求为内容导向的文化服务形式，脱离人民群众实际文化需求的公共文化服务，即便其品质优良、供给数量充足，也不可避免被人民群众所排斥。在我国部分城市所提供的普惠性基本公共文化服务中，没有经过大规模调研，没有听取群众意见，贪大求洋、不求实效的文化服务现象较为突出，服务供给与服务需求的脱节，会加剧普惠化基本公共文化服务体系的建构困境。其五，重面子轻里子现象普遍。普惠性的基本公共文化服务至少要包括文化服务设施和文化服务活动两大维度。公共文化服务设施与公共文化服务活动是有机的统一整体，缺乏文化服务设施的文化活动只能是徒有虚名，缺乏文化活动的文化设施也只会是形同虚设。公共文化服务设施是公共文化服务的面子，公共文化服务活动是公共文化服务的里子，两者共同构成公共文化服务的完整样态。目前，我国部分城市中的博物馆、图书馆、科技馆等文化服务设施极尽奢华，但很少有群众去参观学习，因为这些文化场馆缺乏必要的文化服务内容及文化服务活动，这种重面子轻里子的基本公共文化服务现象较为普遍，严重制约了人民城市基本公共文化服务的普惠性发展步伐和速度。

为有效应对人民城市基本公共文化服务普惠性发展的困境，以习近平同志为核心的党中央提出了富有针对性的解决策略，具体包括以下五个方面。其一，筑牢基本公共文化服务的公益性根基。坚持基本公共文化服务的公益性是实现普惠性的重要前提，普惠性是公益性的重要保障。党的十九届五中全会审议通过的《中共中央关于制定国民经济和社会发展第十四个五年规划和二〇三五年远景目标的建议》提出：

"加快发展健康、养老、育幼、文化、旅游、体育、家政、物业等服务业，加强公益性、基础性服务业供给。"① 未来我国将重点突出基本公共文化服务的公益性和基础性，以确保人民城市基本公共文化服务的普惠性得以实现。其二，加强基本公共文化服务体制机制完善。普惠性的人民城市基本公共文化服务是隶属于地方政府经济社会发展的职权范畴。党和国家已经明确要求各地方政府要把城市基本公共文化服务普惠性纳入本地国民经济和社会发展总体规划及城乡发展规划之中，这是基本公共文化服务的战略机制保障；党和国家还要求各地政府要依据城镇人口数量变化，统筹好城镇基本公共文化服务设施的布局、专业人才队伍建设及对应的资金列支，这是基本公共文化服务的具体体制策略保障。除此之外，国家还出台了基本公共文化服务指导标准，并明确指出，"各地要根据国家指导标准，制定与当地经济社会发展水平相适应、具有地域特色的地方实施标准，逐步形成既有基本共性又有特色个性、上下衔接的标准指标体系"②。这是普惠性人民城市基本公共文化服务的基础性实践遵循。其三，整合基本公共文化服务的各类型资源。不同类型的且较为充足的公共文化服务资源是人民城市基本公共文化服务普惠性的必要条件。党和国家提出要继续深化城市基本公共文化服务改革，大力推进城市公共文化服务事业与公共文化服务产业的协同发展，通过政府调控、市场调节等多样化的手段，将人民群众需要的基本公共文化资源聚合在一起，以科学的策略实现资源整合和供需利用的最大化。其四，坚持基本公共文化服务的差异性思维。保障人民群众最基本的公共文化服务权益，是普惠性人民城市基本公共文化服务的直接目的。坚持普惠性并不意味着将城市基本公共文化服务的内容、形式等同质化。每座人民城市都有自身的文化服务体系，每位群众都有着自身的文化服务需求，坚持普惠性要立足实际、尊重差异，抹杀基本公共文化服务差异性的普惠性是无法彻底实现的。党和国家多次强调各地要立足

---

① 中共中央党史和文献研究院编：《十九大以来重要文献选编》中，中央文献出版社2021年版，第796页。
② 《关于加快构建现代公共文化服务体系的意见》，人民出版社2015年版，第7页。

本地实际，了解群众需求，坚持差异性思维推进人民城市基本公共文化服务的普惠性建构工作。其五，拓宽基本公共文化服务的享有渠道。享有城市基本公共文化服务的渠道不畅，将会直接影响普惠性城市基本公共文化服务的落地效果。人民城市基本公共文化服务的重心在社区，以城市社区为中心拓宽人民群众享有基本公共文化设施和公共文化产品的多样化渠道，加快城市基本公共文化服务供给的社区倾斜，是确保人民城市基本公共文化服务普惠于民的必然举措。党和国家近些年来非常重视社区工作，将社区工作作为城市基层治理重点任务来推进，这为人民城市基本公共文化服务普惠性落地提供了有力的渠道支撑。

人民城市基本公共文化服务的普惠性，并不意味着基本公共文化服务的低品质。对于党和国家而言，普惠性的人民城市基本公共文化服务是一种惠及民众的政策导向，而不是降低人民城市基本公共文化服务品质和水平的理由；对于人民群众而言，普惠性的人民城市基本公共文化服务是一种享有门槛较低且有质量保障的基本文化权益。坚持普惠性并不是人民城市基本公共文化服务的终极目的，以普惠性为基础，依据人民群众的实际文化需求，不断创造高品质的城市基本公共文化服务体系才是目标所在。

三 城市公共文化服务的均等化

基本公共文化服务均等化问题，既是困扰人民城市建设、治理与发展的重大问题，又是事关全体人民公平正义及实现共同富裕的难点问题。长期以来，我国城市基本公共文化服务体系的不均衡性，引发了社会各界对于人民城市基本公共文化服务均等化问题的极大关注。人民城市基本公共文化服务的均等化，并不是城市所有公共文化服务的平均化和等量化，而是人民群众享有基本公共文化服务的机会均等、起点均等和渠道均等。在党的二十大报告中，"基本公共服务实现均等化"[①] 作

---

① 习近平：《高举中国特色社会主义伟大旗帜 为全面建设社会主义现代化国家而团结奋斗——在中国共产党第二十次全国代表大会上的报告》，人民出版社 2022 年版，第 24 页。

为我国 2035 年发展的总体目标构成被再次提及，这就意味着城市基本公共文化服务作为国家基本公共服务体系的组成部分，拥有了战略谋划的顶层设计意蕴。推进人民城市基本公共文化服务的均等化进程，不仅是国家公共文化服务均等化战略的实践要求，还是满足人民群众基本文化服务权益的时代要求。

人民城市视域下的基本公共文化服务均等化，并不是将人民城市的基本公共文化服务资源按照总的居民数量进行等量化的平均分配，而是指人民城市管理者（即政府）所提供的与人民城市自身经济发展水平相适应的、能够满足全体居民基本文化需求的、大致均等且能够公平获得的公共文化服务。均等化的人民城市基本公共文化服务，其核心内涵不是基本公共文化服务的分配结果均等，而是获得基本公共文化服务的机会均等，即人民城市中的每个人都可以拥有享受公共文化服务的同等机会。机会均等是对人民群众公平获得人民城市基本公共文化服务权利的真正捍卫，这与分配结果均等完全是两码事。对于人民群众而言，人民城市所提供的基本公共文化服务，本质上是一种选择性的公共文化服务，人民群众有权利和意愿选择自己需要的某些文化服务，也有权利和自由放弃自己不需要的某些文化服务，就此而言，强调基本公共文化服务的分配结果均等是不现实的。从这个意义上来讲，机会均等才是人民城市基本公共文化服务均等化的关键所在，分配结果层面的均等并不是人民城市基本公共文化服务真正意义上的均等。在人民城市基本公共文化服务均等性的整体内涵中，除了机会均等的核心内涵外，起点均等和渠道均等也是均等化内涵不可或缺的重要组成。起点均等和渠道均等就是人民城市中的全体成员，都可以无条件、无门槛地获得政府所提供的基本公共文化服务资源，前提是当这些成员有相对应的公共文化需求时。机会均等、起点均等和渠道均等，都是人民城市基本公共文化服务的事实均等，都是在实践中能够真正落地的均等层面。除此之外，人民城市基本公共文化服务均等化的适用范围是人民城市的基本公共文化服务，而不适用于人民城市所有的公共文化服务。我国是社会主义市场经济，居民收入之间存在差距是必然现象。在人民城市基本公共文化服务维度强调均等化，主要是为了保障人民群众公平获得文化服务的权利，更重要的是在实践中具有现实性和可操作性。对于那些收入水平相对较高，能够拥有更多文化服务选择权的城市居民而言，通过市场化手段获得更好品质的文化服务也是正当的和应该被尊重的，这个时候再强调均等化似乎就违背了文化服务的客观规律。与此同时，强调基本公共文化服务的均等化，并不拒绝和排斥基本公共文化服务的多元化与差异化。每个个体对文化的需求不同，多元化和差异化可以更好满足人民群众获得文化服务的需求，这与均等化内涵并不相悖。归根结底，人民城市基本公共文化服务的均等化，要重点防范等量化和平均化等思想误区，让人民群众真正机会平等地享有基本公共文化服务资源。

　　社会主义的公平正义原则和全体人民共同富裕的目标，决定了人民城市的基本公共文化服务必须要坚持均等化，让人民群众能够充分地享有人民城市的发展成果。基本公共文化服务均等化的实现是循序渐进的过程，受各种因素的影响，我国部分城市基本公共文化服务非均等化现象依然普遍存在，人民城市基本公共文化服务均等化进程遭遇较大困境。这些困境主要体现在以下几个方面。其一，公共文化服务供给不足。必要的公共文化服务供给量是实现城市公共文化服务均等化的重要前提。当前，我国许多城市因为总体实力有限，特别是经济社会发展水平较低，在数量上和质量上都没有办法为城市提供能够满足人民群众需求的基本公共文化服务，城市基本公共文化服务长期处于供小于求的失衡状态。加之部分地方政府对基本公共服务均等化的理解和认知存在偏差，造成基本公共文化服务总体发展程度不够，政府与市民之间的文化服务供需矛盾更加突出。为此党的十八届五中全会提出："加快构建现代公共文化服务体系，促进基本公共文化服务标准化均等化，建立健全政府向社会力量购买公共文化服务机制，加大公共文化设施免费开放力度。"① 广开源路、保障供给是人民城市基本公共文化服务均等化的基

---

① 中共中央文献研究室编：《习近平关于社会主义文化建设论述摘编》，中央文献出版社 2017 年版，第 189 页。

础条件。其二，人民群众共享服务不够。人民城市基本公共文化服务均等化的根本目的，就是让人民群众能够均等共享人民城市的文化建设成果。目前我国城市中的部分群众对基本公共文化服务均等化缺乏必要的认知，加之地方政府在基本公共文化服务均等化层面的宣传力度不够、效果不佳，直接造成了人民群众共享基本文化服务的意识不强，人民城市基本公共文化服务均等化落地缺乏实效。有些城市出现了基本公共文化服务资源供给充足，但因为人民群众对均等化认知上存在短板，甚至引发了大量文化资源闲置及浪费现象。其三，农村转移人口区别对待。我国长期存在的城乡二元结构，特别是城乡户籍差异问题，制约着城市基本公共文化服务均等化的推进实践。城市人口是动态变化的过程，新增农村转移人口在城市中处于尴尬境地，他们加剧了基本公共文化服务均等化的推进难度。我国现行基本公共文化服务资源的配给是按照城镇户籍人口进行核算的，新增的人口并未列入其中，让他们均等享有原本没有配置的资源，会损害到其他城市居民的基本文化权益，农村转移人口被区别对待也就无法避免。其四，均等化体制机制存在短板。人民城市基本公共文化服务的均等化，说到底是基本公共文化服务的体制机制设计及实施问题。如若体制机制存在短板，势必影响到均等化的实现进程。制度设计上的均等性、民主性和科学性，才可真正带来实践上的均等效应。我国部分地区的城市管理者，并未将基本公共文化服务均等化纳入城市发展整体战略进行统筹，相关的服务体制与机制不健全。尤其是在决策过程中，未充分考虑社会经济发展程度、居民实际文化需求，现有的基本公共文化服务体制机制缺乏均衡性、可行性和灵活性。体制机制的不均衡，加剧了城市基本公共文化服务的不均等。其五，以均等替代多元和差异。人民城市基本公共文化服务的均等化，是基于人民群众实际文化需求的均等化，不是同质化层面的均等化。人民城市中的每个个体都是具有独立思想的社会人，他们有的愿意在基本公共文化服务体系中寻求能够满足自身的文化资源，有的愿意追求更高品质的高消费型文化资源，这是人民群众基本的文化权益自由。部分城市的管理者以均等化拒绝人民群众追求文化服务的多元化和差异化，严重背离了均等化的根本宗旨。

优质均等的人民城市基本公共文化服务体系，事关人民群众城市生活的幸福感、归属感和获得感，必须要下大力气在人民城市实践中落实好。党的十八大以来，以习近平同志为核心的党中央，全面谋划基本公共服务均等化战略部署，为人民城市基本公共文化服务均等化实践提供了很好的策略借鉴。这些策略借鉴主要集中于以下六个层面。其一，增加城市基本公共文化服务的供给。基本公共文化服务供给是数量与质量要同时兼顾的系统工程，数量与质量任何方面或者两个方面的供给不足，都会影响到人民城市基本公共文化服务均等化的成效。《中共中央、国务院关于进一步加强城市规划建设管理工作的若干意见》明确提出，"健全公共服务设施。坚持共享发展理念，使人民群众在共建共享中有更多获得感"[1]，"合理确定公共服务设施建设标准，加强社区服务场所建设，形成以社区级设施为基础，市、区级设施衔接配套的公共服务设施网络体系"[2]。这些对城市基本公共文化服务设施及产品的规定，为增加人民城市基本公共文化服务供给提供了制度性指引。其二，提升城市基本公共文化服务临近性。基本公共文化服务的临近性是指政府所提供的公共文化设施和公共文化产品，便于人民群众能够更便捷和快速的获得，即公共文化设施和公共文化产品贴近人民群众。公共文化服务的临近性越好，其均等化实现程度相对较高。党的十八大以来，我国许多城市大力配套建设中小学、幼儿园、博物馆、展览馆、科技馆等文化服务设施，不断推出美术作品展、音乐会、科技产品展览等文化产品，着力打造方便快捷的融入人民群众生活场景的公共文化服务圈，为人民城市基本公共文化服务均等化提供了重要保障。其三，建立健全均等化服务的体制与机制。体制机制问题始终是影响人民城市基本公共文化服务均等化的最大症结所在。在党的十八届六中全会第一次全体会议

---

[1] 中共中央党史和文献研究院编：《十八大以来重要文献选编》下，中央文献出版社2018年版，第189页。
[2] 中共中央党史和文献研究院编：《十八大以来重要文献选编》下，中央文献出版社2018年版，第189页。

上，习近平总书记提出"完善促进基本公共文化服务标准化均等化发展等体制机制"①的明确要求。许多城市针对基本公共文化服务均等化的体制机制短板进行了卓有成效的建构，如进一步明确人民城市所属地方政府的文化服务事权事项等具体责任，明确地方政府基本公共文化服务的财政专项支出，明确基本公共文化服务纳入城市发展整体规划，加强公共文化服务事业的管理，基本公共文化服务资源要向薄弱领域、特殊人群和城市重点地区倾斜，提升基本公共文化服务的统筹层次，对城市居民急切需求的文化服务资源重点建设。其四，构建公共文化服务多主体共建模式。打造政府、社会和市民共同参与的公共文化服务建设模式，是人民城市基本公共文化服务均等化的必要前提。基本公共文化服务提供的主体是政府，但绝不意味着就是政府单一主体的事情，社会和市民也应该参与其中，承担起应有的社会责任。关于如何提高多主体共建公共文化服务体系的能力，《中共中央关于制定国民经济和社会发展第十三个五年规划的建议》指出："创新公共服务提供方式，能由政府购买服务提供的，政府不再直接承办；能由政府和社会资本合作提供的，广泛吸引社会资本参与。"② 人民群众作为人民城市基本公共文化服务均等化的直接受益者，更有责任参与到公共文化服务体系的建构实践中来。其五，加强特殊人群的公共文化服务保障。城市新增人口、城市外来人员、老年群体、妇女儿童、青少年等特殊人群，是人民城市基本公共文化服务均等化的重点人群和薄弱环节。人民城市基本公共文化服务均等化的实现，必须要充分保障特殊人群的公共文化服务权益。为此，党和国家提出了城市公共文化服务设施及产品要考虑特殊人群的特殊需要，并强调公共文化服务要向特殊人群倾斜的实践要求。针对城市外来人员及非城市户籍人员的基本公共文化服务均等化，国家也积极给予了政策和制度保障，如"全面实行流动人口居住证制度，逐步推进

---

① 中共中央文献研究室编：《习近平关于社会主义文化建设论述摘编》，中央文献出版社2017年版，第192页。

② 中共中央文献研究室编：《十八大以来重要文献选编》中，中央文献出版社2016年版，第812页。

居住证持有人享有与居住地居民相同的基本公共服务"①；"加快推进户籍制度、社会管理体制和相关制度改革，有序推进农业转移人口市民化，逐步实现城镇基本公共服务覆盖常住人口"②；"要完善土地、户籍、转移支付等配套政策，提高城市群承载能力，促进迁移人口稳定落户。促进迁移人口落户要克服形式主义，真抓实干，保证迁得出、落得下"③。其六，以现代科技为载体扩大服务覆盖面。服务对象与服务内容的全覆盖是人民城市基本公共文化服务均等化的基础性要求。随着各种现代科技手段的日益成熟，通过现代科技的载体推进人民城市基本公共文化服务均等化成为必然趋势。习近平总书记指出，"要依靠科技创新建设低成本、广覆盖、高质量的公共服务体系"，"要发展信息网络技术，消除不同收入人群、不同地区间的数字鸿沟，努力实现优质文化教育资源均等化"。④ 现代科学技术的巨大承载力和强大传播力，能够让基本公共文化服务呈现几何式的服务效应增长。对于人民城市而言，掌握现代科学技术并运用于公共文化服务的实践之中，将会对基本公共文化服务均等化的实现产生难以估量的积极影响。

四　城市公共文化服务的可及性

可及性是人民城市基本公共文化服务的内在特质和题中应有之义，也是考量人民城市基本公共文化服务体系整体水平，特别是衡量基本公共文化服务能否满足人民群众需求的重要指标。基本公共文化服务的可及性，折射着人民群众享有符合自己需求的公共文化服务的难易程度。一般而言，基本公共文化服务可及性好的城市，城市居民获取必要文化

---

① 中共中央文献研究室编：《十八大以来重要文献选编》上，中央文献出版社2014年版，第714页。
② 全国人民代表大会常务委员会办公厅编：《中华人民共和国第十二届全国人民代表大会第一次会议文件汇编》，人民出版社2013年版，第32页。
③ 习近平：《论把握新发展阶段、贯彻新发展理念、构建新发展格局》，中央文献出版社2021年版，第326页。
④ 习近平：《为建设世界科技强国而奋斗——在全国科技创新大会、两院院士大会、中国科协第九次全国代表大会上的讲话》，人民出版社2016年版，第13页。

服务资源的难度相对较低；反之则难度较高。人民城市基本公共文化服务的可及性，主要包括覆盖人群、服务范围、服务供给、服务享有等范畴的可及性，又可细分为对象、时间、地点、内容、门槛、方式、机会、能力、需求、效果等方面的可及性。可及性的人民城市基本公共文化服务，既彰显出中国共产党对新发展理念和以人民为中心发展思想的贯彻落实，又能够让人民群众切实感受到人民城市基本公共文化服务的真实性及文化服务的满足感。

基本公共文化服务的可及性是关涉城市民生改善及人民群众文化权益的重大问题，正确理解可及性内涵是推进人民城市基本公共文化服务可及性的必要前提。所谓可及性，可简单理解为事物的可得到性、可享有性、可评价性与可接受性等，可及性本质上揭示的是人与事物之间的"适合度"。从这个意义上来看，基本公共文化服务的可及性，就是指城市居民与基本公共文化服务之间的"适合度"，即基本公共文化服务的供给侧与人民群众文化需要的需求侧之间的匹配度。就此而言，人民城市基本公共文化服务的可及性，指人民城市管理者所提供的基本公共文化设施和文化产品，要能够便利人民群众获取、满足人民群众需要、符合人民群众习惯、贴近人民群众生活等。[①] 这就意味着人民城市基本公共文化服务的可及性存在两大维度，即政府提供基本公共文化服务的可及性与人民群众享有基本公共文化服务的可及性，前者是基本公共文化服务的供给侧维度，后者是基本公共文化服务的需求侧维度。供给侧维度与需求侧维度的共同可及，才是人民城市基本公共文化服务可及性的完整内涵。从可及性构成要素视角而言，人民城市基本公共文化服务

---

① 学界对于可及性的探索较多，但对于基本公共文化服务的可及性，特别是人民城市视域下的基本公共文化服务的可及性探索较少，本书结合学界对公共文化服务可及性的界定，尝试对人民城市基本公共文化服务的可及性进行阐释。有学者认为"可及性是指政府在公共服务提供时，不仅要加强硬件设施建设，构建现代公共服务体系，还要增强公共服务的广度，充分考虑公共服务提供是否便利城乡群众、服务设施是否能满足城乡群众需要、服务程序是否符合城乡群众习惯、服务内容是否贴近城乡群众生活等"。本书对于人民城市基本公共文化服务可及性的诠释即来源于此代表性观点。参见姜晓萍等《城乡基本公共服务均等化的实现机制与监测体系》，人民出版社2020年版，第375页。

可及性是由许多要素共同构成的可及性要素体系，它们主要涉及基本公共文化服务的对象可及性、时间可及性、地点可及性、门槛可及性、方式可及性、机会可及性、能力可及性、需求可及性、效果可及性等。这些要素是支撑人民城市基本公共文化服务可及性落地、实践与评价的关键条件。人民城市基本公共文化服务的可及性是以共享性为前提的，只有人民城市中的每个人都均等地享有政府所提供的基本公共文化服务设施和产品时，可及性才具备真正达成条件。人民城市基本公共文化服务的可及性，不属于某些特定人群，而属于全体人民，这也契合了人民城市共享性的发展宗旨。

我国高度重视基本公共服务可及性问题，在重要文件和重大场合多次提及。党的十九届四中全会审议通过的《中共中央关于坚持和完善中国特色社会主义制度 推进国家治理体系和治理能力现代化若干重大问题的决定》提出，"完善公共服务体系，推进基本公共服务均等化、可及性"①；习近平总书记在参加十三届全国人大四次会议青海代表团审议时指出，"要着力补齐民生短板，破解民生难题，兜牢民生底线，办好就业、教育、社保、医疗、养老、托幼、住房等民生实事，提高公共服务可及性和均等化水平"②；党的二十大报告中强调，"健全基本公共服务体系，提高公共服务水平，增强均衡性和可及性，扎实推进共同富裕"③。这些重要论述为优化政府公共服务职能、健全基本公共文化服务体系、推进人民城市基本公共文化服务可及性提出了明确要求。人民城市基本公共文化服务可及性的达成，主要依靠四个方面的因素来衡量，即基本公共文化服务的可获得性、可接近性、可承受性和可适应性。可获得性指人民群众有获得人民城市基本公共文化服务的均等机会；可接近性指人民城市所供给的基本公共文化服务在空间维度和时间

---

① 中共中央党史和文献研究院编：《十九大以来重要文献选编》中，中央文献出版社2021年版，第280页。

② 习近平：《论把握新发展阶段、贯彻新发展理念、构建新发展格局》，中央文献出版社2021年版，第535页。

③ 习近平：《高举中国特色社会主义伟大旗帜 为全面建设社会主义现代化国家而团结奋斗——在中国共产党第二十次全国代表大会上的报告》，人民出版社2022年版，第46页。

维度都具有可行性、真实性和保障性；可承受性指人民城市的基本公共文化服务在政府财力可承担的范围之内，在人民群众需求和认可的范围之内；可适应性指人民城市的基本公共文化服务，能够根据时代变化、群众需求和政府财力开展动态性调整和革新，以与时俱进的态度创新公共文化服务的内容、方式和标准。除此以外，影响人民城市基本公共文化服务可及性的因素也是复杂多样的，主要包括政府的基本公共文化服务政策，政府对人民群众文化需求的响应情况，人民群众获取基本公共文化服务的经济、时间、体力等成本，以及基本公共文化服务设施的便利度等。

  坚持人民城市基本公共文化服务的可及性是现代城市治理、人民城市属性、实现共同富裕、社会公平正义等方面共同决定的。第一，现代城市治理的主要原则决定了必须要坚持可及性。同传统城市管理相比较，现代城市治理重点强调"共建、共治、共享"的主要原则，将社会主义城市的制度优势转化为城市治理的具体效能。在经济社会领域专家座谈会上，习近平总书记指出："要完善共建共治共享的社会治理制度，实现政府治理同社会调节、居民自治良性互动，建设人人有责、人人尽责、人人享有的社会治理共同体。"① 人民城市基本公共文化服务是政府领导人民群众共同创造出来的，理应由人民群众均衡可及地享有，这是人民城市现代治理制度的显著优势和内在要求。第二，人民城市属性的核心内涵决定了必须要坚持可及性。人民城市是人民群众在党的领导下发挥历史能动作用的智慧创造，人民群众既是人民城市的建设者，又是人民城市的主宰者。从人民群众的利益出发，满足人民群众利益需求，捍卫人民群众主体地位，是人民城市属性的核心意蕴，也是人民城市全部实践的价值归宿。人民城市基本公共文化服务是人民城市整体实践的有机组成，坚持可及性能够更好地维护人民群众切身的文化权益，让人民群众在人民城市中获得满足感、融入感和幸福感。"人民城

---

① 中共中央党史和文献研究院编：《习近平关于城市工作论述摘编》，中央文献出版社2023年版，第160页。

市为人民"决定了人民城市基本公共文化服务必须要有可及性。第三，实现共同富裕的根本目标决定了必须要坚持可及性。共同富裕既是中国特色社会主义的本质要求，也是人民城市建设、治理与发展的目标指向。党的二十大报告提出："坚持把实现人民对美好生活的向往作为现代化建设的出发点和落脚点，着力维护和促进社会公平正义，着力促进全体人民共同富裕"①。我国的共同富裕不仅仅是人民群众物质财富的富足，还包括人民群众精神世界的充盈。人民城市基本公共文化服务是实现人民群众精神世界充盈的基础举措，坚持人民城市基本公共文化服务的可及性，就是在为人民群众丰富精神世界，实现共同富裕创造基础。第四，社会公平正义的客观要求决定了必须要坚持可及性。实现社会公平正义关涉社会主义的民生福祉，关涉社会发展的和谐稳定。习近平总书记指出："要在全体人民共同奋斗、经济社会发展的基础上，加紧建设对保障社会公平正义具有重大作用的制度，逐步建立以权利公平、机会公平、规则公平为主要内容的社会公平保障体系，努力营造公平的社会环境，保证人民平等参与、平等发展权利。"② 社会公平正义要求基本公共文化服务是机会均等可及、权利均等可及、内容均等可及的，这些为人民城市基本公共文化服务的可及性提供了重要的客观性保障。

人民城市基本公共文化服务的普惠性、均等化、标准化建设，为推进基本公共文化服务可及性的实践提供了必要准备。无论是人民城市基本公共文化服务的普惠性、均等化，还是人民城市基本公共文化服务的标准化与可及性，它们在实际推进过程中都遭遇了相似的问题和困境，如人民城市基本公共文化服务的供给不足、基本公共文化服务的体制机制不完善、文化服务与人民群众实际文化需求不相符、基本公共文化服务的信息化程度较低、政府公共文化服务专项资金投入

---

① 习近平：《高举中国特色社会主义伟大旗帜 为全面建设社会主义现代化国家而团结奋斗——在中国共产党第二十次全国代表大会上的报告》，人民出版社2022年版，第22页。
② 中共中央文献研究室编：《十八大以来重要文献选编》上，中央文献出版社2014年版，第552页。

不足等，严重影响了人民城市基本公共文化服务的普惠性、均等化、标准化和可及性进程。除了以上影响因素外，基本公共文化服务供给侧与需求侧的匹配平衡、基本公共文化服务网络完整性的建构，成为人民城市基本公共文化服务可及性面临的最大困难。首先，人民城市基本公共文化服务供给侧与需求侧的匹配平衡。基本公共文化服务可及性的实现，必须要充分考量两个维度：服务的供给侧维度与服务的需求侧维度。供给侧维度的主体是政府，需求侧维度的主体是人民群众。作为供给侧维度，政府所提供的城市基本公共文化服务，没有反映或不能正确全面反映人民群众对于公共文化服务的需求，那么这样的供给是无效的，因而可及性是无法实现的；政府所提供的城市基本公共文化服务，在符合人民群众实际文化需求的前提下，因服务供给的数量不足、质量不高、渠道不对等无法实现人民群众的充分均等享有，可及性同样无法实现。作为需求侧维度，人民群众不了解或不甚了解城市基本公共文化服务的政策制度，缺乏为城市基本公共文化服务体系建言献策的主动性，同样无法实现公共文化服务的可及性。寻求供给侧与需求侧之间的匹配和平衡，是解决人民城市基本公共文化服务可及性的重要举措。其次，基本公共文化服务网络完整性的建构。层级清晰、职能明确、全面覆盖的基本公共文化服务网络，是确保人民城市基本公共文化服务可及性落地的重要前提。当前，我国城市基本公共文化服务的可及性障碍主要集中于基层文化服务层面，具体表现为地域可及性不足、对象可及性不足、方式可及性不足等。这些不足表面看似是不可避免的实际困难，内在却是因基本公共文化服务网络不完整所引发的。人民城市基本公共文化服务的完整网络，既要有城市宏观层面的全局整体服务网络，又要有城市中观层面的街道社区服务网络，更要有城市微观层面的小区楼栋服务网络，特别是中观层面与微观层面的服务网络是公共文化服务的重点网络，它们直接关涉人民城市基本公共文化服务的可及性。人民城市在中观和微观服务网络层面仍旧存在不少的短板和漏洞，需要花大气力弥补和建构起来。

实现人民城市基本公共文化服务的可及性，要在秉持"尽力而为，量力而行"基本原则的基础之上,重点做好以下五个方面的工作。其一,强化基本公共文化服务的政策导向。政策导向是具体工作的"风向标",清晰明确的政策是人民城市基本公共文化服务可及性的重要保障。人民城市所属各地政府应依据国家基本公共服务标准化建设意见,按照标准化、普惠性、均等化和可及性的原则要求,尽快配套完善本行政区域内的城市基本公共文化服务细则,让人民城市基本公共文化服务的可及性做到有章可循、有策可据。与此同时,要持续加强人民城市基本公共服务可及性的相关政策宣传,让人民群众了解基本公共文化服务的政策导向。其二,深化基本公共文化服务供给侧结构性改革。基本公共文化服务供给侧结构性改革是实现人民城市基本公共文化服务可及性的必要改革。供给侧结构性改革的目的是推进人民城市公共文化服务与人民群众实际文化需求之间的精准匹配和精准供给。精准匹配与精准供给,能够将人民城市基本公共文化服务资源的作用最大限度发挥出来,避免基本公共文化服务资源的闲置、浪费等现象发生。在深化供给侧结构性改革的过程中,政府对人民城市基本公共文化服务资源的精准供给,离不开人民群众对基本公共文化服务资源供给内容、供给方式、供给对象等方面的意见和建议,发挥好全过程人民民主的民主参与作用同样不可或缺。其三,提升人民群众服务需求的响应速度。人民群众对于人民城市基本公共文化服务的需求是动态变化的过程,这个过程涉及公共文化服务需求内容的变化、需求形式的变化、需求质量的变化、需求渠道的变化等诸多方面。政府要建立人民群众文化需求的动态反馈机制,准确掌握人民群众尤其是特殊群体的文化需求,并在有效整合城市文化服务资源的基础上,及时对人民群众的文化需求开展积极响应并作出战略部署,确保人民城市所提供的基本公共文化服务,能够满足人民群众的实际文化权益需要。其四,降低享有公共文化服务的成本指标。人民群众享有基本公共文化服务的成本指标,主要包括经济成本、时间成本、距离成本等,这些都是影响公共文化服务可及性的重要因素。人民城市提供的基本公共文化服务有免费性和普惠性两种类型,对于人民群众来说,免费性的公共文化服务不涉及经济成本,但有时间成本和距离成本；普惠性的公共文化服务，涉及经济成本、时间成本和距离成本等。最大限度提升人民城市基本公共文化服务的可及性，就要大幅度降低人民群众享有基本公共文化服务的经济成本、时间成本和距离成本等，实现基本公共文化服务资源的网络化、便捷化和临近性等合理配置。其五，优化基本公共文化服务的方式渠道。享有基本公共文化服务的方式渠道，也是影响人民城市基本公共文化服务可及性的重要方面。符合时代发展趋势、深受人民群众喜爱的方式渠道，不仅能够快速提升人民城市基本公共文化服务的整体效率，还能够打破时间、空间等现实条件限制，增强人民城市基本公共文化的可及性。在信息化迅猛发展的时代大背景下，互联网已经成为基本公共服务提供的关键渠道载体，优化并完善人民城市基本公共文化服务的信息化渠道，对于基本公共文化服务可及性的达成至关重要。习近平总书记指出："要深入推进信息惠民，着力解决优质民生服务供给不足、分布不均、可及性不够等问题。"① 除了要充分运用好互联网等信息化载体以外，创新富有中国特色、彰显民族特点和人民群众喜闻乐见的基本公共文化服务方式和渠道，对于人民城市基本公共文化服务可及性同样重要。

文化是人民城市建设、治理与发展的核心灵魂，也是人民城市吸引力、凝聚力、向心力等软实力持续增强的重要源泉。进入新时代以来，以习近平同志为核心的党中央，秉持社会主义现代化发展的宏阔视野，立足我国社会主义城市文化发展实际，把握新时代现代城市治理的客观规律和潮流趋势，对人民城市文化事业进行了战略部署。从夯实人民城市历史文化根基、提升人民城市整体文化魅力，到凝练人民城市精神品格内蕴、汇聚人民城市发展强大合力，再到完善人民城市公共文化服务、推进人民城市文化治理升级，这些富有创建性的战略举措，开创了人民城市建设、治理与发展的全新局面。实践将会证明：推动人民城市文化事业的繁荣，才能赢得人民城市发展的未来。

---

① 中共中央党史和文献研究院编：《习近平关于网络强国论述摘编》，中央文献出版社2021年版，第25页。

参考文献

经典著作和中央文献

《马克思恩格斯全集》第 2、3、30 卷，人民出版社 1957、2002、1995 年版。

《马克思恩格斯文集》第 1—10 卷，人民出版社 2009 年版。

《马克思恩格斯选集》第 1—4 卷，人民出版社 2012 年版。

《列宁选集》第 1—4 卷，人民出版社 1995 年版。

《毛泽东选集》第 1—4 卷，人民出版社 1991 年版。

《毛泽东文集》第 1—8 卷，人民出版社 1993、1996、1999 年版。

《邓小平文选》第 1—3 卷，人民出版社 1993、1994 年版。

《江泽民文选》第 1—3 卷，人民出版社 2006 年版。

《胡锦涛文选》第 1—3 卷，人民出版社 2016 年版。

《习近平谈治国理政》第 1—4 卷，外文出版社 2018、2017、2020、2022 年版。

《习近平著作选读》第 1—2 卷，人民出版社 2023 年版。

习近平：《干在实处 走在前列——推进浙江新发展的思考与实践》，中共中央党校出版社 2006 年版。

习近平：《高举中国特色社会主义伟大旗帜 为全面建设社会主义现代化国家而团结奋斗——在中国共产党第二十次全国代表大会上的报告》，人民出版社 2022 年版。

习近平：《决胜全面建成小康社会 夺取新时代中国特色社会主义伟大胜

利——在中国共产党第十九次全国代表大会上的报告》，人民出版社 2017 年版。

习近平：《论把握新发展阶段、贯彻新发展理念、构建新发展格局》，中央文献出版社 2021 年版。

习近平：《论坚持全面深化改革》，中央文献出版社 2018 年版。

习近平：《之江新语》，浙江人民出版社 2007 年版。

中共中央党史和文献研究院编：《习近平关于城市工作论述摘编》，中央文献出版社 2023 年版。

中共中央文献研究室编：《建国以来重要文献选编》第 1—20 册，中央文献出版社 2011 年版。

中共中央文献研究室编：《三中全会以来重要文献选编》下，中央文献出版社 2011 年版。

中共中央文献研究室编：《十三大以来重要文献选编》上、中、下，中央文献出版社 2011 年版。

中共中央文献研究室编：《十八大以来重要文献选编》上、中，中央文献出版社 2014、2016 年版。

中共中央党史和文献研究院编：《十八大以来重要文献选编》下，中央文献出版社 2018 年版。

中共中央党史和文献研究院编：《十九大以来重要文献选编》上、中，中央文献出版社 2019、2021 年版。

中共中央文献研究室、中央档案馆编：《建党以来重要文献选编（一九二一——一九四九）》第 1—26 卷，中央文献出版社 2011 年版。

中央档案馆、中共中央文献研究室编：《中共中央文件选集（1949 年 10 月—1966 年 5 月）》第 1—50 册，人民出版社 2013 年版。

《中共中央关于经济体制改革的决定》，人民出版社 1984 年版。

《中共中央关于制定国民经济和社会发展第十四个五年规划和二〇三五年远景目标的建议》，人民出版社 2020 年版。

《中华人民共和国国民经济和社会发展第十四个五年规划和 2035 年远景目标纲要》，人民出版社 2021 年版。

《中共中央关于党的百年奋斗重大成就和历史经验的决议》，人民出版社 2021 年版。

《中国共产党第二十次全国代表大会文件汇编》，人民出版社 2022 年版。

其他著作

本书编委会编：《绣出人民满意城市：人民城市建设理论研究与基层创新实践》，上海交通大学出版社 2022 年版。

但强、郎庆斌：《智慧城市研究——顶层规划》，人民出版社 2019 年版。

《当好改革开放的排头兵——习近平上海足迹》，人民出版社、上海人民出版社 2022 年版。

杜欢政等：《人民城市理念与城市环境治理研究》，人民出版社 2023 年版。

《干在实处 勇立潮头——习近平浙江足迹》，人民出版社、浙江人民出版社 2022 年版。

高鉴国：《新马克思主义城市理论》，商务印书馆 2006 年版。

《关于加快构建现代公共文化服务体系的意见》，人民出版社 2015 年版。

韩明清、张越：《从城市管理到城市治理的转型研究——以杭州市为例》，中国建筑工业出版社 2017 年版。

何艳玲：《人民城市之路》，人民出版社 2022 年版。

贾冬亭编著：《人的城市》，上海人民出版社 2022 年版。

《建设有中国特色的社会主义》（增订本），人民出版社 1987 年版。

姜晓萍等：《城乡基本公共服务均等化的实现机制与监测体系》，人民出版社 2020 年版。

李培林主编：《坚持以人民为中心的新发展理念》，中国社会科学出版社 2019 年版。

李琪等：《新时代人民城市重要理念研究》，人民出版社 2023 年版。

陆军等：《营建新型共同体：中国城市社区治理研究》，北京大学出版社 2019 年版。

《闽山闽水物华新——习近平福建足迹》（上、下），人民出版社、福建人民出版社 2022 年版。

荣跃明等：《城市精神引领上海创新实践》，上海人民出版社 2021 年版。

唐代兴：《生境伦理的实践方向》，上海三联书店 2015 年版。

唐亚林、陈水生主编：《人民城市论》，复旦大学出版社 2021 年版。

陶良虎、张继久、孙抱朴主编：《美丽城市——生态城市建设的理论实践与案例》，人民出版社 2014 年版。

王崇锋：《生态城市产业集聚问题研究》，人民出版社 2009 年版。

温宗国等：《无废城市：理论、规划与实践》，科学出版社 2020 年版。

吴海江等：《人民城市理论渊源与上海实践研究》，人民出版社 2023 年版。

吴景超：《都市意识与国家前途》，商务印书馆 2020 年版。

熊月之：《上海城市品格读本》，学林出版社 2020 年版。

许浩编：《生态中国：海绵城市设计》，辽宁科学技术出版社 2019 年版。

余敏江：《生态理性的生产与再生产：中国城市环境治理 40 年》，上海交通大学出版社 2019 年版。

中共上海市委党校编著，赵勇主编：《人民城市建设的实践探索》，上海人民出版社 2021 年版。

中共上海市杨浦区委党校：《人民城市重要理念研究》，中共中央党校出版社 2021 年版。

朱瑾、王军编著：《城市文化简论》，中国建筑工业出版社 2020 年版。

［奥］马库斯·艾斯尔、格拉尔德·曼斯贝格、彼得·马特扎内茨、保罗·施莱希纳：《城市：人类这样聚集于大地》，边超译，四川美术出版社 2021 年版。

［丹麦］卡斯滕·波尔松：《人本城市——欧洲城市更新理论与实践》，

魏巍、赵书艺、王忠杰、冯晶、岳超译，中国建筑工业出版社 2021 年版。

［丹麦］扬·盖尔：《人性化的城市》，欧阳文、徐哲文译，中国建筑工业出版社 2010 年版。

［德］Jürgen Breuste, Stephan Pauleit, Dagmar Haase, Martin Sauerwein：《城市生态系统：功能、管理与发展》，干靓、钱玲燕、蒋薇译，上海科学技术出版社 2018 年版。

［德］莫尔特曼：《创造中的上帝：生态的创造论》，隗仁莲等译，生活·读书·新知三联书店 2002 年版。

［荷］里昂·范登杜、弗兰克·亨德里克斯、阿尔贝托·贾诺利、林茨·夏普等：《探索城市善治：理论反思与国际实践》，张录法、许德娅译，上海交通大学出版社 2020 年版。

［加］贝淡宁、［以］艾维纳：《城市的精神：全球化时代，城市何以安顿我们》，吴万伟译，重庆出版社 2018 年版。

［加］贝淡宁、［以］艾维纳主编：《城市的精神 2：包容与认同》，刘勇军译，重庆出版社 2017 年版。

［加］简·雅各布斯：《美国大城市的死与生》，金衡山译，译林出版社 2020 年版。

［美］戴维·哈维：《叛逆的城市——从城市权利到城市革命》，叶齐茂、倪晓晖译，商务印书馆 2014 年版。

［美］蒂莫西·比特利：《亲自然城市规划设计手册》，干靓、姚雪艳、丁宇新译，上海科学技术出版社 2018 年版。

［美］亨利·丘吉尔：《城市即人民》，吴家琦译，华中科技大学出版社 2016 年版。

［美］刘易斯·芒福德：《城市发展史——起源、演变与前景》，宋俊岭、宋一然译，上海三联书店 2018 年版。

［美］刘易斯·芒福德：《城市文化》，宋俊岭、李翔宇、周鸣浩译，中国建筑工业出版社 2009 年版。

［美］迈克尔·布隆伯格、卡尔·波普：《城市的品格》，周鼎烨、卢芳

译，中信出版社 2017 年版。

［美］莫森·莫斯塔法维、加雷斯·多尔蒂编著：《生态都市主义》，俞孔坚等译，江苏科学技术出版社 2014 年版。

［西］阿方索·维加拉、胡安·路易斯·德拉斯里瓦斯：《未来之城——卓越城市规划与城市设计》，赵振江、段继程、裴达言译，中国建筑工业出版社 2018 年版。

［英］彼得·霍尔：《文明中的城市》，王志章等译，商务印书馆 2016 年版。

［英］理查德·罗杰斯、理查德·布朗：《建筑的梦想：公民、城市与未来》，张寒译，南海出版公司 2020 年版。

后　　记

　　行文至此，思绪万千。人生过往如同一场电影在脑海中反复掠过，心中五味杂陈再也无法按耐。掀开思绪的幕帘，回忆似潮水般奔涌而来。从小学到中学，从本科到硕士，从博士到博士后，一个个过往的结束，又预示着一个个新的开始。一路走来，有过徘徊，有过畏惧，有过欣喜，有过坦然。熬过了孤寂无助的漫漫长夜，熬过了寒冬酷暑的岁月轮回，只为逐梦前行……

　　博士后工作期间，我有幸跟随中国浦东干部学院刘靖北教授和华东师范大学丁晓强教授继续学习。他们的渊博学识、博大胸襟、严谨态度、谦和为人，让我深深折服和由衷钦佩。受疫情影响，我跟两位老师面对面沟通的机会相对较少。尽管如此，当每次遇到学术问题或思想困惑时，他们总能及时并不遗余力地给予我帮助。两位导师悉心的教诲和无私的帮助让我感到温暖。一生得遇一良师足以，我实属三生有幸，得遇这么多良师。

　　我要感谢家人的默默支持和无私付出。为了让我安心进站工作，我的爱人闫文珠女士承担起了家庭生活的重担。每每想起她对于我们小家庭的付出，我都心生惭愧。我每天要花费大量的时间去做研究，基本无暇顾及家庭，虽然有工作，但微薄的薪水无法支撑家庭开支。只能通过不断提升自己，来谋得碎银几许。同时，也要感谢岳父岳母对于我们小家庭的照顾。感谢母亲和姐姐全家对我工作的理解和支持。华北水利水电大学硕士研究生连杨同学对本书的文献校对工作也作出了贡献，在此向她表示由衷感谢。

  学海泛舟，我得遇良师；家庭生活，我得遇贤妻。求知路漫漫，但我会坚持梦想继续走下去……

李保全

2024 年 8 月 2 日于郑州